FRANZ OLAH

DIE ERINNERUNGEN

FRANZ OLAH

DIE ERINNERUNGEN

Mit 110 Abbildungen
und Dokumenten

Amalthea

Bildnachweis

Privatarchiv des Autors: 1, 2, 3, 4, 5, 6, 7, 9, 10, 14, 15, 19, 23
Franz Blaha Bildverlag, Wien: 8
Verlag des ÖGB, Wien: 11, 12
Merkle Press, Washington: 13
Vienna Pressbilder, Wien: 16
Votavafoto, Wien: 17, 21
Wiener Zeitung, Wien: 18
Zelici, Rom: 20
Harald Hofmeister, Wien: 22
Robert Hutterer, Wien: 24

Umschlaggestaltung: Grafisches Atelier
Marianne Specht, München
Umschlagfoto: Privatarchiv des Autors
Herstellung: VerlagsService Dr. Helmut Neuberger
& Karl Schaumann GmbH, Heimstetten
Satz: Filmsatz Schröter GmbH, München
Gesetzt aus 11/14 Punkt Times
Druck und Binden: Wiener Verlag, Himberg bei Wien
Printed in Austria
ISBN 3-85002-365-6

Inhalt

Vorwort

Dieses Buch wurde nicht geschrieben, um mit irgendwelchen Personen oder Institutionen abzurechnen oder um etwas »aufzudecken« und auch nicht um einer Sensationsmacherei willen.

Es ist das Kaleidoskop eines langen Lebens, eines abwechslungsreichen Lebens mit Höhen und Tiefen, vor allem aber eines erfüllten und bewußt gelebten Lebens.

Es ist ein Buch über eine historische Zeit der Zweiten Republik, über jene wichtigste Epoche Österreichs, in der die Entscheidung darüber fiel, ob dieses Land wiederentstehen, Gestalt annehmen und existieren würde. In dieser Zeit wurden die Weichen für die künftige Entwicklung gestellt. Was die Nachkommen daraus machten, ist eine andere Frage. Zum Unterschied zu früheren Zeitabschnitten übergab meine Generation mit den Überlebenden aus der Ersten Republik (Renner, Kunschak, Seitz, Schärf, Figl, Helmer, Körner, Raab und Böhm) dieses Land in einem Zustand politischer Stabilität, wirtschaftlicher Blüte und sozialen Friedens.

Ich widme dieses Buch meiner Mutter, die ihr ganzes Leben für mich aufgeopfert hat – Arbeitslosigkeit, dreimal Gefängnis und Konzentrationslager. Sie starb wenige Monate, bevor ich heimkam. Es war mir nicht mehr möglich, ihr ein besseres Dasein zu bieten.

– Meiner Frau, die Aufstieg und Fall in bewundernswerter

Haltung ertragen hat. Sie hat sich nie in den Vordergrund gedrängt, nie wichtig gemacht, ist immer bescheiden und jedermann gegenüber freundlich gewesen.
– Meinen Schwiegereltern, Franz und Marie Fraisl – einfachen Menschen, jahrzehntelangen sozialdemokratischen Vertrauensleuten, die mit meinem Sturz der »Ausgrenzung« anheimgefallen sind. Das war die Sippenhaftung in der Partei des »humanistischen Sozialismus«.

Als ich diese Blätter schrieb, erstanden vor meinem Auge alle meine Gefährten aus vergangenen Zeiten. Meine Schulkameraden in Wien, Laibach und Budapest. Meine Freunde aus der gewerkschaftlichen und sozialistischen Jugendbewegung. Die Vertrauensleute von der 5. Sektion aus der Weidmanngasse in Hernals vor 1934. Die Mitkämpfer in der Illegalität von 1934–1938 in der RS. Meine Mitgefangenen in den Gefängnissen von 1933, 1935, 1937, 1938 und die Leidenskameraden in den Konzentrationslagern von 1938–1945.

Und ich denke an meine Hernalser Freunde von 1945 bis 1957, insbesondere an meinen treuen Freund Karl Panek, den langjährigen Bezirksvorsteher.

An die prächtigen Ottakringer Sozialisten, die ich ab 1959 näher kennen- und schätzengelernt habe. Das war echte Wiener Sozialdemokratie.

An die Kollegen in der Gewerkschaft der Bau- und Holzarbeiter, die mit wenigen Ausnahmen tapfer bis zum Schluß an meiner Seite standen.

Aber auch in den anderen Berufsgruppen hatte ich gute und treue Freunde. Ich fand solche später zahlreich in der Polizei und Gendarmerie, denen ich mit großer Wertschätzung für ihre Treue danke.

Nicht vergessen werden sollen die letzten Getreuen, die mir ab 1965 zur Seite standen bis zu meinem neuerlichen Gang in eine Gefängniszelle.

Und meine Gegner? Die aus den anderen politischen Lagern waren mir gegenüber menschlich anständiger als viele meiner eigenen ehemaligen Genossen, obwohl ich dem politischen Widerpart nie etwas geschenkt habe.
Ich habe »Freunde« – Parteifreunde – verloren. Auf den bekannten Spruch will ich verzichten. Dafür habe ich viele neue gute und selbstlose Freunde gewonnen – echte Freunde aus allen Schichten und Lagern – denn ich kann niemandem mehr von Nutzen sein, kann keine Protektion mehr üben, keine Posten und keine Wohnungen verschaffen.
Ich stehe in der letzten Etappe meines Lebens. Ohne Amt, ohne Macht – aber mit innerer Befriedigung. Ohne jeden Groll denke ich zurück. Es war mir vergönnt, für mein Land zu wirken. Vielfach erfolgreich, wie ich glaube. Nicht nur für eine Partei. Für Österreich. Für meine Mitbürger. Es war mir eine Ehre, für meine Mitbürger tätig gewesen sein zu können. Dafür bin ich dankbar.
Man sagte mir nach, ich sei machtgierig und machtbesessen gewesen. Natürlich wollte ich Macht. Vom ersten Tag meines öffentlichen Wirkens an. Man geht doch in die Politik, um Macht zu erringen und auszuüben. Macht und Einfluß benötigt man, um die Ideen, die man für richtig hält, durchzusetzen, Ideen, die man im Interesse des Landes und seiner Bevölkerung für wichtig und notwenig hält. Nicht um persönlicher Vorteile willen oder um über andere zu herrschen. Gefängnis und Konzentrationslager habe ich nicht auf mich genommen, um vielleicht nachher Ämter und Würden zu erhalten.
Ich habe nie meine innere Demut vor der Macht und deren Möglichkeiten verloren und habe meinen Einfluß nie für meine persönlichen Zwecke mißbraucht. Geld, Luxus, Wohlleben waren für mich keine erstrebenswerten Ziele.

Aber um etwas bewirken zu können, das Leben meiner Mitbürger lebenswerter zu gestalten, war ich immer entschlossen, meine Möglichkeiten einzusetzen.
Wer einflußreiche Positionen bekleidet – sei es in der Wirtschaft, im Bereich der Medien oder in der Politik – und behauptet, keine Macht zu wollen, ist entweder ein Träumer oder ein Heuchler.
Was bin ich heute? Wofür stehe ich? Ich bin Sozialdemokrat wie am ersten Tag meines politischen Denkens als junger Vertrauensmann. Ich war nie Marxist, aber auch kein Antimarxist. Karl Marx hat mir nicht durch seine wallende Mähne imponiert, sondern durch seine gesellschafts- und sozialkritische Darstellung der Zustände seiner Zeit. Als Ideologie oder gar Staatsdoktrin habe ich den Marxismus nie akzeptiert. Als Staatsideologie halte ich den Marxismus für ein Unglück wie die heilige Inquisition für das Christentum. Beide zeichnen Intoleranz und Unmenschlichkeit aus. Nicht akzeptiert habe ich bei Karl Marx die atheistische Grundkomponente. Ideologen, Theoretiker sollen die Freiheit haben, ihre Ideen zu vertreten. Nur für die Praxis des menschlichen Lebens eignen sie sich nicht und erweisen sich immer als Unheil.
Wie bin ich zur Sozialdemokratie gekommen? Was waren die Beweggründe? Der Kampf um staatsbürgerliche Gleichberechtigung, soziale Gerechtigkeit und wirtschaftliche Sicherheit waren die Grundtendenzen der österreichischen Sozialdemokratie in der Ersten Republik. Dazu stehe ich auch heute. Dieses Gedankengut ist heute in allen demokratischen politischen Gruppierungen anerkannt.
Diese Ideen haben wir nach 1945 verwirklicht.
Von der heutigen SPÖ trennen mich dreißig Jahre. Dieser Graben ist zu breit geworden, um noch überbrückt werden

zu können. Daran ändert persönliche Verbundenheit mit Bruno Kreisky bis zu seinem Tode und mit Helmut Zilk auch heute – nichts.
Natürlich stellen sich das Bild, das man sich macht, die Beurteilung der Dinge und die Einstellung dazu einem Achtzigjährigen anders dar als einem Vierzigjährigen. Keine grundsätzliche Wende, sondern eine Modifizierung im Urteil über Menschen und Ansichten tritt ein. Im Grunde ändert sich der Mensch nicht – außer es ändert sich sein Charakter. Man lernt, daß auf der »anderen Seite« nicht Feinde stehen, sondern Menschen, die auch ihre Grundsätze, Ziele und Wünsche verfolgen. Sie sind nicht schlechter – nur anders. Aber in der Demokratie gehört das Ringen um das Bessere und Nützlichere zum Wesen der Politik.
Neben anderen Untugenden sagte man mir noch nach, ich sei ungeduldig, jähzornig, manchmal auch ungerecht. Mein Temperament sei ungezügelt. Das trifft zu. Ich war immer ungeduldig. Ich meinte, warum sollen die Menschen immer warten müssen? Es ging mir immer alles zu langsam. Jeder Mensch hat nicht nur Tugenden und Fähigkeiten, sondern auch Fehler und Schwächen. Man muß auch mich so nehmen, wie ich bin. Ich kann nicht so sein, wie mich manche gerne haben möchten.
Dieses Buch ist auch ein Gruß an meine noch lebenden Gefährten aus ferner schwerer Zeit. An Ferdinand Steindl in Wien – er kommt in diesem Buch vor. Meine Mitangeklagten im Prozeß von 1969 – Heinrich Daurer und Walter Jeschko. Sie hatten Mut, verloren gute Posten und Vorteile und riskierten ihre Freiheit. Sie waren ein Lichtblick im Meer von Heuchelei und Feigheit. An Erwin Fischer in England. An Egon Breiner in Los Angeles. Die beiden letzteren sind mein Jahrgang und mußten dieses Land ver-

lassen. Sie haben so wie ich zum Glück diese andere neue Zeit erlebt. Ist sie besser? Schöner? Besser gewiß – anders auf jeden Fall.

Ich danke Frau Magister Helga Ermacora, Frau Dr. Elisabeth Heresch und Herrn Univ.-Dozent Dr. Lothar Höbelt für ihre Hilfe.

Franz Olah

I.
Laibach – Budapest – Wien

Kindheit und Jugend

Ein Tornisterkind kann man mich vielleicht nicht gerade nennen. Vom alten Österreich – oder besser gesagt, vom Zerfall des alten Österreich, von dem Umbruch, der damals die Welt erschütterte – war meine Kindheit aber sehr wohl geprägt. Zwar wurde ich in Wien geboren und besuchte hier die Volksschule, doch übersiedelten wir im letzten Kriegsjahr – ich war gerade acht Jahre alt – nach Laibach. So kam ich von der deutschen in eine slowenische Schule und lernte tatsächlich ein wenig Slowenisch. Auch mit meinen Schulkameraden verstand ich mich ganz gut; erst als der Umbruch kam, wollte auf einmal niemand mehr deutsch sprechen.

So kehrten wir nach dem Zerfall der Monarchie zurück. Doch zurück wohin? Meine Mutter war Wienerin, aber in Wien war die Lage trostlos. Die Familie meines Vaters hingegen stammte aus Ungarn. Mit Hilfe seines Bruders gelang es ihm, sich selbständig zu machen und in Budapest eine Installateurwerkstatt zu eröffnen. Ich kam also von der slowenischen in die ungarische Schule. Der Lehrer verstand kein Wort deutsch und ich kein Wort ungarisch. Zum Glück gab es in meiner Klasse einen jüdischen Mitschüler, der zweisprachig aufgewachsen war. Er übersetzte in den ersten Monaten für mich, bis ich die Grundbegriffe der Sprache beherrschte. Das hatte seine Vorteile: immer wenn ich etwas Falsches sagte, konnte ich mich auf den

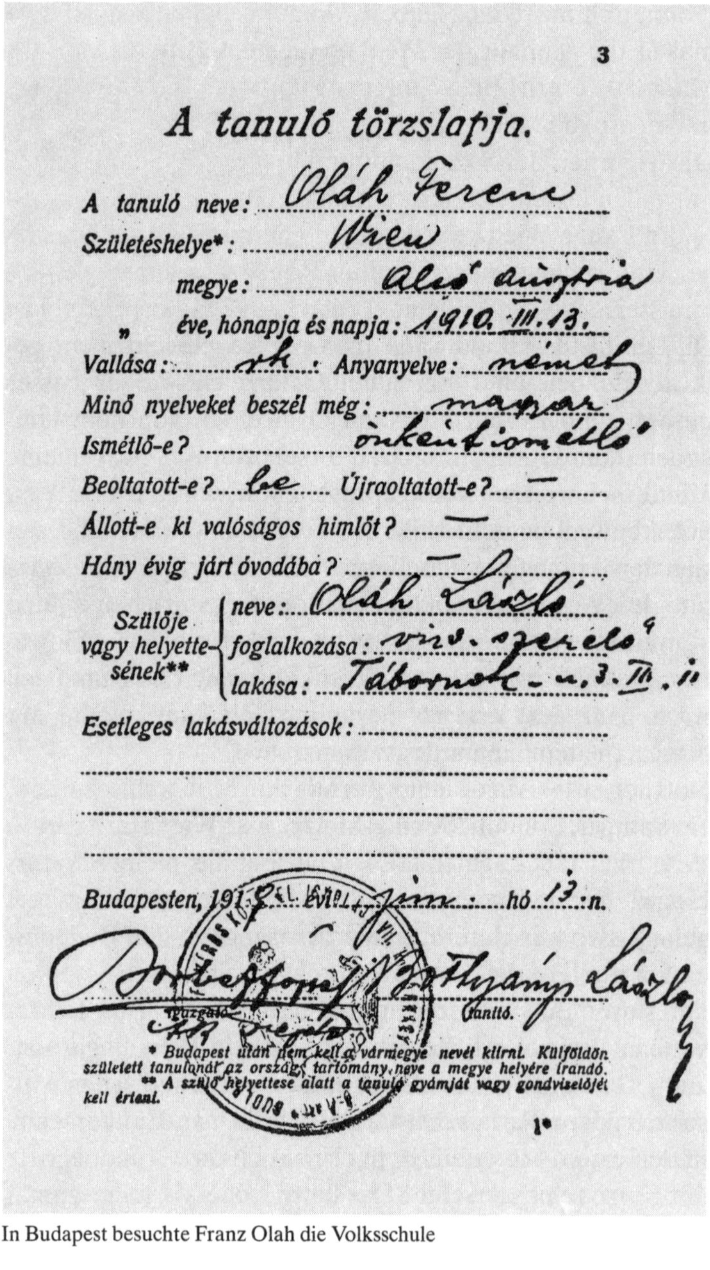

3

A tanuló törzslapja.

A tanuló neve: Oláh Ferenc

Születéshelye*: Wien

megye: Alsó Ausztria

„ éve, hónapja és napja: 1910. III. 13.

Vallása: rk. Anyanyelve: német

Minő nyelveket beszél még: magyar

Ismétlő-e? önkéntes ismétlő

Beoltatott-e? be Újraoltatott-e? —

Állott-e ki valóságos himlőt? —

Hány évig járt óvodába? —

Szülője vagy helyettesének**
neve: Oláh László
foglalkozása: vill. szerelő
lakása: Tábornok-u. 3. III. 11

Esetleges lakásváltozások:

Budapesten, 1918. évi jún. hó 13. n.

igazgató. tanító.

* Budapest után nem kell a vármegye nevét kiírni. Külföldön született tanulónál az ország, tartomány neve a megye helyére írandó.
** A szülő helyettese alatt a tanuló gyámját vagy gondviselőjét kell érteni.

In Budapest besuchte Franz Olah die Volksschule

Dolmetsch ausreden. Dabei wären wir beinahe noch einmal in die Mühlen der Weltgeschichte geraten! Denn im März 1919 ergriff Béla Kun, der Führer der Kommunisten, in Ungarn die Macht.

Die Mehrheit der Sozialdemokraten hat sich damals leider mitreißen lassen. Ich lernte manche ihrer Führer viel später im Exil in Wien kennen, z. B. Sigmund Kunfi, ehemaliger Unterrichtsminister, Zoltan Ronai, ehemaliger Justizminister, sowie Wilhelm Böhm, ehemaliger Verteidigungsminister, die zum Lehrkörper der Parteischule gehörten. Doch über ihr Scheitern kamen sie alle nicht hinweg; einige von ihnen gingen seelisch zugrunde und endeten durch Selbstmord. Denn auf den Putsch von links folgte in Ungarn – wie in München oder auf die großen Streikbewegungen in Italien – der Ruck nach rechts: das war der Anfang des Faschismus. Ein Terrorregime bereitete den Weg für ein anderes, entgegengesetztes und doch irgendwie verwandtes.

Als Neunjähriger erlebte ich in Budapest zum ersten – leider nicht zum letzten – Mal ein solches Regime aus der Nähe. In dem Haus, in welchem wir wohnten, gab es plötzlich zwei Vertrauensleute: einen Sozialdemokraten, ein ruhiger, solider Metallarbeiter, und einen Kommunisten, ein Handelsvertreter, ein großer Schreier vor dem Herrn, der jeden zweiten Tag eine Hausversammlung abhielt, wo wir natürlich nicht hingingen. Meine Eltern hatten für Politik überhaupt kein Interesse; aber mein Vater war ein ausgezeichneter Kraftfahrer. In Laibach hatte er den kaiserlichen Stadtkommandanten chauffiert, und jetzt wurde er wieder eingezogen und dem Kommandanten der im Parlament stationierten Truppen der ungarischen Roten Armee zugeteilt, einem gewissen Czerny, der mir Knirps einmal voller Stolz seinen schönen doppelläufigen Revolver vorführte. Ich hielt mich nämlich möglichst oft bei dessen Einheit im Parlament auf und vergaß dabei nie meine Menageschale, denn Essen war knapp. Und als dann die Rumänen in Budapest einmarschierten und in die Franz-Joseph-Kaserne einzogen, die in der Nähe unserer Wohnung lag und seither sicher schon gut ein halbes Dutzend Mal den Namen gewechselt hat, nahm ich sie wieder mit und lernte so auch noch die rumänische Art des Eintopfs kennen. Sehr geschmeckt hat es mir nicht, aber immerhin, man gab mir etwas, und wählerisch konnte man damals ja nicht sein.

Auf die Rumänen folgten die Horthy-Truppen. Jetzt ging der ganze Spuk wieder von vorn los, nur in der anderen Richtung: Drangsalierungen, Verhaftungen, Erschießungen. Auf den roten Terror folgte der weiße. Auch der Kommandant Czerny wurde aufgehängt. Mein Vater war, wie gesagt, alles andere als ein Kommunist. Doch das war egal; wer einen der Bonzen in Budapest herumgefahren hatte, mußte für die neuen Machthaber ein äußerst verdächtiges Subjekt sein. Mein Vater wurde verhaftet. Er war im Gefängnis in der Zrinyi utca, mit Hunderten Mitgefangenen in ein paar Sälen zusammengepfercht. Aber der zuständige Abteilungschef der Kriminalpolizei entließ meinen Vater – gegen den ja wirklich nichts vorlag – schon nach wenigen Tagen gegen das Versprechen, Gas, Wasser und die gesamten Installationen in dessen Wohnung umsonst zu machen.

Das Geschäft ging gut. Zur ersten kam eine zweite Werkstätte, und ich übersiedelte von der Volksschule in das humanistische Gymnasium. Doch dann trennten sich meine Eltern. Der Hausstand wurde aufgelöst, die Wohnung verkauft. Meine Mutter erhielt den Erlös – circa achthunderttausend Kronen – und kehrte mit mir nach Wien zurück. Man schrieb das Jahr 1923: damals setzte die galoppierende Inflation gerade mit voller Wucht ein.

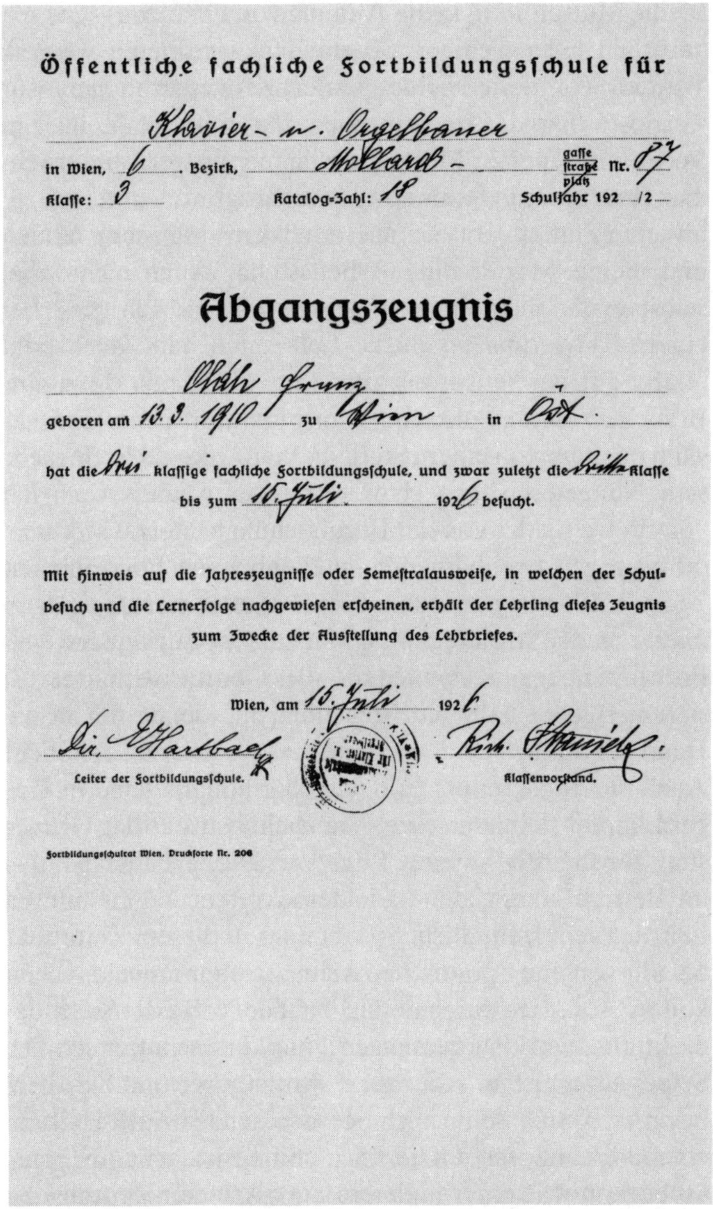

Öffentliche fachliche Fortbildungsschule für

Klavier- u. Orgelbauer

in Wien, 6. Bezirk, Mollard- ~~gasse~~ straße ~~platz~~ Nr. 87

Klasse: 3 Katalog-Zahl: 18 Schuljahr 192 /2

Abgangszeugnis

Oláh Franz

geboren am 13. 3. 1910 zu Wien in Öst.

hat die drei klassige fachliche Fortbildungsschule, und zwar zuletzt die dritte Klasse bis zum 15. Juli 1926 besucht.

Mit Hinweis auf die Jahreszeugnisse oder Semestralausweise, in welchen der Schulbesuch und die Lernerfolge nachgewiesen erscheinen, erhält der Lehrling dieses Zeugnis zum Zwecke der Ausstellung des Lehrbriefes.

Wien, am 15. Juli 1926

Leiter der Fortbildungsschule. Klassenvorstand.

Fortbildungsschulrat Wien. Drucksorte Nr. 206

Abgangszeugnis der Berufsschule für Klavier- und Orgelbauer (1926)

Meine Mutter hatte keine Ahnung von Finanzen – und ich natürlich noch weniger. So standen wir binnen weniger Wochen vor dem Nichts. Unser Kronenvermögen war wertloses Papier. Es war eine sehr schwere Zeit. Ein Verwandter meiner Mutter, der beim Fuhrwerksunternehmer Rohrhofer in Simmering beschäftigt war, unterstützte uns eine Zeitlang, bis wir in Hernals eine Wohnung fanden und meine Mutter eine Arbeitsstelle. Auch ich mußte selbstverständlich meinen Beitrag leisten. Ich ging bei einem Klaviermacher in die Lehre und habe auch bald relativ gut verdient – bis zum Jahre 1930, als die ganze Branche zusammenbrach. Vom humanistischen Gymnasium oder gar von einem Studium konnte keine Rede mehr sein. Nur gelesen habe ich weiterhin viel, abends, wenn ich vom Betrieb oder von der Berufsschule nach Hause kam – oft bis gegen zwei Uhr früh – und dabei unzählige Schalen Tee mit Zitrone getrunken. Meine Mutter merkte es dann immer an der Stromrechnung (und an der Zuckerdose).

Frühzeitig begann ich mich für alles Gedruckte zu interessieren. Bücher habe ich verschlungen, wie sie mir in die Hand gekommen sind, oft ohne ihren Inhalt zu verstehen. Auch die Tageszeitungen habe ich schon als Kind in Ungarn immer fleißig gelesen. Vielleicht war das der Grundstein für mein politisches Interesse. Die Arbeiter bei uns im Betrieb waren alle Sozialdemokraten und zu mir als Lehrling sehr freundlich. Soweit man zu diesem Zeitpunkt bei mir von einer politischen Meinung überhaupt sprechen konnte, stand ich durchaus nicht auf der Seite der Sozialdemokratie. Von den damaligen Politikern schätzte ich Dr. Seipel am meisten. Aber mein Arbeitgeber und Lehrherr bewirkte durch seine nicht gerade sehr soziale Haltung eine langsame, fast unmerkliche Sinnesänderung bei mir. So begann ich, unter anderem die »Arbeiter-Zeitung« zu lesen, die ich wegen ihres militanten Antiklerikalismus

lange abgelehnt hatte. In dieser Frage konnte sie mich auch später nie überzeugen.
Die entscheidende Wendung aber brachte ein anderes Ereignis. In der Berufsschule bekam ich eines Tages eine Einladung zu einer Jugendversammlung der Gewerkschaft. Ich dachte an die Arbeiter, die alle bei der Gewerkschaft waren und wollte mir die Sache einmal selber anhören. Versammlungsort war ein kleiner Raum im alten Favoritner Arbeiterheim. Der Referent des Abends aber, selbst noch ein junger Mann, sprach so, daß er mich überzeugte – weil er nämlich nicht schimpfte! Er sagte, dies sei eine freigewerkschaftliche Versammlung. Die Freien Gewerkschaften – einen überparteilichen Gewerkschaftsbund gab es ja in der 1. Republik nicht – waren zwar sozialdemokratisch orientiert, aber keine Parteiorganisation. Die politische und religiöse Überzeugung des einzelnen sei seine persönliche Angelegenheit, auf welche die Gewerkschaft keinen Einfluß nehme. Hier gehe es allein um wirtschaftliche und soziale Fragen, die ein gemeinsames Anliegen aller Arbeiter und Angestellten sein müßten. Der Eindruck auf mich muß ein tiefer gewesen sein, denn ich trat noch während der Versammlung der Jugendabteilung der Gewerkschaft bei. Von nun an besuchte ich öfter die Zusammenkünfte der Jugendgruppe, die ihren Sitz in der Margaretenstraße hatte. Ein Jahr nach meinem Beitritt, gegen Ende 1925, wurde ich Vertrauensmann, zunächst einmal für die Arbeit in der Berufsschule. Nach einem weiteren halben Jahr fragte man mich, ob ich nicht das Bildungsreferat übernehmen wollte. Zu meinem Entsetzen mußte ich in dieser Eigenschaft auch gelegentlich Reden halten. Mein erstes Referat war bestimmt keine Offenbarung, und ich wußte nachher kein Wort mehr von dem, was ich gesagt hatte. Aber es war ein Beginn!
Bei allem Interesse für die Politik hatte ich nie die Absicht

noch verschwendete auch nur einen Gedanken daran, Politiker zu werden. Mein heimlicher Traum war vielmehr die Musik. Als Kind hatte ich Klavierspielen gelernt – jetzt half ich mit, Klaviere zu bauen und träumte immer noch davon, ein großer Dirigent zu werden. Ich hatte einen Freund, der ein hervorragender Klavierspieler war und auch Dirigent werden wollte. In der Berufsschule Mollardgasse gab es in den Abendstunden für Lehrlinge gratis Musikunterricht. Der Freund überredete mich mitzukommen. So lernte ich sogar noch ein zusätzliches Instrument. Nur auf die Dauer war das alles zeitlich nicht zu vereinbaren. Es standen ja nur die Abendstunden zur Verfügung und bestenfalls noch der Samstagnachmittag und der Sonntag. Ich mußte mich entscheiden, und diese Entscheidung fiel zugunsten der Politik. Irgendwie habe ich mich damals mit dem Vorsatz getröstet, später einmal wieder zur Musik zurückzukehren. Doch es blieb beim Vorsatz. Wie heißt es doch? »Der Weg zur Hölle ist mit guten Vorsätzen gepflastert.« Diesen Weg habe ich eingeschlagen.

Auch Sport betrieb ich ein wenig. Ich begann schwimmen zu lernen – damals noch keine Selbstverständlichkeit. Später kamen Skifahren und etwas Handball dazu. Auf diesen Gebieten wurde ich keine Größe. Mein Skilehrer im Rahmen eines Lehrganges der Gewerkschaftsjugend war ein aktiver Oberleutnant des Bundesheeres namens Winterer. Wir finden ihn später in der Provisorischen Regierung Renner 1945 als Unterstaatssekretär wieder. Bekannt war mein Interesse für Geschichte. In der Berufsschule Mollardgasse gab es eine große Schülerbibliothek. Meine Freizeit war reichlich ausgefüllt. Einige Jahre leitete ich die Jugendgruppe Ottakring-Hernals meiner Gewerkschaft. Mein Ehrgeiz siegte auch auf diesem Gebiet. Diese Jugendgruppe wurde die stärkste innerhalb der ge-

samten Gewerkschaft der Holzarbeiter. Im Rahmen einer Werbeaktion habe ich persönlich 120 Mitglieder geworben; für einen sehr jungen Mann unter den damaligen Verhältnissen eine Leistung, die sogar unter den mißtrauischen Alten in der Gewerkschaft Aufsehen erregte. Ich bekam als besondere Anerkennung einen großen Geschichtsband aus der alten Gewerkschaftsbibliothek geschenkt. Leider mußte ich später – um mir wenigstens das Buch zu erhalten – die schön gestaltete Widmungsseite mit den Unterschriften der leitenden Gewerkschaftsfunktionäre herausreißen. Bei den Hausdurchsuchungen wären solche Bücher von der Staatspolizei beschlagnahmt worden.
Durch die gewerkschaftliche Arbeit geriet ich unweigerlich auch in die politische Auseinandersetzung. Ganz von selbst, ohne daß ich sagen kann, wann es war, bin ich auch innerlich Sozialdemokrat geworden. Die Arbeiter in unserem Betrieb waren sehr stolz, als sie erfuhren, daß ich gewerkschaftlicher Vertrauensmann geworden bin. Eine Zeitlang war ich auch in der politischen Jugendorganisation der Sozialdemokraten tätig. Das war die SAJ, die Sozialistische Arbeiterjugend. Ein echtes Interesse konnte ich ihr allerdings nicht abgewinnen. Schon damals wurde dort, im Unterschied zur Gewerkschaftsjugend, mehr diskutiert als gearbeitet und zu den Funktionen drängte man sich, weil damit in absehbarer Zeit die Chance auf eine Anstellung bei der sozialdemokratischen Gemeinde Wien oder in einer anderen uns nahestehenden Institution, vielleicht der Krankenkasse oder dem Arbeitsamt, verbunden war. Diese Einstellung behagte mir nicht. So wurde ich zum Anführer der Opposition innerhalb der SAJ Hernals. Schließlich löste die hilflose oberste Führung der SAJ und der Parteileitung des Bezirkes die Bezirksgruppe auf. Die Rädelsführer der Opposition wurden bei der »Neugrün-

dung« nicht mehr aufgenommen. Darunter war natürlich auch ich. Überall könnte ich Mitglied werden, sagte man mir, nur nicht in Hernals. Mein Gastspiel in der politischen Jugendorganisation war damit zu Ende. Später wurde ich Bezirksobmann der Partei in Hernals, übrigens nicht erst nach 1945, sondern schon nach dem 12. Februar 1934, als eine solche Funktion über kurz oder lang nur noch eine Vorstufe für das Gefängnis war. Da wurden die Oppositionellen – und die sind auch nach dem 12. Februar treu geblieben – wieder gebraucht.

Anfang Jänner 1930 fand in Kienberg-Gaming (Niederösterreich) eine »Führertagung« der SAJ statt (damals war das Wort »Führer« noch nicht verpönt). Anton Proksch, damals Sekretär der Freien Gewerkschaftsjugend, ersuchte mich, als Delegierter der FGJ zu dieser Tagung zu fahren. Dort lernte ich Bruno Kreisky kennen und dort prallten wir in der Diskussion gleich beim ersten Mal zusammen. Ursache war eine gewisse Rivalität zwischen SAJ und FGJ. Proksch wußte von dieser zu erwartenden Auseinandersetzung, war aber wie immer zu feig, sich einer unangenehmen Sache zu stellen und wollte mich den Gegnern der Gewerkschaftsjugend zum Fraß vorwerfen. Aber er hatte sich geirrt.

Da ich meine politische Zugehörigkeit dokumentieren wollte – ein Neubeitritt zur SAJ »irgendwo anders« war für mich nicht interessant –, wurde ich in sehr jungen Jahren, ich war noch nicht einmal achtzehn Jahre alt, Mitglied der Sozialdemokratischen Partei. Als ich mich anmeldete, wurde ich mit offenen Armen aufgenommen. Junger Nachwuchs war damals ungefähr so rar wie heute. Ich sollte doch ein wenig mitarbeiten, setzte man mir freundlich zu in der Sektion. Es waren alle sehr nette, freundliche, einfache Menschen meiner Umgebung. Bis zur Auflösung der Partei im Februar 1934 habe ich die mir anver-

trauten Parteimitglieder in vier Häusern in der Leopold Ernst-Gasse und in der Weidmanngasse betreut und die Mitgliedsbeiträge kassiert. Es waren ungefähr vierzig Mitglieder, zum Großteil Männer und fast alle arbeitslos, viele ausgesteuert und Jahre hindurch ohne Hoffnung auf Besserung. Ich konnte ihnen nichts versprechen und ihnen keine Hoffnung geben, trotzdem sind sie in diesen schweren Jahren mit ganz wenigen Ausnahmen der Partei treu geblieben. Alles, was wir tun konnten, war, arbeitslosen Familienvätern zu Weihnachten für ihre Kinder ein bescheidenes Lebensmittelpaket zu überreichen. Zeitweise gab es eine Aushilfe von der Fürsorge.
Mir ist es etwas besser ergangen. Nach Beendigung meiner Lehrzeit habe ich noch etwa eineinviertel Jahre als Gehilfe gearbeitet, dann wurde auch ich arbeitslos. Zum Glück nur für zwei Monate. Denn ich wollte arbeiten, ich war ja der »Familienerhalter« geworden. Ich konnte es nicht über mich bringen, daß meine Mutter allein arbeiten und mich erhalten sollte. Von der Arbeitslosenunterstützung, die ich bezog, konnten zwei Personen nur sehr schwer leben. Der Inhaber einer großen Klavierfabrik Lauberger & Gloss in Favoriten, Theodor Gloss, kannte mich von der Berufsschule her in meiner Eigenschaft als gewerkschaftlicher Jugendvertrauensmann. Er stand natürlich im »anderen«, im bürgerlichen Lager. Bei den Schulschlußfeiern war er als Präsident des Verbandes der Klavierfabrikanten der Sprecher der Unternehmer, ich der Sprecher der Berufsschüler. Meine Art gefiel ihm, ich war kein Kriecher, aber sachlich. So bot er mir seine Hilfe an, wenn ich einmal etwas brauchen sollte. Nun kam ich – und er stellte mich sofort als Arbeiter ein. Ich blieb nur wenige Monate. Dann starb in meiner alten Firma ein schon etwas betagter Arbeiter, der auch gewählter Vertrauensmann der Belegschaft gewesen war. Mein Lehrherr schrieb mir sofort, ob

ich nicht kommen und diesen Platz einnehmen wolle. Obwohl wir während meiner Lehrzeit manche Differenzen hatten – mein Lehrherr war ein Autokrat der alten Schule –, schien er mich doch in guter Erinnerung behalten zu haben.

Ich nahm das Angebot an, denn der Verdienst war besser. Ich mußte zwar jetzt an den Holzbearbeitungsmaschinen arbeiten, aber das machte mir nichts aus. Ich arbeitete mich sehr rasch ein. (Diese Kenntnisse sind mir später noch zustatten gekommen – im KZ Dachau nämlich, wo ich wieder mit derlei Maschinen zu tun hatte.) Ich blieb dann bei meiner alten Firma bis zur großen Krise in unserer Branche im Jahre 1930. Mit Kurzarbeit versuchten wir, Entlassungen zu vermeiden. Zuerst statt 48 nur 40 Stunden pro Woche, dann 32 – am Ende nur mehr 24 Stunden, also um den halben Lohn. Das wurde unhaltbar. Unsere Firma mußte Arbeiter entlassen. Zur Weltwirtschaftskrise kam noch hinzu, daß mit der Verbreitung der modernen Tonträger der Bedarf an Klavieren dauerhaft zurückging. Das war das Ende meiner Tätigkeit in meinem erlernten Beruf. Obwohl ich mich weiterbilden wollte, war jeder Versuch vergeblich. So besuchte ich einen Kurs für Klavierstimmer, aber in dieser Sparte wurden hauptsächlich Blinde beschäftigt. Sie hatten nicht nur ein ausgezeichnetes Gehör, es war für diese Menschen auch vielfach die einzige Möglichkeit einer beruflichen Betätigung mit Niveau.

Überall warteten Zehntausende auf Arbeit. Damals wurde als erste gemeinsame Plattform zwischen den sozialdemokratisch orientierten Freien Gewerkschaften und den Christlichen Gewerkschaften im Rahmen der Arbeiterkammer und mit Unterstützung der Gemeinde Wien die Aktion »Jugend in Not« geschaffen. Zwischen zwei Uhr und sieben Uhr abends konnten in allen Wiener

Bezirken junge arbeitslose Menschen in einem Jugendheim zusammenkommen, zum Lesen oder zu irgendwelchen Gemeinschaftsspielen. Jeder bekam einen Teller Suppe und ein großes Stück Brot. Für viele war das die beste und ausgiebigste Mahlzeit des Tages. Noch dazu umsonst!

Ich wurde als Heimwart in einem solchen Heim eingeteilt, im ersten Jahr in Währing im Czartoryski-Schlössel. Das war keine leichte Aufgabe, denn diese jungen Menschen waren nicht immer einfach zu behandeln. Auch der Lohn war keineswegs überwältigend, aber man konnte davon leben – und man war wieder arbeitslosen- und krankenversichert. (Nebenbei bemerkt, ich habe in meinen Berufsjahren die Krankenversicherung niemals in Anspruch genommen. Ich war kaum jemals mehr als einen Tag krank.) Diese Heime waren nur während der Wintermonate in Betrieb, wenn die jungen arbeitslosen Menschen nicht wußten, wo sie sich aufhalten und was sie mit ihrer Zeit anfangen sollten. In den Sommermonaten hatten sie es »leichter« – aber ich war wieder arbeitslos! Bis zum nächsten Winter war ich in Rudolfsheim in der Ölweingasse in ein Heim »Jugend in Not« eingeteilt worden. An dieses Heim habe ich sehr angenehme Erinnerungen; ich traf dort eine Reihe prachtvoller junger Menschen, von denen ich später viele wieder gesehen habe. Das nächste Heim befand sich im Karl-Marx-Hof. Der Einzugsbereich war die Gegend in der Brigittenau um den Donaukanal. Dort gab es die schwierigsten Typen, aber ich kam gut mit ihnen aus. Der Heimleiter war aus der Gegend und kannte manche persönlich; das erleichterte vieles. Wir begnügten uns nicht damit, einfach nur die Portion Suppe mit Brot auszuteilen, sondern versuchten in der Freizeit bei Fleischhauereien und Bäckern durch Spenden den Speisezettel ein wenig aufzubessern. Das gelang uns sehr oft, später sogar regelmäßig. Natürlich hob das die Stimmung unter den jungen Leuten. Kakao und Mohnstrudel, Fleischsuppen oder Blutwurst waren damals heiß begehrte Leckerbissen.

Später erweiterte die Aktion »Jugend in Not« ihre Tätigkeit von der bloßen Heimbetreuung hin zu dem Versuch, den Jugendlichen auch eine nützliche Beschäftigung zu verschaffen: »Jugend am Werk«. Verschiedene Werkstätten für manuelle Berufe wurden eingerichtet. Ich hatte die Oberaufsicht über die Werkstätten in Wien, wo Tischler- und Bastlerarbeiten durchgeführt wurden. Dort bekamen die jungen Menschen außer einem Mittagessen und einem großen Stück Brot – das sie oft für die anderen Familienmitglieder nach Hause mitnahmen – auch noch ein kleines Taschengeld: 50 Groschen pro Tag. Das war damals viel Geld.

Immer wenn ich selbst arbeitslos war, lieferte ich meine ganze Unterstützung zu Hause ab und behielt als Taschengeld 50 Groschen in der Woche. Später ging die Regierung in ihrer großartigen Wirtschaftspolitik dazu über, den Arbeitslosen von ihrer Unterstützung einmal monatlich 2 Schilling abzuziehen. Dafür wurde ihnen vom Amt ein Stück Käse zugeteilt. So wurden damals die Bauern mit Hilfe der Arbeitslosen gefördert!

Da diese Aktion für die jugendlichen Arbeitslosen überparteilich war, wurde sie auch von der Kirche unterstützt und gefördert. In eine der mir unterstellten Werkstätten in Ottakring auf der Wilhelminenstraße kam eines Tages großer Besuch: der Wiener Wohlfahrtsstadtrat Julius Tandler zusammen mit Kardinal Innitzer. Bei dieser Gelegenheit sah mich der Kardinal und sprach mit mir. Bei aller Kritik, die man später aus politischen Gründen gegen ihn vorbrachte, muß ich sagen, daß Innitzer immer sehr hilfsbereit war.

Meinen nächsten Posten im Winter 1933/34 konnte ich nicht mehr antreten. Ich wäre wieder nach Rudolfsheim in die Ölweingasse gekommen. Dort hatte man mich angefordert. Doch die Polizei verhinderte es. Der Bürgerkrieg warf seine Schatten voraus.

II.
»Der Olah ist ein Ehrenmann, der hat nichts verraten«

Der 12. Februar 1934 und die Folgen

Nicht nur wirtschaftlich, auch innenpolitisch hatten sich die Zustände von Jahr zu Jahr verschlechtert. Die Mehrheit der bürgerlichen Regierung schmolz zusammen, die Folge war eine Radikalisierung auf der Rechten, eine Stärkung der antiparlamentarischen und antidemokratischen Kräfte. Die Christlichsozialen waren zwar Regierungspartei im Bund, in Wien aber eine frucht- und hoffnungslose Opposition. Die letzten freien Wahlen in den Wiener Gemeinderat im Frühjahr 1932 halbierten diese Partei fast zugunsten der NSDAP; der österreichische Ableger Hitlers trat das Erbe der radikalisierten Wiener Kleinbürger an. Auch im Landtag von Niederösterreich und Salzburg verloren die Christlichsozialen damals ihre Mehrheit. Sicher haben damals die antiparlamentarischen Kräfte auf der bürgerlichen Seite mit Dollfuß an der Spitze die Hoffnung auf weiteres parlamentarisches Regieren aufgegeben, trotz der Kompromißbereitschaft der Sozialdemokraten. Auch innerhalb der Christlichsozialen Partei wurden die Anhänger der parlamentarischen Demokratie entmachtet und aus ihren Positionen entfernt. Die beiden kleineren bürgerlichen Parteien, die Großdeutschen und die Landbündler, wurden aufgerieben und zerfielen nahezu von selbst.

Die Ausgangsbasis für diese Entwicklung war nicht nur durch die Weltwirtschaftskrise gegeben, sondern auch

durch die Entwicklung in unseren Nachbarländern. Italien war faschistisch, Ungarn und Jugoslawien hatten ein ähnliches Regime, und die Zustände im Deutschen Reich wurden immer chaotischer, bis Anfang 1933 auch dort die parlamentarische Demokratie in aller Form und mit aller Brutalität liquidiert wurde. In Österreich waren es vor allem die bewaffneten Privatarmeen auf der Rechten, die eine Verschärfung des innenpolitischen Klimas bewirkten. Zusammenstöße, Schlägereien und Schießereien waren an der Tagesordnung. Große Aufmärsche der gegnerischen Formationen bedeuteten jedesmal eine Kraft- und Zerreißprobe. Der Republikanische Schutzbund auf unserer Seite war nur ein unzulängliches Gegengewicht. Das sollte sich im Februar 1934 erweisen. Gegen die legale Staatsgewalt und gegen gut bezahlte und ausgerüstete reguläre Truppen hatte der unzulänglich geführte Schutzbund keine Chance. Dafür war es damals auch schon zu spät. Die Arbeiterschaft war durch die wirtschaftliche Notlage und die jahrelange Arbeitslosigkeit deprimiert und politisch demoralisiert. Das dauernde Zurückweichen ihrer politischen Führung vor den Willkürmaßnahmen der Regierung war nicht ohne Folgen geblieben.
Die Ausschaltung des freigewählten Nationalrates im März 1933 und das Verbot aller weiteren Wahlen durch die Regierung Dollfuß, verbunden mit der Ausschaltung des Verfassungsgerichtshofes, stellten die wirkliche Kraftprobe dar. Das Nachgeben in diesen Grundsatzfragen war schon die eigentliche Entscheidung. Seither wurde der Spielraum der Opposition immer geringer. Zwei Tage vor dem 12. Februar 1934 wurden in Wien alle maßgebenden Führer des Schutzbundes verhaftet. In einer zum Zerreißen gespannten Situation schliefen die militärischen Führer des Schutzbundes brav zu Hause in ihren eigenen Betten! Das mochte moralisch ja sehr lobenswert sein,

politisch war es eine furchtbare Dummheit. So waren die Schutzbündler am 12. Februar über weite Strecken kopf- und führungslos. Dann kamen Feigheit und gelegentlich Verrat. Bei aller Tapferkeit der Kämpfenden waren die Aussichten von Beginn an hoffnungslos.
Meine Bemühungen und die meiner Freunde – alles gewerkschaftliche Jugendfunktionäre –, in den Tagen des Kampfes irgendwie zu helfen, waren vergeblich. Tausende Schutzbündler mußten diesem Debakel hilflos zusehen. Die Generalstreikparole wurde nicht mehr befolgt, die Eisenbahnen funktionierten, nur der Ausfall der E-Werke in Wien lähmte teilweise das öffentliche Leben. Ich befand mich in den Vormittagsstunden des 12. Februar 1934 – einem Montag – im Hause unserer Gewerkschaft in der Margaretenstraße, als das elektrische Licht erlosch. Wie alle Vertrauensmänner wußte ich: das war das verabredete Signal für den Beginn des Kampfes. Andere glaubten anfangs noch an eine harmlose Stromstörung. Aber die Situation einige Häuserblocks weiter – im »Vorwärts«-Gebäude an der Wienzeile, das die Arbeiter Zeitung und das Parteisekretariat beherbergte – verschaffte uns Gewißheit: es war bereits von Polizei besetzt. Also holte ich ein Taxi zum Hintereingang des Gewerkschaftshauses in der Bräuhausgasse. Ferdinand Steindl, einer unserer Jugendfunktionäre, und ich brachten eine Schreibmaschine und einen Vervielfältigungsapparat mit allem dazu erforderlichen Material im Taxi in die Wohnung einer Gewerkschaftsangestellten in die Stöbergasse im 5. Bezirk.
Auf dieser Schreibmaschine wurde am Nachmittag des 12. Februar der Aufruf des Parteivorstandes bzw. der Funktionäre, die als Kampfleitung fungierten, geschrieben und auf dem einzig verfügbaren, von uns sichergestellten Vervielfältigungsapparat gedruckt. Es war der Aufruf zum Generalstreik und zum Widerstand mit Waffengewalt.

Den Text des Aufrufes überbrachte uns ein Jugendfunktionär namens Bruno Kreisky. Da der ursprüngliche Text zum Vervielfältigen unserer Meinung nach zu lang war, haben wir ihn eigenmächtig gekürzt. Von der Stöbergasse aus wurde der vervielfältigte Aufruf zur Verteilung gebracht, so gut es eben möglich war inmitten des Zusammenbruchs der Bewegung. Es gab keine wirklichen Vorbereitungen für diesen Ernstfall, nichts funktionierte. Wir wollten uns damals auch noch Sprengstoff oder Handgranaten verschaffen, um aktiv in die Kämpfe eingreifen zu können. Wir wußten, der Schutzbund hatte Waffen- und Munitionslager angelegt – aber niemand wußte, wo! Und der Aufruf kam ein Jahr zu spät!

Die von der Parteileitung bereitgehaltenen Druckereien waren lahmgelegt, da durch den Streik der E-Werksarbeiter in Wien die Druckmaschinen nicht funktionierten. Es funktionierte auch kein für den Ernstfall vorgesehenes Leitungsorgan. Im Jahre 1933, als man eine Auseinandersetzung mit der Regierung Dollfuß schon für unausweichlich hielt, wurde ein gemeinsames Generalstreikkomitee eingesetzt. Die Zusammensetzung war so vorgesehen: sieben Vertreter des Bundes der Freien Gewerkschaften, drei Vertreter des Parteivorstandes und drei Vertreter des Republikanischen Schutzbundes. Die Gewerkschaften behielten sich ausdrücklich die Mehrheit in diesem Generalstreikkomitee vor. Falls die erste Garnitur verhaftet werden sollte, wurden weitere derartige Komitees personell festgelegt. Funktioniert hat gar nichts.

Bürgerkrieg ist die schlimmste Form des Krieges. Verschlimmert wurde die Situation durch überflüssige Grausamkeiten der übermütig gewordenen Söldnertruppen und durch das Vorgehen der Regierung selbst nach Beendigung der Kämpfe. Standrechtliche Hinrichtungen von schwerverwundeten Gegnern sollten offenbar abschrekkend wirken. Doch sie erzeugten nur zusätzliche Erbitterung und Haß, der bis heute nicht ganz erloschen ist. Besiegte Gegner aufzuhängen hat wohl kaum etwas mit dem Christentum zu tun, auf das sich die »Ständestaat«-Politiker so gerne beriefen. Für die Regierung war der 12. Februar 1934 der willkommene Anlaß zur Liquidierung der gesamten freien Arbeiterbewegung. Nicht nur die Partei und die Freien Gewerkschaften wurden verboten, auch alle kulturellen und sportlichen Organisationen der Arbeiterbewegung bis hin zu den kleinsten Vereinen wurden aufgelöst. Der Wiener Bürgermeister und seine Mitarbeiter wurden ebenso festgenommen wie alle politischen Mandatare der Sozialdemokratischen Partei. Wien und die Wiener Gemeindeverwaltung hatten damals in der Wohlfahrtspflege und im sozialen Wohnbau Weltgeltung. Es waren Pioniere der Kommunalpolitik, die in Wien am Werk gewesen waren.

Am Sonntag nach dem 12. Februar haben wir uns im Rahmen eines Ausfluges getroffen. So wie viele Hunderttausende waren auch wir bisherige Jugendfunktionäre politisch und persönlich ratlos. Wir besprachen die Errichtung einer Kaderorganisation und die Sicherung der Verbindung zu allen treugebliebenen Mitgliedern und Funktionären. Wir wußten natürlich nicht, wer und wie viele abfallen würden. Von der Charakterstärke mancher Wiener erhielten wir in diesen Tagen so manche Probe. In meinem Bezirk hatte die Vaterländische Front, die Einheitspartei der Regierung, in der Jörgerstraße ein Lokal aufgemacht, das von den Konjunkturrittern aller Schattierungen eifrig frequentiert wurde. Während die kämpfenden Schutzbündler verbluteten und andere zum Galgen geschleppt wurden, sicherten sich diejenigen, die immer richtig liegen wollten, schon die Mitgliedskarte der »VF«. Viele waren in den Jahren vor 1934 aus der katholischen

Kirche ausgetreten. Manche, weil sie glaubten, daß ein solcher Austritt »oben«, bei den Spitzenfunktionären der Partei, gerne gesehen würde, was leider auch zutraf. Viele von diesen »Freidenkern« stellten sich in den Tagen und Wochen nach dem 12. Februar wieder bei ihrem Pfarrer ein, um »reumütig« in den Schoß der Kirche zurückzukehren. Eine kleine Minderheit wich auch in die evangelische oder die altkatholische Kirche aus.
Zur Verhaftungswelle kamen die Maßregeln im öffentlichen Dienst und häufig auch der Verlust der Gemeindewohnung für ehemalige Sozialdemokraten. Dieser österreichische »Faschismus« war zwar schwächlich und nicht so grausam wie die Regime diverser anderer Diktatoren dieses Jahrhunderts, dafür aber kleinkariert, schäbig und bösartig.

Unsere Untergrundarbeit haben wir eigentlich schon im Jahre 1933 begonnen. Wir hatten zwar keine Ahnung, wie man so etwas macht, aber wir versuchten es eben auf unsere Art. Was wir vorhatten, war zwar »illegal«, weil verboten, illegal war aber eigentlich die Regierung, denn sie hielt sich nur unter Bruch der geltenden Verfassung an der Macht. Schon 1933 hatte die Regierung über die Presse die »Vorzensur« verhängt. Betroffen waren davon natürlich am stärksten die sozialdemokratischen Organe. Also wurden Zeitungen unter anderem Namen gedruckt, mit fingierten Angaben des Druckortes, des Verlegers sowie des verantwortlichen Redakteurs. Die erste Aufgabe für unseren improvisierten Apparat in Wien war es, diese Zeitungen viele Wochen hindurch in Zehntausenden Exemplaren zu verbreiten.
Schließlich hatte die Polizei doch einmal Glück und erwischte einen unserer Leute bei der Verteilung. Eingeschüchtert nannte dieser die »Rädelsführer« der Aktion,

darunter Rudolf Holowatyj und mich. Das hatte meine erste Festnahme zur Folge, im November 1933. Ich erhielt sechs Wochen Arrest – nicht mehr, weil der Wiener Landeshauptmann die Strafe sonst hätte aufheben können – und das war damals, ein knappes Vierteljahr vor dem 12. Februar, noch immer der sozialdemokratische Bürgermeister Seitz! Holowatyj erhielt vierzehn Tage Arrest. Die Staatspolizei lieferte mich in das Landesgericht ein: Anzeige wegen Vorbereitung zum Hochverrat! Doch der Untersuchungsrichter hat mich nur einmal kurz einvernommen, dann schickte er mich zur Polizei zurück.
Meine Strafe verbüßte ich im Bezirksgericht Margareten. Auch Weihnachten und Neujahr verbrachte ich dort. Es waren meine ersten Weihnachten im Gefängnis. Es sollten im Laufe meines Lebens noch zehn weitere Weihnachten folgen, die ich hinter Gittern oder hinter Stacheldraht verbringen mußte. Die Justizwachebeamten waren zum Großteil noch immer sozialdemokratisch gesinnt, wir wurden von ihnen gut behandelt. Auch die Polizei- und Kriminalbeamten benahmen sich anständig, übrigens nicht nur dieses erste Mal, sondern auch in Zukunft – selbst im März 1938. Ich wurde nie geschlagen oder mit Brachialgewalt bedroht. Die Einschüchterungsversuche bei den Vernehmungen durch höhere Beamte waren nur »Bluff«. Man hat später gerne behauptet, ich hätte in dieser Zeit einen Haß auf die Polizei entwickelt. Das ist nicht nur falsch, es wäre auch gar nicht gerechtfertigt. Im Gegenteil, ich bin auch aus dieser Zeit vielen Menschen zu Dank verpflichtet. Andere Gefangene hingegen wurden zweifellos mißhandelt und gedemütigt. Aber ich kann hier nur für mich sprechen und halte es für meine Pflicht, bei der Wahrheit zu bleiben.
Sowohl Bürgermeister Seitz als auch Kardinal Innitzer (der mich von der Aktion »Jugend am Werk« kannte)

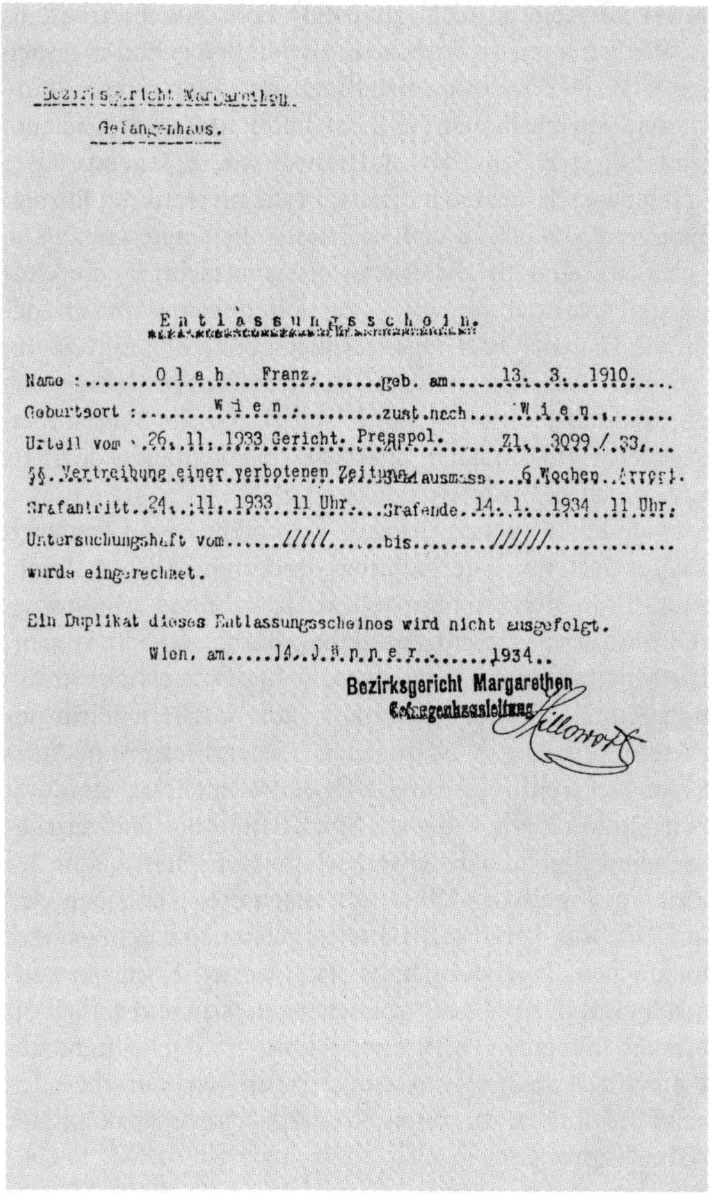

Bezirksgericht Margarethen.

Gefangenhaus.

E n t l a s s u n g s s c h e i n.

Name : ....O l a h.....Franz.........geb. am.........13. 3. 1910.....

Geburtsort : ....W i e n ....zust. nach.......W i e n..........

Urteil vom ..26. 11. 1933 Gericht. Presspol. ....Zl. 3099 / 33.....

§§. Vertreibung einer verbotenen Zeitung Strafausmass....6 Wochen Arrest.

Strafantritt..24. 11. 1933 11 Uhr.....Strafende..14. 1. 1934 11 Uhr.

Untersuchungshaft vom......//////......bis........//////...............

wurde eingerechnet.

Ein Duplikat dieses Entlassungsscheines wird nicht ausgefolgt.

Wien, am.....14. J ä n n e r.........1934..

Bezirksgericht Margarethen

Gefangenhausleitung

Franz Olah verbüßte seine erste Haftstrafe im Bezirksgericht Margarethen (24. 11. 1933–14. 1. 1934)

intervenierten für mich, um meine Freilassung wenigstens zu Weihnachten zu erreichen. Sie blieben genauso erfolglos wie viele andere Persönlichkeiten fast vierzig Jahre später. Am 15. Jänner 1934, einem Sonntag, wurde ich um acht Uhr früh aus der Haft entlassen. Während dieser ersten Haft besuchten mich noch viele meiner Freunde und Bekannten. Auch zu meiner Entlassung plante man einen »großen Bahnhof«. Aber ich wollte das nicht; meine Mutter und das Ehepaar Holowatyj holten mich vom Gefängnis ab. In ganz Österreich wurde ich bedauert, eine Strafe von sechs Wochen rief damals allgemeines Entsetzen hervor. Rudolf Holowatyj wurde später zu zehn Jahren Kerker verurteilt und nur unter der Bedingung begnadigt, Österreich zu verlassen.

Meinen Posten bei der Aktion »Jugend in Not« konnte ich wieder antreten. Die Funktionäre der christlichen, regierungsfreundlich orientierten Jugendverbände erhoben erstaunlicherweise nicht den geringsten Einwand dagegen. Ein Mann vor allem verdient es, in diesem Zusammenhang namentlich erwähnt zu werden. Der Geschäftsführer der Aktion »Jugend in Not« sowie »Jugend am Werk« und Leiter der Lehrlingsschutzstelle der Wiener Arbeiterkammer, Anton Kimml. Er war Sozialdemokrat und Vertrauensmann der Freien Gewerkschaften. Er hat mir in der Zeit der ständischen Diktatur viel geholfen – und nicht nur mir. Er war der erste, dem es gelang, die Spitzen der feindlichen Jugendorganisationen beider Seiten im Jugendbeirat der Wiener Arbeiterkammer an einen Tisch zu bringen und eine gemeinsame Aktion für die während der Weltwirtschaftskrise auf den Straßen herumirrende Jugend ins Leben zu rufen. Vor 1934 sagte man in der Arbeiterbewegung in Wien: »Wenn wir einmal den Sozialminister stellen können, dann ist Anton Kimml unser Kandidat.« Aber auf ein solches Niveau kamen die Träger dieses Amtes nach 1945 nur selten: unter Johann Böhm, nachher vielleicht noch einmal unter Dr. Weissenberg. Denn Kimml fand nach 1945 nicht die Gnade der Wiener Apparatschiks und blieb in Salzburg, wo er in der Arbeiterkammer und im Landtag wertvolle Arbeit leistete. Doch selbst seine Wahl zum Mitglied der Salzburger Landesregierung wurde im Parteivorstand auf Betreiben seines haßerfüllten, aber unfähigen Rivalen von einst, Anton Proksch, beeinsprucht.

Die Arbeiterkammern waren schon vor dem 12. Februar 1934 gleichgeschaltet worden. Mit 1. Jänner 1934 übernahmen auf Grund einer Regierungsverordnung von oben eingesetzte Verwaltungskommissionen die Leitung dieser Kammern. Wahlen wurden nicht mehr gestattet. Die Freien Gewerkschaften lehnten es ab, in diese verordneten Körperschaften Vertreter zu entsenden. Sie wären dort ohnehin eine Minderheit gewesen, obwohl die Freien Gewerkschaften bei den letzten Kammerwahlen noch eine Mehrheit von fast 90% erzielt hatten. So wurden die Verwaltungskommissionen nur aus Vertretern der Christlichen und der Heimwehr-Gewerkschaften, den sogenannten »Unabhängigen«, zusammengesetzt.

Nach dem 12. Februar stellte sich nun die Frage, was nach dem Verbot der Freien Gewerkschaften und der Sozialdemokratischen Partei mit den gemeinsamen Jugendaktionen geschehen solle. Vorerst einmal wurden alle Sozialdemokraten entlassen, die im Rahmen der Aktion »Jugend in Not« und »Jugend am Werk« hauptamtlich beschäftigt waren. Doch eine Woche später wurden wir alle neu eingestellt. Jeder, der bleiben wollte, konnte seine Tätigkeit fortsetzen. Es wurde uns in diesem Stadium weder ein Beitritt zur Vaterländischen Front noch zur Einheitsgewerkschaft der Regierung abverlangt. Daß die freigewerkschaftlichen und sozialdemokratischen Jugendfunktionäre ihre Posten behalten konnten, ohne irgendwelche Loyalitätserklärungen abgeben zu müssen, war sicher dem taktischen Geschick von Anton Kimml zu danken, dem es gelungen war, das Vertrauen von Johann Staud zu erringen, dem Präsidenten der Einheitsgewerkschaft. Staud war ein einfacher, anständiger Christlicher Gewerkschafter, seiner innersten Überzeugung nach sicher ein Demokrat. Allerdings war der Sozialminister, Dr. Neustädter-Stürmer, einer der unangenehmsten radikalen Heimwehrführer, in gewissem Sinne sein Vorgesetzter, und als Bleigewicht hatte Staud noch die Heimwehrgewerkschafter am Bein. Diese Leute waren niemals echte Gewerkschafter. Die Arbeiterbewegung nannte sie die »gelben Verräter« – zum Unterschied von den christlichen Arbeiterfunktionären waren diese sogenannten »Unabhängigen« Söldlinge einer Gruppe von Unternehmern der scharfmacherischen Richtung wie der Alpine oder der Hirtenberger Waffenfabrik.

Mir wurde, wie auch anderen Sozialdemokraten, ein »Schwarzer« zur Überwachung vor die Nase gesetzt. Diese Überwachung war so gut wie nutzlos. Innerhalb der »Jugend am Werk«-Gruppen organisierten wir dennoch jede mögliche illegale Aktivität. Meine Tätigkeit dort gestattete mir, unter legalem Deckmantel, ausgerüstet mit einer Monatsnetzkarte der Straßenbahn und einer Legitimation der Arbeiterkammer, in ganz Wien herumzufahren und Verbindungen anzuknüpfen bzw. aufrechtzuhalten. Auch die Schlüssel zu unserem alten Gewerkschaftshaus in der Margaretenstraße hatten wir behalten. Ein oder zwei Wochen nach dem 12. Februar kehrten wir noch einmal dorthin zurück, um einiges von dem Material zu sichten und mitzunehmen, das wir bei unserem überstürzten Aufbruch hatten zurücklassen müssen. Dabei erwischte uns der neue, von der Regierung eingesetzte Verwalter, der

Christliche Gewerkschafter Otto Troidl. Er hätte uns anzeigen oder verhaften lassen können, statt dessen sagte er nur »Macht's das ja nicht wieder!« und ließ uns laufen. In Dachau trafen wir uns wieder.

Eines Tages lud mich Präsident Staud zu sich in die Laudongasse ein. Er machte mir das Angebot, als hauptamtlicher Gewerkschaftssekretär tätig zu sein. Er meinte es wohl ehrlich, als er zu mir sagte: »Schauen Sie, wir brauchen und wollen die aktiven jungen Funktionäre aus den Freien Gewerkschaften, im Interesse der Arbeiter.« Ich lehnte höflich ab und nannte ihm auch in aller Offenheit den Grund dafür: Solange die rechtmäßig gewählten Funktionäre ihr Amt nicht ausüben könnten und die ordnungsgemäß angestellten Sekretäre gemaßregelt oder aus ihren Stellungen entlassen würden, käme eine Mitarbeit für mich nicht infrage. Staud bedauerte meine Antwort, blieb aber weiterhin freundlich und war immer sehr anständig zu mir. Keiner von uns ahnte, daß wir schon vier Jahre später als Gefangene in Dachau gemeinsam Schwerarbeit leisten mußten. Einmal wurde in einem größeren Rahmen der Versuch unternommen, freigewerkschaftliche Jugendfunktionäre für die Mitarbeit in der Einheitsgewerkschaft zu gewinnen. Ungefähr ein Dutzend aus verschiedenen Berufen kommende ehemalige Jugendfunktionäre wurde in ein Gasthaus in Ottakring zu einer Zusammenkunft eingeladen, bei einem guten Nachtmahl, das wir auch nicht verschmähten. Aber niemand von uns war zu einer Mitwirkung bereit. Im Gegenteil: »Überläufer«, die sich zur Mitarbeit in den Regierungsgewerkschaften bereit erklärten, wurden verachtet und angespuckt.

Anton Kimml und seine Frau sagten einmal – eher beiläufig – zu mir: »Wir haben Angst, daß du vielleicht in der illegalen Bewegung mittust und die Polizei dich wieder festnimmt. Jetzt ist die Lage schlimmer als 1933.« Ich

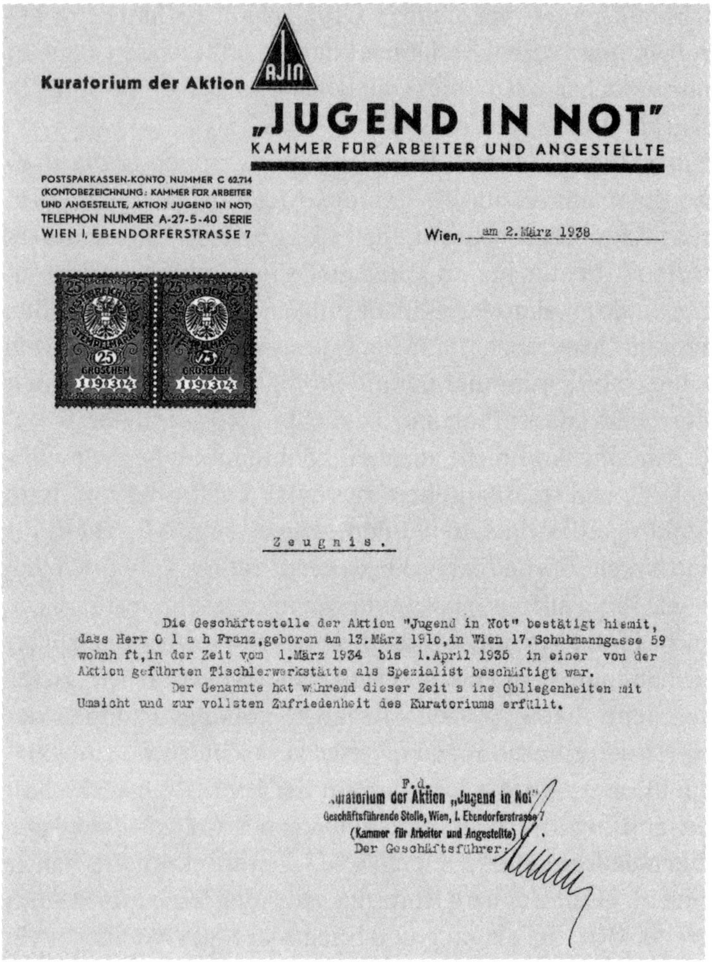

Kuratorium der Aktion

AJIN

„JUGEND IN NOT"

KAMMER FÜR ARBEITER UND ANGESTELLTE

POSTSPARKASSEN-KONTO NUMMER C 62.714
(KONTOBEZEICHNUNG: KAMMER FÜR ARBEITER
UND ANGESTELLTE, AKTION JUGEND IN NOT)
TELEPHON NUMMER A-27-5-40 SERIE
WIEN I, EBENDORFERSTRASSE 7

Wien, am 2. März 1938

Zeugnis.

Die Geschäftsstelle der Aktion "Jugend in Not" bestätigt hiemit, dass Herr O l a h Franz, geboren am 13. März 1910, in Wien 17. Schuhmanngasse 59 wohnh ft, in der Zeit vom 1. März 1934 bis 1. April 1935 in einer von der Aktion geführten Tischlerwerkstätte als Spezialist beschäftigt war.

Der Genannte hat während dieser Zeit s ine Obliegenheiten mit Umsicht und zur vollsten Zufriedenheit des Kuratoriums erfüllt.

F.d.
Kuratorium der Aktion „Jugend in Not"
Geschäftsführende Stelle, Wien, I. Ebendorferstrasse 7
(Kammer für Arbeiter und Angestellte)
Der Geschäftsführer:

Vom 1. 3. 1934–1. 4. 1935 war Franz Olah als »Spezialist« in der Tischlerwerkstätte der Aktion »Jugend in Not« beschäftigt – die geeignete Kulisse für die politische Untergrundarbeit.

Kommentar des Autors: »Hier steht, daß ich mit 1. April 1935 ausgeschieden bin. Das ist unwahr. Ich wurde am 5. April 1935 während der Dienstzeit und anläßlich einer Dienstbesprechung in der Wiener Arbeiterkammer (Ebendorferstr. 7) von der StaPo erwartet und festgenommen – also während eines aufrechten Dienstverhältnisses. Damit man in der offiziellen Presseaussendung der Polizeidirektion von einem »arbeitslosen« Klaviermachergehilfen sprechen konnte, wurde meine Entlassung rückwirkend ausgesprochen – ich konnte mich nicht dagegen wehren.«

versuchte mich mit einigen unverbindlichen Worten aus der Affäre zu ziehen. Kimml aber tat etwas für mich, was ich selbst gar nicht vorzuschlagen gewagt hätte: er bewog Präsident Staud zu einem Brief an den damaligen Chef der Staatspolizei, Hofrat Dr. Presser, und erwirkte, daß mich die Staatspolizei ab diesem Tag in Ruhe ließ, mich weder beobachtete noch sonst behelligte. Das war von unschätzbarem Wert für meine Tätigkeit in der Untergrundbewegung. Zwar wurde ich im April 1935 wegen eines »Betriebsunfalls« doch verhaftet, aber mehr als ein Jahr war ich verschont geblieben.

Die Untergrundarbeit wurde von den Revolutionären Sozialisten getragen, die zwar mit der Führung der verbotenen Sozialdemokratischen Partei im Exil in Verbindung standen, aber im Lande eine eigenständige Organisation aufbauten. Der eigentliche Begründer und Erste Vorsitzende des Zentralkomitees der Revolutionären Sozialisten war Manfred Ackermann, bei dem ich viel gelernt habe und mit dem ich in der illegalen Bewegung eng zusammengearbeitet habe. Seine Rolle in der Bewegung wurde viel zu wenig gewürdigt. Ihn hätte man 1945 sofort zurückholen müssen! Nach seiner Verhaftung übernahm Karl Hans Sailer diese Funktion, ein ehemaliger Redakteur der AZ.

Die naheliegendste Aufgabe der Illegalen war die Bildung eines kleinen, agilen Apparates zur Verteilung und Verbreitung der in Brünn gedruckten »Arbeiter-Zeitung«, ab und zu auch anderer Aufrufe und Flugblätter. Die Zeitung sollte auch nicht heimlich in Briefkästen gesteckt, sondern offiziell verkauft werden. Etwas mehr als eine Woche nach dem 12. Februar kam ein Mann zu mir in die Wohnung, den ich nur dem Namen nach kannte. Es war Hans Pav, ein ehemaliger Sportredakteur der »Arbeiter-Zeitung«. Ich möge die Aufbauarbeit einer illegalen Parteiorganisation in Hernals übernehmen. Natürlich sagte ich zu, ergänzte

jedoch, daß ich mich auch um die Gewerkschaftsbewegung der Holzarbeiter kümmern müsse.
In wenigen Wochen hatten wir in unserem Bezirk die höchste Auflage der »Arbeiter-Zeitung« innerhalb Wiens. Mit Hilfe einiger Schutzbund-, vor allem aber von Jugendfunktionären wurde eine neue Organisation aufgebaut. Die kommunistische Organisation in Hernals mit ihrem Führungsanspruch haben wir gleich zu Beginn in die Schranken verwiesen. Das ging nicht ganz glatt, sogar tätliche Auseinandersetzungen gab es – und das unter den Augen der Polizei! Die Sozialistische Jugendorganisation von Hernals war in den ersten Wochen mit ihren Funktionären zu den Kommunisten übergetreten. Nach einiger Zeit war die Begeisterung vorbei, und sie kamen zu uns, zu den Revolutionären Sozialisten. Bis 1938 hatte die KP in unserem Bezirk nichts mehr zu reden.
Im Mai 1934 wurde ich ersucht, die Funktion eines Kreisleiters zu übernehmen. Die Wiener Kreisleiter der Revolutionären Sozialisten waren damals Otto Probst und Josef Kratky (beide später Zentralsekretäre der SPÖ), Dipl.-Ing. Franz Witzmann (nach 1945 Gemeinderat und Direktor der Baufirma Porr) und Hans Kratky von der Sportstelle der Stadt Wien. Mein Kreis umfaßte den Bereich westlich des Gürtels, die Wiener Gemeindebezirke 15 bis 18. Damals trat ich erstmals persönlich in Verbindung mit Robert Uhlir, dem Bezirksleiter von Fünfhaus, einem tapferen und gesinnungstreuen Mann. Angestellt in der Sozialversicherung, setzte er seine Existenz täglich aufs Spiel. Er war nach 1945 Klubobmann der SPÖ-Parlamentsfraktion. Der Bezirk Ottakring war politisch und organisatorisch schwach – die schweren Kämpfe vom Februar wirkten lange nach. Angenehme Erinnerungen verbinden mich aus dieser Zeit mit Währing. Tüchtige, fleißige und anständige Funktionäre hatten dort eine ausge-

zeichnete Organisation geschaffen. Mein Nachfolger in Hernals wurde der ehemalige Schutzbundführer Karl Brosch.
Der 1. Mai 1934 war die erste Generalprobe für unsere Organisation. Die Illusion, eine Untergrundorganisation als Massenbewegung zu betrachten, die auch Großkundgebungen in aller Öffentlichkeit durchführt, war in uns noch lebendig. Wir sollten für diese Illusion einen sehr hohen Preis bezahlen. Zu den Maikundgebungen 1934 kamen tschechoslowakische Abgeordnete, die als Redner auftraten. Ihnen konnte die österreichische Regierung nichts anhaben – außer sie umgehend zurück zur Grenze geleiten. Bei unserer Kundgebung sprach neben anderen der nach 1945 in Deutschland bekannt gewordene sudetendeutsche Sozialdemokrat Wenzel Jaksch.
Mühseliger war der Aufbau einer illegalen gewerkschaftlichen Organisation. In der Zeit der Massenarbeitslosigkeit bedeutete das Auffliegen einer solchen Organisation eine mehrfache Gefahr: nicht nur eine mögliche Verurteilung und Freiheitsentzug, sondern für Mißliebige Arbeitslosigkeit, vielleicht sogar Verlust der Wohnung. Doch mit den noch vorhandenen größeren Betrieben der Holz- und Möbelindustrie in Wien war die Verbindung bald hergestellt. Die früheren sozialdemokratischen Betriebsräte aus der Freien Gewerkschaft besaßen das Vertrauen der Arbeiter und blieben dadurch im Amt. Die Kommunisten hatten bei uns nur geringen Erfolg. Die freigewerkschaftliche Zentrale stand unter der Führung von Karl Mantler von den Lebensmittelarbeitern und Andreas Thaller von den Eisenbahnen. In anderen Berufen ging die politische Spaltung der Untergrundgewerkschaften viel tiefer. Die kommunistisch orientierten Gewerkschaftsgruppen bildeten eine eigene Zentrale, die sogenannte »Zentralkommission für den Wiederaufbau der freien Gewerkschaften«. Bei

den Metallarbeitern hatten sie die Mehrheit, bei den Angestellten war das Verhältnis nie ganz klar. Sie bildeten eine »überparteiliche« Organisation mit einem nicht parteigebundenen Vorsitzenden, Friedrich Hillegeist, an der Spitze. Sie schlossen sich keiner der beiden gewerkschaftlichen Untergrundzentralen an. Wie immer in ihrer Politik arbeiteten die Kommunisten mit Tarnung, Schwindel und Lügen – nicht nur gegenüber der Regierung, sondern auch gegenüber den Arbeitern.

Im Herbst 1935 wurde in Prag eine gemeinsame Konferenz aller Gewerkschaften beider Richtungen abgehalten. Sie war als Versuch gedacht, zu einer organisatorischen Vereinigung zu gelangen. Die Kommunisten sind ja stets für die Einheit – nach ihrem Schema freilich. Da ich diesen Zeitgenossen mit ihren stalinistischen Methoden auf der Konferenz gründlich meine Meinung sagte – die große Mehrheit spendete mir Beifall – stürzten sich nach meinen Ausführungen einige kommunistische Radaubrüder auf mich, und es kam beinahe zu einer Prügelei. Geändert hat sich durch diese Konferenz nichts.

Das war nicht meine erste Reise in die ČSR. Schon relativ bald nach dem 12. Februar 1934 fuhr ich einmal nach Znaim, um mich mit Franz Novy zu treffen. Die geflüchteten Österreicher waren in der Betreuung der tschechischen Sozialdemokraten (während die schon ab 1933 geflüchteten Sozialdemokraten aus dem Deutschen Reich durch die sudetendeutsche Sozialdemokratische Partei betreut wurden). Die tschechischen Sozialdemokraten nahmen sich der Österreicher an und taten in jeder Hinsicht viel für sie. Die alte, 1918 zuende gegangene staatliche und politische Gemeinschaft hat sich damals besser bewährt als zur Zeit der Monarchie.

Anfang 1935 wurde der Funktionärsapparat durch Verhaftungen arg dezimiert. Der Verrat eines Parteispitzels, der in die Brünner Parteikonferenz Eingang gefunden hatte, trug seine Früchte. Unter denen, die von diesem Verrat verschont blieben, war auch ich, vermutlich dank der Tatsache, daß ich mich an den theoretischen Diskussionen in Brünn nicht beteiligt hatte. Ich hielt von diesen großen Reden nichts, weil sie lediglich der Versuch waren, sich über eine für die unmittelbare Zukunft völlig aussichtslose Situation mit allerlei dialektischen Kunstgriffen hinwegzutrösten. Dazu kam die leidige, ständig neu aufgelegte »Einigungsdiskussion« mit den Kommunisten und ihren Trabanten. Davon hielt ich noch weniger, und das war auch die Überzeugung der überwältigenden Mehrheit der Revolutionären Sozialisten. Die Entwicklung gab mir in dieser Frage Recht.

Viele Funktionäre wurden also Anfang 1935 verhaftet, andere mußten für einige Zeit außer Landes gehen. In dieser Situation, als fast der ganze illegale Parteiapparat und der Vertriebsapparat der »Arbeiter Zeitung« zerschlagen worden war, übernahm ich die Leitung der Wiener Parteiorganisation. Unsere erste Aufgabe war es, die Verhafteten durch eine sofortige Wiederaufnahme der Propaganda möglichst schnell zu entlasten. Denn das mußte der Staatspolizei den Eindruck vermitteln, danebengegriffen und die Falschen arretiert zu haben. Ich war damals noch keine 25 Jahre alt, und meine politische Erfahrung war sicher nicht überwältigend. Es war wahrscheinlich weniger die Umsicht als der Mut und die Unbekümmertheit, die mir bisher Erfolge verschafft hatten. Das dürfte auch der Grund gewesen sein, warum mich das Zentralkomitee im Einvernehmen mit Otto Bauer mit der Leitung der Wiener Organisation beauftragte.

Der Apparat in Wien mußte völlig neu organisiert, die in der ČSR gedruckten Zeitungen übernommen und Lokale (sogenannte Depots) unter falschem Namen und zu ge-

tarnten Zwecken angemietet werden. Vor allem aber mußten neue Leute für den Transport und die Verteilung innerhalb Wiens gefunden werden. Die Neuorganisation verlief erfolgreich, bis jedoch von den Stellen in der ČSR der Transport wieder einmal Leuten anvertraut wurde, die dies nur um der Bezahlung willen taten. Als sie von der Polizei geschnappt wurden, verrieten sie das Wiener Depot sofort, das sich in der Mariahilferstraße, im sogenannten Klea-Haus, befand. Dort brauchte die Polizei dann nur zu warten, bis der Reihe nach alle kamen. Manche der Überraschten nannten weitere Namen. Bis man schließlich auch auf mich kam. Man sagte mir später, ich sei zu unvorsichtig gewesen und hätte mich besser »abschirmen« sollen! Aber die Menschen, die ich für diese Arbeit gewinnen wollte, mußte ich ja selber überzeugen, weshalb mich viele Leute kannten.
Mich verhafteten die Kriminalbeamten in der Arbeiterkammer, als ich zur wöchentlichen Besprechung der Gruppenleiter der Aktion »Jugend am Werk« kam. Es war kalt; ich trug einen dunklen Winterrock und einen Hut. Mit Hut erkannte mich offensichtlich niemand, auch nicht die Polizisten, die in der Portierloge in der Ebendorferstraße saßen und warteten. Ich ging seelenruhig und nichtsahnend an ihnen vorbei und hinauf in unser Bürozimmer. Den erschreckten Gesichtern der Angestellten konnte ich jedoch bereits ablesen, was mir bevorstand. Sie waren zumeist noch Sozialdemokraten, die auch nach dem 12. Februar in der Arbeiterkammer geblieben waren. Keiner von ihnen brachte ein Wort hervor. Der Portier kam mir nachgelaufen, um mich zurückzurufen. Ein Herr wolle mich sprechen. Die zwei Kriminalbeamten waren außer sich, weil sie mich nicht gleich erkannt hatten. Sie waren nicht nur sehr höflich, sie ermöglichten mir auch, mich aller verdächtigen Dinge zu entledigen.

Zu Fuß gingen wir dann von der Ebendorferstraße in die Polizeidirektion am Schottenring. Dort empfingen mich einige neugierige Polizei- und Oberpolizeiräte; der hochrangigste, den ich damals zu Gesicht bekam, war Oberpolizeirat Dr. Berger. Er tobte vor Zorn, weil die Staatspolizei aufgrund der Staud-Intervention die ganze Zeit nichts gegen mich hatte unternehmen dürfen. Das erste Verhör verlief ziemlich stürmisch. Gleich vier Herren (neben Dr. Berger noch Dr. Fritz Mayr, Dr. Lehrhofer und Dr. Stegerwald, übrigens der einzige wirkliche »Schwarze« unter ihnen) haben sich meiner angenommen. Aber der Versuch, mit Überrumplungstaktik und massivem psychischen Druck Geständnisse zu erzwingen, ist ihnen dennoch mißlungen. Einmal drohten sie sogar mit »anderen Mitteln«. Es blieb jedoch bei der Drohung, und der betreffende Kommissar entschuldigte sich bei der nächsten Vernehmung dafür – zu meinem nicht geringen Erstaunen. Die Verhöre fanden fast immer am späten Abend statt und dauerten bis gegen Mitternacht, wobei ich mit dem Polizeiwagen die kurze Strecke vom Polizeigefangenenhaus auf der Elisabethpromenade in die Polizeidirektion geholt wurde. Mein Leugnen half nicht viel. Gegenüberstellungen belasteten mich. Als die vernehmenden Beamten sahen, daß sie es bei mir mit etwas widerstandsfähigem Material zu tun hatten, wurden sie nicht nur viel freundlicher, ich bekam mit der Zeit sogar die Erlaubnis, Zeitung zu lesen (wenn auch nur die regierungsfromme »Reichspost« – und auch die oft noch zensuriert).

Unmittelbar nach meiner Einlieferung in das Polizeigefangenenhaus auf der Elisabethpromenade wurde ich während einiger Wochen in Einzelhaft genommen, vollkommen isoliert – ohne Besuchserlaubnis, ohne Anwalt. Die Stapo-Häuptlinge waren sich so sicher, daß sie zu plaudern anfingen. Mit offensichtlicher Schadenfreude sagten sie:

»Wir werden uns jetzt den ›Blau‹ von der Kärntner Straße holen!« Das war unser Pepi Cmejrek von der Kärntner Straße 4, einer unserer Zentralen. Und dann sagten sie etwas von einem Abziehapparat und einem Depot in der Heinickegasse in Rudolfsheim. Auch das traf zu. Mich packte der Schrecken, und ich überlegte, wie ich eine Warnung nach außen schmuggeln könnte.
Ich verschaffte mir einen kleinen Zettel und einen Bleistiftstummel – wie, weiß ich heute nicht mehr – und schrieb in ein paar Worten meine Informationen nieder. Als Bewacher hatte zeitweise ein alter Polizist Gangdienst. Von dem wußte ich, daß er Sozialdemokrat war. Eines Morgens – ich wurde immer allein zum Waschen geführt – drängte ich ihm den Zettel auf mit der dringenden Bitte um Beförderung. Er war bestürzt und sagte: »Ich habe Kinder und verliere meinen Posten!« – Aber meine beschwörenden Bitten hatten Erfolg. Cmejrek wurde acht Monate lang beschattet – natürlich erfolglos, dann aber doch festgenommen. Er kam zu Dr. Fritz Mayr. Cmejrek erzählte mir das alles nach unserer Heimkehr 1945.
So mancher der Polizeijuristen war der Regierung übrigens ebenfalls nicht sehr gewogen, wenn sie auch nicht auf unserer Seite standen. Dr. Fritz Mayr, der mich vernehmen sollte, war ein illegaler NS-Mann. Zu einem meiner Genossen, Josef Cmejrek vom I. Bezirk, sagte er: »Sie brauchen keine Angst zu haben, der Olah ist ein Ehrenmann, der hat nichts verraten!« Cmejrek wurde geraten, sich einen Anwalt zu nehmen, der zu den Nationalen tendierte. Der Anwalt intervenierte dann auch für seinen Mandanten, worauf der Dr. Mayr zu seinem Gefangenen ganz ernsthaft sagte: »Da müssen wir ja schauen, wie wir Sie hier wieder herausbringen.« Cmejrek erzählte mir das nach dem Krieg, als wir wieder in Wien waren. Nach dem Krieg bin ich Dr. Mayr übrigens wiederbegegnet. Er mel-

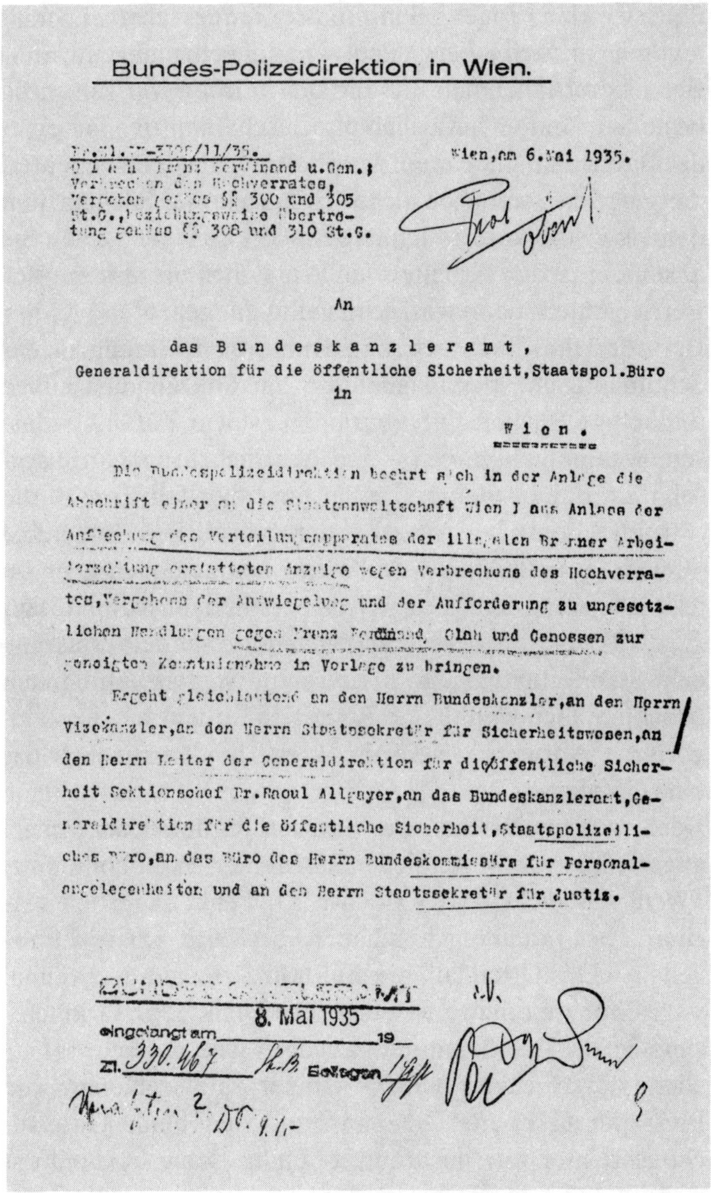

Bundes-Polizeidirektion in Wien.

Pr.Zl. [illegible]/11/35.
Olah Franz Ferdinand u.Gen.;
Verbrechen des Hochverrates,
Vergehen gemäss §§ 300 und 305
St.G., beziehungsweise Übertretung gemäss §§ 308 und 310 St.G.

Wien, am 6. Mai 1935.

An

das Bundeskanzleramt,
Generaldirektion für die öffentliche Sicherheit, Staatspol. Büro
in

Wien.

Die Bundespolizeidirektion beehrt sich in der Anlage die Abschrift einer an die Staatsanwaltschaft Wien I aus Anlass der Aufdeckung des Verteilungsapparates der illegalen Brünner Arbeiterzeitung erstatteten Anzeige wegen Verbrechens des Hochverrates, Vergehens der Aufwiegelung und der Aufforderung zu ungesetzlichen Handlungen gegen Franz Ferdinand Olah und Genossen zur geneigten Kenntnisnahme in Vorlage zu bringen.

Ergeht gleichlautend an den Herrn Bundeskanzler, an den Herrn Vizekanzler, an den Herrn Staatssekretär für Sicherheitswesen, an den Herrn Leiter der Generaldirektion für die öffentliche Sicherheit Sektionschef Dr. Raoul Allgayer, an das Bundeskanzleramt, Generaldirektion für die öffentliche Sicherheit, Staatspolizeiliches Büro, an das Büro des Herrn Bundeskommissärs für Personalangelegenheiten und an den Herrn Staatssekretär für Justiz.

BUNDESKANZLERAMT
8. Mai 1935
eingelangt am ________ 19__
Zl. 330.467 St.B. Beilagen [illegible]

[illegible] DC. 9.1.-

Bericht der Polizeidirektion an das Bundeskanzleramt zur Festname Franz Olahs 1935

dete sich eines Tages bei mir in der Gewerkschaft. Damals mußten wir nach Abzug der Sowjets die ehemaligen USIA-Betriebe übernehmen und die öffentlichen Verwaltungen bestellen, und er hatte sich als Geschäftsführer bei einer der Baufirmen beworben. Man hatte ihm jedoch bedeutet, das ginge nur, wenn ich nichts dagegen hätte. Ich habe ihm damals geantwortet: »Ich habe nichts dagegen. Seien Sie anständig zu den Arbeitern und verstehen Sie sich mit den Betriebsräten, dann wird schon alles gut gehen!«

Bei der Hausdurchsuchung in unserer Wohnung in der Schumanngasse beschlagnahmte die Polizei auch einige mißliebige Bücher. Offenbar blieb es dem Zufall überlassen, was mitgenommen – und natürlich nie mehr ausgefolgt wurde! In meiner Tasche fand die Polizei z. B. die offizielle deutsche Ausgabe der päpstlichen Enzyklika »Quadragesimo Anno«. Auf meine bescheidene Frage, ob ich nicht wenigstens dieses Buch behalten dürfe, auf dieser Enzyklika beruhe doch schließlich die gesamte Verfassung des Ständestaates, da könne von staatsgefährdenden Schriften doch wohl keine Rede sein, erhielt ich die kategorische Antwort: »Nein, in Ihren Händen ist auch das eine Gefahr.«

Nach wenigen Wochen war das Verfahren bei der Polizei abgeschlossen. Wesentlicher Inhalt der Protokolle war: »Weiß ich nicht...«, »Möchte ich keine Angaben machen...«, »Kenne ich nicht...«, »Kann ich nicht sagen...« Das Urteil lautete: Ein Jahr Arrest, d. h. zweimal sechs Monate für zwei verschiedene Delikte, und Einlieferung in das Landesgericht wegen Verdacht des Verbrechens des Hochverrats bzw. einiger Aufwiegelungs- und Presseparagraphen. Die Einvernahmen beim Untersuchungsrichter waren kurz und bündig. Nach kurzer Frist war die Anklage fertiggestellt.

Die Hauptverhandlung wurde ohne Angabe von Gründen

plötzlich verschoben. Wie sich herausstellte, hatten sich ausländische Journalisten und Politiker zur Verhandlung angesagt. Der neue Termin wurde kurzfristig ohne öffentliche Bekanntgabe festgelegt. Im großen Schwurgerichtssaal kamen ungefähr dreißig Angeklagte zusammen. Der Zuhörerraum war leer; nur ganz hinten, in der letzten Reihe, saßen meine Mutter, Ferdinand Steindl sowie Angehörige von anderen Angeklagten. Vorsitzender war Dr. Osio, ein bekannter Scharfmacher und Blutrichter, der schon einige Todesurteile gefällt hatte. Es gab nur sechs Geschworene; eine Notverordnung hatte die Geschworenenbank von zwölf auf sechs reduziert und natürlich auch die Listen gesäubert. Meine Einvernahme als Hauptangeklagter war relativ kurz. Ich hatte nichts gestanden, brauchte daher auch nichts zu widerrufen. Für meine Gesinnung und meine Betätigung stand ich ein. Das Urteil fiel relativ milde aus. Freispruch vom Hochverrat für mich und zwei weitere Angeklagte, fünfzehn Monate strenger Arrest für mich, für die meisten anderen sechs Monate. Mein Verteidiger war Dr. Heinrich Steinitz, vor 1934 Mitglied des Verfassungsgerichtshofes, ein guter Jurist und hervorragender Mensch. Auch ihn traf ich in Dachau wieder; er starb in Buchenwald. Dr. Osio erlitt das gleiche Schicksal.

Die Justizwachebeamten, die fast alle auf unserer Seite standen, lobten mich wegen meiner Haltung in der Hauptverhandlung. In der Zeit zwischen dem Urteil und meiner Überstellung gab es in allen österreichischen Gefängnissen einen von den Häftlingen aller politischen Richtungen, also von Sozialisten, Kommunisten und NSDAP-Anhängern organisierten Hungerstreik für bessere Kost, kürzere Untersuchungshaft und gegen die Doppelbestrafung durch Polizei und Gericht. Daraufhin wurde das Essen sofort besser, es wurde uns zu jeder Mahlzeit in die Zelle gestellt und eine halbe Stunde stehengelassen, um uns den Mund wässrig zu machen. Es nützte nichts; trotz des guten Zuredens seitens der Gefangenenhausleitung, die plötzlich Zeit für uns hatte. Am zweiten Tag verlegte man uns in den Keller in Massenzellen. Nach fünf Tagen beendeten wir den Hungerstreik, da einige Zusagen erfolgten, die auch eingehalten wurden. Die Kost wurde besser und die Untersuchungshaft für die meisten wesentlich verkürzt. Mir blieb als Folge des Hungerstreiks ein Zwölffingerdarmgeschwür, unter dem ich während der restlichen Haft sehr gelitten habe, da es weder erkannt noch behandelt wurde. Bei diesem Hungerstreik herrschte über die Grenzen aller politischen Lager hinweg Solidarität. Ein Streikkomitee wurde aus Vertretern aller drei Richtungen gebildet: Franz Rauscher (nachmaliger Staatssekretär) für die Sozialisten, Hexmann für die Kommunisten und Ing. Hanke für die NSDAP-Anhänger. Es gab unter den politischen Häftlingen beim Hungerstreik nur einen einzigen Streikbrecher, Anton Proksch, der nachmalige ÖGB-Generalsekretär und Sozialminister. Er aß weiter, bekam doppelte Portionen und blieb auch als einziger in seiner Zelle. Nach dem Ende des Hungerstreiks wurde er von allen Gefangenen wie ein Aussätziger gemieden und geächtet. Bei seinem eigenen Verfahren beim U-Richter hat er sich genauso jämmerlich verhalten. In der Hauptverhandlung hat er dann unter den Augen der Mitangeklagten wieder eine Kehrtwendung gemacht.

Wenige Tage später wurde ich in das Bezirksgericht Margareten zur Strafverbüßung überstellt. Ich kannte es schon von meiner ersten Haft her! Dort durfte ich auch lesen, was ich wollte. Damals las ich »Das Kapital« von Karl Marx und einige andere schwere Brocken. Der spätere Stadtrat Koci und der Bezirksvorsteherstellvertreter des vierten Bezirks, August Bergmann, verbüßten ihre Strafe ebenfalls dort. Später übersiedelte ich wieder von der Gemeinschafts- in die Zweierzelle. Sie war leichter rein zu halten, und man konnte eher lesen oder lernen. Mit meinem letzten Zellengenossen, Fritz Hedrich, einem Kommunisten, der unter dem NS-Regime hingerichtet wurde, erzielte ich rasch Übereinstimmung, daß wir unsere Strafe nach Möglichkeit nicht absitzen wollten. Denn nach der Gerichtsstrafe hatten wir ja auch noch die Polizeistrafe vor uns. Wir wollten flüchten.

Eingebunden in Buchrücken gingen Korrespondenz und illegale Literatur herein, etwaige Nachrichten und Artikel hinaus. Auf diese Weise wurden kleine Metallsägen in das Gefängnis geschmuggelt. So begannen wir mit der Arbeit, gedeckt von unseren Nachbarn, zu denen Gustl Bergmann gehörte. Nur einmal wurden wir unterbrochen. Eine weibliche Gefangene hatte sich beschwert, daß sie nicht schlafen könne und dem diensthabenden Justizwachebeamten gemeldet, sie höre Sägegeräusche! Wir sind nicht wenig erschrocken, als der nichtsahnende Beamte uns mitteilte, er müsse einmal horchen kommen. Schließlich war die Arbeit fertig und von Karl Panek, dem späteren Hernalser Bezirksvorsteher, alles vorbereitet: ein Auto mit Fahrer war an einem Samstag am späten Nachmittag zum Ausgang des jüdischen Tempels bestellt; an einem Samstag deshalb, weil an diesem Tag im Tempel Gottesdienst abgehalten wurde und daher der Ein- und Ausgang offen war. Unterhalb unserer Zelle befand sich eine hohe Mauer, auf die wir uns mit Leintüchern herunterlassen konnten, um von dort in den Tempelhof zu springen. Nach dem Nachtmahl wollten wir uns fertig machen. Doch im Hause wollte es nicht ruhig werden. Plötzlich wurde unsere Zellentür aufgerissen, und es wurde mir mitgeteilt, daß mich der Bundespräsident amnestiert habe. Unser schöner Plan konnte nicht realisiert werden, dabei wäre mir die

Flucht lieber gewesen als diese Amnestie – vor allem wegen meines Zellengenossen, der nicht allein flüchten konnte.
Noch in den Abendstunden erfolgte die Überstellung aller »Begnadigten« in das Polizeigefangenenhaus auf der Rossauer Lände. Dort behielt man mich noch über Weihnachten und Neujahr. Die Begnadigung erstreckte sich formell ja nur auf die vom Gericht verhängte Strafe, offen blieb die Polizeistrafe. Insgesamt hatte ich neun Monate abgesessen, achtzehn Monate waren noch ausständig. Dort traf ich in der Gemeinschaftszelle Erwin Billmaier, mit dem mich später in meiner Gewerkschaft eine gute Zusammenarbeit verband. Nach Neujahr entschloß man sich, auch die Polizeistrafe vorläufig auszusetzen – unter der Voraussetzung, daß ich das Land verließe. Ich verlangte einige Tage Aufschub, um nach Hause gehen und meine Angelegenheiten ordnen zu können. Zum vereinbarten Termin warteten die Kriminalbeamten am Bahnhof vergeblich. Ich erklärte der Stapo schon vorher, ich wolle in die ČSR gehen – wohin hätte ich auch sonst noch gehen können bei den damaligen politischen Zuständen in Europa!
In Wirklichkeit aber ging ich meine eigenen Wege und bezog in der Klosterneuburgerstraße Quartier bei Freunden. Bevor ich Österreich verließ, wollte ich noch mit unseren Funktionären die weitere Vorgangsweise besprechen. Über die Grenze bin ich dann bereits illegal gegangen. In einem eleganten dunklen Anzug setzte ich mich in den Zug Richtung Mailberg – Groß Kadolz. Dort stieg ich aus und begab mich an eine vereinbarte Adresse. Es herrschte nasses Wetter, und die Straße des Ortes hatte sich in ein Meer von Schlamm verwandelt. Es war Mittag und gerade Schulschluß, die Kinder waren auf dem Heimweg. Sie grüßten mich artig, fast ehrerbietig, was mir in meinem Verdruß über das elende Wetter anfangs gar nicht auffiel. Erst etwas später bemerkte ich, daß auch die

Bäuerinnen stehen blieben und mich sehr höflich grüßten und daß sie alle »Gelobt sei Jesus Christus« sagten. Jetzt erst dämmerte mir – sie hielten mich der dunklen Kleidung und des Hutes wegen für einen Priester! Ich dankte freundlich und zog dabei den Hut. Die unbeabsichtigte Verkleidung verschaffte mir vielleicht sogar etwas mehr Sicherheit. Ein Priester, der durch den Ort ging, war keinesfalls verdächtig.

Bis nachts mußten wir warten, dann begaben wir uns auf den Weg. Die Route war den Einheimischen bekannt. In totaler Finsternis ging es über ein freies Feld zur tschechischen Grenze. Zur Sicherung wurde ich von mehreren Männern begleitet. Aber es ging alles glatt, obwohl wir uns einige Male flach auf den Boden werfen mußten. Nachdem wir die Grenze passiert hatten, zeigte man mir den Weg zum Autobus, der mich nach Znaim bringen sollte. Von dort konnte ich nach Brünn weiterfahren. Meine Begleiter kehrten nach Österreich zurück. Von Znaim fuhr ich nach Brünn in das Auslandsbüro der Sozialdemokraten. Otto Bauer war im Büro, er begrüßte mich herzlich und nahm mich genauer in Augenschein. Er war ein außerordentlich freundlicher und herzlicher Mensch, der unsere Arbeit und die Gefahren, denen wir ausgesetzt waren, zu würdigen wußte. Zum Unterschied von manchen anderen.

Vorläufig sollte ich mich einmal von der Gefängnisluft und der schlechten Kost erholen. Man hatte mir ein einfaches Zimmer besorgt, das ich eine Zeitlang mit Hans Fellinger aus Leoben teilte. Außerdem bekam ich ein bescheidenes Taschengeld. In der ČSR war damals ja alles sehr billig. »In Kost« wurde ich von der Familie Novy genommen. Franz Novy war bis 1934 Obmann der Wiener Organisation der Bauarbeiter und mußte außer Landes gehen, weil er als »Defraudant« von Gewerkschaftsgeldern verfolgt wurde. Dabei handelte es sich um das Vermögen der

Bauarbeiter, das man vor den Systemgewerkschaften noch rechtzeitig in Sicherheit hatte bringen können. Obwohl die österreichische Regierung einen Steckbrief wegen eines kriminellen Delikts gegen ihn erlassen hatte, verweigerten die Prager Behörden die Auslieferung. Novy war ein liebenswürdiger und feiner Mensch, der einige Male mit falschen Papieren nach Österreich einreiste, obwohl das für ihn eine große Gefahr bedeutete.

Die tschechoslowakischen Behörden waren außerordentlich freundlich und halfen uns Österreichern in jeder Beziehung. Ich hatte nie die geringsten Schwierigkeiten. Doch das Nichtstun lag mir nicht; ich wollte kein Emigrant bleiben. Ich wollte zurück zur Untergrundarbeit. So wurde im Einvernehmen mit den leitenden Funktionären in Österreich meine Rückkehr vorbereitet. Dazu war ein gültiger österreichischer Paß mit meinem Bild erforderlich. Das Foto mußte wohl von mir sein, sollte jedoch anders aussehen als die bisherigen Aufnahmen. Also ließ ich mir einen bescheidenen Schnurrbart wachsen. In Wien wurde ein Quartier beschafft und eine Identitätskarte bereitgestellt, deren Daten annähernd auf mich zutrafen.

Zu Ostern 1936 war alles fertig. Den Paß habe ich heute noch. Er lautet auf Karl Knapp, von Beruf Kellner, wohnhaft in Wien-Margareten. Die Identitätskarte lautete auf Andreas Trnka. Als Berufsbezeichnung war Gold- und Silberschmied angegeben. Mit diesen Papieren bestieg ich den Zug und fuhr nach Wien. Meine Unterkunft befand sich im 13. Bezirk in der Astgasse, in einem großen Gemeindebau. Diese Örtlichkeit war zwar nicht gerade ideal, aber das Haus besaß mehrere Eingänge, die man bei Gefahr benützen konnte. Zumeist verließ ich mein Quartier schon sehr zeitig in der Früh und kam erst bei Einbruch der Dunkelheit nach Hause. Das bedeutete, daß ich mich tagsüber immer irgendwo herumtreiben mußte, was auf

Reisepaß der Jahre 1936/37

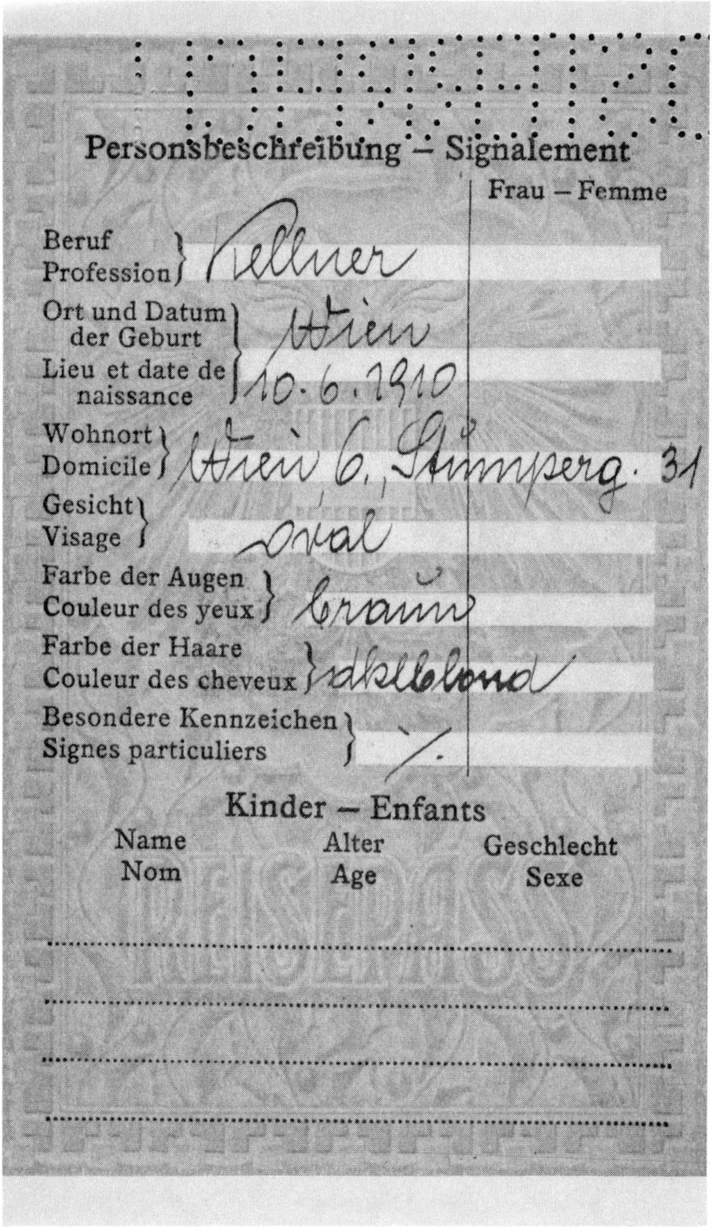

Personsbeschreibung – Signalement

Frau – Femme

Beruf / Profession: Kellner

Ort und Datum der Geburt / Lieu et date de naissance: Wien 10.6.1910

Wohnort / Domicile: Wien 6., Stumperg. 31

Gesicht / Visage: oval

Farbe der Augen / Couleur des yeux: braun

Farbe der Haare / Couleur des cheveux: dklblond

Besondere Kennzeichen / Signes particuliers: ./.

Kinder – Enfants

Name Nom	Alter Age	Geschlecht Sexe

die Dauer nicht angenehm war. Um mich unkenntlich zu machen, trug ich zu meinem Schnurrbart auch noch Augengläser und den obligaten Hut.
Meine Mutter bekam alle zwei Wochen einen Brief oder eine Karte, aufgegeben in Brünn oder Preßburg. Die Karten stammten tatsächlich von mir. Ich habe ein halbes Dutzend solcher Briefe oder Karten auf Vorrat geschrieben und an eine Deckadresse in die ČSR gesandt. Es war Desider Benau, der Sekretär des Slowakischen Gewerkschaftsrates, der uns Österreichern wertvolle Hilfe leistete. Er warf in regelmäßigen Abständen meine Post in den Postkasten. Meine Mutter glaubte natürlich, daß ich in der ČSR lebte. Sie sah mich nie, aber ich sah sie einmal. Ich ging an einem Vormittag zu Fuß durch die Kaiserstraße, als ich etwa zwanzig Schritte vor mir meine Mutter erblickte, die mir entgegen kam. Das Herz blieb mir fast stehen vor Schreck. Es gab keine Möglichkeit auszuweichen, das hätte erst recht Aufsehen erregt. So vertraute ich meiner »Tarnung« – und, was ich kaum für möglich gehalten hatte, meine Mutter erkannte mich nicht!
Ich war bis gegen Ende 1937, also mehr als anderthalb Jahre lang, ein hauptamtlicher Parteiarbeiter, Berufsrevolutionär und Untergrundfunktionär. Mein Nettolohn betrug – so glaube ich mich zu erinnern – circa 250 Schilling im Monat. Weite Sprünge waren mit diesem Betrag nicht zu machen, obwohl Hunderttausende Familien froh gewesen wären, soviel zum Leben zu haben. Ich konnte mich nur in Gasthäusern und Kaffeehäusern verpflegen und mußte für alles bezahlen. Manchmal wurde man von Freunden zu einer Mahlzeit oder zu einer Jause eingeladen, aber eine unserer Grundregeln war, sich nirgends allzu lange aufzuhalten, um nicht andere Menschen in Gefahr zu bringen. Am schlimmsten waren die Sonn- und Feiertage, an denen man sich wie ein gefangenes Tier

vorkam, das sich kaum bewegen konnte – für einen Sechsundzwanzigjährigen kein beneidenswerter Zustand.
Manchmal gab es kritische Augenblicke, wenn ich zufällig doch erkannt wurde, etwa in der Straßenbahn. In solchen Situationen sprang ich schnell aus dem fahrenden Zug. Es war ohnehin die Regel, daß ich nur auf bereits fahrende Züge aufsprang und während der Fahrt wieder absprang. Nur so ließ sich kontrollieren, ob einem jemand folgte oder ob man beobachtet wurde. In Gast- und Kaffeehäusern, wo die allermeisten Besprechungen stattfanden, war es schon etwas komplizierter. Einzelgespräche wurden nur im Spazierengehen geführt, Sitzungen in den Wohnungen unverdächtiger Anhänger abgehalten. Büros und Depots betraten wir möglichst selten.
In diesen anderthalb Jahren betreute ich vor allem die illegalen Betriebszellenorganisationen in den Bezirken entlang der Donau, vor allem in den großen Metallbetrieben von Floridsdorf, Stadlau, Kagran und der Brigittenau. Daneben hatte ich auch noch einige andere Branchen zu betreuen wie die der Straßenbahner und Buchdrucker. Außerdem hatte ich auch noch einige politische Bezirke zu leiten. Unter den Bedingungen der Untergrundarbeit ging es dabei nicht immer sehr demokratisch zu. Wir konnten ja schließlich keine öffentlichen Wahlen ausschreiben oder abhalten. So setzte ich in der Leopoldstadt, als es dort zu Streitereien kam, einfach Franz Pfeffer als kommissarischen Leiter ein, einen der führenden Leute der Holzarbeiter. Auf der ersten, freien Versammlung, die 1945 in Meidling abhalten wurde, ist er ganz plötzlich tot umgefallen. Er war einer unserer wertvollsten Funktionäre in Partei und Gewerkschaft.
Dazu kam natürlich noch meine Arbeit in der Freien Gewerkschaft. In der Illegalität wurde jetzt aus der ehemals selbständigen Baugewerkschaft und dem Verband

der Holzarbeiter eine gemeinsame Organisation gebildet. Die Leitungskörperschaft bildeten fünf Personen, drei Funktionäre aus der bisherigen Bauarbeiter- und zwei aus der Holzarbeiterorganisation. Dort traf ich auch zum ersten Mal mit Johann Böhm zusammen. Die Zusammenkünfte fanden am Montag mittag im Gösserkeller in der Elisabethstraße statt. Das gastgewerbliche Personal sympathisierte überwiegend mit den Regimegegnern, also hatten wir von dieser Seite wenig zu befürchten.

Noch vor meiner Verhaftung im April 1935 begannen die Bemühungen, einen Teil des festgehaltenen Gewerkschaftsvermögens des ehemaligen Holzarbeiterverbandes freizubekommen. Die Regierung hatte im Februar 1934 alle Konten sperren und beschlagnahmen lassen. Die Holzarbeiter verfügten damals trotz jahrelanger Massenarbeitslosigkeit und eines Defizits in der jährlichen Gebarung noch immer über ein Barvermögen von ca. 4 Millionen Schilling. Aber alle Warnungen und Aufforderungen, wenigstens einen Teil der Gewerkschaftsgelder rechtzeitig sicherzustellen – was 1933 noch möglich gewesen wäre – blieben unbeachtet. Niemand wollte die Verantwortung dafür übernehmen. (Bei den Bauarbeitern war es Novy, der die Entscheidung auf sich nahm und auf den sich später alle anderen Funktionäre ausredeten.)

Bei den Holzarbeitern gelang es lediglich Holowatyj, dem Kassier der Wiener Gewerkschaft ein Sparbuch mit einer Million Schilling mit sanfter Gewalt wegzunehmen. Auf diese Million hatte nun zwar das Regime keinen Zugriff mehr, wir selber konnten aber in Österreich auch nichts mehr abheben. Also verfielen wir auf einen Umweg: Die tschechische Gewerkschaft der Holzarbeiter verlangte mit Unterstützung von Banken und Rechtsanwälten in Prag und Preßburg die Ausfolgung des Geldes mit der Begründung, es handle sich dabei noch um eine Restforderung aus der Staatstrennung von 1918 seitens der tschechischen Organisation. Das war natürlich an den Haaren herbeigezogen und wurde auch von niemandem geglaubt. Da das Sparbuch in den Händen der ČSR-Gewerkschaft war, mußten sich die österreichischen Behörden wohl oder übel damit auseinandersetzen. Nach meiner Haftentlassung im Jänner 1936 betrieben wir die Abwicklung dann mit größerer Energie. Das Ergebnis war, daß uns von der Million nach Abzug aller »Kosten und Spesen« für die illegale Organisation ganze hunderttausend Schilling blieben! Alles andere ging für »Spesen« und Bestechung auf.

Wir waren glücklich, soviel Geld für unsere Arbeit zu erhalten, vor allem, um damit auch die Familien inhaftierter Mitarbeiter unterstützen zu können. Der Sekretär des ČSR-Holzarbeiterverbandes, Mathias Smejkal, einer unserer getreuesten Helfer, verwaltete das Geld für uns nach unseren Anweisungen. Wir gingen sehr sparsam mit dem neu »erworbenen« Vermögen um, denn wir richteten uns auf eine lange Durststrecke ein. Unser Monatsverbrauch betrug ca. 10000 Tschechenkronen, das entsprach ungefähr 2000 Schilling.

Die Überweisung der Gelder erfolgte von Prag aus über die tschechische Hilfsorganisation in Wien, Česke Srce (»Tschechisches Herz«). Der Leiter dieser Organisation, František Strnad, wechselte das Geld für uns mit Deckung und Billigung des tschechoslowakischen Gesandten in Österreich um, und ich konnte es bei ihm in der Johann-Strauß-Gasse abholen. Einmal erhielt ich von ihm für meine Auslandsreisen sogar einen tschechoslowakischen Paß ausgestellt auf den Mädchennamen meiner Mutter, aber mit meinen Personaldaten. Der tschechoslowakische Gesandte in Wien hieß Zdenek Fierlinger, der nach dem Krieg unrühmlich bekannt geworden ist, weil er die Sozialdemokraten zur Vereinigung mit der KPČ überredete.

Dabei war Fierlinger Sozialdemokrat und tschechischer Patriot. Seine Wandlung erfolgte erst 1938. Als Reaktion auf den Verrat der Westmächte an der Tschechoslowakei wandte er sich der Sowjetunion zu. Nach 1934 war Fierlinger einer unserer besten Helfer. Ein Ottakringer Schutzbündler, Fidra, wurde im Februar 1934 zum Tode verurteilt. Der Verurteilte war zufällig tschechischer Abstammung wie viele Wiener. Das benützte Fierlinger als Vorwand, ging zu Bundespräsident Miklas und verlangte eine Begnadigung. Das Regime, das unliebsames Aufsehen vermeiden wollte, gab nach, und Miklas unterschrieb eiligst das Gnadengesuch. Anderthalb Jahre später, nach der nächsten Amnestie, war der Mann frei.
Im Jahre 1945 waren von dem Geld, das wir in die ČSR gerettet hatten, noch rund 100000 Tschechenkronen vorhanden. Smejkal hat sie über die Tischlerproduktivgenossenschaft auch über die NS-Zeit gerettet. Erst die Kommunisten, die in den tschechischen Gewerkschaften nach 1945 vom ersten Tag an die totale Macht ausübten, vollendeten den Raub der österreichischen Diktatur. Wir bekamen das Geld nicht mehr.
Im Herbst 1936 fuhr ich mit meinem falschen Paß zur Erholung einige Wochen an den Plattensee. Die Ausheilung meines Zwölffingerdarmgeschwüres, das ich mir bei unserem Hungerstreik 1935 zugezogen hatte, gelang auch dort nicht. Meine Lebensweise in der Illegalität war einer Heilung auch nicht gerade förderlich. Im Herbst 1937 machte eine Konferenz der internationalen Holzarbeiterorganisation eine Reise nach Warschau notwendig. Zum erstenmal war damit für uns wieder eine Kontaktaufnahme auf internationaler Ebene möglich. Der Geltungsbereich meines Passes wurde von unserer eigenen Paßwerkstatt nun auch auf Polen ausgedehnt. Aber in Polen herrschte ebenfalls ein autoritäres Regime, und es bestand Visum-

zwang. Woher sollte ich so schnell ein Visum nehmen? In Wien konnte ich ja schlecht auf das polnische Konsulat gehen. Also fuhr ich nach Prag. Ein bekannter Bankdirektor bewog den polnischen Vizekonsul – mit finanziellem »Nachdruck« –, mir innerhalb einer halben Stunde ein Visum auszustellen. Damit konnte ich gerade noch ein Flugzeug erreichen, das mich nach Warschau brachte. Es war mein erster Flug, und es war schrecklich. Zu allem Überfluß gerieten wir in einen Gewittersturm. Die Maschine wurde von französischem Flugpersonal betreut, und ich war der einzige Passagier.
Bald nach meiner Rückkehr fand die Polizei mein Absteigquartier. Nicht aus Klugheit, sondern wegen der Unachtsamkeit einer braven und agilen weiblichen Mitarbeiterin, die als Kurier fungierte und Ende 1937 nicht bemerkt hatte, daß sie schon wochenlang von Kriminalbeamten beschattet wurde. So flog fast der ganze Wiener Funktionärsapparat auf. Die Kriminalbeamten, die mich samt meiner Quartiergeberin aushoben, hatten vorerst keine Ahnung, wen sie da eigentlich verhaftet hatten und waren dann um so erfreuter über ihren Fang. Wir fuhren mit der Stadtbahn zur Polizeidirektion. Dort empfingen mich meine alten Bekannten mit den Worten »Mein Gott, jetzt sind Sie schon wieder da, hat denn die Partei keinen Ruheposten für Sie?« Die Vorstellung, daß mich die Staatspolizei mit 27 Jahren schon reif für einen Ruheposten hielt, reizte trotz der nicht gerade heiteren Situation zum Lachen!
Inzwischen kannte ich die Routine und man kannte mich. Ich erhielt umgehend die Erlaubnis, Zeitungen und ein Buch in der Woche zu lesen sowie Schreib- und Besuchserlaubnis. Jetzt durfte ich auch meine Mutter verständigen. Die mich vernehmenden Kommissäre meinten: »Und wissen tun Sie sowieso nichts, kennen auch niemanden, zum

Rest wollen Sie keine Angaben machen, nicht wahr? Also werden wir Sie gar nicht erst quälen, sondern uns mit den anderen befassen und ihnen das Ergebnis dann vorlegen.«

Wirklich, ich hatte »Ruhe«. Erst nach längerer Zeit holte man mich, um mich pflichtgemäß zu befragen. Während einer solchen Vernehmung sah einmal ein anderer Polizeikommissär bei der Türe herein. Der Vernehmende fragte seinen Kollegen: »Schau mich an, bin ich nicht ganz schwarz im Gesicht?« – »Wieso?« – »Nun, wegen dem Zeug, das ich hier schreiben muß fürs Protokoll«, antwortete er heiter. Ich wurde mit großem Respekt und sehr höflich behandelt. Damals hatte ich keine Ahnung, weshalb das so war; erst später ging mir ein Licht auf. Fast alle hohen Beamten der Staatspolizei standen im Lager der Regimegegner, allerdings nicht in unserem! Wieder erlebte ich Weihnachten und Neujahr im Gefängnis. Plötzlich fuhr Schuschnigg zu Hitler nach Berchtesgaden und kam mit Vereinbarungen zurück, die auch eine Amnestie zum Inhalt hatten. Diese Amnestie war zwar nur für die Nationalsozialisten vereinbart worden, aber die Regierung wollte ihr Gesicht wahren und begnadigte auch alle anderen politischen Gefangenen. So wurde ich noch vor Abschluß des Polizeiverfahrens und vor der gerichtlichen Untersuchung wieder begnadigt. Ich war rund drei Monate in Haft gewesen. Wie sagte ein alter Kriminalbeamter zu mir: »Ja, ja, der Herr Bundespräsident begnadigt immer, und wir können Euch dann wieder einfangen.«

Doch meine Entlassung verzögerte sich. Die Begleitumstände meiner Begnadigung waren eigenartig. Ich wurde nicht wie alle anderen Amnestierten sofort enthaftet. Man behielt mich noch zurück. Mein Anwalt Dr. Steinitz intervenierte vergeblich. Später erst erfuhr ich den Grund der Verzögerung, die auf Anordnung des Chefs der Staatspolizei, Hofrat Dr. Weiser, erfolgte. Weiser wollte mich vor meiner Freilassung persönlich sprechen. Diese Aussprache fand in der Nacht zum 24. Februar 1938 statt. Gegen Mitternacht wurde ich geweckt, ein Polizeiauto brachte mich zum Polizeipräsidium am Parkring. Hofrat Weiser erwartete mich in seinem Büro. Es entwickelte sich eines der denkwürdigsten Gespräche, die ich je hatte. Hofrat Weiser fragte mich, was ich zu tun beabsichtige, wenn ich aus der Haft entlassen werde. Er beschwor mich: »Gehen Sie nicht in das Ausland, bleiben Sie hier. Sie können alles machen, Reden halten, soviel Sie wollen, nur tun Sie bitte nichts gegen die Regierung. Jede Stunde, die wir noch in Österreich haben, ist ein Geschenk. Wenn Sie in das Ausland gehen, schaden Sie Österreich.« Meine Antwort war: »Wenn ich nicht gezwungen werde, ins Ausland zu gehen, bin ich immer schon lieber hier geblieben. Das habe ich auch in den letzten Jahren so gehalten, ohne Polizeierlaubnis, im Untergrund.«

Mein Eindruck war, daß Hofrat Weiser die Lage Österreichs bereits als hoffnungslos ansah, aber sich doch an die Hoffnung auf ein Wunder klammerte. Erwartete er dieses Wunder von den bisher verfolgten Sozialdemokraten? Er bot mir an, ich könne gleich nach Hause gehen. Das lehnte ich dankend ab, denn ich wollte nicht nach Mitternacht auf die Straße gesetzt werden, wo man mich vielleicht an der nächsten Ecke wieder festnehmen würde, sondern lieber bis zum Morgen warten. Am nächsten Tag hörte ich aus in den Straßen aufgestellten Lautsprechern die Rede Dr. Schuschniggs vor dem sogenannten Bundestag, dem Parlament des Ständestaates: »Rot-weiß-Rot bis in den Tod...«

In den folgenden Tagen überstürzten sich die Ereignisse. Die »Illegalen« waren begehrte Verhandlungspartner der Regierung und der regimetreuen Organisationen geworden. Die bisher im Untergrund wirkenden Freien Gewerkschaften sollten in den offiziellen österreichischen Gewerkschaftsbund eingebaut werden, die sozialdemokratischen Arbeiter bzw. deren bisher in der Illegalität wirkenden Funktionäre in die SAG, die sogenannte »Soziale Arbeitsgemeinschaft«, einen Teil der Vaterländischen Front. Dabei ging es, wie immer in der Politik, auch um Funktionen und Einflußbereiche. Auf politischer Ebene, also im Rahmen der SAG, war man von seiten der Regierung zur vollständigen Übergabe der Führung an uns bereit. Karl Hans Sailer, der Vorsitzende des Zentralkomitees der Revolutionären Sozialisten bis zu seiner Verhaftung 1935, sollte Bundesleiter der SAG, Ferdinand Strasser Bundessekretär werden. Ich war als Landesleiter der SAG für Wien vorgesehen.

Einer meiner Bekannten von der christlichen Seite erzählte mir, wie das alles bei ihnen im kleinen Kreis besprochen worden sei. Als dort zum erstenmal mein Name im Zusammenhang mit einer offiziellen Funktion genannt wurde, kannte ihn natürlich niemand von diesen hohen Herren. Der Berichterstatter erläuterte: »Er ist ein Illegaler, der bereits dreimal eingesperrt war.« Der Schreck war groß. Einer fragte dann stockend: »Hat er ein Blutverbrechen begangen?« – »Nein, nur illegal gegen die Regierung gearbeitet.« – Daraufhin große Erleichterung: »Wenn's weiter nichts ist . . .«

Aber aus all dem wurde nichts. Vor dem Ende wurden ich und der damalige Betriebsratsobmann von Siemens-Schuckert, Köhler, dazu ausersehen, bei der Wiener Polizeidirektion vorzusprechen. Wir sollten gegen die sich häufenden Demonstrationen der Nazis protestieren und eine Gegendemonstration der Wiener Arbeiterschaft über die Wiener Ringstraße anmelden. Auf der Polizeidirektion wurden wir von Hofrat Weiser empfangen. So sahen wir uns also schon nach kurzer Zeit wieder. Einige höhere

Polizeibeamte, mir alle gut bekannt, begannen, mit uns die mögliche Marschroute der Demonstration zu besprechen. Dann erschien Weiser wieder und verkündete, ab morgen seien alle Demonstrationen verboten und würden notfalls mit Gewalt von der Polizei aufgelöst. Das gelte auch für uns. Köhler und ich erklärten, wenn auch die anderen nicht demonstrieren dürften, in dieser kritischen Zeit auf einen Aufmarsch verzichten zu wollen. Sollte das aber nicht eingehalten werden, so würden wir uns nicht mehr an diese Abmachung gebunden fühlen. Damit verabschiedeten wir uns von der Polizei – zum letzten Mal in Freiheit! Bald sollten wir einander wiedersehen, aber unter ganz anderen Umständen.

Inzwischen fand noch die berühmte Konferenz in Floridsdorf statt, zum erstenmal nach vier Jahren wieder eine Tagung von Freigewerkschaften und Sozialisten in voller Legalität, mit Bewilligung von Regierung und Polizei – obwohl wir offiziell noch immer verboten waren und ein Großteil von uns unmittelbar aus dem Arrest kam. Die Kommunisten gebärdeten sich als die Oberpatrioten und waren für die bedingungslose Unterstützung der Regierung Schuschnigg. Sie blieben auch damals die verschwindende Minderheit, die sie immer waren. Die große Mehrheit war mit uns der Meinung, daß für eine Unterstützung des Regimes gewisse Mindestbedingungen erfüllt werden müßten: Freie Betätigung im Rahmen der Gewerkschaften und der SAG, ohne Verleugnung unserer Gesinnung.

Für den Abend des 11. März hatte ich mit meinen Mitarbeitern von der illegalen freien Gewerkschaft der Holzarbeiter eine Betriebsräte- und Funktionärskonferenz in unser altes Gewerkschaftshaus in der Margaretenstraße 112 einberufen lassen. Das geschah mit Wissen der legalen Gewerkschaftsführung des Holzgewerbes, die in den Händen von ehemaligen christlichen Gewerkschaftern lag.

(Die Industriegewerkschaft der Holzarbeiter hingegen war, wie in allen Branchen, in den Händen der Heimwehr. Dort saßen die echten Verräter und Unternehmersöldlinge.) Der Obmann der offiziellen Gewerkschaft, Franz Jöstl, führte gemeinsam mit unserem Vertreter der »Illegalen«, Franz Pfeffer, den Vorsitz. Ich sollte das Hauptreferat halten. Mitten in meinen Ausführungen kam die Nachricht vom Rücktritt Schuschniggs und dem bevorstehenden Einmarsch der deutschen Truppen.
Die Konferenz wurde rasch geschlossen, alles ging bedrückt und das Schlimmste befürchtend auseinander. Pfeffer, Alfred Erblich, ein Meidlinger Funktionär, und ich, besprachen uns noch kurz, was wir jetzt tun sollten: Noch einmal nach Hause in unsere Wohnungen gehen oder schon bei Freunden untertauchen und versuchen, in das Ausland zu entkommen? Ich wollte nach Hause, und wir vereinbarten für den nächsten Tag in der Früh einen Treffpunkt beim Südbahnhof. Doch dazu sollte es nicht mehr kommen.

III.
»Sagen Sie, wie hält man so etwas aus?«

Odyssee durch die KZs des Dritten Reichs

Ich stand an diesem 12. März 1938, dem Tag vor meinem 28. Geburtstag, noch früher auf als gewöhnlich, aber doch nicht früh genug. Es gibt in Österreich ein Sprichwort, das auf den Krieg von 1866 zurückgeht: »So schnell schießen die Preußen nicht.« Das hat damals schon nicht gestimmt – und es stimmte auch diesmal nicht. Allerdings waren die »Preußen«, mit denen wir es jetzt zu tun hatten, zu einem großen Teil Österreicher – illegale Nationalsozialisten, die insgeheim schon lange mit dem Dritten Reich zusammengespielt hatten. Auch im Polizeiapparat gab es viele von ihnen. Das war uns in der Zeit des Ständestaats sogar hin und wieder zugute gekommen. Jetzt wurde es uns zum Verhängnis. Ich gebe zu, ich hatte ein ungutes Gefühl, als wir am Abend zuvor auseinandergegangen waren, aber für so wichtig hielt ich mich wiederum nicht, um gleich unter den ersten zu sein, die verhaftet würden. Schon nach vier Uhr früh – Seyß-Inquart war erst wenige Stunden zuvor zum Bundeskanzler ernannt worden – standen zwei Kriminalbeamte vor meiner Tür. Einer meinte ironisch: »Ah, Sie sind schon auf?«

Zuerst kam ich auf das Polizeikommissariat Hernals. Dort hörte ich einen der Kriminalbeamten sagen: »So, jetzt gehen wir in die Veronikagasse.« Da wußte ich, jetzt holen sie den Dr. Schärf. Bis zum Abend blieben wir in unseren Zellen, dann wurden wir auf die Roßauer Lände überstellt. Vorgesehen war, daß wir mit der Straßenbahn fahren sollten, denn es stand kein Fahrzeug zur Verfügung. Dem Beamten, der uns bewachen mußte, war das sichtlich unangenehm. Er stotterte herum, daß wir wegen Demonstrationen in der Stadt leicht in eine unangenehme Situation geraten könnten, bis Dr. Schärf sagte: »Also gut, ich zahle ein Taxi!« So fuhren wir also ganz vornehm in unser altes Gefängnis, wo mich ein alter Wachmann erstaunt begrüßte: »Um Gottes willen, jetzt sind Sie schon wieder da!«

Aber das war nicht der einzige alte Bekannte, den ich dort wiedertraf. Als wir zum ersten Spaziergang in den Gefängnishof geführt wurden, trat aus der einen Nebenzelle Hofrat Weiser, bis vor wenigen Stunden Chef der Staatspolizei, aus der anderen Dr. Osio, der Vizepräsident des Landesgerichts Wien, der mich 1935 verurteilt hatte. Weiser fragte: »Sagen Sie, wie hält man so etwas aus? Sie haben doch darin Erfahrung!« Osio war damals noch optimistisch: »Mir kann nichts passieren, ich habe schon den Eid auf den Führer abgelegt! Schlimmstenfalls pensionieren sie mich!« Das war ein grausamer Irrtum. Osio hatte in den Jahren zuvor natürlich nicht nur »Rote« zum Tode verurteilt, sondern auch Nazis. Und die rächten sich jetzt. Er wurde im KZ sehr bald zu Tode geschunden. Er war Halbjude! – Bei diesem Spaziergang traf ich im Vorbeigehen auf Dr. Schärf. Wir konnten nur wenige Worte wechseln.

Anfangs waren wir zu acht in einer Einzelzelle untergebracht. Das neue Regime war beim Verhaften offensichtlich sehr fleißig gewesen. Allerdings wurden die anderen der Reihe nach wieder entlassen. Ich blieb als letzter zurück. Ich wurde zweimal einvernommen. Bald nach meiner Festnahme routinemäßig, Personalien und dergleichen, in einer großen Schar von Festgenommenen. Später

nochmals einzeln von einem reichsdeutschen Gestapokommissar. Er sagte zu mir: »Also sagen Sie uns jetzt alles – Sie wissen, wir können Sie für einige Zeit wegbringen.« – Meine Antwort: »In meinem österreichischen Stapo-Akt steht alles, was ich gemacht habe, meine Einstellung war nie ein Geheimnis.« – »Gut«, sagte der Kommissar, »das wär's.«
Mir war nun klar, was folgen würde. Drei Wochen später wurden uns unsere Sachen ausgefolgt, und wir wurden in eine Sammelzelle verlegt. Viele machten sich noch Illusionen. Aber als erfahrener Gefangener wußte ich, daß Entlassungen nicht im »Pulk« erfolgen. Es gab einige wenige, die ein Hakenkreuz in der Tasche hatten, das sie sich jetzt anhefteten, ein Mann steckte sich – deutlich sichtbar ein Exemplar des »Völkischen Beobachters« in die Rocktasche. Es war die einzige Genugtuung an diesem Abend, daß die SS diesen »Helden« Abzeichen und Zeitung wegnahm und die Anbiederung mit einer Ohrfeige quittierte. Große Transportwagen fuhren vor, und auf ging es, über den Ring zum Westbahnhof. Da schwante es dann wohl den meisten, wohin die Reise führte: nach Dachau. Am Westbahnhof nahm uns die bayerische SS in Empfang, und wir wurden in die Zugabteile gestoßen.
Mit mir im Abteil saßen Dr. Rudolf Kalmar, ein junger Journalist vom »Telegraph«, drei Gendarmerieoffiziere, darunter der Stellvertreter Schuschniggs als Reichsführer der Ostmärkischen Sturmscharen, Dr. Josef Kimmel, Major Zenz, später Landesgendarmeriekommandant der Steiermark, und Major Dr. Paul Schmittner. Kimmel war als sehr ehrgeizig bekannt. Er wollte immer schon Staatssekretär für das Sicherheitswesen werden. Seine besondere Heldentat im Februar 1934 hatte darin bestanden, einen ohnehin schon von der Polizei besetzten Gemeindebau in Meidling mit seinen Leuten zu stürmen und auf »Dr. Josef

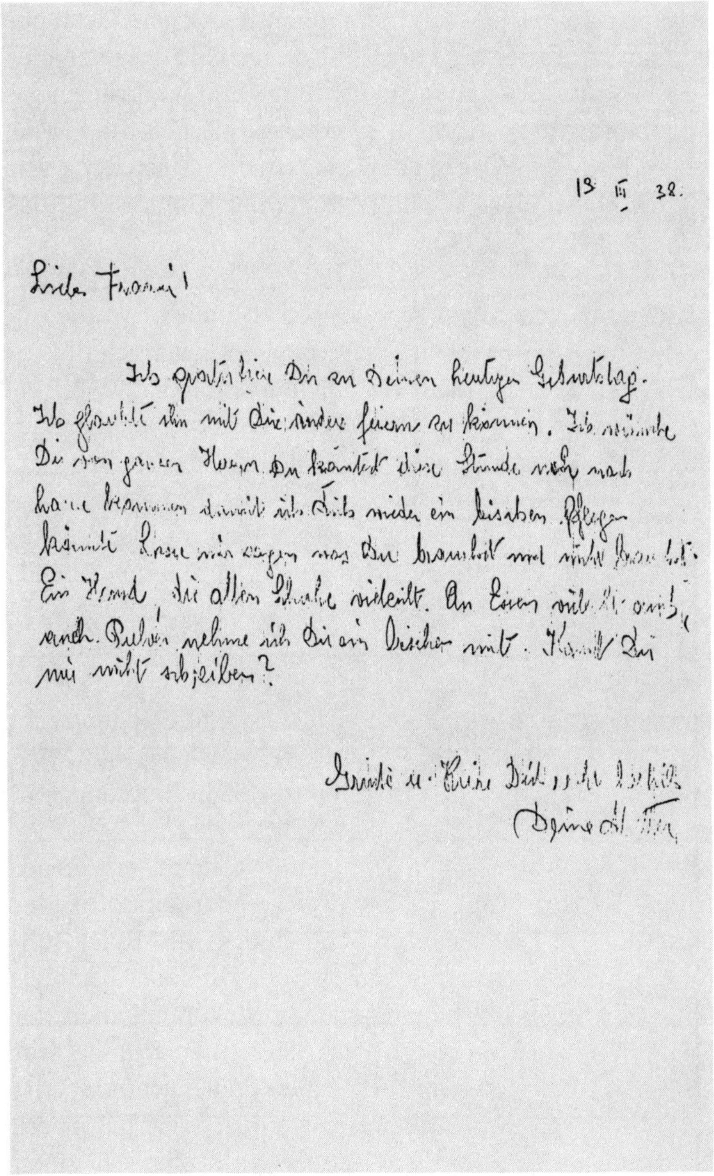

13. III. 38.

Lieber Franzi!

Ich gratuliere Dir zu Deinem heutigen Geburtstag. Ich glaubte schon mit Dir wieder feiern zu können. Ich wünsche Dir vom ganzen Herzen. Du könntest diese Stunde noch nach hause kommen damit ich Dich wieder ein bischen pflegen könnte. Lasse mir sagen was Du brauchst und nicht brauchst. Ein Hemd, die alten Schuhe vielleicht. An Essen [illegible] auch Pulver nehme ich Dir ein bischen mit. Kannst Du mir nicht schreiben?

Grüße u. Küsse Dich [illegible]

Deine [illegible]

Franz Olah befindet sich im Polizeigefangenenhaus Wien. Auf den nächsten Seiten ein Brief Olahs an seine Mutter aus Dachau.

Konzentrationslager Dachau 3 K

Folgende Anordnungen sind beim Schriftverkehr mit Gefangenen zu beachten:

1.) Jeder Schutzhaftgefangene darf im Monat zwei Briefe oder zwei Karten von seinen Angehörigen empfangen und an sie absenden. Die Briefe an die Gefangenen müssen gut lesbar mit Tinte geschrieben sein und dürfen nur 15 Zeilen auf einer Seite enthalten. Gestattet ist nur ein Briefbogen normaler Größe. Briefumschläge müssen ungefüttert sein. In einem Briefe dürfen nur 5 Briefmarken à 12 Pfg. beigelegt werden. Alles andere ist verboten und unterliegt der Beschlagnahme. Postkarten haben 10 Zeilen. Lichtbilder dürfen als Postkarten nicht verwendet werden.

2.) Geldsendungen sind gestattet.

3.) Zeitungen sind gestattet, dürfen aber nur durch die Poststelle des K. L. Dachau bestellt werden.

4.) Pakete dürfen nicht geschickt werden, da die Gefangenen im Lager alles kaufen können.

5.) Entlassungsgesuche aus der Schutzhaft an die Lagerleitung sind zwecklos.

6.) Sprecherlaubnis und Besuche von Gefangenen im Konz.-Lager sind grundsätzlich nicht gestattet.

Alle Post, die diesen Anforderungen nicht entspricht, wird vernichtet.

Der Lagerkommandant.

Meine Anschrift:

Absender:

Name: Franz Olah

geboren am: 13. III. 1910

Block: 5 Stube: 2

Dachau 3 K, den: 4. Sept. 1938

Liebe Mutter!

Diesmal habe ich

wieder keinen Brief

von Dir erhalten. Wahrscheinlich werde

ich ihn morgen bekommen wie

bereits einigemale. Vielleicht kannst

Du mir immer sofort nach

Erhalt meines Briefes schreiben,

damit ich die Post noch vor

den Schreibtag erhalten und eventuelle
antworten kann. Habe mittler-
weile bereits beide Postanweisungen
von 15 und dann 10 RM. erhalten.
Besten Dank dafür. Ich bin sehr
froh das Du wenigstens finanziell
für Dich das Notwendige hast, es ist
für mich eine grosse Beruhigung.
Wie gesagt, bei mir kannst Du wenn
es notwendig ist, einschränken bis auf
ganz wenig, es geht auch dann noch gut.
Lasse Dir nur nicht das Nötige abgehen.

Bei mir gibt s nichts Neues, gesund
bin ich. Gibt s bei Dir etwas?
Wie steht s mit meinen Brüdern um
die Dokumente. Du hast einmal geschrieben das
s in Ordnung geht, ist s nicht bald
erledigt. Und Dein Gesuch an den Herrn
Bürgermeister von Wien, - um was hast
Du übrigens angesucht. Schreibe mir
ob Du sonst etwas weisst, was auf
mich bezug hat, eventuell auf die
Dauer meines hierseins erfahren kannst.
Wie Du siehst, war Deine Sorge ich

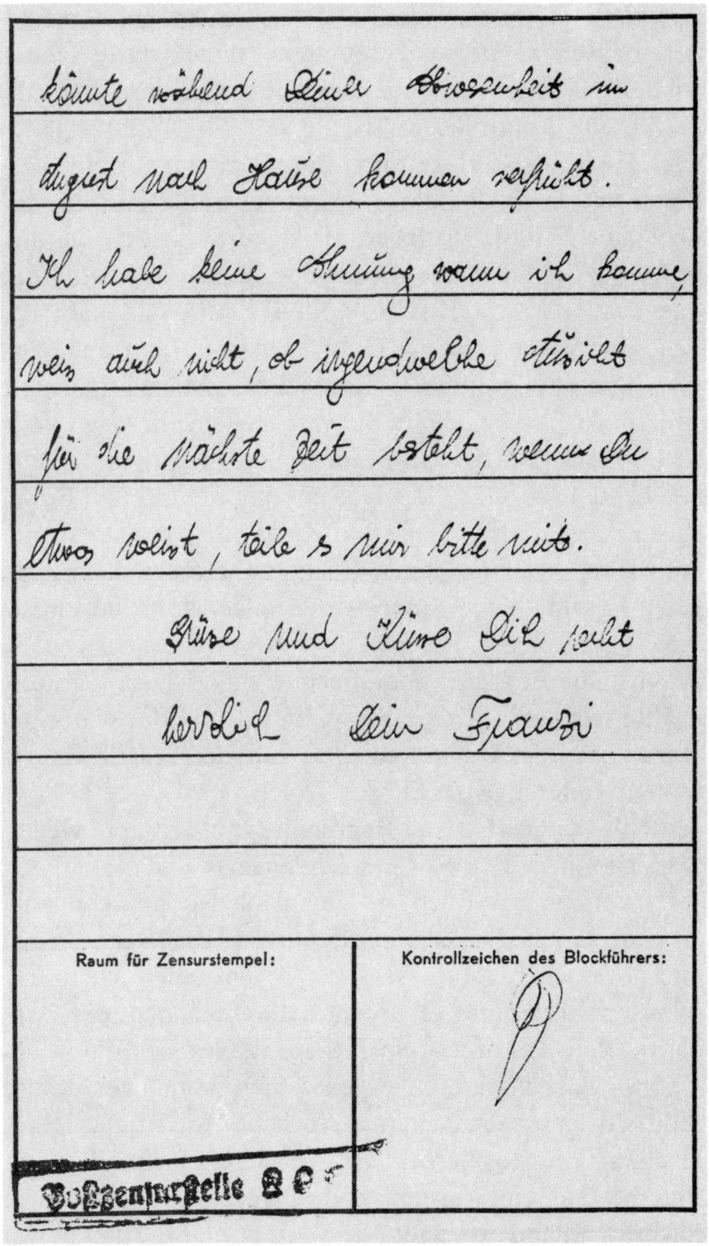
könnte während Deiner Abwesenheit im
August nach Hause kommen verspielt.
Ich habe keine Ahnung wann ich komme,
weiß auch nicht, ob irgendwelche Aussicht
für die nächste Zeit besteht, wenn Du
etwas weißt, teile es mir bitte mit.
Grüße und Küsse Dich recht
herzlich Dein Franzi

Raum für Zensurstempel:

Postzensurstelle

Kontrollzeichen des Blockführers:

Kimmel-Hof« umzutaufen. Das war dann sogar den eigenen Leuten zuviel, und der neue Name wurde schnell wieder gelöscht. Jetzt aber, als die SS in der Nacht die Zugabteile kontrollierte, fragte der Sturmführer jeden nach Parteizugehörigkeit und Beruf. Ich antwortete: »Arbeiter und Sozialdemokrat.« Kimmel wollte auftrumpfen und sagte betont: »Offizier, Herr Sturmführer!« Daraufhin geriet der SS-Mann erst recht in Rage und befahl Zenz und ihm: »Was, Offiziere wollt ihr sein und habt das deutsche Volk verraten? Gebt euch die Hand und sagt: ›Wir sind zwei Schufte!‹« Kimmel protestierte und fügte stolz hinzu: »Aber, Herr Sturmführer, meine Frau ist ja schon längst bei der NS-Frauenschaft und meine Kinder alle bei der illegalen HJ.« Das imponierte unserem Bewacher genausowenig. Ganz vergebens dürften diese familiaren Kontakte zum neuen Regime allerdings doch nicht gewesen sein, denn Kimmel wurde bald aus Dachau entlassen.

Als ich diese Szene über mich ergehen lassen mußte, dachte ich mir: »Armer Schuschnigg, und das war einer deiner engsten Vertrauten.« So sah der Ständestaat in seinem Inneren wirklich aus! Nach dem Krieg sah ich erstmals Kimmel beim Begräbnis von Renner wieder, behängt mit Orden. Er sah mich lange an und sagte dann: »Wir kennen uns doch?« – »Und ob wir uns kennen!« antwortete ich. Das waren die letzten Worte, die ich mit ihm gesprochen habe. Wenige Wochen, bevor ich Innenminister wurde, ging er als Zentralkommandant der Gendarmerie in Pension – ein Posten, den er sich durch unschöne Machenschaften gegen seinen Vorgänger, Major Stillfried, erschlichen hatte. Auch Stillfried habe ich in Dachau kennengelernt. Er war ein Kommißknopf, stammte aus einer preußischen Offiziersfamilie und war Lagerkommandant von Wöllersdorf gewesen. Aber er war ein tapferer Mann. Als Himmler nach Dachau kam, um den »Österreicher-Transport« zu inspizieren, höhnte er: »So, jetzt sehen Sie, wie das ist!« Worauf Stillfried antwortete: »Herr Reichsführer, ich würde wünschen, daß wir hier so behandelt werden, wie Ihre Leute in Wöllersdorf behandelt wurden!« Himmler erwiderte nichts, drehte sich auf dem Absatz um und ging davon. Wir alle dachten natürlich, daß Stillfried daraufhin bald abgeholt würde, doch nichts geschah. Er überlebte.

Mir sagte Stillfried einmal: »Hier, in Dachau, bin ich Demokrat geworden! Wir haben immer nur gelernt, daß man der Regierung gehorchen muß. Jetzt sehe ich ein, daß es eine Opposition geben muß.« Man hat den tapferen Mann nach dem Krieg mit unbewiesenen Anschuldigungen aus dem Amt gedrängt. Nach meiner Amtsübernahme im Innenministerium reichte Stillfried auf mein Verlangen jedoch bei der Disziplinarkommission sein Gesuch um Wiederaufnahme des Verfahrens ein. Dem Antrag wurde stattgegeben und Stillfried schließlich rehabilitiert. Dieses Urteil brachte ich im Ministerrat zur Kenntnis, zusammen mit einem Antrag auf Wiedereinstellung und Nachzahlung der Bezüge. Gorbach war erstaunt: »Aber das ist doch eigentlich unser Mann! »Ja«, sagte ich, »nicht nur euer Mann, sondern auch eure Schande!« Leider war Stillfried damals schon sehr krank und reichte um seine Pensionierung ein.

Unser erster Arbeitseinsatz in Dachau war das Kommando »Bunkerabbruch«: wir mußten mit bloßen Händen Betonplatten schleppen. Nach 24 Stunden hatten wir kaum noch Haut an den Händen. Nachts versuchten wir vergeblich, die wunden Stellen zu kühlen. Bei dieser Arbeit kam ich mit Dr. Fritz Kühr zusammen. Wir schleppten zu zweit schwere Betonplatten. Dr. Kühr war Reichsdeutscher und einer der Berater des Reichskanzlers Brüning. Er flüchtete

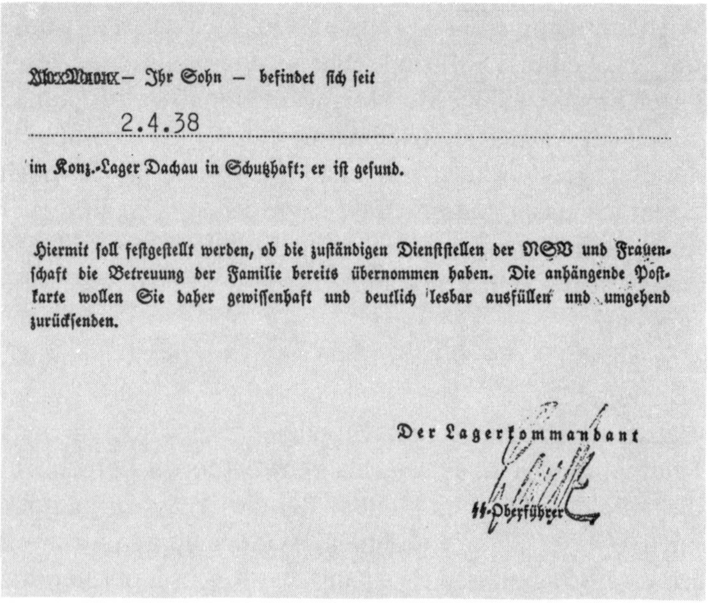

Konzentrationslager Dachau: Verständigungs- und Schreibstubenkarte

Schreibstubenkarte des KL. Dachau

Olah VH.	~~13802~~ 1079	Sch 30
Franz Ferdinand		13. 3. 10
Klavier-Mechaniker	Wien	
2. 4. 38	" 17	
27. Sep. 1939 F	Schuhmanng. 59	
Z 2. März 1940		
9. 3. 40 in K.A.	[illegible]	
[illegible] aus	[illegible]	
[illegible] in K.A.	[illegible]	
27. 5. 40 aus		
30. März 1944 Buchenw.	2	

Die Übereinstimmung der Fotokopie mit dem Original wird hiermit beglaubigt.

Arolsen, den 9. 8. 71

COMITÉ INTERNATIONAL DE LA CROIX-ROUGE

ITS

A. Opitz
Leiter der Archive
des
Internationalen Suchdienstes

1933 nach Österreich und wurde Generalsekretär des damaligen Gewerkschaftsbundes. Später glückte es mir, mich als Schreiner beim Kommando Barackenbau zu melden. Bei diesem Kommando ging es einem schon etwas besser. Es gelang mir schließlich auch, Julius Uhlir dorthin zu holen, den Bruder unseres späteren Klubobmanns im Nationalrat. Von Beruf war er Buchdrucker. Seine starke Kurzsichtigkeit behinderte ihn sehr. Bis 1934 war er Sekretär der Gewerkschaft der Land- und Forstarbeiter. Ich riet ihm damals, die Brille abzunehmen, weil ihn die SS-Leute sonst für einen Intellektuellen halten und besonders schikanieren würden. Ohne Brille sah der Arme aber fast gar nichts. Statt den Nagel buchstäblich auf den Kopf zu treffen, schlug er eine Eternit-Platte nach der anderen entzwei. Wenn das aufgefallen wäre, hätte man uns sofort der willkürlichen Sabotage verdächtigt – mit unabsehbaren Folgen. Zum Glück wurde Julius bald darauf entlassen.
In der Werkstätte wurden ständig Arbeiter benötigt, besonders im Maschinensaal. Ich meldete mich auch dazu, weil ich ja schon Erfahrung im Umgang mit diesen Maschinen hatte. Dabei geriet ich eines Tages mit dem Zeigefinger in die Holzfräse. Ich hatte Angst, den Finger zu verlieren, vielleicht sogar die ganze Hand. Die Versorgung der Wunde war primitiv, aber ich hatte Glück. Nach einer kurzen Schonfrist teilte mich der Leiter des Arbeitseinsatzes der Häftlingskantine zu. Wir wußten schon Wochen voraus, daß das Sudetenland besetzt werden würde. Die Baracken für die schon vorbestimmten Verhaftungen mußten wir vorbereiten. Man schrieb den November 1938, und wir hatten damals eine Unmenge von Neuzugängen zu verzeichnen: Tausende deutscher Juden, die in der sogenannten Reichskristallnacht verhaftet worden waren. Die Lagerverwaltungen benötigten deshalb überall mehr Personal, auch in der Häftlingskantine, wo ich jetzt an einem

Schalter das zu verkaufen hatte, was es dort eben gab; damals sogar noch echten Bohnenkaffee und echte Butter, später – im Krieg – dann meist nur Brot oder trockene Kekse. Aber immerhin, für die Häftlinge war auch das schon sehr viel, es war Zusatznahrung, und die SS verdiente auf diese Weise sogar noch an dem ganzen Betrieb. In der Kantine zu arbeiten galt als Vergünstigung, denn das Personal der Kantine mußte nicht zum Morgenappell antreten, war auf einem bevorzugten Block untergebracht und hatte es auch sonst leichter. Am 12. Februar 1939 traf ich dort Fritz Flesch, einen Hernalser Funktionär der Sozialdemokratie. Er kam zu mir herein und sagte: »An diesem Tag möchte ich dir die Hand drücken!« Als Jude hätte er bei uns nicht einmal Butter einkaufen dürfen; ich mußte sie ihm in eine alte Keksschachtel einpacken. Flesch gelang es zum Glück, noch vor Kriegsbeginn nach Amerika auszuwandern. Ich stand bis zu seinem Tod mit ihm in Verbindung.

Leider blieb ich kaum drei Monate in der Kantine, dann wurde ich vom Kapo, einem reichsdeutschen Altkommunisten, mit der Begründung weggeschickt: »Wir brauchen dich nicht, wir kommen allein zurecht«. Denn – und das war beinahe schon ein Sakrileg – ich war der einzige Nichtkommunist bei diesem »Edelkommando«. Auch alle anderen wesentlichen Posten, von den »Kapos« bis zum Arbeitseinsatzbüro, waren eine Domäne der alteingesessenen Kommunisten. Schon bei unserer Ankunft in Dachau hatten sie uns begrüßt: »Na, höchste Zeit, daß ihr endlich kommt.« In der Kantine aber wollten sie unter sich bleiben. Zum Glück kam ich statt dessen in die Zahlmeisterei bzw. Schubraum (Effektenkammer der Häftlinge); auch die gehörte zu den kleineren Übeln. Mein alter Kommandoführer versicherte mir: »Ich habe mit dem Hauptscharführer Mursch gesprochen. Er wird dich neh-

men, dort wirst du es auch gut haben!« Es ist immer wieder vorgekommen, daß man im KZ auf SS-Leute stieß, die menschliche Züge zeigten und auch tatsächlich geholfen haben, wenn man in Schwierigkeiten geriet. Dieses Kommando wurde eines Tages ohne jede Formalität kollektiv zu einer Stunde »Baum« verurteilt. Irgendein Häftling aus dem Kommando hatte sich angeblich etwas zuschulden kommen lassen. Wir wußten gar nichts davon. Der »Baum« war ein Pfahl. An diesen wurde man, mit einer Kette an beiden Händen nach rückwärts gebunden, aufgehängt. Das konnte schlimm ausgehen – je nachdem, wie hoch man gehängt wurde, ob es gelang, wenigstens mit den Fußspitzen den Boden zu berühren.
Im Herbst 1939 kam die Nachricht vom Hitler-Stalin-Pakt. Da war für die Kommunisten plötzlich alles anders, ja es kam beinahe zu Verbrüderungsszenen mit unseren Bewachern im Lager. Und wer diesen plötzlichen Sinneswandel nicht mitmachte, der hatte alle Chancen, denunziert zu werden. Der Hitler-Stalin-Pakt war aber auch das auslösende Moment für den Krieg – und der hatte seine Auswirkungen ganz unmittelbar auch auf uns. Das Lager Dachau wurde geräumt. Die SS benötigte es für Ausbildungszwecke. Wir Häftlinge wurden in einer Mischung aus Zufall und Willkür aufgeteilt: ein Drittel kam nach Mauthausen; von ihnen haben nur ganz wenige überlebt. Ein Teil kam nach Buchenwald und blieb bis zum Ende des Krieges dort. Der Rest wurde nach Flossenbürg verlegt und kam nach einem halben Jahr wieder zurück nach Dachau. Darunter waren Dr. Maleta, Dr. Kühr, der Berater Brünings, der 1933 nach Österreich emigrierte, Johann Staud, Dr. Kalmar, Professor Hittmair aus Innsbruck und ich. In Flossenbürg mußten wir im Winter 1939/40 in den Steinbruch – ich wurde dem Kommando »Ölberg« zugeteilt, um mit einer schweren Eisenstange, die als Bohrer

zugerichtet war, Löcher in den Fels zu schlagen, bis sie für die Sprengladung tief genug waren. Man war den ganzen Tag im Freien, ohne Essen und Trinken. Erst am Abend gab es Krautsuppe, ein paar schlechte Kartoffeln und ein Viertel Brot. Es regnete häufig, und manchmal wurden wir am Tag dreimal naß bis auf die Haut. Später dann waren die Finger von der Kälte so steif gefroren, daß es abends immer eine Zeitlang dauerte, bis ich sie wieder geradebiegen konnte. Das Kommando hieß bei uns der »Ölberg« nach dem biblischen Vorbild. Das Lagerpersonal bestand in Flossenbürg übrigens ausschließlich aus Schwerkriminellen, die unter der Patronanz der SS das Kommando führten. Unser Blockältester war ein mehrfacher Raubmörder. Zu unserem Wohlbefinden hat das nicht gerade beigetragen. Verglichen damit erschien uns Dachau jetzt wie ein fernes Paradies – trotz allem, was wir dort mitgemacht hatten.
Schließlich brach im Lager die Ruhr aus. Das Lager kam unter Quarantäne. Wir waren wenigstens für einige Zeit von der Arbeit befreit. Die SS traute sich gar nicht mehr zu uns in die Baracke, warf uns nur das Brot über den Zaun und holte die Eßkübel am nächsten Tag wieder ab. Johann Staud, der ehemalige Präsident der Systemgewerkschaft, ist damals an einem Schlaganfall gestorben. Auch Viktor Müllner war bereits so schwach, daß er nicht mehr allein stehen, geschweige denn gehen konnte. Zwei Kameraden mußten ihn in die Mitte nehmen, wenn wir zum Appell antraten. Einige sind tragischerweise erst gestorben, als wir bereits wieder in Dachau waren. Sie vertrugen überhaupt kein Essen mehr, weil ihr Magen nicht mehr daran gewöhnt war. Als wir in Flossenbürg nach Wochen zum ersten Mal wieder ein Bad nehmen durften, erschrak jeder von uns über den Anblick der anderen, so sehr waren wir abgemagert.

Im März 1940 kamen wir zurück nach Dachau. Wer von daheim Geld bekam, konnte in Dachau pro Woche maximal 15 Reichsmark abheben und sich in der Häftlingskantine damit zusätzlich noch etwas kaufen. Und man konnte den einen oder anderen »Kapo« und Stubenältesten milde stimmen, um sich die Schwierigkeiten vom Hals zu halten, die unweigerlich auftraten, wenn etwa der Bettenbau oder der Spind nicht feinsäuberlich in Ordnung waren. Dann setzte es normalerweise entweder drei Tage Bunker mit der obligaten Prügelstrafe oder aber zumindest drei Tage Torstehen nach dem Abendappell – und das bedeutete dann auch, daß man kein Abendessen mehr bekam! Nicht alle von uns verfügten über ein solches Konto, aber einige, denen es in dieser Beziehung besser ging, erklärten sich bereit, den anderen auszuhelfen. Diese menschliche Solidarität und Hilfsbereitschaft ging über die Grenzen der alten politischen Lager hinweg. Führende Politiker des Ständestaates wie Richard Schmitz, Alfons Gorbach oder Leopold Figl und Johann Staud hatten sich uns Sozialdemokraten gegenüber anständig benommen. Schmitz und Staud haben mich oft gefragt: »Brauchst du Geld? Ich kann dir eine Mark pro Woche geben.« Nach der Rückkehr von Flossenbürg hatten viele von uns kein Geld auf dem Konto in Dachau. Bei anderen Mithäftlingen aber haben sich größere Beträge angesammelt. Einige erklärten sich nun bereit, denen, die noch kein Geld auf dem Konto hatten, einige Mark überschreiben zu lassen. Diese Beträge mußten dann umgebucht werden, was gegen jede Vorschrift war, aber der zuständige Oberscharführer war einverstanden.
Eines Tages flog das ganze Arrangement auf, und wir wanderten alle in den Kommandantenarrest (Bunker), der Kommandoführer, Oberscharführer Mursch, ebenfalls. (Seine SS-Kameraden haben ihn dann noch als »schwarzen Hund« beschimpft, weil er nicht aus der Kirche ausgetre-

ten war.) Der »Bunker«, das hieß 45 Tage Dunkelhaft bei hartem Lager, Wasser und Brot: nur jeden vierten Tag die Lagerkost; dazu die offizielle Prügelstrafe, der einzige Tag in den sechseinhalb Wochen, an dem man Tageslicht sah. Man wurde auf den Bock gespannt, und zwei SS-Männer hieben drauflos. Diese Doppelschläge waren eine Dachauer Spezialität. Wenn man danach in die Zelle zurückkam, lag man die nächsten zwei Wochen nur auf dem Bauch. Bei der Prügelstrafe wußte man nie genau, wie man sich am besten verhalten sollte. Manche meinten, wenn man den Schmerz verbeißt und den Tapferen spielt, reizt das die Schläger, und sie schlagen noch stärker. Also wählte ich die andere Variante und brüllte wie am Spieß. Das gefiel ihnen scheinbar wirklich besser, und sie schlugen nicht übermäßig hart zu. Vor allem aber suchte man nach Wegen, in einer solchen Situation nicht verrückt zu werden. Wer derartiges nicht selbst erlebt hat, kann eine solche Lage nicht beurteilen. Ich habe damals mein ganzes Leben an mir vorüberziehen lassen, systematisch, Tag für Tag, Tag und Nacht. Dabei wird man natürlich von der Frage gequält, ob man immer richtig gehandelt hat, ob man sich rechtfertigen konnte, vor all den Menschen, die man zum Mitmachen veranlaßt hatte, und vor sich selbst. Aber wenn man dann zu dem Schluß gelangte, daß es richtig war, entstand genau der Überlebenswille, den wir damals nötiger brauchten als alles andere.

Nach meiner Entlassung aus dem Bunker war ich natürlich entkräftet und hatte beginnende Gelbsucht. Meine Freunde schafften mich vorerst in das Krankenrevier, damit ich wieder zu Kräften käme. Für meinen Zustand war bezeichnend, daß ich in der ersten und zweiten Woche je fünf Kilo zunahm, in der dritten Woche zweieinhalb, in der vierten ein Kilo. Die mich nach der Rückkehr aus dem Bunker gesehen haben und dann nach diesen vier

Wochen, haben mich nicht gleich erkannt. Nach dem Bunker erwartete uns als zusätzliche Strafe ein Jahr Strafblock, der sich hinter einem separaten Drahtverhau befand. Innerhalb des Lagers durfte man den Block nicht verlassen, nur zum Arbeitseinsatz. Statt alle zwei Wochen durfte man nur einmal im Vierteljahr einen Brief schreiben oder empfangen. Und es gab keine Möglichkeit mehr, sich in der Kantine irgendein Zubrot zu kaufen. Einmal kam Oberscharführer Mursch, der auch eingesperrt worden war, mit einem Eimer voll Essen zu uns: »Ich war jetzt in der Küche und habe gesagt: ›Ich muß doch für meine Buben etwas tun.‹« Es war unglaublich, was sich der Mann unter den Augen seiner SS-Kameraden getraute, bei denen er ohnehin schon schlecht angeschrieben war!

Nach der Zeit im Strafblock wurde ich mit Hilfe von Karl Zimmermann, einem alten bayerischen Sozialdemokraten aus Schwandorf, der Stationspfleger im Häftlingskrankenhaus war, ins Krankenrevier aufgenommen, um wieder zu Kräften zu kommen. Dafür gesorgt und alles vorbereitet hatte auch Dr. Kurt Schumacher, der spätere Vorsitzende der SPD, der schon seit 1933 in Haft war. Im Krankenrevier war ich zuerst Karteiführer und Schreiber, wurde dann aber als Pfleger und Sanitäter angelernt. Später wurde das Revierpersonal, also auch ich, in den Stand der »Vorzugshäftlinge« erhoben. Der einzige Vorzug war eine menschliche Haartracht. Dies geschah auf Verlangen des ersten Lagerarztes Dr. Wolter. Den anderen Häftlingen wurde der Schädel in der Mitte abrasiert, beim nächsten Mal an den beiden Seiten. Offenbar förderte das den Haarwuchs und damit die »Rohstoffgewinnung«. Die Häftlinge aber sahen wie exotische Truthühner aus. Dem Lagerarzt war diese Vorwegnahme der »Punk«-Mode zuwider. Er meinte ärgerlich, er wolle Leute um sich haben,

die halbwegs menschlich aussahen, und erwirkte für uns eine Befreiung von der Einheitsschur.
Im Lager brach um diese Zeit eine große Typhusepidemie aus, die anfangs gar nicht richtig erkannt worden war. Die Patienten wurden mit hohem Fieber eingeliefert, und man tippte auf schwere Grippe. Dazu kamen dann auch einige Fälle von Fleckfieber. Schließlich waren ungefähr 1200 Kranke zu betreuen. Das Revier quoll über und mußte um ein paar andere Baracken erweitert werden. Über das gesamte Lager wurde wegen der Infektionsgefahr Quarantäne verhängt. Für die Gesunden war das sogar mit einer gewissen Erleichterung verbunden, weil sie jetzt nicht zum Arbeitseinsatz ausrücken mußten.
Bald nach dem Ende der Epidemie wurde ich in das Außenlager Allach versetzt, das für BMW arbeitete, um auch dort ein Krankenrevier aufzubauen. Eines Tages jedoch kam ein Sanitätskraftwagen, holte mich ab und lieferte mich bei der Torwache in Dachau ab. Von dort ging es weiter in den »Bunker«, diesmal zwar ohne Dunkelhaft und mit normaler Verpflegung, aber immer noch bedrohlich genug. Ich wußte nicht, was los war, bis auf einmal der Lagerarzt, Hauptsturmführer Dr. Wolter, bei mir in der Zelle erschien: »Sie wissen ja, warum Sie hier sind!« – »Nein.« – »Sie sollen gesagt haben, die Abteilung des Dr. Rascher ist eine Mördergrube!« Das war natürlich nicht bloß meine Meinung, sondern ein offenes Geheimnis. Die sogenannte Versuchsstation des berüchtigten Dr. Rascher mit ihrer Überdruckzelle war in einem separaten Halbblock untergebracht. Wir wußten nur, daß dort mit menschlichen Versuchskaninchen Experimente durchgeführt wurden, die allesamt mit dem Tod der »Testpersonen« endeten. (Übrigens gab es in Dachau noch eine zweite Versuchsstation. Dort wurden Häftlinge mit Malaria infiziert, um Medikamente an ihnen zu erproben.)

Auch vom Lagerkommandanten Weiß wurde ich einvernommen. Natürlich leugnete ich, irgend etwas gesagt zu haben: »Ich weiß doch nichts von diesen Dingen.« Für einen Häftling konnte eine solche Beschuldigung normalerweise verheerende Folgen haben. Mit einer Beweisführung pflegte sich die SS da nicht erst lange aufzuhalten. Doch diesmal kam Dr. Wolter sogar zu mir in die Zelle, um mich zu beruhigen: »Sie brauchen keine Angst zu haben. Der Lagerkommandant besteht darauf, daß Rascher denjenigen nennt, der Sie denunziert hat, was er ablehnt.« Der Kommandant und Wolter waren offenbar mit Rascher verfeindet und mißbilligten seine »Experimente«. Deshalb wollten sie mich ihm nicht ausliefern. Ich kam nach vierzehn Tagen wieder aus dem Arrest und zurück nach Allach. Ich hatte keine Ahnung, wer mich bei Rascher angeschwärzt hatte, denn er kannte mich persönlich gar nicht. Ich hatte mit ihm nie Kontakt. Erst später begann mir einiges zu dämmern. Im Februar 1940 richtete mein Freund Ferdinand Steindl eine Eingabe an die Geheime Staatspolizei – ebenso erfolglos wie die Eingaben meiner Mutter. Dieser Herr von der Gestapo hat nie etwas anderes verfügt als die Fortdauer meiner KZ-Haft. Die »schweren Beschuldigungen« wurden mir nie zur Kenntnis gebracht. Während der ganzen sieben Jahre KZ-Haft wurde ich nie mehr einvernommen.
Auf meinen eigenen Wunsch kam ich dann wieder zurück nach Dachau aufs Krankenrevier. Karl Zimmermann, der Revierkapo, sagte Ende Dezember 1943 zu mir: »Komm schnell in mein Zimmer. Der Chefarzt will mit dir reden!« Dr. Wolter erklärte mir: »Wissen Sie, was ich jetzt sage, dürfte ich eigentlich gar nicht aussprechen, aber ich bin versetzt worden.« – »Das bedauern wir natürlich sehr.« – »Sie wissen doch, wenn ich weg bin, wird Dr. Rascher sofort nach Ihnen greifen, weil dann niemand mehr hier

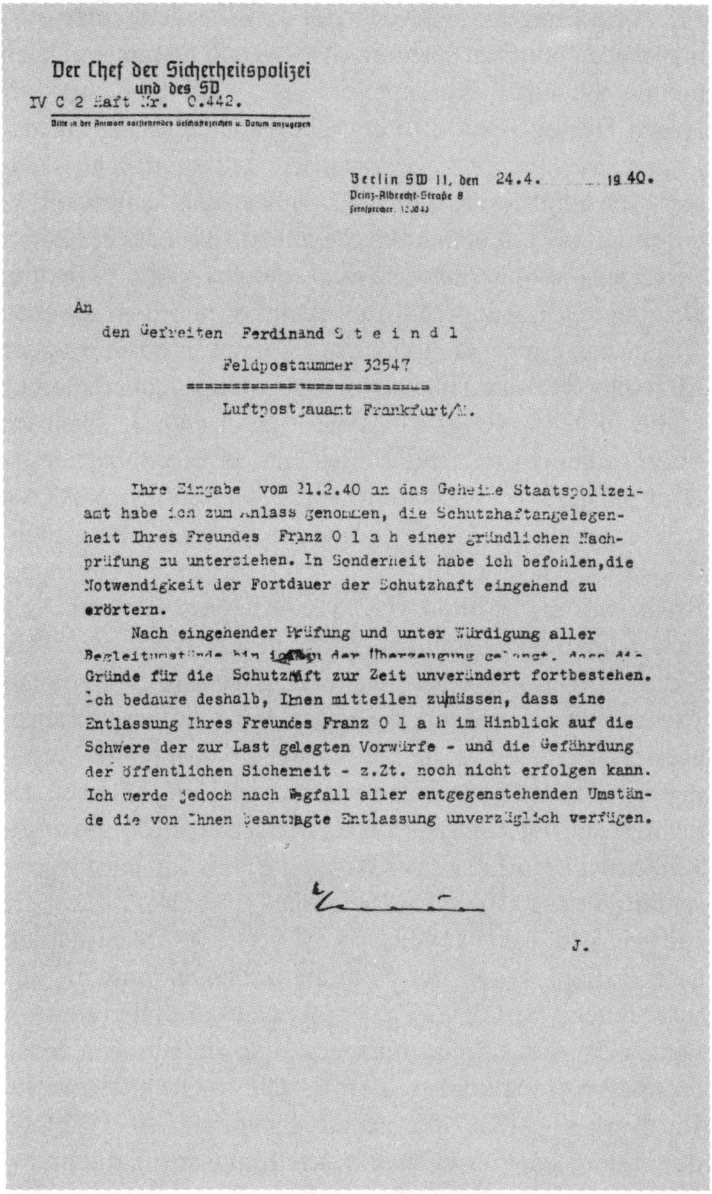

Der Chef der Sicherheitspolizei
und des SD
IV C 2 Haft Nr. O.442.

Bitte in der Antwort vorstehendes Geschäftszeichen u. Datum anzugeben

Berlin SW 11, den 24.4. 1940.
Prinz-Albrecht-Straße 8
Fernsprecher: [illegible]

An

den Gefreiten Ferdinand S t e i n d l

Feldpostnummer 32547

Luftpostgauamt Frankfurt/M.

Ihre Eingabe vom 21.2.40 an das Geheime Staatspolizeiamt habe ich zum Anlass genommen, die Schutzhaftangelegenheit Ihres Freundes Franz O l a h einer gründlichen Nachprüfung zu unterziehen. In Sonderheit habe ich befohlen, die Notwendigkeit der Fortdauer der Schutzhaft eingehend zu erörtern.

Nach eingehender Prüfung und unter Würdigung aller Begleitumstände bin ich zu der Überzeugung gelangt, dass die Gründe für die Schutzhaft zur Zeit unverändert fortbestehen. Ich bedaure deshalb, Ihnen mitteilen zu müssen, dass eine Entlassung Ihres Freundes Franz O l a h im Hinblick auf die Schwere der zur Last gelegten Vorwürfe - und die Gefährdung der öffentlichen Sicherheit - z.Zt. noch nicht erfolgen kann. Ich werde jedoch nach Wegfall aller entgegenstehenden Umstände die von Ihnen beantragte Entlassung unverzüglich verfügen.

J.

Wegen »Gefährdung der öffentlichen Sicherheit« wurde einem Antrag vom 21. 2. 1940 auf vorzeitige Entlassung Franz Olahs nicht stattgegeben ist, der Sie schützt.« (Auch der Lagerkommandant war inzwischen abgelöst worden.) Wolter schlug mir vor: »Ich nehme Sie mit.« Auf meine Frage »wohin?« sagte er: »Nach Hertogenbosch in den Niederlanden.« Auf meine Frage: »Was für ein Lager?« antwortete er: »Ein Judenlager.« Ich lehnte entschieden ab. »Ich gehe in kein Judenlager«, sagte ich. – »Ich kann Sie auch in ein anderes Lager versetzen – wohin Sie wollen«, sagte Dr. Wolter. Auch in ein anderes Lager wollte ich nicht, weil ich in Dachau wenigstens einige Menschen gut kannte. Woanders wäre ich völlig verlassen gewesen. »Warum wollen Sie mich schützen?«, fragte ich Dr. Wolter aus Neugier. »Weil ich Sie als einen aufopfernden, fleißigen Pfleger schätzen gelernt habe.« – »Und warum wurde ich dann nach Allach strafversetzt?« – »Immer wenn Sie mich angeschaut haben, bekam ich Angst.«

Kaum war Dr. Wolter weg, wurde ich zur Einvernahme zum neuen Lagerkommandanten gerufen: »Wie lange sind Sie jetzt schon in einem Lager?« herrschte er mich an. »Sechs Jahre« – »Und da haben Sie noch immer nicht gelernt, den Mund zu halten?« Ich blieb bei meiner Verteidigung: »Ich weiß, was man mir vorwirft, aber ich habe das nicht gesagt.« Acht Tage später wurde ich abtransportiert, zunächst in ein Lager bei Augsburg, das für die Messerschmitt-Werke arbeitete. Die große Gefahr dort waren die Luftangriffe. Beim ersten Angriff flohen alle in den Wald, es gab aber wegen der Holzsplitter hohe Verluste und schreckliche Verletzungen. Beim nächsten Mal hatten wir dann wenigstens Splittergräben, aber die Bomben fielen diesmal in die Splittergräben. Es gab wieder große Verluste. Nach ungefähr drei Monaten sagte mir ein Häftling, der in der Lagerverwaltung beschäftigt war: »Du kommst nach Buchenwald!« Dieser Mann, Julius Presterl, war nach dem Krieg Gegenstand von Zeitungsschlagzeilen. Er

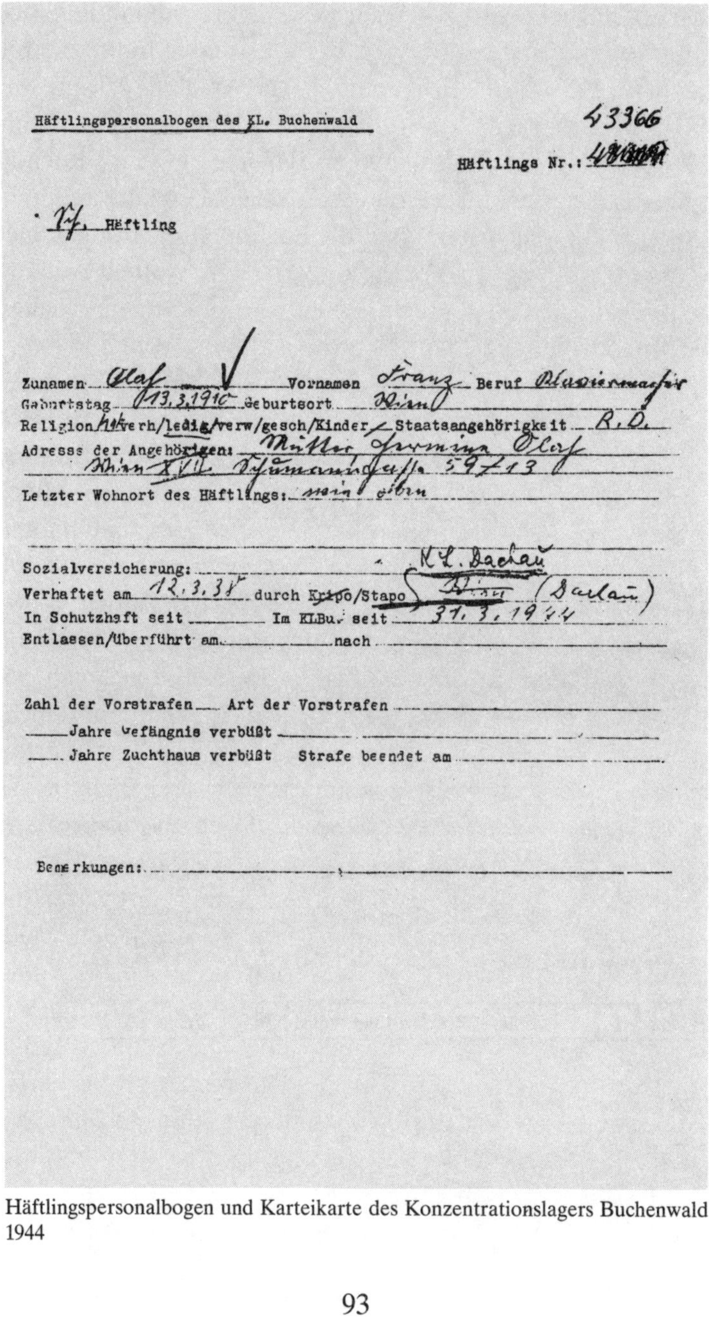

Häftlingspersonalbogen des KL. Buchenwald

43366

Häftlings Nr.: [illegible]

Häftling

Zunamen: Olaf Vornamen: Franz Beruf: Klaviermacher

Geburtstag: 13.3.1910 Geburtsort: Wien

Religion: kath. verh/ledig/verw/gesch/Kinder: – Staatsangehörigkeit: R.D.

Adresse der Angehörigen: Mutter Hermine Olaf

Wien XVI. 59/13

Letzter Wohnort des Häftlings: wie oben

Sozialversicherung: – K.L. Dachau

Verhaftet am 12.3.38 durch Kripo/Stapo Wien (Dachau)

In Schutzhaft seit ______ Im KLBu. seit 31.3.1944

Entlassen/Überführt am ______ nach ______

Zahl der Vorstrafen ______ Art der Vorstrafen ______

______ Jahre Gefängnis verbüßt ______

______ Jahre Zuchthaus verbüßt Strafe beendet am ______

Bemerkungen: ______

Häftlingspersonalbogen und Karteikarte des Konzentrationslagers Buchenwald 1944

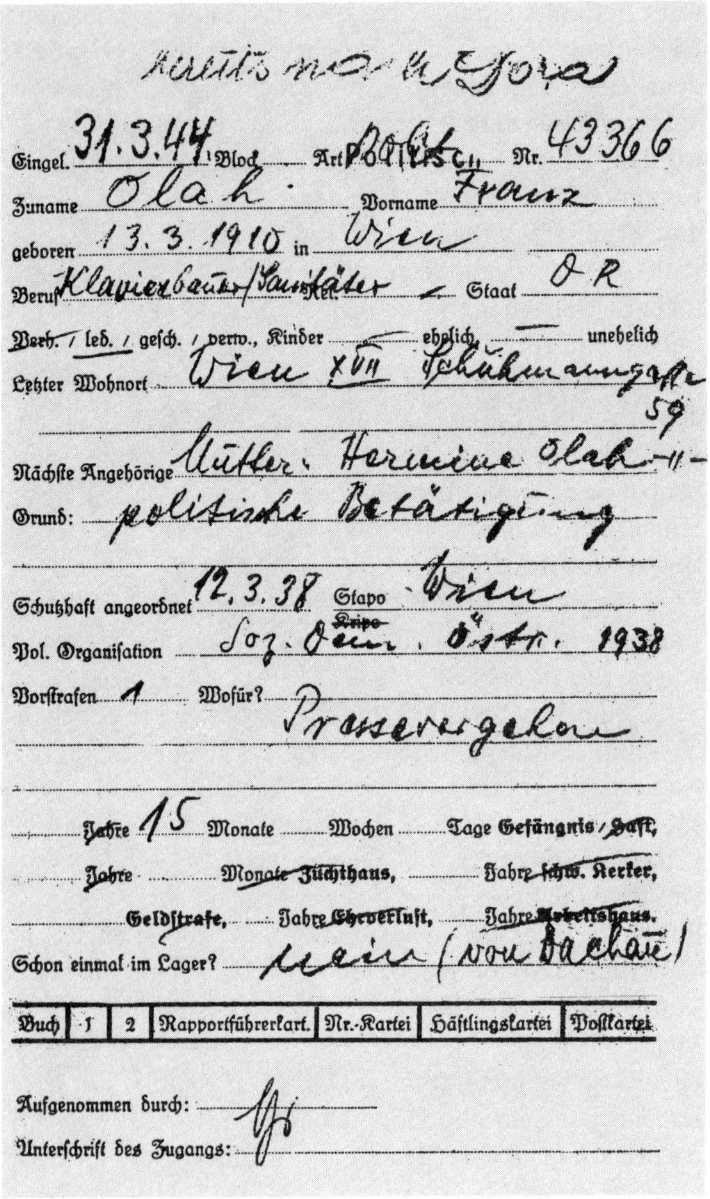

Mauth. nach M. Dora

Eingel. 31.3.44 Block ...... Art Polit. ...... Nr. 43366

Zuname Olah. Vorname Franz

geboren 13.3.1910 in Wien

Beruf Klavierbauer/Sanitäter Rel. – Staat ÖR

~~Verh.~~ / led. / gesch. / verw., Kinder — ehelich — unehelich

Letzter Wohnort Wien XVII Schumanngasse 59

Nächste Angehörige Mutter: Hermine Olah – " –

Grund: politische Betätigung

Schutzhaft angeordnet 12.3.38 Stapo ~~Kripo~~ Wien

Pol. Organisation Soz. Dem. Östr. 1938

Vorstrafen 1 Wofür? Pressevergehen

~~Jahre~~ 15 Monate ...... Wochen ...... Tage Gefängnis / ~~Haft~~,

~~Jahre~~ ...... ~~Monate Zuchthaus~~, ... Jahre ~~schw. Kerker~~,

~~Geldstrafe~~, ... Jahre ~~Ehrverlust~~, ... Jahre ~~Arbeitshaus~~.

Schon einmal im Lager? nein (von Dachau)

Buch	1	2	Rapportführerkart.	Nr.-Kartei	Häftlingskartei	Postkartei

Aufgenommen durch: ...

Unterschrift des Zugangs: ...

war Chefredakteur der Grazer »Wahrheit«, des steirischen KP-Organs. Von einer Reise nach Jugoslawien kehrte er dann eines Tages nicht mehr zurück. Er war mit seiner Sekretärin von den Tito-Leuten verhaftet und hingerichtet worden. Ich ging damals zum Wiener Landesobmann der Kommunisten, dem Gemeinderat Lauscher, und fragte ihn: »Wie gibt's denn das? Der Presterl war doch euer Politkommissar in Spanien und euer ideologischer Einpeitscher in Dachau.« Und darauf antwortete mir der linientreue stalinistische Genosse, wenn auch etwas verwirrt und verlegen: »Wir haben ja immer schon vermutet, daß mit ihm etwas nicht stimmt.«

In Dachau lernte ich viele Menschen kennen und konnte beobachten, wie sich Menschen in den verschiedensten Situationen verhielten – was Gefangene ebenso wie die Bewacher betraf.

Eines Tages kam ich mit einem österreichischen Mitgefangenen ins Gespräch. Ich fragte, was man üblicherweise wissen wollte. Warum er hier sei und woher er komme. Sein Name sei Pirkhofer, und nach Dachau sei er gekommen, weil er seinen Namen geändert habe. Sein wirklicher Name war Planetta. »Ich bin der Bruder des als Dollfuß-Mörder hingerichteten Polizisten Planetta. Und weil ich kein Nazi bin, habe ich meinen Namen ändern lassen. Deswegen haben mich die Nazis jetzt ins KZ gebracht.« Pirkhofer war Sozialdemokrat – und wurde nach 1945 Sicherheitsdirektor in der Steiermark!

Von unserer Seite waren noch der Schutzbund-Stabschef Major Alexander Eifler, Hermann Lackner, Parteisekretär und Schutzbundführer von Bruck a. d. Mur, sowie der Landarbeitersekretär Julius Uhlir beim ersten Transport nach Dachau. Robert Danneberg kam separat, er wurde aus dem Zug geholt, es kamen noch Dr. Heinrich Steinitz (mein Verteidiger), Otto Skritek von der Angestelltenge-

werkschaft und Dr. Franz Buchta – nach 1945 Direktor der Alpine Montan, Emmerich Wenger, Franz Pfannenstiel und Fritz Löwy. Wir sorgten dafür, daß Löwy mit seinem Einverständnis mit dem nächsten Transport nach Buchenwald kam. Dort war die Überlebenschance für Juden besser. Denn eines Tages wurde angeordnet, »Dachau muß judenrein sein«. Das heißt, Juden mußten weg, Kranke, die nicht transportfähig waren, wurden getötet. Löwy überlebte in Buchenwald, ebenso wie Benedikt Kautsky dort überlebte. Nur Franz Pfannenstiel überlebte nicht. Er starb als antifaschistischer Überläufer in sowjetischer Gefangenschaft.
Hermann Lackner war einer der selbstlosesten Vertrauensmänner, die ich kannte. Er war zwischen 1934–1938 mit geringen Unterbrechungen im Gefängnis oder im Anhaltelager Wöllersdorf. Er wurde aus der Steiermark ausgewiesen und lebte mit Frau und Tochter in einer Schrebergartenhütte in Wien-Kaisermühlen in ärmlichen Verhältnissen. Als gelernter Tischler kam er bald in den Werkstättenbetrieb. Alexander Eifler hatte es schwerer. Harter körperlicher Arbeit völlig ungewohnt, hatte er auch Probleme mit der Lagerkost. Er war es, der bald nach unserer Ankunft eine Verbindung nach außen hatte. Er sagte zu mir, noch bevor er Kenntnis bekam von der berühmten Renner-Erklärung zur Volksabstimmung, daß Renner vom Nazi-Reichskommissar Bürckel hereingelegt worden sei. Renner und Schneidmadl (NÖ-Landesrat) begaben sich zum neuen NS-Bürgermeister von Wien, Dr. Neubacher; wie dieser gaben sie sich bis 1934 im »Deutsch-Österreichischen Volksbund« als Anschlußfreunde. Sie wollten zugunsten der inhaftierten Sozialdemokraten, insbesondere der nach Dachau gebrachten Sozialdemokraten, intervenieren. Es ging ihnen besonders um Robert Danneberg, für den sie als Juden begründete Befürchtun-

gen hegten. Danneberg war bei den Wiener Nazis besonders verhaßt. Neubacher sollte für sie einen Vorsprachetermin bei Bürckel erwirken. Dieser ließ ihnen jedoch sagen, zuerst erwarte er eine Loyalitätserklärung für die Abstimmung, dann werde er sie empfangen. *Nach* der Erklärung ließ er Renner über Neubacher ausrichten, es gehe den Leuten ganz gut, und sie würden nach ein paar Monaten nach Hause kommen.
Ich gebe das Gespräch so wieder, wie ich es mit Eifler hatte! Später bekam Eifler Schwierigkeiten mit seinen Füßen – nicht nur er! Viktor Müllner – der spätere einflußreiche NÖ-Landespolitiker – war damals schon Stationspfleger auf Block B des Häftlings-Krankenreviers. Müllner war von 1934–1938 System-Vizebürgermeister von St. Pölten – ein prononcierter Gegner der »Roten«! Als er im Gespräch von Eifler erfuhr, welche Beschwerden dieser hatte, sagte er zu Eifler «Komm einmal in der Woche abends nach dem Einrücken von der Arbeit zu mir aufs Revier.« Eifler konnte seine Füße in warmem Wasser baden, und Viktor Müllner entfernte die sich an Füßen bildende harte Haut und die schmerzenden Hühneraugen. Der »Sozifresser« von einst, Müllner, pflegte den ehemaligen Erzfeind Schutzbundführer. Die gegenseitige Hilfe der Lagerstraßen-Solidarität war kein frommes Märchen. Zumindest zwischen den Gefangenen nichtkommunistischer Anschauung!
Als wir in Dachau ankamen, waren dort schon die Brüder Hohenberg, Söhne des 1914 ermordeten Tronfolgers Franz Ferdinand. Sie wurden von den SS-Lagerchargen besonders schäbig behandelt, ertrugen aber ihr Schicksal mit Geduld und ohne Klagen. Ein trauriges Kapitel waren von Anfang an die jüdischen Mithäftlinge. Sie wurden bald von uns getrennt und auf einen sogenannten »Strafblock« auf Dauer isoliert. In der ersten Zeit hatten wir noch Kontakt.

Robert Danneberg legitimierte mich gegenüber Kurt Schumacher als Verbindungsmann der im Lager befindlichen österreichischen Sozialdemokraten. Alle Versuche zu helfen waren aussichtslos. Dr. Steinitz war in einem schweren Außenkommando, ich glaube »Siedlungsbau«. Der junge »Kapo« dieses Kommandos war zufällig auf derselben Stube wie ich. Seine Einstellung kannte ich nicht, aber ich hatte ihn gebeten, auf Dr. Steinitz Rücksicht zu nehmen. Es half auch ein wenig. Der Kapo bestimmte am nächsten Tag den Dr. Steinitz zum Trinkwasserholen für das Kommando. Aber das half nur wenig, denn bald ging Steinitz auf »Transport«, und das war dann das Ende.

Auch den ehemaligen SPD-Politiker und Fraktionsführer im preußischen Landtag, Heilmann, sah ich noch einige Zeit. Er war schon seit 1933 im Lager.

Dr. Kurt Schumacher war auch schon seit 1933 im Lager. Er hatte als Kriegsfreiwilliger im Ersten Weltkrieg seinen rechten Arm verloren. Aus diesem Grund genoß er eine gewisse Ausnahmestellung. Er war in der Lagerbibliothek tätig. Durch ihn bekam ich – soweit vorhanden – manchmal ein gutes Buch zur Hand, wenn noch Zeit, Gelegenheit und genügend Kraft blieben, um zu lesen. Er machte aus seiner Verachtung gegenüber den Kommunisten kein Hehl und lehnte auch Gespräche mit ihnen ab. Sein scharfes Mundwerk war sogar bei den SS-Leuten gefürchtet.

Ganz anders verhielten sich die Kommunisten gegenüber den Angehörigen des bürgerlichen Lagers. Freilich – sie waren ja keine Konkurrenten und verfügten über mehr Geld. Das milderte die politische Gegnerschaft. Außerdem waren die Bürgerlichen politisch meistens naiver als wir Sozialdemokraten.

Feindlicher war die Haltung der Kommunisten gegenüber

uns Sozialdemokraten. Wir galten als Verräter und Sozialfaschisten. Sie bildeten die Oberschicht in der Lagerhierarchie. Blockälteste, Stubenälteste, Kapos der Arbeitskommandos waren überwiegend Kommunisten. Nur unter den Kapos gab es auch noch einige Kriminelle – wenn auch mit rotem Winkel. Ihre Unduldsamkeit und Überheblichkeit uns Sozialdemokraten gegenüber übertraf oft die der SS. In einem konkreten Fall wurde ich selbst Zeuge. Der Kapo des Kommandos »Arbeitseinsatz« war ein reichsdeutscher KP-Mann namens Hans Mailer. Er entschied zumeist anstelle des SS-Kommadoführers über die Arbeitszuteilung eines neu eingelieferten Häftlings. Eines Tages wurde ein ehemaliger SPD-Landrat aus dem Zuchthaus in Dachau eingeliefert. Mailer teilte den alten Mann in ein schweres Außenkommando namens »Siedlungsbau« ein. Auf die Bitte anderer Häftlinge, Rücksicht zu nehmen, antwortete Mailer: »SPD-Leute kommen bei mir in kein Innenkommando.«

Sehr gute persönliche Kontakte hatte ich zu Dr. Rudolf Kalmar, dem späteren Chefredakteur des »Neuen Österreich«, und zu Dr. Fritz Bock, dem späteren langjährigen Handelsminister und Vizekanzler. Bei allen politischen Gegensätzen und Auseinandersetzungen blieben unsere persönlichen Beziehungen bis zum Tod der beiden Politiker ungetrübt. Das gilt auch für Leopold Figl, Alfons Gorbach und Alfred Maleta.

Sehr gut charakterisiert diese Situation Josef Joos, ein Angehöriger der katholischen Zentrumspartei, in seinem Buch »Leben auf Widerruf«:

»Ein Machtkampf, von der SS-Lagerführung mitunter raffiniert ausgenützt, tobte unter der Decke zwischen den Parteirichtungen, zu denen sich die langjährigen Häftlinge jeweils bekannten. Hie Kommunisten – hie Sozialdemokraten! Wer macht das Rennen? Persönlicher Ehrgeiz,

Eitelkeit und überspanntes Geltungsbedürfnis einzelner führten zu nie abreißenden Intrigen. Zeitweise waren die Kommunisten in den Schlüsselstellungen, und manche von ihnen wußten davon Gebrauch zu machen. Die Sozialdemokraten parierten umsichtig, verschwiegen und mit ihnen waren Einsicht, Mäßigung, Vernunft und Menschlichkeit, wo sie das Heft in den Händen hatten – und solange sie es hatten.«

Vor Buchenwald kam ich noch einmal ein paar Tage zurück nach Dachau. Dort gab es noch einen Versuch, mich vor dem Abtransport zu bewahren. Dr. Egon Hilbert, der spätere Staatsoperndirektor, und Richard Schmitz, der ehemalige Wiener Bürgermeister nach 1934, arbeiteten auf der sogenannten »Plantage«, im Kräutergarten. Sie beknieten den Kommandoführer der Plantage, er solle mich anfordern, weil ich ein Spezialist für den Kräuteranbau sei. Letzten Endes half auch das nichts, und ich wurde nach Buchenwald überstellt, zuerst per Bahn nach Weimar, von dort aus weiter mit dem Lastauto. In Buchenwald hatte ich zuerst das Gefühl, möglicherweise gleich umgebracht zu werden. Ich kam in ein unterirdisches Gewölbe und wurde gebadet. Die Haare wurden mir abgeschnitten. Dann brachte man mich in einen Block, in dem ich eine Reihe meiner Wiener Freunde wiedertraf: Karl Mantler, Friedrich Hillegeist, August Bergmann und Roman Felleis, den Chef der Jugendbewegung der Revolutionären Sozialisten. Felleis war Revierschreiber und wußte: »Du bleibst nicht hier, du gehst morgen mit einem großen Transporter weiter nach ›Dora‹. Du bist der einzige Deutsche, alle anderen sind Polen, Russen, Belgier, Holländer, Tschechen.« – »›Dora‹, was ist das?« – »Das, wissen wir nicht. Es soll eine unterirdische Werkstätte sein. Lebend ist von dort noch niemand zurückgekommen, es ist ein reichsgeheimes Lager. Nur zweimal in der Woche

führen Lkws die Toten weg, weil es dort noch kein Krematorium gibt.«
Von »Dora« hatte ich nie gehört. Felleis erzählte mir auch einiges über die Situation in Buchenwald. Zuerst hätten im Lager die Kriminellen die Herrschaft innegehabt. Doch dann hätten die Kommunisten Position um Position errungen und das frühere Lagerpersonal aus dem Weg geräumt – und zwar »gründlich«, wie mir Felleis versicherte.
Damit hing noch eine weitere Episode zusammen, von der ich damals noch gar nichts wußte. Ich habe davon erst viel später von Leopold Brünnler gehört, mit dem ich schon 1935 von Dr. Osio verurteilt wurde. Nach dem letzten öffentlichen Vortrag von Bruno Kreisky hatten wir ein Gespräch. Brünnler, damals Häftling in Buchenwald, erzählte mir jetzt, er habe damals erfahren, daß die Kommunisten in jener Nacht etwas gegen mich im Schilde geführt hätten. Deshalb habe er als Kapo der Lagerfeuerwehr IV eine Nachtübung angesetzt, die darin bestand, daß seine Leute den Block umstellten, in dem ich lag. So konnte mir wenigstens von dieser Seite nichts passieren. Am nächsten Tag ging es mit ein paar Hundert Mann ab nach ›Dora‹. Als ich dort ankam, wurde mein Name aufgerufen – ich stand dann vor einem ehemaligen Lagerarzt von Dachau, einem Obersturmführer der SS, der mich fragte: »Wie kommen denn Sie hierher?« – »Genau weiß ich es nicht, aber ich kann mir's denken«. – »Ja, ich auch.« Daraufhin erteilte er mir den offiziellen Befehl: »Sie rücken nicht aus! Sie bleiben im Block, bis ich Sie in ein paar Tagen in ein anderes Lager versetze!«
So geschah es auch. Ich wurde zur Aufbauarbeit kommandiert. Wir haben in den Nebenlagern die Sanitätsbaracken eingerichtet. Erste Station war Harzungen, dann Ellrich. Jeden Tag wurde ich im Viehwaggon hin- und hergeführt. Später rückte ich täglich mit einigen hundert Gefangenen

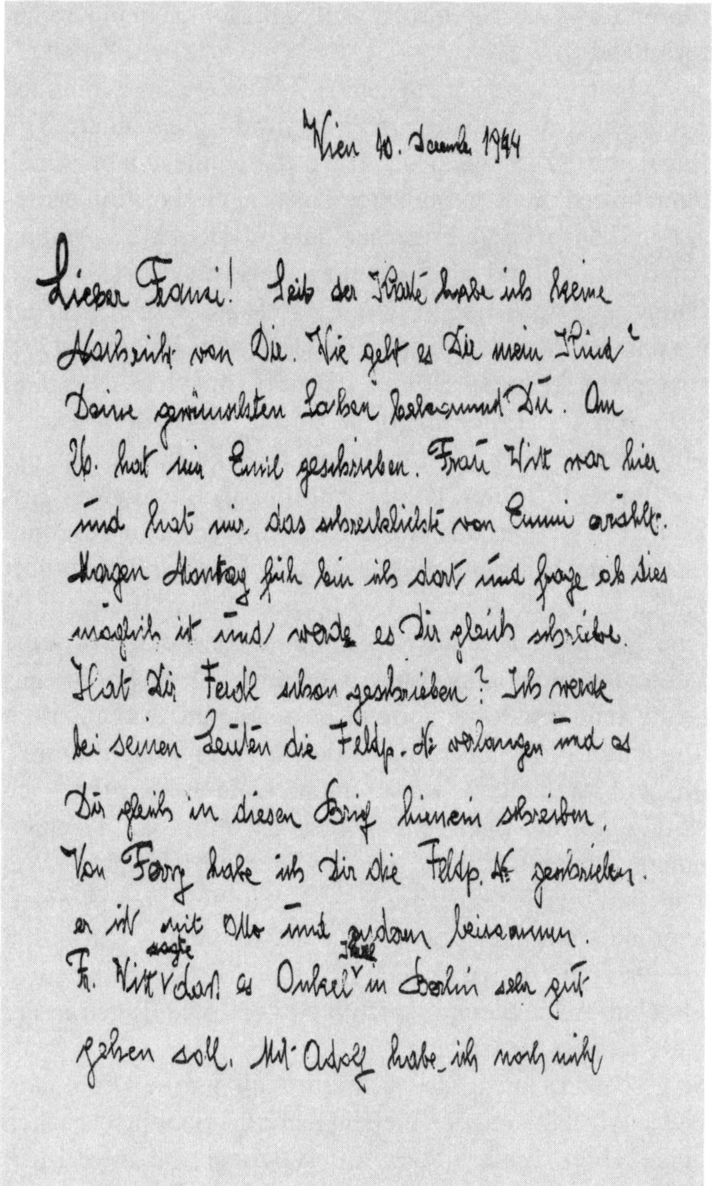
Wien 10. Dezemb. 1944

Lieber Franzi! Seit der Karte habe ich keine
Nachricht von Dir. Wie geht es Dir mein Kind?
Deine gewünschten Sachen bekommst Du. Am
26. hat mir Emil geschrieben. Frau Witt war hier
und hat mir das schrecklichste von Emmi erzählt.
Morgen Montag früh bin ich dort und frage ob dies
möglich ist und werde es Dir gleich schreibe.
Hat Dir Ferdl schon geschrieben? Ich werde
bei seinen Leuten die Feldp.-Nr. verlangen und es
Dir gleich in diesen Brief hinein schreiben.
Von Ferry habe ich Dir die Feldp. Nr. geschrieben.
er ist mit Otto und andern beisammen.
Fr. Witt sagte daß es Onkel [illegible] in Berlin sehr gut
gehen soll. Mit Adolf habe ich noch nicht

Der letzte Brief. Wenige Tage später starb Franz Olahs Mutter. Von ihrem Ableben wurde er erst nach der Beerdigung verständigt

1 schwarze Schmollpatte, 1 paar schwarze Schuh
bänder und eine lange schwarze Schnur, 3 St.
kleine Hautkreme, 20 St. Cigaretten, 1 kg.
Wurst, 5 St. Äpfel, 96. St. Keks, 1 Glas
Marmelade 25 St. Würfelzucker.

Lieber Franzi es ist sehr wenig für die Feiertage
ich weiß. Schreibe mir ob Du alles hast,
lasse es Dir schmecken es ist Dir vom Herzen
gegönnt. Ich wünsche Dir gute Feiertage
denn ich glaube kaum daß Du noch ein
Schreiben früher von mir bekommen wirst.

Bleibe gesund und sei recht herzlich gegrüßt
und geküßt
von Deine Mutter

Zensiert

87 Telegramm Deutsche Reichspost

6087 WIEN 2 15 29 1620 =

Aufgenommen

Tag: Monat: Jahr: Zeit:

von: durch:

Amt Sangerhausen

FRANZ O'AK SANGERHAUSEN
E 43366 BLOCK 4 PROVINZ
SACHSEN =

Übermittelt

Tag: Zeit:

an: durch:

DEUTS REICHS

MUTTER TOT BEGRAEBNIS 3. JAENNER = HELLA +

Zensiert

dienstliche Rückfragen

OAK E 43366 4 3 JAENNER +

Fr. S. jr. 10. 44 180000

DIN A 5 (Kl. 20)

Dr. ADOLF SCHÄRF
RECHTSANWALT
WIEN, VIII. Skodagasse 1
Anruf A 26-2-71

Wien, am 29. Dezember 1944

Herrn

Franz O h l a , geb. am 13.3.191o,

Nr. 43366 (E), Block 4,

S a n g e r s h a u s e n

Provinz Sachsen (10)

Euer Wohlgeboren!

Ich muss Ihnen leider die traurige Mitteilung machen, dass Ihre Frau Mutter einem Gasunfall zum Opfer gefallen ist und vor Weihnachten tot in der Wohnung aufgefunden wurde. Das Begräbnis findet am 3. Jänner 1945, 10 Uhr vormittags von der Halle 3 des Zentralfriedhofes aus statt. Ich bitte Sie, meiner aufrichtigen Teilnahme versichert zu sein.

zur Arbeit aus. Der Transport erfolgte mit Viehwaggons. In den Bergen waren unterirdische Werkstätten eingerichtet. Es wurden dort Bestandteile für V1- und V2-Waffen erzeugt. Daher war dieses Lager reichsgeheim. Niemand von den Häftlingen sollte hier lebend herauskommen. In Ellrich gab es einmal drei Tage lang kein Brot – der Hunger war groß. Täglich zählten wir zwischen dreißig und hundert Toten. Sogar einzelne Fälle von Kannibalismus kamen vor. Als Bewacher an der Arbeitstelle waren Luftwaffenangehörige eingesetzt, die später zwangsweise zur SS überstellt wurden, obwohl sie sich mit Händen und Füßen dagegen gewehrt hatten. Ihr Kommandoführer, ein Feldwebel, sagte zu mir: »Wir müssen dieses Gwandl anziehen.« Als erstes richteten wir in der SS-Baracke eine Sanitätsstation ein. Ich bekam einen Russen als Gehilfen. Vom SS-Arzt bekam ich den Auftrag, ihn anzurufen, wann immer etwas Außergewöhnliches passieren sollte. »Aber ich darf ja gar nicht telefonieren!« – »Sagen Sie, es ist mein Befehl!« Einmal habe ich ihn dann wirklich angerufen. Im Lager waren auch Zigeuner, die mit bloßen Händen Forellen fangen konnten; mein Russe organisierte dazu noch ein paar Kartoffelpuffer. So rief ich den Arzt an: »Nein, nein, es ist nichts passiert! Aber wir haben ein paar Forellen da. Möchten Sie welche haben?« Und ob er mochte.
Gegen Ostern 1945 rückten wir nicht mehr aus. Der totale Zusammenbruch des Dritten Reichs zeichnete sich ab. Zehn Tage lang wurden wir im Eisenbahnwaggon kreuz und quer durch die Gegend geführt, einmal auch von Tieffliegern beschossen, hatten Tote und Verwundete. Letztere wurden von der SS sofort erschossen. Endlich landeten wir in Berlin-Germendorf, in einem ehemaligen Arbeitslager. Dort blieb ich dann nur noch eine Woche. Auf dem Krankenrevier arbeitete auch Dr. Walter Loebner, ein jüdischer Arzt aus Marienbad im Sudetenland.

Dieser Mann hat dank einer Reihe außerordentlicher Glücksfälle überlebt. Wir organisierten uns einen Laib Brot, ein bißchen Margarine, eine Decke sowie einen Spaten als Waffe und beschlossen, auszubrechen. Die Gelegenheit war günstig. Rund um uns herrschte Chaos, ein Teil der SS war bereits abgezogen, und am Tag davor, Hitlers letztem Geburtstag, war in der Nähe das Kraftwerk Eberswalde von Bomben lahmgelegt worden. Deshalb gab es keinen Strom, es war also auch der Stacheldraht nicht mehr geladen. So turnten wir uns an einem Turm hoch, sprangen auf der anderen Seite hinunter und rannten davon. Man schoß uns zwar nach, aber wir konnten den Wald unverletzt erreichen und hielten uns dort bis gegen Mitternacht versteckt. Dann machten wir uns auf den Weg.

Wenn wir eine Ortschaft nicht umgehen konnten, gaben wir uns als Arbeiter aus dem Protektorat aus, die auf der Flucht vor den Russen waren. Einmal trafen wir einen Soldaten auf Streife, der erkannt haben dürfte, was es mit uns auf sich hatte. Er war Sudetendeutscher, und Dr. Loebner schlug ihm vor, mit uns zu kommen. Er lehnte jedoch ab zu desertieren und hatte außerdem Angst vor den Russen. So verabschiedeten wir uns voneinander und gingen jeder unserer Wege. Gegen Abend versteckten wir uns in einem großen Heuschober in der Nähe von Kremmen, Kreis Ost-Havelland. Morgens ging auf einmal das Tor auf, und ein Flüchtlingstreck von Frauen und Kindern suchte hier Schutz. Als sie uns bemerkten, waren sie zuerst erschrocken, dann aber sogar ganz froh über ein bißchen männlichen Schutz.

Am nächsten Tag kam dann die Rote Armee, zuerst Truppen der kommunistischen polnischen Regierung, dann Russen, die uns zuerst gar nicht beachteten. Als wir uns beim Kommandanten meldeten, befahl uns dieser, die

Häftlingskleider auszuziehen, uns aus einem der verlassenen Häuser neue Kleidung zu besorgen und sofort ein Krankenrevier aufzumachen. Ein Arzt und ein Sanitäter – was konnte ihm Besseres passieren? So gut es ging, verarzteten wir dann alle: die russischen Kranken, von denen die meisten sich bloß mit schlechtem Fusel hatten vollaufen lassen, die Zivilbevölkerung, sofern sie nicht geflohen war, und verwundete deutsche Gefangene, die wir so bald wie möglich als geheilt entließen und nach Hause schickten, bevor noch lange gefragt werden konnte. Wir bekamen sogar Personal und Medikamente.
So vergingen etwa sechs Wochen. Langsam erreichten uns auch Nachrichten aus der Heimat. Wir hörten im Radio von einem Wiener Bürgermeister »Kerner« und von einer provisorischen Staatsregierung. Ich erinnere mich noch, daß einmal eine Meldung durchkam, ein Staatssekretär Raab habe bei einem Fackelzug der Freiheitskämpfer und Opfer des Faschismus eine Rede gehalten. Es war Zeit, daß ich heimkam.

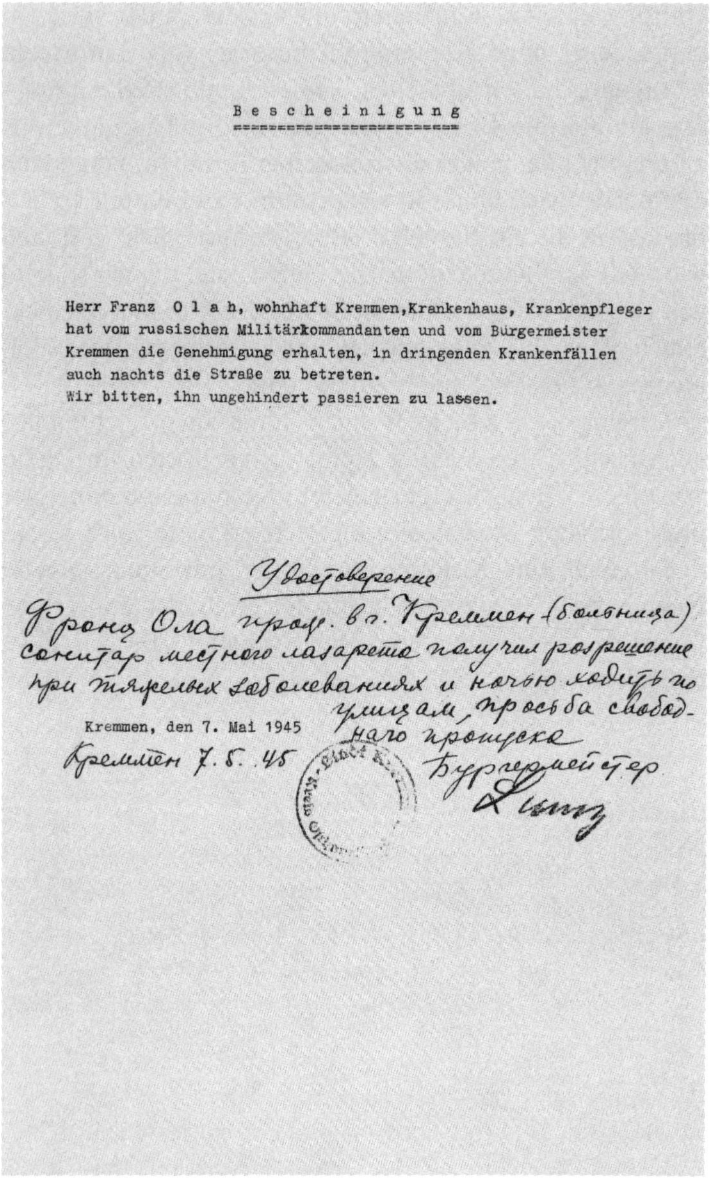

B e s c h e i n i g u n g

Herr Franz O l a h, wohnhaft Kremmen,Krankenhaus, Krankenpfleger
hat vom russischen Militärkommandanten und vom Bürgermeister
Kremmen die Genehmigung erhalten, in dringenden Krankenfällen
auch nachts die Straße zu betreten.
Wir bitten, ihn ungehindert passieren zu lassen.

Удостоверение

Франц Ола прож. в г. Креммен (больница)
санитар местного лазарета получил разрешение
при тяжелых заболеваниях и ночью ходить по
улицам, просьба свобод-
наго пропуска

Kremmen, den 7. Mai 1945

Креммен 7.5.45

Бургомейстер

Kriegsende in Kremmen (Brandenburg), und wie es Franz Olah in Dokumenten erlebte

НКО-СССР
Управление
Воен. Комендатуры
гор. Креммен
„12" июня 1945 г.
№ 55

Справка.

Дана мед. работнику г. Креммен р-на Науен Францу Оля, в том, что он был задержан в/комендатурой г. Креммен для организации городской больницы, где и проработал с 30 апреля по 12 июня 1945 года.

В настоящее время, как репатриант, направляется по месту своего жительства — Австрия — г. Вена.

Военный комендант г. Креммен
гв. подполковник /Дедов/

Пом. в/к по опер.-стр. части
гв. капитан /Красников/

P a s s i e r s c h e i n

Franz O l a h, geb. 13.3.10 in Wien, ist am 21.4.45 aus dem Konzentrationslager Oranienburg (Heinkel) entflohen und hat sich am 30.4.1945 am Bürgermeisteramt Kremmen gemeldet und bittet um um Ausstellung eines Passierscheines nach Wien über Berlin.

Kremmen, den 30.4.1945

Der Bürgermeister

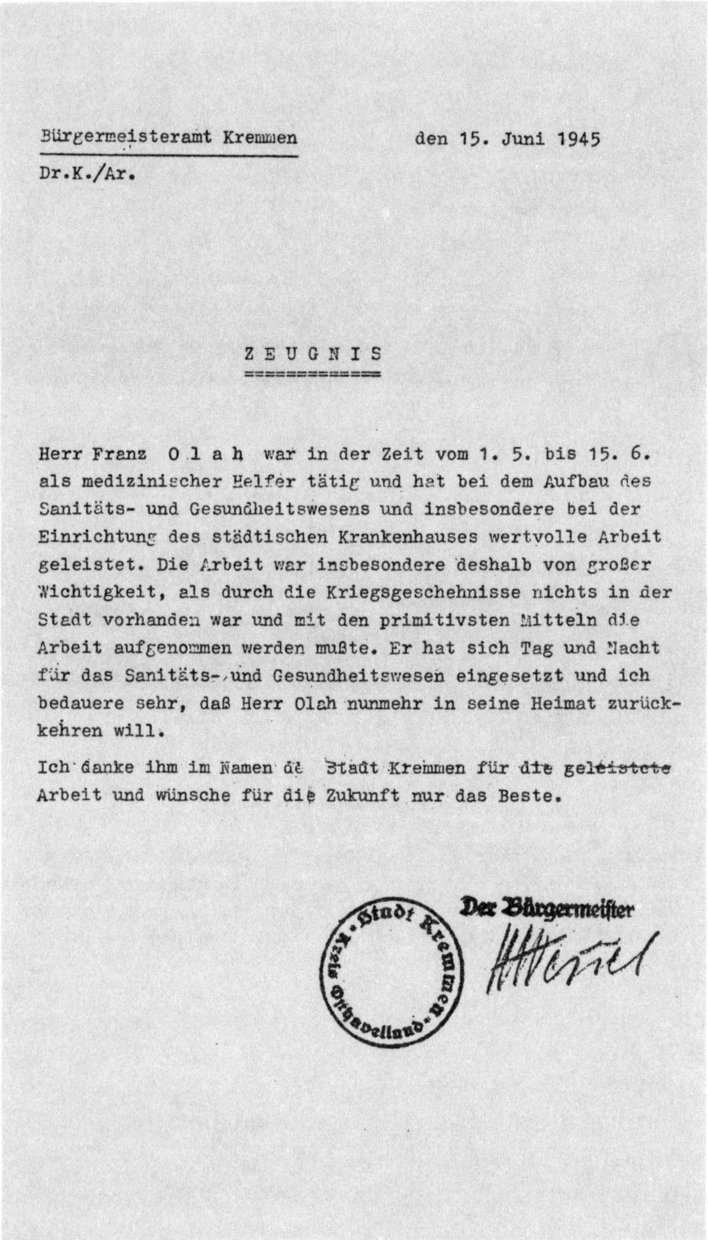

Bürgermeisteramt Kremmen den 15. Juni 1945

Dr.K./Ar.

Z E U G N I S

Herr Franz O l a h war in der Zeit vom 1. 5. bis 15. 6. als medizinischer Helfer tätig und hat bei dem Aufbau des Sanitäts- und Gesundheitswesens und insbesondere bei der Einrichtung des städtischen Krankenhauses wertvolle Arbeit geleistet. Die Arbeit war insbesondere deshalb von großer Wichtigkeit, als durch die Kriegsgeschehnisse nichts in der Stadt vorhanden war und mit den primitivsten Mitteln die Arbeit aufgenommen werden mußte. Er hat sich Tag und Nacht für das Sanitäts- und Gesundheitswesen eingesetzt und ich bedauere sehr, daß Herr Olah nunmehr in seine Heimat zurückkehren will.

Ich danke ihm im Namen de Stadt Kremmen für die geleistete Arbeit und wünsche für die Zukunft nur das Beste.

Stadt Kremmen Kreis Osthavelland

Der Bürgermeister

IV.
»Das ist der gefährlichste Mann in Österreich«

Wiederaufbau und Kampf gegen die Kommunisten

Der sowjetische Kommandant und der Bürgermeister des märkischen Dorfes, in dem wir hängengeblieben waren – es war bereits der zweite, der erste war den Kommunisten nicht genehm gewesen –, wollten uns überreden, doch noch zu bleiben. Überall gebe es Banditen und Marodeure, bei ihnen seien wir wenigstens sicher. Als sie sahen, daß wir nicht umzustimmen waren, gaben sie uns nicht nur einen Geleitbrief mit auf den Weg, sondern auch zehn harte Eier, ein Kilo Butter, einen Laib Brot und 600 Mark für uns. Damals eine beachtliche Summe. Sogar ein Fahrrad und eine Uhr boten sie jedem von uns an. Doch wir lehnten ab. Je mehr wir bei uns hatten, desto eher würden wir überfallen werden. Nur das Allernotwendigste wollten wir mitnehmen. Wir wurden mit einem Lastauto nach Berlin gebracht. Dort haben wir uns einige Tage aufgehalten, bis wir eine Fahrkarte für die Bahn bekamen. Teils mit dem Zug, teils mit Lastautos kamen wir über Dresden nach Prag.

In Prag unterhielten wir uns auf der Straße, als plötzlich eine alte Frau auf uns zukam und flüsterte: »Um Gottes willen, reden Sie nicht deutsch! Sie werden erschlagen, wenn man Sie hört!« Dr. Loebners und mein Weg trennten sich; ich ging zu meinem alten Bekannten, dem Gewerkschaftssekretär Matthias Smejkal, und bat ihn um seine Hilfe: »Ich möchte nach Hause.« – »Da brauchst du eine

Fahrkarte, das ist sehr schwierig.« Ich war im ersten Moment sehr verwundert: »Kannst du mir nicht helfen? Du bist doch der Sekretär der Gewerkschaft.« – »Ja, das bin ich«, seufzte er, »aber nur dem Namen nach, alles Wichtige entscheidet hier die Kommunistische Partei. Ich geh' mit dir morgen hin.« – »Aber ich bin kein Kommunist!« – »Ich doch auch nicht«, erwiderte Smejkal, »aber es gibt keinen anderen Weg! Es ist besser, du fährst so schnell wie möglich nach Wien.« Am nächsten Tag gingen wir in die KP-Zentrale. In jedem Stock standen Wachen mit Maschinenpistolen, es gab jede Menge Ausweiskontrollen, bis wir schließlich vor einem weiblichen sowjetischen Offizier landeten. Die Dame war zum Glück von meinem Gemisch aus Polnisch-Ukrainisch und Russisch beeindruckt und bewilligte mir eine Fahrkarte. Sie notierte pflichtschuldigst meine Angaben und überprüfte sie durch Rückfragen. Niemand im kommunistischen Apparat – darunter eine ganze Reihe ehemaliger Dachauer – schien damals noch irgendwelche Einwendungen gegen mich zu haben. Die kamen erst später – von den österreichischen Kommunisten. Die sechshundert Mark wurden mir zweimal umgetauscht – zuerst bei der Einreise in die ČSR und dann bei der Ausreise. Was dann noch übrig blieb, war wertlos.

So fuhr ich dann, die ganze Nacht stehend, im Zug nach Wien und kam am Morgen in Groß-Jedlersdorf an, brauchte aber den ganzen Tag, um ins Zentrum von Wien zu gelangen. Eine Stunde dauerte es allein, über die Trümmer der Floridsdorfer Donaubrücke zu klettern. Dann ging ich zu Fuß durch die Innere Stadt und bis nach Hietzing. Dort fand ich vorerst bei einer bekannten Familie, Witt, eine Unterkunft. Dann sagte man mir: »Der Slavik (damals Wohnungsstadtrat) hat für dich in einem Ottakringer Gemeindebau einen Einzelraum beschlagnahmt. Wir haben uns gedacht, vielleicht kommt er doch noch.«

Für eine Unterkunft war also gesorgt. Und ich war gekommen. Meine Odyssee war zuende.

Am nächsten Tag, es war Montag, der 2. Juli, marschierte ich wieder zu Fuß von Hietzing in den 8. Bezirk, in die Skodagasse, zur Wohnung von Dr. Adolf Schärf, der zum Parteivorsitzenden der neugegründeten SPÖ gewählt worden war. Er lud mich ein, ihn zum Bundeskanzleramt zu begleiten. Wir unterhielten uns, gingen die Josefstädterstraße hinunter und dann weiter zum Ballhausplatz. Vor dem Kanzleramt blieben wir stehen und redeten weiter. Aber es dauerte nicht lange, bis ein sowjetischer Wachtposten auf unser verdächtiges Verhalten aufmerksam geworden war. Sofort kam er zu uns, jagte Dr. Schärf in das Gebäude und mich davon! Schärf rief mir noch nach. »Siehst du, so regieren wir.«

Während unseres Gesprächs hatte mir Schärf gesagt: »Du mußt sofort zu Böhm gehen, in das Sozialministerium. Er ist dort der Chef.« Wichtiger aber noch war, daß Böhm auch der Präsident des neu gegründeten überparteilichen Gewerkschaftsbundes war. Ich ging also in die Hanuschgasse. Der Amtsgehilfe im Vorzimmer war leicht schokkiert, als ich den Herrn Staatssekretär zu sprechen wünschte. Schließlich war ich weder angemeldet, noch hatte ich einen Termin. An der österreichischen »Ordnung« hatte offenbar auch ein mehrmaliger politischer Regimewechsel nichts geändert! Schließlich konnte ich den Zerberus wenigstens dazu bewegen, einen Zettel mit meinem Namen weiterzugeben.

Böhm kam freudestrahlend herausgestürzt und begrüßte mich sehr herzlich. Kaum jemand habe noch daran geglaubt, daß ich das KZ überlebt hatte. Bis zur erhofften Rückkehr von Franz Novy aus England hatte Böhm auch

den Vorsitz der vereinigten Gewerkschaft der Bau- und Holzarbeiter übernommen. Ich sollte dort sofort als Sekretär beginnen. Auf seine Anweisung hin begab ich mich noch am selben Tag in die Schottenfeldgasse, um dort in einem kleinen, zugigen Kämmerchen meine Arbeit aufzunehmen. Meine erste Tätigkeit war die Mitwirkung der Gewerkschaft an der Bestellung der öffentlichen Verwaltungen. Firmen, deren Inhaber durch ihre NS-Zugehörigkeit belastet waren, bekamen einen öffentlichen Verwalter. Deren Einsetzung oder Abberufung hatte ich zu überprüfen bzw. Stellungnahmen dazu auszuarbeiten.
Abends ging ich in meinen Heimatbezirk Hernals, um mich auch bei der Partei zurückzumelden und meine Mitarbeit wiederaufzunehmen. Dort warteten schon einige Genossen auf mich, die ihren »Persilschein« abholen wollten – es waren jene, die sich in der Zwischenzeit ein wenig angepaßt hatten. Wenn sie nicht mehr auf dem Gewissen hatten, war ich gerne dazu bereit.
In den folgenden Wochen hatte ich aus einem mir nicht mehr erinnerlichen Grund bei der Niederösterreichischen Landesregierung zu intervenieren. Während des Telefongespräches mit einem der Herren im Büro des Landeshauptmannes, dem ich natürlich meinen Namen und meine Funktion als Sekretär in der Gewerkschaft genannt hatte, wurde dem Beamten offenbar plötzlich der Hörer aus der Hand genommen und eine andere Stimme meldete sich am Telefon: »Bist du der Olah Franzl aus Dachau?« Es war Leopold Figl, der damals auch als niederösterreichischer Landeshauptmann fungierte. »Was, du bist da und läßt dich nicht anschauen? Wir sind doch jahrelang gute Kameraden gewesen in schlimmen Situationen. Daß wir in verschiedenen Parteien sind, kann doch kein Hindernis sein, in Verbindung zu bleiben!« Er lud mich ein, noch am selben Abend in die Landesregierung zu kommen, ich

würde dort auch noch andere Bekannte treffen. Und so war es! Ich traf August Kargl, den damaligen Sicherheitsdirektor Beier, den Gendarmeriekommandanten Emanuel Stillfried und noch andere ehemalige Dachauer. Kaum saßen wir alle beisammen, ging das Licht aus. Wir übersiedelten in die kleine Wohnung Kargls gegenüber, die im Hochhaus in der Herrengasse gelegen war.
Plötzlich klopfte es, und Julius Raab kam zur Tür herein. Er kannte mich ja nicht und glaubte natürlich, unter lauter Parteifreunden zu sein. Er begann gleich: »Also, die Sozi kommen mit der Verstaatlichung.« Worauf ich ihm ins Wort fiel: »Bitte, bevor Sie weitersprechen, ich melde mich freiwillig, ich bin auch einer!« Raab lachte und lenkte ein: »Na gut, wir können ja auch von was anderem reden.« Wir saßen dann noch lange beisammen, bei einer Flasche Wein und einem Laib Brot, als größten Luxus eine Stange Wurst. Vielleicht sollte man bei der Gelegenheit auch daran erinnern, daß wir am Anfang alle, vom Hilfsarbeiter bis zum Regierungsmitglied, nicht mehr als 150 Mark bzw. später dann 150 Schilling im Monat ausbezahlt bekamen. Für mich war das kein Problem; ein Problem war vielmehr, für diese 150 Schilling auch nur irgendetwas zum Einkaufen zu finden.
Es war eine schwierige Zeit, in jeder Hinsicht. Wien war im Sommer 1945 nur von Sowjettruppen besetzt – die Westmächte rückten erst im Herbst in Wien ein, um ihre Zone in Besitz zu nehmen. Die Bevölkerung des sowjetisch besetzten Gebietes – neben Wien gehörten dazu noch Niederösterreich, das Burgenland, das oberösterreichische Mühlviertel und die Oststeiermark einschließlich der Landeshauptstadt Graz – hatte unter den Übergriffen der Besatzungsarmee schwer zu leiden, insbesondere die Frauen. Fast alle Wiener Bezirke wurden mit »Bezirksbürgermeistern« und Bezirkspolizeichefs aus den Reihen der

Kommunisten beglückt. Die Versorgung der Bevölkerung war katastrophal. Rund hunderttausend Wohnungen waren allein in Wien zerstört oder beschädigt, die Straßen ein einziger Schutthaufen.
Ich wohnte während der ersten fünf Jahre nach dem Krieg in einem einzigen Raum im Pirquethof in Ottakring – dem Zimmer, das Slavik für mich hatte reservieren lassen. Es gab zwar eine Kochgelegenheit, aber kein warmes Wasser. Zum Baden ging man eben in eine öffentliche Badeanstalt, in ein sogenanntes »Tröpferlbad«. Natürlich hätte ich mir eine größere Wohnung zuteilen lassen können, aber das wollte ich nicht, solange unzählige Familien immer noch unter elenden Bedingungen hausten. Diese Zustände muß man auch bedenken, wenn heute oft moniert wird, wir hätten zuwenig getan, um die Emigranten wieder nach Österreich zurückzuholen. In der ersten Zeit wären wir nicht einmal in der Lage gewesen, ihnen ein Dach über dem Kopf zu bieten. Wer aber zurückkommen wollte, der konnte kommen – soweit es die Alliierten erlaubten. Auch die Wohnungen der geflohenen Nazis waren längst an die Ausgebombten vergeben. Später mag einiges versäumt worden sein; aber da hatten viele von ihnen bereits in Übersee Fuß gefaßt, so daß sie kaum noch zu bewegen waren, ihre sichere Existenz mit dem Leben in sowjetisch besetztem Gebiet zu vertauschen.
Die Besatzungsmächte, allen voran natürlich die Sowjets, zeigten großes Interesse an der Struktur und Tätigkeit der Gewerkschaften. Eines Tages wurde die Gewerkschaft der Bau- und Holzarbeiter eingeladen, für Wien eine Betriebsrätekonferenz einzuberufen, bei der ein sowjetischer Informationsoffizier einen Vortrag halten wollte. Die Konferenz wurde in den Saal des Gewerkschaftshauses in der Königseggasse in Mariahilf einberufen. Es war bereits Spätherbst, der Saal war ungeheizt, die Betriebsräte, in

Dr. Kurt Schumacher
HANNOVER
Büro: z. Zt. Jacobsstraße 10

Hannover, am 15.12.1945 Schu/Re

Herrn
Franz Olah

Gewerkschaft der Bau- und Holzarbeiter

Wien VII
Schottenfeldgasse 24

Lieber Franz!

Deinen Brief vom 17. November habe ich am 10. Dezember erhalten. Ich habe mich ganz ausserordentlich über Deine Zeilen gefreut, denn ich hatte die grösste Sorge um Dich. Das letzte, was ich von Dir gehört hatte, war nämlich, dass Du im Lager in die grosse Wurstmaschine gekommen seist. Ich konnte mir dabei sehr gut die Kreise vorstellen, die eine geeignete Regie für weitere Verwurstung führen würden.

Nun bist Du doch wohl und munter und sogar der Zentralsekretär Deiner Gewerkschaft. Dass Du in den Wiener Landtag gekommen bist, nehme ich als selbstverständlich an. Aber wie ist es mit dem Nationalrat? Ich will doch hoffen, dass Du auch dort zum Zuge gekommen bist.

Sehr leid hat es mir getan, dass Wenger und Pfannenstiel noch nicht bei Euch sind. Von Otto Skritek habe ich auch einen Brief bekommen und bin durch ihn über die günstige Entwicklung des Schicksals von Franz Buchta und Hermann Lackner unterrichtet. Ich wäre Dir sehr dankbar, wenn Du Lackner von mir grüssen würdest.

Hier im Reich schreitet die Entwicklung der Partei gut voran, wenn natürlich auch nicht in den traditionellen österreichischen Dimensionen. In einem sehr grossen Teil der englischen Zone sind die Parteien noch nicht einmal offiziell zugelassen, was ihre Entwicklung aber nicht besonders hemmt. Die Parteilinie ist klar. Du kennst sie aus manchen Gesprächen, die wir in der Vergangenheit miteinander geführt haben. Das Wahlresultat in Österreich hat diese Seipel-Form wohl tatsächlich deswegen angenommen, weil diese Linie unter den besonderen Voraussetzungen der Besatzung in Österreich nicht durchgehalten werden konnte. Jetzt freuen sich die Bürgerlichen. "Wer vom Papst isst, stirbt daran!" Es gibt viele Päpste in der politischen Welt! Die Zukunft liegt wie eine grosse dunkle Gewitterwolke vor uns. Wie wir durch die Zeit kommen, wissen wir nicht, aber wir denken nicht daran, die Waffen zu strecken. In den angelsächsischen Besatzungszonen gibt es eben für die physische und moralische Weiterexistenz doch gewisse Voraussetzungen. Nur kann man in diesem relativ angenehmen Stadium der Dinge nicht stehen bleiben. Die Tatsache, dass der Politik der Vereinten Nationen ein gemeinsamer Generalnenner in ihrem Verhalten gegenüber

-2-

In einem Schreiben von Kurt Schumacher fand ich meine Vermutung bezüglich jener Kreise bestätigt, »die eine geeignete Regie für weitere Verwurstung führen würden«.

-2-

Deutschland fehlt, wird von uns auf das schmerzlichste empfunden und ist die grosse Gefahr für unsere Zukunft. Gewisse Parallelen lassen sich ja für die österreichischen Verhältnisse ziehen.

An Otto Skritek schreibe ich dieser Tage auch. Er hat mir einen sehr lieben und ausführlichen Brief geschrieben. Sei Du bitte so gut und halte speziell die Verbindung mit Hermann Lackner für mich aufrecht. Den Otto werde ich darum bitten, die Linie zu Buchta zu wahren.

Ich wünsche Dir alles Gute in Deiner schweren Arbeit und grüsse Dich herzlichst

Dein

Kurt Schuschnigg

unzureichender Kleidung und abgemagert, kamen, weil es eben sein mußte. Böhm bat mich: »Du mußt den Vorsitz führen, ich kann nicht, ich habe die Ruhr und kann keine zehn Minuten ruhig sitzen bleiben.« Auch die anderen Funktionäre waren in keiner Weise auf diese große Ehre erpicht. Der allgemeine Tenor lautete: »Du mußt das machen, du warst sieben Jahre im KZ. Du kannst es dir leisten, auch den Russen zu widersprechen.«

Es kam ein wohlgenährter, intelligenter, gut deutsch sprechender Offizier um die Vierzig, der das Sowjetsystem und den Kommunismus stalinistischer Prägung natürlich in den leuchtendsten Farben schilderte. Zur Diskussion meldete sich niemand. Fragen stellte auch niemand. Nicht einmal die KP-Betriebsräte rührten sich. Also dankte ich dem Referenten höflich für seine Mühe und stellte meinerseits die Frage, ob er uns sagen könne, wann die österreichischen Kriegsgefangenen heimkehren würden und warum sie noch nicht entlassen seien. Der Sowjetoffizier antwortete höflich und ausweichend, darüber könne er nichts sagen. Aber die Freude an der Veranstaltung war ihm sichtlich verdorben, er verabschiedete sich rasch.

Kurz darauf ein zweiter Eindruck. Der damalige leitende Sekretär des ÖGB, Karl Krisch, bat mich, an einem Sonntag an seiner Stelle in eine Bezirksstadt im sowjetisch besetzten Mühlviertel zu fahren, um dort an einem »Gewerkschaftsfest« teilzunehmen. Zwar konnte ich mir nicht recht vorstellen, welche Feste man dort feiern wollte, an Ort und Stelle blieb mir dann allerdings die Sprache weg. So viele Torten, Schlagobers und andere Leckerbissen auf einem Fleck hatte ich in meinem ganzen Leben noch nicht gesehen. Die ganze sowjetische Kommandantur war erschienen, der Bezirkshauptmann hielt die Festrede. Von der Gewerkschaftsarbeit hatte er ungefähr soviel Ahnung wie ich von der Atomphysik. Die Wut mußte einen pakken, wenn man die Verschwendung und Schlemmerei bei dieser Propagandaveranstaltung mitansah und dabei an die Kinder, Kranken und alten Menschen dachte, die in Wien und anderen Städten der gleichen sowjetisch verwalteten Zone dahinsiechten, weil Milch und andere Grundnahrungsmittel Mangelware waren. Die Erklärung war einfach: es gab in diesem Ort eine große Molkerei, und die wurde »öffentlich« verwaltet.

Im Oktober 1945 kam Franz Novy aus London zurück und übernahm, wie vereinbart, den Vorsitz der Bau- und Holzarbeitergewerkschaft. Er war als Stadtrat für das Bauwesen in Wien vorgesehen und war daher einer der Spitzenkandidaten für die Gemeinderats- bzw. Landtagswahlen. Genau habe ich es nicht mehr in Erinnerung, aber ungefähr zehn Tage vor dem Wahltag wurde Novy von der Staatspolizei festgenommen und in das Landesgericht eingeliefert. Als Vorwand dafür mußte immer noch die Fahndung aus der Ära Dollfuß herhalten, mit der Beschuldigung der Veruntreuung von Gewerkschaftsgeldern. Nur mit größter Mühe gelang es allen Instanzen inklusive Staatskanzler Renner, Novy aus dem Gefängnis frei zu bekommen. So funktionierte die komplett kommunistisch besetzte Staatspolizei in Wien. Ob das die bevorstehende Wahl beeinflussen sollte?

Die Wahlen waren den Kommunisten ohnedies suspekt. Eines Tages im Sommer 1945 sah ich neue Plakate der KPÖ. Der Inhalt war bemerkenswert. Anstelle von allgemeinen Wahlen forderten die Kommunisten die Einberufung einer »Beratenden Versammlung«, in die alle drei in der provisorischen Staatsregierung vertretenen sogenannten »demokratischen Parteien« die gleiche Anzahl von Vertretern entsenden sollten. Die Parität der Kommunisten im öffentlichen Leben sollte dieserart gleichsam zementiert werden.

Das berüchtigte Wahlplakat Erwin Scharfs, 1945 SPÖ-Zentralsekretär

Diese ersten, seit langem ersehnten allgemeinen Wahlen in Österreich fanden am 25. November 1945 statt. Der Wahlkampf verlief auch damals nicht vornehmer als heute. Am schrecklichsten aber empfand ich ein Plakat unserer eigenen Partei, das den Sowjets die österreichischen NSDAP-Mitglieder im Austausch für unsere Kriegsgefangenen anbot. Das Plakat beeinflußte das Wahlergebnis sicher zu unseren Ungunsten. Im November 1948 veröffentlichte das Zentralsekretariat der Sozialistischen Partei Österreichs »Für den Organisationsgebrauch« eine Broschüre »Um die Reinheit der Partei (Der Fall Scharf)«, aus der im folgenden zitiert wird:

»Aber er (Scharf) war es, der ohne Wissen des Parteivorstandes, ohne daß auch nur der Parteivorsitzende davon eine Ahnung hatte, eigenmächtig jenes berüchtigte Plakat herausgab, in dem die Russen aufgefordert wurden, uns die Kriegsgefangenen im Austausch gegen unsere Nazi zu schicken. Noch heute bereitet uns dieses Plakat große politische Unannehmlichkeiten. Mit Recht macht man uns darauf aufmerksam, daß bei einer solchen Austauschaktion in einem höheren Maße als bei allen anderen die kleinen Nazimitläufer die Opfer gewesen wären. Jahrelang hat die Partei dazu geschwiegen, um nicht diese eigenmächtige Handlung ihres Zentralsekretärs zu desavouieren. Diese Schonung dankt er der Partei jetzt mit einer ungeheuerlichen Verleumdung.« ...

»Scharf ist der erste Überläufer, der jahrelang politische Spionage betrieben hat.

Die Broschüre von Scharf ist gerade zum Parteitag der Kommunistischen Partei in Wien erschienen. Noch bevor die Schrift im Buchhandel erhältlich war, lag sie in den Mappen der Delegierten zum kommunistischen Parteitag. Das Impressum der Broschüre sagt, daß der Druck von der Buch- und Kunstdruckerei Kolmberger besorgt worden

ist. Tatsächlich wurde nur das Umschlagblatt von der Firma Kolmberger gedruckt, während die Broschüre von der kommunistischen Druckerei ›Globus‹ hergestellt worden ist. Die Herstellungskosten einer Kopie betragen ungefähr 4 S. Die Broschüre wird aber von Scharf, der sie im Selbstverlag herausgegeben hat, an die Buchhandlungen um 90 g abgegeben. Er hat hunderte Exemplare an die Sekretariate gratis versendet und setzt für jene, die ihm die Kosten erstatten wollen, einen Betrag von 1.50 S fest. Es ist eine alte Gewohnheit der Sozialisten, bei Publikationen die Frage zu stellen: wer zahlt dafür?«
»In der Debatte über die Berufung Scharfs wurde festgestellt, daß er hinter dem Rücken des Parteivorstandes in politischen Diskussionen in kleineren Kreisen eine Konzeption zu vertreten pflegte, die auf die engere Zusammenarbeit mit den Kommunisten und letzten Endes auf eine volksdemokratische Entwicklung hinauslaufe . . .«

Josef Hindels hat bei einem Presseprozeß, den Erwin Scharf angestrengt hat, als Zeuge ausgesagt: »Scharf war kein Agent, und dieses Plakat geht nicht auf sein Konto.« Sowohl Scharf wie Hindels lasteten dieses Plakat dem toten Peter Strasser an. Das war schon deswegen widersinnig, weil Strasser gegenteiliger Meinung war. Beweis: Protokoll des Parteitages 1945. Peter Strasser sagte dort: »Wir stehen noch vor anderen schweren Fragen, die wir nicht nur in unserem Organisationsleben, sondern in der Jugend vorfinden. Wir finden zwei Typen, die der Nationalsozialismus entwickelt hat. Den Typus des Hitlerjungen und im Gegensatz dazu den des Schlurfs, und leider muß man sagen: Wenn der Hitlerjunge immerhin den kollektiven Gedanken verkörpert, so verkörpert der Schlurf den Individualisten, also denjenigen, der sich in der Opposition zum Nationalsozialisten entwickelt hat. Dieser Hitlerjunge ist für uns noch viel eher annehmbar als der individualistische Schlurf, und es ist nun schwer für uns, aus dieser Jugend eine wirklich sozialistische Jugend zu erziehen.«

Auf dem Parteitag 1948 – in der Diskussion über den Fall Scharf – sagte Hindels zum Schluß folgendes: »Nach dem Parteitag ist Scharf an mich herangetreten und hat gesagt: Könnten wir uns nicht einmal darüber unterhalten, ob es nicht zweckmäßig wäre, wenn die Linken in der Partei, diejenigen, die den verschärften Kampf gegen die ÖVP fordern, enger zusammenarbeiten würden. Ich habe daraufhin mit Scharf einige politische Diskussionen gehabt, und ich muß sagen, jede solche Diskussion mit Scharf war für mich ein erschütterndes Erlebnis. Denn ich mußte jedesmal feststellen, daß es Erwin Scharf nicht darum ging, den Kampf gegen die ÖVP zu verschärfen, sondern daß er eine Konzeption vertrat, die auf die engste Zusammenarbeit mit den Kommunisten und letzten Endes auf eine volksdemokratische Entwicklung hinauslief. ... Schließlich habe ich die Diskussion mit Erwin Scharf abgebrochen. Dann hatte ich Gelegenheit, nach Deutschland zu fahren, um an einer internationalen Schule, die von der SPD veranstaltet wurde, teilzunehmen. Dort hat man mir einiges über die Verhältnisse in der deutschen Ostzone erzählt. Man hat mir erzählt, wie viele deutsche Sozialisten, darunter auch sehr viele linke Sozialisten, in der deutschen Ostzone wegen ihrer sozialistischen Gesinnung verhaftet wurden. Als ich zurückkam und Erwin Scharf einige dieser Erlebnisse erzählte, bekam ich eine Antwort, die ich nie vergessen werde. Scharf erwiderte: Ist denn um diese Leute schade? (Entrüstung.) Das war die Antwort Scharfs. Deshalb bin ich der Auffassung, daß Erwin Scharf nichts mit einer Linken und nichts mit einer revolutionären Richtung des demokratischen Sozialismus zu tun hat.«

Meine erste auswärtige Gewerkschaftskonferenz erlebte ich in Linz. Ich fuhr gemeinsam mit meinem Kollegen, Zentralsekretär Anton Vitzthum, dorthin. Böhm stellte uns ein beschlagnahmtes altes Vehikel zur Verfügung, das die Bezeichnung Auto kaum verdiente. In Linz bekamen wir von unserem Landessekretär Thanhofer je eine Konserve als Tagesverpflegung, mit der Bemerkung: »Mehr haben wir auch nicht.« Die Rückfahrt war ein Abenteuer. Knapp vor Melk gab unser klappriges Gefährt endgültig den Geist auf. Vitzthum kannte den damaligen Melker Bürgermeister Adlmannseder, vielleicht konnte der uns weiterhelfen. Vielleicht konnten wir unsere Fahrt mit dem Zug fortsetzen? Adlmannseder schilderte uns seine Erfahrungen: »Was, die Eisenbahn? Ich war vor einer Woche in Wien, die Rückfahrt mit der Eisenbahn bis Melk dauerte 28 Stunden!« So verabschiedeten wir uns und standen wieder auf der Straße, in der vagen Hoffnung, daß uns ein Fahrzeug ins Schlepptau nehmen würde. Das Wunder geschah. Die Menschen waren damals viel hilfsbereiter. Ein Lkw-Fahrer hängte unser »Auto« an seinen Wagen an und brachte uns sicher bis Schönbrunn.
Jede Reise innerhalb Österreichs war ein Abenteuer. Die Demarkationslinien bildeten ein gewaltiges Hindernis; an der Enns, wenn es nach dem Westen, am Semmering, wenn es nach dem Süden ging. Und immer wieder die bange Frage, ob unsere Identitätskarte als »in Ordnung« befunden wurde? Das hing offenbar von der Anzahl der darin enthaltenen Stempel ab. Die Zahl wechselte im Laufe der Zeit. Jedenfalls wurden es immer mehr. Im Jahre 1946 – um ein Beispiel anzuführen – mußten Vitzthum und ich zum Begräbnis unseres steirischen Landessekretärs Scheinler nach Graz fahren. Am Semmering wurden die Stempel im Identitätsausweis gezählt und für zu wenig befunden. Daher wurden wir mitsamt unserem mit-

geführten Kranz einfach zurückgeschickt. Man mußte noch froh sein, wenn es so glimpflich ablief.
Karl Scheinler war ein sehr fähiger, populärer und aktiver Funktionär gewesen. Auf der Rückfahrt von Wien nach Graz war sein Wagen von einem sowjetischen Fahrzeug frontal gerammt worden. Einige Insassen waren tot. Dieser Unfall konnte niemals geklärt werden. Überlebende sagten aus, sie seien von einem schweren Jeep in voller Absicht gerammt worden, obwohl ihr Wagen auf der richtigen Spur und korrekt gefahren war. Die Annahme, daß hier ein Mann, der als scharfer Gegner der Kommunisten bekannt war, auf brutale Weise ausgeschaltet wurde, ließ sich nicht von der Hand weisen.
Ein Jahr darauf sollten Novy und ich zu einer Gewerkschaftstagung nach Belgien fliegen. Die Belgier haben uns Österreicher nach 1945 von Anfang an eingeladen. Unsere Delegierten wurden dort folgendermaßen vorgestellt: Sie sprechen Deutsch, sind aber keine Deutschen. Der Alliierte Rat lehnte jedoch unseren Antrag auf Ausstellung eines Reisepasses ab. Den Grund dafür haben wir nie erfahren. Kurze Zeit später erneuerten wir unseren Antrag für eine Reise nach England. Diese wurde uns bewilligt. In England machten wir die Erfahrung, daß Nahrungsmittel und Konsumgüter fast ebensolche Mangelware waren wie in Österreich, obwohl die Engländer zu den Siegern gehörten. Beeindruckend war die Disziplin, mit der sie die Rationierung ertrugen. Schleichhandel war so gut wie unbekannt.

Im selben Jahr, 1947, kam es in Österreich zum ersten Lohn- und Preisabkommen. Wir begannen mit dem Versuch, die Basis der österreichischen Wirtschaft den Weltmarktbedingungen anzunähern, die Preise der landwirtschaftlichen Produkte und die öffentlichen Tarife anzuheben, die Subventionen etappenweise abzubauen und Löhne, Gehälter und Pensionen für alle Berufsgruppen der Unselbständigen am selben Tag zu erhöhen. Natürlich war das ein Experiment, ein Sprung ins Ungewisse, von dem wir wußten, daß er erst in Jahren zu einem vollständigen Erfolg führen konnte. Wir konnten nur hoffen, daß wir so lange durchhalten würden. Aber es mußte systematisch und konsequent geschehen.

Auf Anordnung der Alliierten Mächte gab es keine freie Bewegung von Löhnen und Preisen. Der im Dritten Reich geltende Lohn- und Preisstopp blieb formell auch weiterhin in Kraft! In einer Kriegswirtschaft konnte das funktionieren, nach dem beispiellosen Zusammenbruch und dem darauf folgenden Chaos waren fortgesetzte Bewirtschaftung und Preiskontrolle aber ein höchst fragwürdiges System. Die Versorgung der Bevölkerung war besonders in der sowjetisch besetzten Ostzone zeitweise geradezu katastrophal. Die Eingriffe der Besatzungsmacht verschlimmerten die Lage noch. Fabriken, landwirtschaftliche Güter und Wälder wurden unter dem Titel »Deutsches Eigentum« beschlagnahmt. Ein eigener exterritorialer Wirtschaftssektor entstand.

Das einzige, was innerhalb der Lenkungswirtschaft weiterhin funktionierte, war der Lohnstopp. »Ausnahmen vom Lohnstopp«, so lautete die Formel, konnte im Dritten Reich nur der »Reichstreuhänder der Arbeit« bewilligen. Den gab es jedoch nicht mehr. Die Alliierten waren sich aber einig, daß der Lohnstopp weiterhin in Kraft bleiben müsse. Wer sollte nun die »Ausnahmen« bewilligen? Schon zu Beginn der Viermächteverwaltung erging an unsere Gewerkschaft der Auftrag, unverzüglich die Unterlagen für die geltenden Löhne für unsere Berufsgruppe bekanntzugeben. Unsere Gewerkschaft war wieder im früheren Haus der Baugewerkschaft untergebracht, das in den vergangenen sieben Jahren als Sitz einer Kreisleitung der »Deutschen Arbeitsfront« gedient hatte. Wir hätten also alle Unterlagen, die von uns verlangt wurden, wirklich fein säuberlich gedruckt zur Hand gehabt. Ich ließ diese Unterlagen aber zuerst einmal alle verbrennen, dann fertigten wir selber Lohntabellen an, die zwar nicht übertrieben waren, denn das wäre aufgefallen, aber doch etwas höhere Lohnsätze auswiesen als die früheren. Die zuständige alliierte Behörde akzeptierte diese Aufstellung ohne Widerspruch.

Bald wurde auch ein Ersatz für den Reichstreuhänder der Arbeit gefunden: beim Sozialministerium wurde eine »Zentrale Lohnkommission« eingerichtet. Sie tagte unter Vorsitz eines »Neutralen« – eines vom Sozialminister bestellten Beamten – und wurde von Arbeitgeber- und Arbeitnehmervertretern paritätisch beschickt. Diese Zentrale Lohnkommission amtierte jahrelang. Hier wurden die entscheidenden Lohnverhandlungen geführt. Dem Vorsitzenden, Dr. Steinbach, der ganz zu Unrecht in Vergessenheit geraten ist, kommt das Verdienst zu, daß dieses System auch funktionierte und es nie zu wirklich großen Lohnkonflikten kam.

Wir mußten unser Preis- und Lohnniveau damals schrittweise an den Weltmarkt anpassen und damit auch unsere wirtschaftliche Wettbewerbsfähigkeit zurückgewinnen. Ausschlaggebend war dabei auch der Beginn des Marshallplans. Die jährlich an Österreich vergebenen Dollarsummen sollten vor allem für den Ankauf von Maschinen, Rohstoffen und Futtermitteln verwendet, unsere Betriebe modernisiert, die Produktion verbessert und der Export angekurbelt werden. Die unzureichende landwirtschaftliche Produktion und die schlecht funktionierende Versorgung der Bevölkerung mit Lebensmitteln zwangen die Regierung aber, wesentliche Summen für den Ankauf von

Nahrungsmitteln im Ausland zu verwenden. Damit sich die Bevölkerung diese teuer erkauften Lebensmittel überhaupt leisten konnte, mußten sie aber stark subventioniert werden. Diese Subventionierung erfolgte über den Dollarverrechnungskurs. Es wurde mit 1:10 umgerechnet. Das war natürlich eine reine Utopie. Der amtliche Umrechnungskurs betrug 27 bis 30 Schilling, aber auch dafür bekam man keinen Dollar, denn der Schwarzmarktkurs betrug mindestens 100 Schilling.
Die Amerikaner haben uns immer davor gewarnt, diese Hilfsgelder ausschließlich für den laufenden Bedarf an Lebensmittelsubventionen zu verwenden, sie also de facto »aufzuessen«. Österreich würde beim Auslaufen der Aktion genauso arm dastehen wie zuvor. Ein Land, das um seine politische Zukunft ringe, müsse wirtschaftlich auf eigenen Füßen stehen können. Das war natürlich einleuchtend. Nur wie sollte man ein solches Programm einer hungernden und frierenden Bevölkerung in kriegszerstörten Städten schmackhaft machen? Im Verlauf dieser ersten Jahre – bis 1951 wurden insgesamt fünf Lohn- und Preisabkommen getroffen – war es nur unter Aufbietung unserer ganzen Autorität möglich, der Bevölkerung, vor allem den unter schwersten Entbehrungen leidenden und arbeitenden Menschen in den Städten, diese Notwendigkeit begreiflich zu machen.
Die landwirtschaftlichen Gebiete und die westlichen Bundesländer hatten es leichter. In der Ostzone kam noch der ungeheure politische Druck der sowjetischen Besatzungsmacht hinzu, mit täglichen Einschüchterungen, Drohungen, Verhaftungen und Verschleppungen auch von politischen Funktionären, ja selbst von Abgeordneten. So wurden zwei niederösterreichische Landtagsabgeordnete – Ferdinand Riefler von der ÖVP und Franz Gruber von der SPÖ – von den Russen verschleppt und verurteilt. Gruber

starb in der Haft. Ein anderes Mal mußte der Sicherheitsdirektor Liberda über Nacht in die britische Zone flüchten, um nicht verhaftet zu werden.
Um den Bauern einen Anreiz für die Produktion und die Belieferung der Märkte zu bieten, mußten wir die Preise anheben und außerdem für eine ausreichende Versorgung mit Dünger und Futtermitteln sorgen. Auch in der Industrie bemühten wir uns, mehr in den Wiederaufbau zu investieren und nicht alles in den Konsum. Das hieß: Maschinen und Rohstoffe mußten angeschafft werden, während auf der anderen Seite die Subventionen für die Artikel des täglichen Bedarfs schrittweise abgebaut wurden. Diese Politik konnte vordergründig nicht populär sein, aber sie war lebenswichtig, wenn es uns gelingen sollte, sobald wie möglich auf eigenen Beinen zu stehen und nicht mehr abhängig zu sein von Hilfslieferungen. Nur so konnte es uns auch gelingen, den blühenden Schwarzmarkt langsam einzudämmen.
Beim 1. Lohn- und Preis-Abkommen im Herbst 1947 war auch vereinbart worden, daß neben der Globalregelung in einer Reihe von Branchen, deren Lohnniveau unserer Ansicht nach zurückgeblieben war, sogenannte »Nachziehverfahren« stattfinden sollten. Nun mußten aber Böhm und sein Stellvertreter Maisel gerade damals zu einer Tagung ins Ausland fahren, und Anton Proksch, der damalige Generalsekretär des ÖGB, hatte vor Lohnverhandlungen eine geradezu unüberwindliche Scheu. So verfiel Proksch auf mich als einen der jüngsten Gewerkschaftssekretäre. Proksch jammerte mich an: »Ich kann nicht weg, ich habe im Büro zu tun. Du mußt das machen!«
Die Verhandlungen fanden in der Handelskammer unter dem Vorsitz von Julius Raab statt. Manchmal vertrat ihn Generalsekretär Dr. Korinek. Tag für Tag verhandelten

wir jetzt über verschiedene Branchen, und es schien, daß die Kollegen mit meinen Interventionen und deren Resultaten recht zufrieden waren. Nachdem wir sukzessive die Nachziehverfahren für die Friseure, das Gastgewerbe, Hutarbeiter, Lederarbeiter, Textilarbeiter etc. durchgezogen hatten, wollte ich natürlich auch für die Leute aus meiner eigenen Gewerkschaft etwas herausholen, insbesondere für die Bauarbeiter, obwohl für sie ursprünglich kein »Nachziehverfahren« vorgesehen war. Ich erteilte also eines Tages kurzerhand dem Kammerbüro den Auftrag, für den nächsten Termin auch alle Innungsmeister des Bauhaupt- und -nebengewerbes aus allen Bundesländern einzuladen. Als Raab am nächsten Tag den Konferenzsaal betrat, war dieser gesteckt voll mit Leuten seiner eigenen Branche. Die Überraschung führte bei ihm zu einem Wutausbruch, und er schickte alle wieder heim. Daraufhin packte auch ich meine Unterlagen, erklärte die Verhandlungen für beendet und ging zurück in die Hohenstaufengasse. Von dort mußte dann Proksch die Handelskammer anrufen und Raab melden: »Ja, der Olah ist hier, aber er sagt, er geht nicht mehr zurück zu den Verhandlungen, solange die Bauarbeiter nichts bekommen.« Worauf Raab sich mit mir verbinden ließ und brummte: »Na, Sie Häferl, kommen's wieder her, wir werden schon etwas machen für Ihre Leute.« So geschah es dann auch.

1947 fand der erste Bundeskongreß des ÖGB statt. Dort gab es die erste heftige Auseinandersetzung mit den Kommunisten und den anwesenden Sowjetvertretern. Im Auftrag der sozialistischen Fraktion hatte ich eine Resolution zu vertreten und bei dieser Gelegenheit die Stimmung der österreichischen Arbeiter und Angestellten darzulegen (Text der Rede s. Anhang).

Bei den zweiten Nationalratswahlen im Oktober 1949 war

der kommunistische Stimmenzuwachs trotz der großen wirtschaftlichen Notlage und der organisatorischen Hilfe durch die Sowjets minimal, ja bedeutungslos. Lediglich der große Erfolg des Verbandes der Unabhängigen (VdU), des Vorgängers der Freiheitlichen Partei, brachte ein neues, unbekanntes Element auf die politische Bühne. Die beiden großen Parteien hatten ihre Probe bestanden, wenn auch etwas lädiert.
Kurz nach dieser Wahl starb Franz Novy, der Vorsitzende der Gewerkschaft Bau-Holz und Baustadtrat in Wien. Zu seinem Nachfolger in der Gewerkschaft, in der ich schon längere Zeit für ihn die Geschäfte geführt hatte, wurde ich gewählt. Außerdem wurde mir angeboten, auch als Wiener Stadtrat sein Nachfolger zu werden. Schon zwei Jahre vorher war ein ähnliches Angebot an mich herangetragen worden. Vizebürgermeister Paul Speiser wollte mich als seinen Nachfolger im Personalreferat einschulen. Das hätte damals aber mein Ausscheiden aus dem ÖGB bedeutet, und das wollte ich nicht. Nun hätte ich zwar im ÖGB bleiben können, aber meinen Sitz im Nationalrat aufgeben müssen. Damit hätte ich allerdings auch meine parlamentarische Immunität eingebüßt. Das schien mir in meiner exponierten Lage nicht ratsam. Solange man stündlich mit der willkürlichen Verhaftung durch eine der Besatzungsmächte – oder ihre Handlanger – rechnen mußte, war diese Immunität, die heute allenfalls noch bei Presseprozessen eine Rolle spielt, ein wertvolles Gut. Auf eine Übersiedlung in die Wiener Kommunalpolitik habe ich deshalb verzichtet.
1948 kam eine Einladung an den ÖGB, einen Delegierten zur Convention (Kongreß) der American Federation of Labor (AFL) nach Cincinnati zu entsenden. Der Bundesvorstand des ÖGB bestimmte mich als Delegierten. Der Beschluß erfolgte einstimmig – auch mit den Stimmen der

kommunistischen Mitglieder. Der kommunistische Vizepräsident Fiala sagte nach der Sitzung zu mir: »Schau, daß du etwas erreichst für uns!« Diese Einladung war verbunden mit einer Studienreise in die östlichen Städte der USA: New York, Washington, Pittsburgh (Stahlwerke), Detroit (Fordwerke), Chicago (große Fleischwerke), St. Louis (mit einer großen deutschen Kolonie, darunter vielen Österreichern) sowie zu großen Kraftwerksanlagen.

Meine Begrüßungsansprache auf dem Kongreß hielt ich in Englisch – ich habe während dieser ungefähr zwanzig Minuten Blut geschwitzt. Aber die Delegierten dürften meine Ausführungen doch verstanden haben, denn es war sehr ruhig. In meinem kleinen Hotelzimmer war eine ganze Schar österreichischer Emigranten – darunter der damals schon sehr betagte Wilhelm Ellenbogen. Auch Manfred Ackermann und Fritz Flesch sah ich nach langer Zeit wieder. Ellenbogen und Ackermann waren voll Verständnis für unsere Lage und unsere Politik. Einige andere waren nicht sehr erbaut darüber, daß wir mit der ÖVP eine Koalition bildeten.

Der noch zu Lebzeiten von Franz Novy ausgebrochene Konflikt innerhalb meiner eigenen Gewerkschaft mußte auf dem Gewerkschaftstag im November 1949 ausgetragen werden. Novy starb wenige Tage vorher. So hatte ich bei dieser Auseinandersetzung Johann Böhm, der noch Vorstandsmitglied unserer Gewerkschaft war, als Stütze. Der bisherige zweite Vorsitzende Rudolf Holowatyj, war ein Jahr vorher seiner Funktion enthoben worden. Schloß Weinberg, unser Schulungsheim, wurde zum Zankapfel. Die Kosten der Renovierung hatten sich verdoppelt, und Holowatyj gab große Summen nicht nur ohne Beschlüsse aus, sondern das notwendige Geld war auch so gut wie nicht mehr vorhanden. Unsere Gewerkschaft war beinahe bankrott. Wir hatten Schulden. Aber es soll ausdrücklich festgehalten werden, daß Holowatyj nicht die geringste persönliche Verfehlung angelastet wurde. So fiel die Entscheidung am Vortag des Gewerkschaftstages bei den sozialistischen Delegierten zwischen Holowatyj und mir. In geheimer Abstimmung entschieden sich 74 Prozent der sozialistischen Delegierten für mich. Auf dem Gewerkschaftstag selbst wurde ich einstimmig gewählt.

In diesen Jahren standen die Gewerkschaften an der vordersten Front des Kampfes gegen die Kommunisten. Die Rolle Johann Böhms als Präsident des ÖGB, der seine ganze persönliche Autorität, seine überragende Menschlichkeit für diese Entwicklung eingesetzt hat, kann gar nicht überschätzt werden. Gegen ihn richtete sich in diesen Jahren die ganze Wut und die ganze Wucht einer demagogischen Propaganda. Aber er erwies sich als der unbeugsame Turm in diesem Ansturm gegen unsere Demokratie.

Mit aller Wucht setzte dieser Ansturm im Herbst 1950 ein. Damals wurde das 4. Lohn- und Preisabkommen vereinbart, das zweifellos gewisse Härten mit sich brachte. Nun sahen die Kommunisten ihre Stunde gekommen. Sie trommelten eine Betriebsrätekonferenz in der Floridsdorfer Lokomotivfabrik zusammen, die von ihren Leuten dominiert war, und proklamierten über den alten RAVAG-Sender in der Argentinierstraße, der im russischen Sektor lag, den unbefristeten Generalstreik. Mitgemacht haben bei diesem Streik vor allem die Arbeiter in den USIA-Betrieben, die unter sowjetischer Verwaltung standen (und im amerikanischen Sektor die VÖEST, in welcher die Opposition die Mehrheit hatte, dort war allerdings der VdU sehr stark). Auch in der Steiermark hatten die Kommunisten damals noch eine ziemlich starke Position. In der Alpine-Montan in Donawitz wurden

die Betriebsräte von der Gendarmerie in Schutzhaft genommen, als sie die Hochöfen abstechen lassen wollten. Auch im Grazer Becken streikten mehrere Industriebetriebe.
Von den Sozialisten ließen sich einige in den ersten Tagen mitreißen. Aber das Mitmachen oder Nicht-Mitmachen war ja nicht nur eine Frage des Wollens. Denn die Kommunisten bildeten in Wien und Niederösterreich mit ihren Leuten vom Werkschutz der USIA-Betriebe Rollkommandos, die ausschwärmten und die Beschäftigten in anderen Betrieben unter Androhung von Brachialgewalt zur Arbeitsniederlegung zwangen. So brach ein Stoßtrupp in das städtische E-Werk in Ebenfurth ein und schaltete den Strom ab. Hier in Niederösterreich und in der russischen Zone Wiens war es besonders schlimm, denn die Sowjets untersagten der Polizei und der Gendarmerie jegliches Eingreifen. So konnten die KP-Garden ungehindert ihr Unwesen treiben. Auch mitten in der Wiener Innenstadt, am Karlsplatz, der gerade noch zur sowjetischen Zone gehörte, waren die Straßenbahngleise blokkiert.
Für unsere Bauarbeiter war die Lage besonders gefährlich. Denn sie konnten sich nicht einmal als geschlossene Belegschaft in ihrer Fabrik verbarrikadieren, sondern arbeiteten schutzlos in kleinen Gruppen im Freien und waren machtlos, wenn eine der herumziehenden Terrorbanden vorbeikam und drohte, sie zu verprügeln oder vom Gerüst zu stürzen, wenn sie keine Anstalten machten, sich ihnen anzuschließen. Deshalb kamen die Betriebsräte zu mir in die Gewerkschaftszentrale und erklärten: »Unsere Leute können nicht mehr weiter auf den Baustellen bleiben.« Was sollten wir tun? Wenn wir die Arbeiter einfach heimschickten, hätten die Kommunisten dies natürlich als einen großen Erfolg ihrer Parolen hingestellt. Der Eindruck

nach außen wäre möglicherweise noch verheerender gewesen.
Deshalb beschloß ich: »Bringt's die Leute hierher!« – zur Zentrale unserer Gewerkschaft in der Schottenfeldgasse 24. Daneben hatten wir noch ein paar andere Stützpunkte, darunter in meinem Heimatbezirk in Hernals, in der Kalvarienberggasse, im Amtshaus am Parhamerplatz und in Meidling in der Ruckergasse. In Hernals übernahmen der Bezirksvorsteher Karl Panek und mein Stellvertreter als SPÖ-Obmann, Karl Bosch, ein alter Schutzbundführer, die Leitung, in Meidling der dortige Bezirksobmann, Nationalrats-Abgeordneter Reismann, der unsere Leute mit seiner Immunität deckte.
Den Unternehmern machte ich klar, die Arbeiter nicht zu entlassen, sie würden nicht streiken. Man sollte ihnen auch die Lastwagen überlassen, womöglich mit Benzin. Bei den großen Firmen, der Wibeba, die im Besitz der Gemeinde war, aber auch der Universale, der Union und allen anderen Großfirmen der Baubranche, hat das recht gut geklappt. Mit Raab als Bundeskammerpräsidenten und dem damaligen Chef der Industriellenvereinigung, Dr. Hans Lauda, wurde vereinbart, den Firmen den Lohnausfall und die Sozialversicherungsbeiträge zu ersetzen.
Waffen hatten wir natürlich keine – mit einer Ausnahme: jemand verfiel auf die Idee, daß es einen Drechslermeister aus Fünfhaus gebe, der uns schnell ein paar hundert Holzknüppel erzeugen und mit einer Schlaufe versehen könnte. Das mußte genügen. Als Erkennungszeichen haben wir Margeritenabzeichen von der »Volkshilfe« besorgt und an unsere Leute verteilt. Und dann ging es los. Wir mußten versuchen, überall dort einzugreifen, wo Betriebe bedroht wurden. (Oft haben sich die Kommunisten für ihre Überfälle übrigens Firmen ausgesucht, die fast nur Frauen beschäftigten.)

Wichtig war es vor allem auch, den Verkehr wieder in Gang zu bringen. Das hatte einen großen symbolischen Wert. Wenn die Straßenbahnen nicht mehr fuhren – oder der Strom abgeschaltet wurde –, dann wußten die Leute, daß es ernst wurde. Ein neuralgischer Punkt in der Wiener Russenzone war die große Straßenbahnremise in Favoriten, in der Gudrunstraße, die von Kommunisten blockiert wurde, welche drohten, die Geleise mit Beton auszugießen. Felix Slavik, damals Landesparteisekretär der Wiener SPÖ, rief mich an und fragte, ob ich mit meinen Leuten dort eingreifen könnte. Ich erkundigte mich: »Und was macht der Probst [unser Zentralsekretär], der ist doch der Häuptling in Favoriten?« »Ja«, antwortete Slavik, mit Probst habe er gesprochen. Probst sagte, daß etwas geschehen müsse, aber er könne sich in Favoriten nicht exponieren und habe außerdem keine Leute.

Also fuhren wir mit etwa vier Lastwagen bei der Remise vor und forderten die Demonstranten zunächst einmal ganz höflich auf, die Geleise zu räumen. Probst stand mit ein paar Funktionären unter einem Vordach uns gegenüber und schaute zu, den Hut tief ins Gesicht gezogen. Als die Schlacht begann, waren die »Beobachter« verschwunden. Denn in der Russenzone stand die Polizei fast ausschließlich unter dem Kommando von kommunistischen Parteigängern. Die Polizei war am Platz, als wir hinkamen, schaute aber weisungsgemäß untätig zu. Ein Polizist fragte uns: »Wer seid ihr denn?« – »Wir kommen nur, um euch zu helfen.« »Aber wie erkennen wir eure Leute?« – »Schauen Sie auf unsere Abzeichen, die Margerite!«

Unsere Leute stellten sich den Kommunisten gegenüber in einer Reihe auf. Daß sie wirklich gutwillig abziehen würden, haben wir natürlich nicht erwartet. Es herrschte größte Spannung. Die Entscheidung, wie wir uns nun verhalten sollten, wurde mir abgenommen. Einer der Kommunisten, der mich erkannt hatte, stürzte sich voller Wut auf mich. Meine Leute begannen daraufhin mit dem Angriff. Als die Polizei sah, daß wir es wirklich ernst meinten, schloß sie sich uns an. So konnten wir den Bahnhof in kurzer Zeit räumen. Ihre Gummiknüppel waren noch wirkungsvoller als unsere Holzprügel. Die Straßenbahner aber zögerten, denn am Bahnhof Favoriten gab es damals noch einen beachtlichen Prozentsatz von Kommunisten. Sie redeten sich darauf aus, keine Weisungen aus der Direktion erhalten zu haben. Daraufhin sagte ich: »Wir warten noch zehn Minuten. Wenn dann nicht der erste Zug ausfährt, werden wir so vorgehen, wie Sie es eben gesehen haben.« Das wirkte. Binnen fünf Minuten fuhr der erste Zug aus.

Dann kam der Polizeichef von Favoriten, Vinzenz Seiser. Wir kannten uns von Dachau. Er war Spanienkämpfer und wurde in Frankreich von der Gestapo festgenommen und nach Dachau gebracht. In Dachau gab er sich als Sozialdemokrat und Schutzbündler aus. Wir halfen ihm, als Pfleger in das Häftlingsrevier zu kommen und damit die KZ-Zeit gut zu überstehen. Jetzt kam er zu mir: »Ich muß dich festnehmen.« Ich sagte, er solle sich nicht lächerlich machen: »Hier können dich deine Polizisten nicht schützen.« Dann wollte er die Holzknüppel beschlagnahmen. Ich gab ihm nicht einmal eine Antwort. Unsere Aktion war praktisch beendet und der Zweck erreicht. Ich sagte also zu Seiser: »So, wir verabschieden uns jetzt und fahren weiter zur nächsten Stelle.« Darauf sagte Seiser: »Ich muß auf Befehl der Kommandantur die LKWs beschlagnahmen« – und gab Auftrag, daß sich vor jeden LKW ein Polizist stellen müsse. Das geschah zwar, ich sagte aber zu den Polizisten: »Wenn die Motoren gestartet werden, springen

Preis 40 Groschen

Der Abend

DAS ÖSTERREICHISCHE ABENDBLATT

Der Schweizer Schiedsrichter Lutz, der das morgige Länderspiel im Stadion leitet

Wyschinski: USA wollen Koreakrieg ausweiten (Seite 2)

Nr. 233 — Wien, Samstag, 7. Oktober — Jahrgang 1950

Wie die Terrorbanden des NR Olah in Wien wüteten

Wir veröffentlichen heute das Bild des Betriebsrates Franz Mucha von den Wiener Leichtmetallwerken in Liesing, der bei einem brutalen Ueberfall einer SP-Prügelgarde von einer Pistolenkugel am Kopf verletzt wurde.

Dieser Fall ist nur einer von vielen. Während die Arbeiterschaft gegen den heimtückischen Anschlag des vierten Lohn- und Preis-Abkommens von ihrem gewerkschaftlichen Streikrecht Gebrauch machte, setzten Führer der „Sozialistischen" Partei bewaffnete Streikbrechergruppen und Terrorbanden gegen die streikenden Arbeiter ein. Das sind Methoden, die aus der Zeit des Dollfuß-Starhemberg-Regimes den österreichischen Arbeitern in frischer Erinnerung sind.

Der Ueberfall in Liesing

Streikende Arbeiter der Schicht-Werke und der Wiener Leichtmetallwerke hatten in der Nacht von Mittwoch auf Donnerstag die KOeß-Garage in Liesing besetzt. Donnerstag früh erschien eine Prügelgarde des Nationalrates Olah mit Lastautos und ging gegen die Streikenden mit Knüppeln los.

Die Terroristen wurden von den erbitterten Arbeitern in die Flucht geschlagen und traten den Rückzug an. Als sie auf ihren Lastautos davonfuhren, zog einer der Banditen seine Pistole und schoß auf die Arbeiter. Die Kugel traf Franz Mucha an der Stirn. Anführer dieser Terrorgruppe war ein Mann namens Johann Petzdecka.

Die Entführung in Meidling

Donnerstag abend lag eine Prügelgarde der SPOe in der Nähe der Bezirksleitung der KPOe in Meidling auf der Lauer. Als einige Funktionäre der Bezirksleitung das Haus verließen, wurden sie überfallen. Ein Mann namens Kaiser wurde von den Knüppeln der Gangster zu Boden geschlagen und erheblich verletzt. Als Bezirksrat Freihaut einschreiten wollte und sich als Bezirksmandatar auswies, nahmen ihm die Prügelgardisten seine Dokumente weg und zerrten ihn auf ein Lastauto.

Der Funktionär Kaiser wurde mit Stöcken zu Boden geschlagen und trug am Kopf erhebliche Verletzungen davon.

Bezirksrat Freihaut wurde erst in der Nacht wieder freigelassen.

Ein Zwischenfall am Ostbahnhof

Ein weiteres Terrorbeispiel ist der Fall des Mitgliedes des Zentralausschusses der Eisenbahner Pölzer. Er hat am 5. d. am Ostbahnhof einen Eisenbahner aufgefordert, sich einer Knüppelgarde anzuschließen. Da sich der Eisenbahner weigerte, dies zu tun, packte er ihn beim Hals und würgte ihn. Nach einem Zeugnis des Bahnarztes Dr. Ullmann hat der Eisenbahner dabei mehrere Quetschungen erlitten.

Olah stellt Hilfspolizei auf

Das sind keine Einzelfälle. Hier liegt ein System vor. Von einem absolut vertrauenswürdigen Bauarbeiter (Name, Parteizugehörigkeit und Adresse sind der Redaktion bekannt) erhalten wir folgenden Bericht:

Wir wurden am Donnerstag mittag von unserer Baustelle in Hütteldorf mit einem Lastkraftwagen in die Bezirksleitung der SPOe, Wien, XII, Ruckergasse 40, geführt. Dort wurde uns erklärt, daß im Auftrag des Innenministers Helmer Nationalrat Olah sämtliche Wiener Bauarbeiter zu einer Hilfspolizeieinheit heranziehen würde. Unsere Personalien wurden aufgenommen. Es wurde uns erklärt, daß wir uns am Freitag um 7 Uhr wieder in der Ruckergasse einzufinden hätten, wo wir Waffen und Ausweise erhalten würden. Wir würden im Verein mit der Polizei und Feuerwehr zum Hilfspolizeidienst eingesetzt werden.

SA-Kasernen in Meidling

In Meidling und in den anderen Bezirken hatte die SPOe regelrechte Kasernen für ihre Prügelgarden eingerichtet. Das Kommando in der „Zentrale" führte der SP-Nationalrat Olah, seine Adjutanten waren die Nationalräte Reismann und Propst. Da sich nur wenig Arbeiter mißbrauchen ließen, wurden kriminelle Elemente und Ausländer nach dem Muster der Fünf-Schilling-Männer Starhembergs angeworben. Sie bekamen 50 S pro Tag und freie Verpflegung.

Franz Mucha, der bei der KOeß-Garage in Liesing von SP-Terroristen angeschossen wurde

Eine Kaserne der Prügelgarde war die Bezirksleitung der SPOe in Meidling. Eine zweite Kaserne befand sich in unmittelbarer Nähe im Gasthaus Bernhard, Ecke Ruckergasse-Ratschkygasse. Auch dort waren sechzig Prügelhelden stationiert, die nach dem Vorbild der SA reichlich zu essen bekamen.

Wo bleibt der Staatsanwalt?

Nationalrat Olah war vor kurzem in Amerika. Er hat dort einen gewerkschaftlichen Kurs besucht. Heute wissen die Wiener Arbeiter, was man in diesem Kurs gelernt hat. Nationalrat Olah hat in Amerika studiert, wie man mit Knüppelgarden streikende Arbeiter niederschlägt. Das hätte er allerdings auch schon bei Dollfuß lernen können. Aber die Frage bleibt offen, ob wir überhaupt noch ein Rechtsstaat sind, wo das Gesetz Geltung hat.

Stehen die Knüppelgarden Olahs, die sogenannte „Hilfspolizei", über dem Gesetz? Haben wir es wieder mit Heimwehrbanden zu tun? Die Polizei hat hunderte Demonstranten wegen lächerlichen Kleinigkeiten mit Geldstrafen belegt. Die Prügelgarden Olahs aber bleiben ungeschoren. Die Polizeidirektion hat eine „ernste Warnung" an Ausländer erlassen, sich an Demonstrationen nicht zu beteiligen.

Aber die Prügelgarden Olahs bestehen zum großen Teil aus Ausländern, aus DP. Interessiert das die Polizei nicht? Geht das die Staatsanwaltschaft nichts an?

Wir wissen es nicht. Aber daß es die Arbeiter angeht, vor allem die sozialistischen Arbeiter, das wissen wir. Ihnen wird eingeredet, es ging um die „Verteidigung der Freiheit". Die Knüppelgarden Olahs, die gegen streikende Arbeiter losschlagen — das ist die Freiheit, die sie meinen.

Aufstellung einer deutschen Söldnerarmee

Bonn (AFP, Radio). Gestern ernannte die Alliierte Hochkommission eine offizielle Sonderkommission zur Wiederaufrüstung Deutschlands. Präsident Adenauer wurde von den alliierten Behörden aufgefordert, diese Kommission mit „Fachleuten" zu beschicken, die Vorschläge über die Organisierung und Bewaffnung der künftigen „mobilen Polizei" — mit diesem Namen soll bekanntlich die künftige Wehrmacht getarnt werden — unterbreiten sollen.

Schon vor einigen Tagen hatte die französische Nachrichtenagentur gemeldet, daß der ehemalige Nazigeneralstäbler Graf Schwerin-Korsigk von Adenauer den Auftrag erhalten hatte, die Planung für eine künftige deutsche Söldnerarmee durchzuführen.

Paris (Radio). In einem Versuch, die amerikanischen Forderungen nach einer Remilitarisierung Deutschlands auf ein für Frankreich erträgliches Maß zu reduzieren, unterbreitete gestern der französische Ministerpräsident René Pleven dem amerikanischen Botschafter neue Vorschläge zur Frage der deutschen Aufrüstung.

Die französische Regierung hat es bereits aufgegeben, die Wiedererrichtung einer deutschen Militärmacht zu verhindern. Sie schlägt jedoch vor, zuerst eine westeuropäische Armee zu gründen, der erst später deutsche Einheiten angegliedert werden sollen.

Die französischen Minister Moch und Petsche werden morgen in Begleitung des amerikanischen Botschafters mit diesen Vorschlägen nach Washington fliegen.

Französische Kolonialtruppen in unhaltbarer Lage

Saigon (Radio). Die Lage der französischen Kolonialtruppen in der Provinz Tonkin wird von einem Sprecher des französischen Oberkommandos als unhaltbar bezeichnet. Die vietnamische Befreiungsarmee hat die Grenzfestung Donghe erobert und treibt nun die französische Fremdenlegion in südöstlicher Richtung vor sich her.

Wie die vietnamische Nachrichtenagentur meldet, haben die im Abschnitt nordöstlich von Hanoi eingesetzten Truppen der vietnamischen Volksarmee im Laufe eines Jahres — vom August 1949 bis August 1950 — 2000 Soldaten und Offiziere des Feindes getötet und 500 Mann gefangengenommen.

Stalin gratuliert der DDR zum ersten Geburtstag

Berlin (AFP). Generalissimus Stalin richtete gestern an den Ministerpräsidenten der Deutschen Demokratischen Republik Otto Grotewohl anläßlich des heutigen ersten Jahrestages der Gründung dieses Staates ein Telegramm, in dem er unter anderem ausführte: „Ich übersende Ihnen anläßlich des nationalen Festes, des Tages der Republik, meine herzlichsten Glückwünsche. Dem deutschen Volk, der Regierung seiner Republik und Ihnen persönlich wünsche ich Erfolg beim Aufbau eines neuen, unabhängigen, demokratischen und friedlichen Deutschlands."

Kämpfe um Wonsan

Pjöngjang (Radio). Das Oberkommando der koreanischen Volksarmee gibt bekannt, daß die Einheiten der Volksarmee an allen Fronten ihren erbitterten Kampf gegen den zahlenmäßig überlegenen Feind fortsetzen.

Nördlich von Soeul, im Raum von Wonsan, versuchten die feindlichen Truppen, einen Fluß zu übersetzen; sie wurden jedoch unter großen Verlusten für den Feind an das südliche Ufer zurückgeschlagen.

Der kommende Weltfriedenskongreß

Prag (Radio). „Nur das friedliche Nebeneinander der verschiedenen gesellschaftlichen Systeme kann den Weltfrieden retten", erklärte gestern der vorbereitende Ausschuß für den zweiten Weltfriedenskongreß in einem Kommuniqué. Er betonte die Wichtigkeit des freien Meinungsaustausches zwischen Anhängern verschiedener Gesellschaftssysteme, als Gegenmittel gegen die Kriegspropaganda. Die wichtigste Aufgabe sei, dafür zu sorgen, daß alle Menschen guten Willens ohne Unterschied der Weltanschauung am kommenden Weltfriedenskongreß vertreten sind.

Als Programm des Kongresses schlug er das Verbot der Massenvernichtungswaffen, die schrittweise Abrüstung, die Verurteilung von Aggressionen und das Verbot jeder Kriegspropaganda vor.

Der Ueberfall der Olah-Garden im 10. Bezirk

Besonders ausgezeichnet hat sich die Knüppelgarde des NR Olah im 10. Bezirk. Streikende Arbeiter standen am 5. d. vor dem Favoritner Straßenbahnhof Gudrunstraße. Unter ihnen waren sehr viele Frauen. Keiner von ihnen hatte eine Waffe oder irgendeinen Gegenstand bei sich, der sich als Waffe hätte verwenden lassen können. Die Ansammlung dieser Menschenmenge machte aber die Ausfahrt der Straßenbahnwagen aus der Remise unmöglich.

Der Favoritner Bezirksvorsteher Wrba und Gemeinderat Koci, beide Mitglieder der SPOe, rannten darauf zum Polizeikommissariat und verlangten, daß die Polizei die Leute vertreibe. Da sie hier keinen Erfolg erzielten, riefen die beiden die SP-Knüppelgarde zu Hilfe.

In sechs Lastautos kamen die 50-Schilling-Männer des Herrn Olah. Als sie bei den Brown-Boveri-Werken vorbeikamen, standen die streikenden Arbeiter auf der Straße vor dem Betrieb. Um sie nicht kopfscheu zu machen, begrüßten sie die „Helden" des Herrn Olah mit Zurufen, so daß die Arbeiter glaubten, Streikende vor sich zu haben.

Vor der Straßenbahnremise in der Gudrunstraße sprangen sie von ihren Wagen herab und gingen in der brutalsten Weise mit ihren Holzknüppeln gegen die Arbeiter und Arbeiterinnen los. Auch einige Polizisten haben sich hier an der Prügelei beteiligt.

Hinter den Wagen der Prügelgarden standen, wie von vielen Augenzeugen festgestellt wurde, Nationalrat Olah, Bezirksrat Otto Probst, Bezirksvorsteher Wrba und Gemeinderat Koci. Sie waren sozusagen der Generalstab dieser „Aktion".

Der Streik der westdeutschen Binnenschiffer geht trotz der Versuche der [illegible], Streikbrecher einzusetzen, in [illegible] Einmütigkeit weiter.

Die kommunistische Presse agitierte empört gegen das Eingreifen der »Terrorbanden des NR Olah« im Oktober 1950

Sie bitte gleich zur Seite, denn *wir* fahren!« – So geschah es auch. Seiser verübte später Selbstmord – er war in Menschenraubaffären im Auftrag der Sowjets verwickelt.
Den stärksten Druck hatten die Niederösterreicher auszuhalten, denn hier lag der Großteil der USIA-Betriebe mit ihrem bewaffneten »Werkschutz«. Die brutalsten Terrorkommandos kamen von den Ölfeldern im Marchfeld und von den Rax-Werken in Wiener Neustadt. Auch die Schoeller-Bleckmann Werke in Ternitz wurden von den Kommunisten tagelang belagert. Böhm rief mich damals an und fragte: »Kannst du mit tausend Mann nach Ternitz fahren?« Aber sechzig, siebzig Kilometer über Land mitten durch die Russenzone – das wäre ein zu großes Risiko gewesen – es hätte nur ein Fahrzeug ausfallen oder der Treibstoff ausgehen müssen – abgesehen davon, daß ein solcher Riesenkonvoi mitten in ihrer Zone von den Russen als eine militärische Aktion aufgefaßt worden wäre. Auf Wunsch von Hans Czettel fuhr ich am übernächsten Abend nach Ternitz ins Werk zu den Vertrauensmännern. Viele unserer Leute waren verletzt worden. Überall sah man noch die Schäden, die von den KP-Trupps angerichtet worden waren.
In der Höhle des Löwen, in Dürnkrut, mitten im Erdölgebiet, wo der Werkschutz der USIA seine Hochburgen hatte, sollte ich sprechen. Die dortige Lokalorganisation der SPÖ hatte für den 10. Oktober zu einer Versammlung eingeladen. Das war vielleicht keine sehr glückliche Idee, noch dazu mit mir als Redner. Denn die Wut der Kommunisten über ihre Niederlage war damals gerade am Höhepunkt, und ich war klarerweise ein rotes Tuch für sie. Versammlungsort war der Kinosaal. Wie sich nachher herausstellte, hatten die Kommunisten schon alles für unseren Empfang vorbereitet. Kaum hatte ich zu reden begonnen, ging im ganzen Ort das Licht aus! Auch die

Notbeleuchtung im Saal fiel aus. Dafür aber fielen die Schlägerbanden des »Werkschutzes« über uns her. In dem Handgemenge wurden mehrere von unseren Leuten niedergeschlagen, der Landtagsabgeordnete Kreiner und der Bürgermeister Josef Novak durch Schläge mit Eisenstangen am Kopf, der Vizebürgermeister Häring durch einen Messerstich in den Bauch schwer verletzt, meinem Chauffeur die Hand gebrochen.
Zum Glück hatte ich damals schon eine Pistole bei mir, ein spanisches Modell. Als die Kommunisten mich ergreifen wollten, gab ich einen Schuß an die Decke ab – das verschaffte sofort Luft. Die Feiglinge schrien »Der hat geschossen!« und stoben nach allen Richtungen davon. Der Arzt im Ort versorgte die Verletzten. Wir brachten sie mit Rettungswagen in die Unfallstation nach Wien. Nachdem der Spuk vorbei war, traf die Gendarmerie im Ort ein. Alle Beamten des Postens waren schon am frühen Morgen auf die sowjetische Kommandantur bestellt worden und mußten dort den ganzen Tag untätig herumsitzen, damit die Terrorkommandos freie Bahn hatten. Wenn das kein Zusammenspiel zwischen den Sowjets und der KPÖ war! Dennoch wurden die Gewalttäter ausgeforscht und dem Gericht eingeliefert. Dort traten sie in den Hungerstreik. Daraufhin ordnete die sowjetische Kommandantur ihre Freilassung an und ließ sich auch gleich die Vernehmungsprotokolle ausliefern. Leider waren die österreichischen Behörden sehr ordnungsliebend und übergaben den Russen auch die Durchschläge. Deshalb konnte das Verfahren nach 1955 nicht mehr in Gang gebracht werden. Die Täter gingen straffrei aus.
Bei heiklen Einsätzen, zum Beispiel in der Sowjetzone, fuhr ich mit und hatte immer eine Aktentasche bei mir. Das war zwar ganz unkriegerisch, aber in der Aktentasche befanden sich für den Notfall einige Tränengasbomben.

Man hat in letzter Zeit oft versucht, die Ereignisse vom Oktober 1950 zu bagatellisieren. Statt vom »Putsch« zu sprechen, gefallen sich viele Zeithistoriker darin, die Sprachregelung der Kommunisten vom »Massenstreik« zu übernehmen. Nun, daß es sich um einen Putsch im Sinne einer totalen Machtergreifung handelte, wäre damals ja nicht möglich gewesen, denn Österreich war ein vierfach besetztes Land, und die militärische Macht lag letzten Endes bei den jeweiligen Besatzungsmächten. Aber die Kommunisten wollten ausprobieren, wie weit sie gehen konnten. Die demokratischen Institutionen Österreichs wollte man sehr wohl hinwegfegen. Wenn man unter Androhung von Gewalt gewählte Funktionäre der Gewerkschaft oder des Staates – bis hin zur Bundesregierung – zum Rücktritt zwingen will, dann hat das mit Streik und berechtigten Lohnforderungen nichts mehr zu tun. Auch ohne Waffen kann es einen Putsch geben.

Ziel der Kommunisten war es, ohne Wahlen ihren Einfluß in den Gewerkschaften zu verstärken und wieder Regierungsfunktionen zu erhalten. Eine so zustandegekommene Regierung in Wien wäre von den drei Westmächten nicht akzeptiert worden. Der Prozeß einer Zerreißung Österreichs in zwei Teile hätte begonnen. Einen Staatsvertrag hätten wir dann auch erst vierzig Jahre später erhalten.

Genauso hatten auch die Heimwehren Anfang 1934 begonnen, die letzten Reste der Demokratie in Österreich zu beseitigen. Und genauso hat es auch in der Tschechoslowakei begonnen, wo KP-Anhänger mit angeblich spontanen Demonstrationen den Sozialdemokraten ihren Willen aufzwangen und damit die Weichen stellten für ein halbes Jahrhundert hinter dem Eisernen Vorhang. Wir waren gewarnt und haben uns zu wehren gewußt. Wir hatten nicht sieben Jahre in den KZs überlebt, um dann für immer im

Gulag der Stalinisten zu verschwinden. Die Erinnerung an diese Abwehrbereitschaft, dieses Gefühl, daß Österreich nicht bei der ersten besten Gelegenheit von den Kommunisten geschluckt werden konnte, war auch später noch wichtig, wenn es darum ging, unsere Freunde im Westen zu überreden, dem Staatsvertrag zuzustimmen, weil Österreich bereit und imstande sei, sich selbst zu verteidigen.

Vor einigen Jahren erhielt ich von einem Journalisten die Kopie eines sogenannten Aktionsplans der KPÖ aus dem Jahre 1948. Er stammt aus dem Archiv des französischen militärischen Nachrichtendienstes und wurde mit Erlaubnis kopiert. Einige Seiten daraus sind im Anhang nachzulesen.

Nach dem Oktober 1950 begannen wir mit dem Aufbau einer systematischen Abwehrorganisation für den Fall einer neuerlichen Machtprobe mit den Kommunisten. In allen Bundesländern mit Ausnahme von Vorarlberg wurden in den Hauptstädten Funkgeräte installiert, in Niederösterreich auch in Wiener Neustadt, St. Pölten und Krems. In Wien verfügten wir über zwei starke Sender als Kopfstationen – in der Schottenfeldgasse (Gewerkschaftshaus) und der Kalvarienberggasse (Parteihaus) – mit starken Benzinaggregaten zur Notstromversorgung. In der Liebhartsgasse in Ottakring befand sich eines unserer Depots, in der Missindorfstraße ein Teil unseres Fuhrparks. Im Westen, außerhalb der sowjetischen Zone, wurden weitere Waffenlager eingerichtet. Die eigentlichen großen Lager (zwei oder drei) von Waffen aller Art waren unter Doppelsperre. Ich hatte die Möglichkeit, mit einer zweiten Person gemeinsam erforderlichenfalls davon Gebrauch zu machen. Diese erste Garnitur von leistungstarken Funkgeräten wurde später durch modernere kleine Geräte ersetzt. Im Salzburgischen, in Golling, lagerte die Winterausrüstung für eine komplette Kompanie. Ein Angestellter der

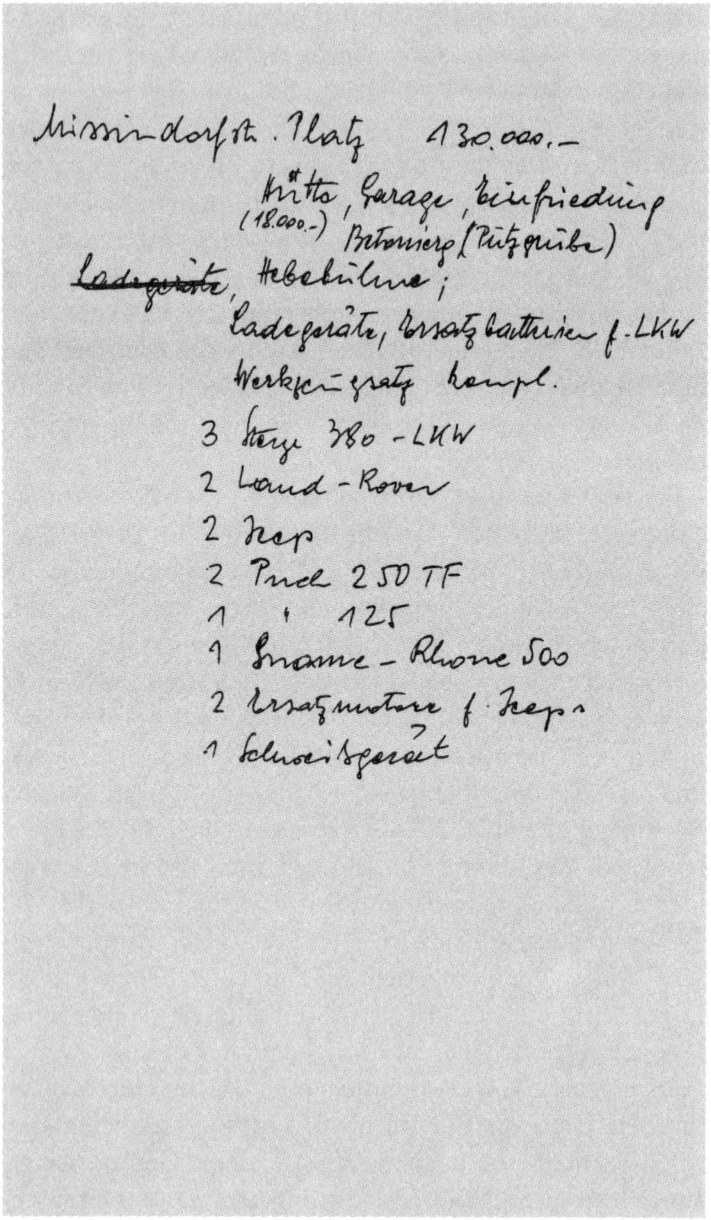
Missindorfstr. Platz 130.000.–
Hütte, Garage, Einfriedung
(18.000.–) Betonierg. (Putzgrube)
~~Ladegeräte~~, Hebebühne;
Ladegeräte, Ersatzbatterien f. LKW
Werkzeugsatz kompl.
3 Steyr 380 - LKW
2 Land-Rover
2 Jeep
2 Puch 250 TF
1 " 125
1 Gnome-Rhone 500
2 Ersatzmotore f. Jeeps
1 Schweißgerät

Auflistung einiger Geräte für das »Sonderprojekt«

Liebhartsgasse

Handfeuerwaffen, div. MP, ~~ital.~~

ital. Schnellfeuergewehre,

Karabiner K98, ~~kolo~~. Zielfernrohre

Pistolen, Kal. 7,65, 9mm, 6,35

Colt Kal 45

Feldstecher,

Muni Kästen,

Munition,

Res. Magazine

Tränengasbomben

Stadt Wien, ein ausgebildeter Waffenmeister, war freigestellt, um unsere Ausrüstung in Schuß zu halten – im wahrsten Sinne des Wortes. Auch ich hatte im Stahlschrank in meinem Büro immer einen kleinen Vorrat an Waffen bis hin zu Maschinenpistolen, um uns im Notfall den Weg frei zu machen. Außerdem verfügten wir über eine große Zahl von Tränengasbomben. Deren Einsatz wäre bei Unruhen am Anfang viel wirksamer und auch viel vernünftiger gewesen als sofort zu schießen.

Wichtig war es vor allem, die Verbindung zu unseren Leuten aufrechtzuerhalten. Diese Telefonleitung verband alle Gewerkschaftszentralen mit dem ÖGB und der Polizeidirektion. Ihre Zentrale war bei den Lebensmittelarbeitern in der Albertgasse untergebracht. Die Vermittlung wurde immer zu kritischen Zeiten besetzt. Proksch frug mich jedesmal zu Jahresbeginn, ob wir diese Leitung noch weiter behalten sollen. Das geschah bis zum Abschluß des Staatsvertrages. Für den Fall, daß die ÖGB-Zentrale lahmgelegt worden wäre, bekam ich auf Wunsch von Johann Böhm eine Bestätigung, die mir jederzeit den Zutritt zum Sender Rot-Weiß-Rot ermöglichte, um im Namen des Gewerkschaftsbundes durchzusagen, was die Lage erforderte. Vom US-Hauptquartier wurde mir gesagt: Wenn es die Lage erfordere – egal zu welcher Tages- oder Nachtzeit –, werde mich ein Militärjeep abholen und zum Sender bringen. Sollten die Sowjets durch eine direkte Intervention Wien bzw. die Ostzone isolieren, so würde mich ein US-Militärflugzeug vorerst einmal in den Westen ausfliegen, um mir zu ermöglichen, nach Prüfung der Lage Widerstandsaktionen in Gang zu bringen.

Ich empfing von niemandem Befehle. Aber kein Zweifel – die USA waren unsere stärkste Stütze, ja, unser Verbündeter. Ihnen verdanken wir, daß wir die zehn Jahre Besetzung durchstehen konnten. Wir waren eine unabhängige,

HEADQUARTERS
UNITED STATES FORCES IN AUSTRIA
INFORMATION SERVICES BRANCH
APO 777, U. S. ARMY

Wien, den 8. Oktober 1947

Es wird bestaetigt, dass Herr Franz OLAH, Zentralsekretaer des Gewerkschaftsbundes Wien, berechtigt ist die Raeume vom Sender Rot Weiss Rot, Seidengasse 13, zu betreten und bei Mr. FOX beziehungsweise Mr. GREEN sofort vorgelassen zu werden.

Douglas C. Fox.
DOUGLAS C. FOX
Operations Coordinator

Franz Olah erhielt schon 1947 die Erlaubnis zur Benützung des Senders »Rot-Weiß-Rot« für den Notfall

eigenständige Organisation. An das Geld, das wir erhielten, waren keine Bedingungen geknüpft. Ich besaß das Vertrauen der Geldgeber, denen regelmäßig über die Verwendung der Mittel Rechenschaft gegeben wurde. Ich war 1948 erstmals in den USA gewesen und hatte die führenden Leute der amerikanischen Gewerkschaftsbewegung kennengelernt, unter anderem Walter Reuther von der CIO (Congress of Industrial Organizations), die etwas links von der AFL (American Federation of Labor) George Meanys stand. Zu Reuthers Mitarbeitern zählte Wesley Cook. Er war Vizepräsident der Textilindustriegewerkschaft und dann einige Jahre Labor Advisor bei der ERP-Mission in Österreich. Dennoch ist es eine Legende, daß sich in seiner Schreibtischlade jene Millionen gestapelt hätten, mit denen er unsere Organisation finanziert haben soll. Er hatte mit der Sache überhaupt nichts zu tun. Alle Vermutungen über Zusammenhänge mit ähnlichen Organisationen im Ausland (z. B. »Gladio«) sind Märchen. Wir wußten gar nichts von solchen Einrichtungen, derartige in Sendungen des ORF oder von sogenannten Zeitgeschichtlern und Wichtigmachern vorgebrachte Berichte sind Phantasiegebilde. Niemand von den Leuten, die sich in den letzten Jahren dazu geäußert haben, wußte etwas von unserer Organisation oder gar von der Finanzierung. Eine besonders üble Verleumdung ist die Version, wonach von unserer Seite Kontakte zu Terroristen- und Bombenlegergruppen (in Südtirol) bestanden hätten.
Was uns verband, war das gemeinsame Interesse, einer gewaltsamen Machtergreifung der Sowjets oder deren Handlanger jeden nur möglichen Widerstand entgegenzusetzen. Darin waren sich die drei Westmächte einig. Die Informationen und Lageberichte über die weiteren Vorhaben der Kommunisten erhielt ich übrigens nicht von den Amerikanern, sondern von einer französischen Stelle in

Österreich, die mir in regelmäßigen Abständen umfangreiche Dossiers zukommen ließ. Sie stammten von einem Insider aus dem KPÖ-Sekretariat. Daraus ging immer deutlicher hervor, daß sich die österreichischen Kommunisten zwar auch weiterhin mit großen Worten gegenseitig Mut zu machen versuchten, daß ihr Rückgrat aber in Wahrheit seit dem Oktober 1950 gebrochen war.
Die Briten wußten von unseren Vorbereitungen ebenfalls, waren aber zugeknöpfter und zurückhaltender. In ihrem Sektor, in der Steiermark, passierte einmal ein Mißgeschick, das ihnen nicht verborgen blieb. Ein Teil unserer großen Sendestationen wurde in Trofaiach gebaut, wo wir über einen hervorragenden Funktechniker verfügten. Der Mann war nicht nur ein begnadeter Bastler, sondern auch begeisterter Amateurfunker und konnte der Versuchung nicht widerstehen, die fertigen Geräte gleich an Ort und Stelle auszuprobieren. So geschah das Unvermeidliche: eines Tages im Mai 1953 wurde seine Anlage von der Post angepeilt, woraufhin die Gendarmerie kam und die Geräte beschlagnahmte.
Ich erhielt am Abend einen Anruf von Ministerialrat Dr. Peterlunger, dem Chef der Wiener Staatspolizei, der mich dringend unter vier Augen sprechen wollte. Am nächsten Morgen um halb acht Uhr besuchte er mich im Büro und sagte: »Ich komme im Auftrag von Herrn Minister Helmer. Herr Nationalrat, kennen Sie einen Herrn Franz Werdek?« Den kannte ich natürlich, er war einer unserer Sekretäre. »Wir haben von der Sicherheitsdirektion Steiermark Auftrag erhalten, ihn festzunehmen.« Sein Name war nämlich, fein säuberlich auf Gewerkschaftspapier getippt, bei dem Funker aus Trofaiach gefunden worden. Peterlunger hatte daraufhin sofort mit Innenminister Oskar Helmer Rücksprache gehalten – und der hatte ihm geraten: »Gehen Sie zum Olah, der wird Ihnen das weitere

schon sagen!« Daraufhin fragte Peterlunger: »Was soll jetzt geschehen?« – Nun, das war sehr einfach. Ich schlug vor: »Man soll den Mann freilassen und die Geräte in sein Haus zurückbringen. Von dort würden sie dann bald verschwinden.« So geschah es auch. Wir fuhren bei Nacht und Nebel mit mehreren Fahrzeugen in die Steiermark, holten alle Stationen ab, brachten sie nach Wien und verteilten sie von hier aus weiter (s. dazu Zeugenaussage Peterlunger im Anhang).

Helmer, Böhm und Schärf waren über das Sonderprojekt informiert, allerdings ohne Kenntnis der Details der Organisation. Aber niemand redete jemals mit mir darüber oder stellte eine Frage. Nach dem Zwischenfall mit der Post wußte natürlich auch Waldbrunner als Verkehrsminister davon. Insgesamt sind wohl ein paar tausend Österreicher mit unseren Vorbereitungen in Kontakt gekommen, der eigentliche Apparat bestand jedoch bestenfalls aus ein paar Dutzend Leuten, meist Gewerkschafts- oder SPÖ-Funktionäre aus den Bundesländern; einige von ihnen sind später Mandatare geworden. Die Ausbildung an den Funkgeräten sowie im Waffengebrauch erfolgte in eigenen kleinen Gruppen. Eine Verbindung zur »schwarzen« Reichshälfte besaßen wir über Heinrich Drimmel, der mir unmittelbar nach dem Oktober 1950 von einem gemeinsamen Bekannten vorgestellt wurde. Er bot mir an, in Hinkunft bei kritischen Situationen über den CV jederzeit die Verbindung zu allen niederösterreichischen Bezirkshauptmannschaften herzustellen.

Ränge, Ämter und Titel gab es bei unserer Organisation keine und zum Glück auch keine Rivalitäten, Prahlereien und Eifersüchteleien. Erst später gründeten wir pro forma einen Verein, den wir »Ersten Österreichischen Wander- und Geselligkeitsverein« nannten, mit Sitz in der Lindengasse im 7. Bezirk. Wir bildeten dort kleine Gruppen für

den Nahkampf (Judo u. a.) aus. Die Beschaffung von schwerem Gerät oder von größeren Posten mußten wir freilich über Firmen abwickeln, die wir zur Tarnung gegründet hatten, oder über die Gewerkschaft Bau-Holz, die aber alle Ausgaben rückvergütet erhielt. Die großen LKWs wurden mit Dachplanen versehen und mit Sitzbänken als Mannschaftstransportwagen eingerichtet. Diese LKWs kauften wir mit Hilfe von Walter Glöckel, damals Direktor der Steyr-Werke (Sohn des Schulreformers Otto Glöckel) – natürlich auf den Namen der Gewerkschaft. Um an solche Fahrzeuge zu kommen, waren Beziehungen notwendig. Heute mag es vielleicht fast wie ein Wunder erscheinen, daß alle Beteiligten »dichtgehalten« haben. Spekuliert wurde freilich viel über alle möglichen phantastischen Projekte, bis schließlich keiner mehr an irgend etwas glaubte. Konkrete Informationen aber, die uns hätten gefährlich werden können, sind nie in die falschen Hände geraten. Es wäre auch schwer vorstellbar gewesen, daß die Sowjets unserem Treiben sonst tatenlos zugesehen hätten.
Der eine oder andere nicht unmittelbar beteiligte Funktionär oder Beamte hatte im Laufe der Zeit wahrscheinlich einiges mitbekommen. Genaueres wollten die meisten jedoch ohnehin nicht wissen, was sicherlich auch am vernünftigsten war. Selbst Bundeskanzler Figl hat mit mir nie über die Sache gesprochen. Nur einmal machte er eine hintergründige Bemerkung, als er mich dem neuen französischen Botschafter mit den Worten vorstellte: »Schauen Sie ihn sich an, das ist der gefährlichste Mann in Österreich!«
Nach dem Staatsvertrag fiel zwar die unmittelbare Bedrohung weg, dann aber kamen das Jahr 1956 und der sowjetische Einmarsch in Ungarn, der jenes Gefühl der Sicherheit doch als ein sehr brüchiges und möglicherweise trügeri-

sches entlarvte. Deswegen lösten wir unsere Vorsorgeeinrichtungen erst allmählich auf. Während der Ungarnkämpfe führte der ÖGB Hilfslieferungen für die Ungarn durch: Geld, Lebensmittel und Medikamente. Mein Sekretär Heinrich Daurer und Anton Benya begleiteten einige Transporte bis Budapest. Der ungarische Gesandte in Wien, der nicht recht wußte, auf welche Seite er sich schlagen sollte, hatte uns dafür noch ein Visum ausgestellt. Mir auch, aber ich machte vorsorglich keinen Gebrauch davon. Wichtigmacherei war nicht am Platz.
Unsere Einschätzung der Lage konnte ich damals gemeinsam mit Maisel und Altenburger auch dem amerikanischen Vizepräsidenten Richard Nixon vortragen, der Österreich während des ungarischen Aufstandes 1956 besuchte. Er begab sich auch an die österreichisch-ungarische Grenze. Schon damals lernten wir Nixon als einen äußerst wachen und politisch interessierten Mann kennen. Er sollte sich ja auch später als Präsident, bei all dem Mißgeschick, das ihm in der Innenpolitik zugestoßen ist, als einer der fähigsten Außenpolitiker erweisen, über den die USA seit dem Zweiten Weltkrieg verfügten. Der Ausgleich mit China, den er einleitete, hat maßgeblich zur Kurskorrektur der Sowjetunion beigetragen, und damit hat Nixon wohl auch zum Fall des Eisernen Vorhangs 1989 einen Beitrag geleistet.
Zur Unterstützung der ungarischen Revolutionäre standen größere Summen in ungarischer Währung zur Verfügung. Wortführer von Widerstandsgruppen, die kurz über die Grenze kamen, wurden damit unterstützt. Waffen erhielten sie nicht. Diese KP-Phrasen von seinerzeit sind eine Erfindung (leider).

V.
»Ja, glaubt's ihr denn, daß sich der Olah Franzl von euch etwas erlauben läßt?«

Die SPÖ und die Große Koalition

Im Jahre 1951 wurde zum letzten Mal ein allgemeines Lohn- und Preisabkommen abgeschlossen. Es war das fünfte. Dann wurden die Lohnbewegungen freigegeben bzw. den einzelnen Gewerkschaften überantwortet. Es begann auch ein langsamer wirtschaftlicher Aufschwung – sowohl in der Versorgung als auch in der Produktion.

1953 wurde Leopold Figl als Bundeskanzler abgelöst und Julius Raab – schon bisher der starke Mann in der ÖVP – übernahm selbst das Kanzleramt. Jetzt hatten die Russen gegen Raab nichts mehr einzuwenden – zum Unterschied von 1945, als Raab auf sowjetisches Veto hin aus der Regierung ausscheiden mußte, ebenso wie damals Korp von der SPÖ und Schumy von der ÖVP – sie waren als »Faschisten« Personae non gratae.

Bei den Nationalratswahlen 1953 wurde die SPÖ erstmals stimmstärkste Partei. Aber aufgrund des damaligen ungerechten Wahlsystems erhielt die ÖVP ein Mandat mehr. Raab eröffnete damals die Regierungsverhandlungen mit der SPÖ mit der Bemerkung: »Wir sind nicht 74, sondern 88«. Der durch die Wahlen um zwei Mandate reduzierte VdU wurde »inhaliert« – wie Raab einmal sarkastisch bemerkte. Die ÖVP strebte eine Dreierkoalition an. Das war in der damaligen Situation – besonders in der Sowjetzone – eine »Schnapsidee« und hätte einen großartigen Vorwand zu Eingriffen gegeben. Vor allem aber war si-

cher, daß eine solche Regierung am Veto des Alliierten Rates scheitern würde.
Bundespräsident Körner verhinderte dieses riskante Manöver durch seinen Einspruch. Nicht um eine »Nazigefahr« abzuwenden, sondern um den Sowjets keinen Vorwand zu einer solchen Argumentation zu geben.
Übrigens endeten die Regierungsverhandlungen für die SPÖ mit einem absoluten Mißerfolg. Zwei Staatssekretäre waren das magere Ergebnis. Kompetenzmäßig unbedeutend, personell jedoch ein Gewinn: Dipl. Ing. Raimund Gehart kam als Staatssekretär in das Handelsministerium und Dr. Kreisky als Staatssekretär in das Außenamt. Der von der ÖVP ins Feuer geschickte VdU wurde mit dem Posten des dritten NR-Präsidenten abgespeist – alle anderen Zusagen wurden von der ÖVP wie gewohnt nicht eingehalten. Dieses Verhalten der ÖVP prägte die künftige Einstellung des VdU bzw. der FPÖ gegenüber der ÖVP. Im Gegensatz dazu wurden spätere Absprachen zwischen SPÖ und FPÖ – besonders auf Länder- und Gemeindeebene – von der SPÖ immer eingehalten.
Übrigens – die ÖVP erwartete bei diesen Koalitionsverhandlungen, daß die SPÖ die Forderung nach einem zusätzlichen Ministerium erheben würde, und rechnete mit dem Wunsch nach einem Bautenministerium. In den Spitzengremien der SPÖ (Parteipräsidium) kam das auch zur Sprache. Da man aber meinte, bei der Besetzung eines solchen Ministeriums den damaligen Vorsitzenden der Bauarbeitergewerkschaft (Olah) nicht übergehen zu können, entschloß man sich lieber, auf das Ministerium zu verzichten. Waldbrunner war der entschiedenste Gegner dieser Lösung. Ich galt schon damals als zu populär. (»Man kann dem Olah zu seiner Gewerkschaft und seinem Bezirk nicht auch noch ein Ministerium geben – da wird er uns zu mächtig!«)

Die Oberösterreichischen Nachrichten schrieben damals in einer Glosse: »Man sagt, Olah sollte Bautenminister werden. Dabei weiß man nicht einmal, ob der sich an den Proporz halten wird . . .«

Wie wahr! Ich hätte mich auch nicht daran gehalten.

Dr. Schärf sagte dann einmal im Parlament unter vier Augen zu mir – da war vom ÖGB noch keine Rede: »Bereite dich darauf vor, einmal das Sozialministerium zu übernehmen . . .« – ein Angebot, daß in mir keine Euphorie hervorrief.

Das Jahr 1955 war das Jahr des Staatsvertrags. Zehn Jahre nach Kriegsende war das »befreite« Österreich auch wirklich frei. Die Sowjets zogen ab und ihre Handlanger, die österreichischen Kommunisten, fielen bald in die Bedeutungslosigkeit zurück. Die Große Koalition, Männer wie Figl und Raab, Schärf und Helmer, hatten sich in diesen zehn Jahren historische Verdienste um unser Land erworben. Niemand konnte die Notwendigkeit der Zusammenarbeit der beiden großen Parteien in diesen kritischen Jahren ernsthaft in Frage stellen. Doch jetzt war Österreich zur »Normalität« zurückgekehrt. Damit fiel der Zwang zur Großen Koalition weg.

Im Herbst bereitete auch der ÖGB eine Wachablöse vor. Johann Böhm war damals schon fast siebzig Jahre alt, mit seiner Gesundheit stand es nicht zum besten. Er wollte daher seinem Nachfolger die Chance geben, sich langsam einzuarbeiten. Im ÖGB hatte es ursprünglich drei Vizepräsidenten gegeben, Lois Weinberger von den christlichen Gewerkschaften, Gottlieb Fiala von den Kommunisten und Sozialminister Karl Maisel, Chef der Metallarbeiter. Fiala war nach den Ereignissen des Oktober 1950 von seiner Gewerkschaft ausgeschlossen worden. Die Stelle des 3. Vizepräsidenten blieb seither vakant. Böhm wollte sie nun reaktivieren und mit mir besetzen.

Das wurde als eine Vorentscheidung für die Nachfolge Böhms angesehen – was es auch war. Böhm wollte mich als seinen »Erben« einschulen. Ich war bereit, hinter Maisel zurückzustehen, wenn er den Posten anstrebte. Doch aus den Einzelgewerkschaften erhob sich keine einzige Stimme für ihn. Auch die Parteiführung war mit ihm unzufrieden. Vizekanzler Schärf hatte die Angewohnheit, sich vom Bundespräsidenten mit der Vertretung beauftragen zu lassen, wenn einer seiner Minister auf Urlaub ging. Das hatte schon Tschadek den Kopf gekostet, unseren Justizminister, der in seinem Ressort ein Chaos angerichtet hatte. Schärf war auch von Maisels Amtsführung alles andere als begeistert. Als er aus dem Sozialministerium zurückkehrte, stöhnte er: »Es ist unfaßbar, was dort für ein Betrieb herrscht – zwei Kästen mit unerledigter Post!«
Ich sagte zu Schärf: »Von mir sind sicher auch einige Briefe dabei.«
So wurde für Ende 1955, Anfang 1956 eine große Rochade vorbereitet: Arbeiterkammerpräsident war damals Karl Mantler, der Obmann der Lebensmittelarbeiter. Vor 1938 war er Vorsitzender der Bundesleitung der illegalen Freien Gewerkschaften gewesen, dann ins KZ Buchenwald deportiert worden, und nach dem Krieg wurde er Staatssekretär in Kraulands Ministerium für Wirtschaftsplanung. Nun war er amtsmüde. So wurde beschlossen, daß Maisel in die Arbeiterkammer wechseln und Anton Proksch, der Generalsekretär des ÖGB, das Sozialministerium übernehmen sollte. Schärf nahm persönlich an der Sitzung des Fraktionspräsidiums teil, um kein Risiko einzugehen. Nachher sagte er zu mir: »So, den Proksch habe ich dir aus dem Weg geräumt.«
Böhm hat mir nachher erzählt, was er im eigenen Haus alles durchzumachen hatte, um diesen Beschluß durchzusetzen. Unter der Führung von Fritz Klenner meldete sich

wiederholt eine Deputation, die ihn bestürmte, doch lieber Proksch zum Nachfolger aufzubauen. Den Bürokraten in der Hohenstaufengasse war ein Mann von außen offenbar suspekt – er könnte ihre Kreise stören. Doch Böhm kannte die Stimmung an der Basis und blieb hart. Proksch hat mir dies nie verziehen. Böhm erzählte mir später, als ich schon in der Hohenstaufengasse amtierte, daß diese Deputation mindestens zwei- bis dreimal bei ihm erschien und ihn beschwor, Proksch als Nachfolger vorzuschlagen und ja nicht den Olah in den ÖGB zu holen. Die Mitglieder dieser von niemandem bevollmächtigten Deputation unter Führung von Fritz Klenner waren der Finanzreferent Josef Zak, der damalige Sekretär für Jugendinformation Fritz Konir sowie der harmlose als »Wirtschaftssekretär« bezeichnete Karl Löschnak (dessen Wirtschaftskompetenz sich auf den Ankauf von Reinigungsmaterial und die Aufsicht über die Raumpflegerinnen beschränkte). Jahre später, nach meinem Sturz, so erzählte mir ein ÖVP-Minister, habe Proksch – schon nicht mehr ganz nüchtern, denn er sprach gerne einem guten Tropfen zu, vertrug aber nicht viel – bei einer Koalitionssitzung verkündet: »So – und jetzt wird er eingesperrt, der Hund, der mir meinen Posten weggenommen hat.«

Proksch wurde als Generalsekretär des ÖGB offiziell beurlaubt. Um seine Nachfolge entstand eine Rivalität zwischen Klenner und Anton Benya. Böhm schlug Klenner vor, Maisel wollte Benya. Ich kannte Benya aus Hernals; er war Betriebsratsobmann bei der Firma Ingelen gewesen und eine Zeitlang auch im Vorstand der Metaller, bis er als Sekretär des ÖGB dort ausschied. Um den Streit zu schlichten, schlug ich schließlich eine Teilung der Funktionen vor. Benya übernahm die Organisation, Klenner Presse und Öffentlichkeitsarbeit. Benya verhielt sich in den späteren Konflikten neutral bis positiv. Er war auf jeden Fall gegen Proksch. Wir waren nicht gerade dicke Freunde, kamen aber die längste Zeit ganz gut miteinander aus. Nach dem Tod von Leo Geiger war Maisel ratlos, was seinen eventuellen Nachfolger betraf. Ich sprach einmal mit Böhm darüber und sagte zu ihm: »Rede einmal mit Maisel – aber ganz vorsichtig – über dieses Problem, denn er will keinerlei Einflußnahme vom ÖGB. Aber leg ihm doch nahe, Benya (der mittlerweile aus dem Vorstand seiner Gewerkschaft ausgeschieden war) zurückzuholen. Es bietet sich doch sonst in Wien kaum jemand an, der die notwendigen Voraussetzungen mitbringt.«

Auf dem 3. Bundeskongreß des ÖGB im Oktober 1955 wurde ich zum Vizepräsidenten des ÖGB gewählt. Auch die Privatangestellten als eine der drei großen Einzelgewerkschaften, neben Metallern und Bau-Holz, hatten sich Hoffnungen auf einen der Vizepräsidenten gemacht. Aber zwei zusätzliche »Vize«, beide besetzt mit Sozialisten, waren der christlichen Fraktion schwer zuzumuten. So mußte Friedrich Hillegeist, ihr Vorsitzender, sich noch bis 1959 gedulden. Bis zum Jänner 1956 blieb ich allerdings dem ÖGB fern. Erst als Proksch ausgezogen war, übersiedelte ich in sein altes Büro in der Hohenstaufengasse, in das Zimmer gleich neben Böhm. Die Funktion des Vorsitzenden der Gewerkschaft Bau-Holz behielt ich bei. Flöttl betraute ich mit der teilweisen Geschäftsführung.

Böhm hatte vor, alle Routineangelegenheiten an mich zu delegieren und sich nur die »großen Sachen« vorzubehalten. Es gab fast nie Schwierigkeiten. Nur bald nachdem ich meinen Dienst angetreten hatte – Böhm fühlte sich nicht wohl und blieb einen Tag zuhause – rief mich der Betriebsrat des Hauses an. Ich solle den Leuten wegen einer Betriebsversammlung eine halbe Stunde früher frei geben. Ich fragte: »Wie ist die Praxis?« Der Betriebsrat antwortete, der Präsident erlaube dies immer; so sagte ich nichtsahnend zu. Am nächsten Tag war Klenner schon bei Böhm, um sich zu beschweren, das sei jetzt schon die dritte Versammlung in einem Monat, wie Olah das genehmigen hätte können! Mir hatte er tags zuvor davon nichts gesagt. Es war ja offenbar auch der Zweck der Übung gewesen, den »Neuling« aufs Glatteis zu führen. Böhm war im ersten Augenblick etwas ungehalten, und ich war schon drauf und dran, alles hinzuwerfen und wieder umzuziehen – eine Betriebsversammlung war schließlich noch keine »große Sache«. Wütend ging ich in mein Zimmer und sperrte die Verbindungstür ab, bis Böhm zum Telefon griff, mich anrief und mir sagte: »Du bist doch ein Karnickel! Geh, komm wieder herüber!«

Johann Böhm war mir ein väterlicher Freund. Wenn er gut aufgelegt war, nannte er mich »mein Sohn« oder »mein Söhnlein«. Er hat mich auch oft vor diversen Neidern in der Partei gewarnt – und vor meinen eigenen Schwächen. »Du bist ein schwieriger Fall: du bist zu gescheit – und was noch viel ärger ist, du läßt es sie merken. Du mußt vorsichtiger sein.« Als er einmal bemerkte, daß Broda zu einer Besprechung zu mir kam, sagte er mir nachher: »Was will denn der Broda bei dir? Halte dich fern von dem, das ist kein Mann für dich!« Wenn Böhm länger gelebt hätte, hätte seine Autorität wohl ausgereicht, um vieles von dem späteren Unheil abzuwenden.

Als Böhm Anfang Mai, einen Tag nach der Nationalratswahl 1959 starb, übernahm ich zunächst bis zum nächsten Gewerkschaftskongreß auch offiziell die Geschäftsführung. Im September wurde ich dann zu seinem Nachfolger als Präsident des Gewerkschaftsbundes gewählt. Für den Posten des Präsidenten des Hauptverbandes der Sozialversicherungsträger, den Böhm von Anfang an bekleidet hatte, schlug ich Friedrich Hillegeist vor, der auf diesem Gebiet ein exzellenter Fachmann war. Schließlich wollte ich nicht zu viele Funktionen bekleiden. Schon vorher wurde ich zum 2. Präsidenten des Nationalrats als Nachfolger von Böhm gewählt; ich sah darin keine persönliche Pfründe, sondern betrachtete sie als eine Anerkennung für die staatstragende Rolle der Gewerkschaften, die nach den schweren Kämpfen endlich auch offizielle Würdigung gefunden hatten.

Schon bald nach Abschluß des Staatsvertrages begann sich ein kleiner Kreis zu bilden, der sich Gedanken darüber machte, wie die Dinge in der Partei weitergehen sollten. Dieser Kreis hat nie einen Namen erhalten oder auch nur einen Spitznamen. Wir trafen uns an verschiedenen Orten, bei mir im ÖGB oder im Verlag am Rennweg, später dann auch im Parlament. Natürlich wurden dabei auch gewisse Personalentscheidungen besprochen und vorbereitet. Zu dieser Runde gehörten: Klubobmann Bruno Pittermann, Bruno Kreisky, der Wiener Landesparteisekretär Felix Slavik, Raimund Gehart (der Generaldirektor der Perlmooser Zement, vormals Staatssekretär im Handelsministerium, ein exzellenter Wirtschaftsfachmann), schließlich Fritz Klenner und ich aus den Reihen des ÖGB. Karl Waldbrunner und Otto Probst, die beiden Zentralsekretäre der SPÖ, wurden bewußt ausgeschaltet. Auch auf Eduard Weikhart und den Wiener Bürgermeister Franz Jonas haben wir verzichtet, wenn auch eher wegen ihrer Bedeutungslosigkeit. Christian Broda wurde zugezogen, weil Pittermann ihn als »liberalen Juristen« bei uns eingeführt hatte. Zu dieser Bezeichnung gelangte er offenbar deshalb, weil er immer wieder große »kapitalistische« Unternehmen »rechtsfreundlich« vertrat wie die Schweizer Waffenfirma Oerlikon oder auch Dr. Polsterer, den Eigentümer des »Kurier«. (Daneben aber vertrat er übrigens auch, wie wir später erfuhren, den einen oder anderen

Freund seines Bruders, Physiker, die von den USA nicht ganz ohne Grund der Atomspionage bezichtigt wurden.)

Die erste große personelle Entscheidung, die damals anstand, war die Wahl des Bundespräsidenten nach dem Tod Körners zum Jahreswechsel 1956/57. Wir einigten uns schließlich auf Schärf als Kompromißkandidaten, weil er am wenigsten Anstoß erregte. Für Helmer wäre es schwierig gewesen, die Stimmen der Kommunisten zu gewinnen. (Zwar gab es ein Angebot der ÖVP, ihn zu wählen, wenn wir die Wahl in die Bundesversammlung zurückverlegen würden, was allerdings eine bleibende Regelung gewesen wäre und eine Änderung der Verfassung bedeutet hätte. Auf lange Sicht aber waren unsere Aussichten in der Bundesversammlung gleich Null.) Der Linzer Bürgermeister Koref war in Österreich zuwenig bekannt, Waldbrunner wollte niemand, und unser ÖGB-Präsident Johann Böhm galt als rotes Tuch für die Bauern, weil er in der unmittelbaren Nachkriegszeit einmal gesagt hatte, Bauern, die Schleichhandel betreiben, müßten aufgehängt werden. Das Problem für Schärf war freilich, daß er keine besonders guten Beziehungen zur katholischen Kirche hatte. Er war nicht nur konfessionslos, er galt auch als wütender Gegner des Konkordats. (Deshalb war er nach 1945 sogar für die Annexionstheorie eingetreten, denn hätte Österreich 1938 rechtlich zu existieren aufgehört, alle Verträge der Republik und auch das Konkordat wären hinfällig gewesen!) Es konnte ihm natürlich empfindlich schaden, wenn die Gegner darauf zurückgreifen würden und die Kirche dabei mittat. Wir mußten eine derartige Entwicklung zu verhindern suchen.

Die Frage war also: Wie bringen wir die katholische Kirche dazu, sich neutral zu verhalten? Der Konflikt mit der Kirche entzündete sich damals in erster Linie eben an der Gültigkeit des Konkordats von 1933, das erst unter dem

DER ERZBISCHOF VON WIEN

Wien, am 16. März 1957

Sehr geehrter Herr Vizepräsident,

Von Herrn Nationalrat Dr. Pittermann erhielt ich die Nachricht, daß Sie die Freundlichkeit hätten, zu einem unverbindlichen Gespräch über Fragen, die die Kirche in Österreich angehen, zu kommen.

Ich danke Ihnen sehr für diese Bereitwilligkeit und erlaube mir, einen Terminvorschlag zu machen. Herr Nationalrat Pittermann teilte mir mit, daß die letzte Märzwoche hiefür in Frage käme. Darf ich mir erlauben, Mittwoch, den 27. oder Donnerstag, den 28. März (eventuell auch Freitag, den 29. März) etwa ab 18 Uhr vorzuschlagen. Die genaue Festlegung der Stunde will ich gern Ihnen überlassen. Nachdem mir Herr Nationalrat Pittermann auch noch die Herren Landeshauptmannstellvertreter Franz Popp, Landessekretär Felix Slavik und Bundesminister Dr. Otto Tschadek namhaft gemacht hat, wäre ich Ihnen sehr verbunden, wenn Sie sich mit den genannten Herren, die ich ebenfalls einlade, verständigen wollten.

Mit der Versicherung meiner Hochschätzung bin ich

Ihr ergebener

F König

Herrn
Vizepräsident Franz Olah,
Wien I., Hohenstaufengasse 10

Einladung des Erzbischofs von Wien, Franz König, »zu einem unverbindlichen Gespräch«; Gedächtnisprotokoll der Besprechung vom 28. 3. 1957

G e d ä c h t n i s p r o t o k o l l.

Gelegentlich einer Besprechung am 28. März 1957 beim Wiener Erzbischof in Gegenwart des Herrn Weihbischofs und Generalvikars Dr. Josef Streidt mit Vertretern der Sozialistischen Partei Österreichs (anwesend: Nat.Rat Franz Olah, geschäftsführender Vizepräsident des Österr. Gewerkschaftsbundes, Nat.Rat Dr. Bruno Pittermann, Franz Popp, Landeshauptmannstellvertreter von Niederösterreich, Nat.Rat Felix Slavik, Landessekretär der SPÖ Wien, Nat.Rat Dr. Otto Tschadek, Bundesminister für Justiz) wurde festgestellt, daß eine dauernde Regelung der rechtlichen Verhältnisse zwischen der römisch-katholischen Kirche und dem Österreichischen Staat auch von seiten der Sozialistischen Partei angestrebt wird.

Auf die Frage des Konkordates wurden zwei Vorschläge erwogen:

a) Vereinbarung eines neuen Konkordates, wobei in der Praeambel die Außerkraftsetzung des alten Konkordates formell ausgesprochen werden soll;

b) Vorlage von zwei zeitlich gleichen Verträgen, wobei der eine die in a) erwähnte Praeambel enthält und der andere das Konkordat beinhaltet.

F König

autoritären Regime in Kraft getreten war und von der SPÖ deshalb nicht anerkannt wurde. Rom hingegen stellte sich auf den Standpunkt, es könne nicht Aufgabe der Kirche sein, die rechtliche Legitimation einer Regierung zu prüfen, mit der man verhandle, sondern man müsse die Rechte der Gläubigen allen gegenüber vertreten, die auch tatsächlich Herrschergewalt ausübten. Weiter wurde das Problem dadurch kompliziert, daß einige Bestimmungen des Konkordats in der Folge von der reichsdeutschen Gesetzgebung außer Kraft gesetzt worden waren. Wenn die Annexionstheorie akzeptiert worden wäre, hätte es nicht nur bedeutet, daß alle Staatsverträge erloschen wären, auch alle innerstaatlichen Gesetze und Rechtsvorschriften wären erloschen. Der Staat hätte neu gegründet werden müssen. Also Kampf um ein Staatsgebiet, um eine neue Verfassung – etwas, was die Sowjets immer wollten. Wir wollten doch eine neue Verfassung beschließen, meinten wir. Eine tödliche Waffe in ihren Händen, denn Verfassungsgesetze mußten vom Alliiertenrat einstimmig genehmigt werden.

Wir versuchten also zunächst einen Kontakt zum neuen Erzbischof von Wien, Dr. Franz König, herzustellen, der erst seit Mai 1956 als Nachfolger Innitzers im Amt war. Am 28. März 1957 kam es zum ersten Gespräch. Unsere Gruppe wartete ab, bis es dunkel war, und ging dann so unauffällig wie möglich ins Erzbischöfliche Palais: Pittermann, Justizminister Tschadek, der niederösterreichische Landeshauptmannstellvertreter Franz Popp (wichtig auch in seiner Funktion als Obmann der sozialistischen Lehrer), Slavik und ich.

Wir bekräftigten gegenüber König und seinem Weihbischof, damals noch Dr. Josef Streidt, daß auch wir an einer dauernden, für beide Seiten zufriedenstellenden Regelung des Verhältnisses von Kirche und Staat interessiert seien.

Das Konkordat würde bei den kommenden Verhandlungen im Prinzip anerkannt werden, nur wären gewisse Retuschen nötig. Die Zivilehe wäre für uns ein »Muß«, es könne keine Rückkehr zur obligatorischen kirchlichen Trauung geben. Aber die Subventionen für konfessionelle Schulen würden kein unüberwindliches Problem darstellen, genausowenig wie die noch anstehenden Entscheidungen über entzogenes kirchliches Vermögen; auch die Errichtung neuer Diözesen für das Burgenland und Vorarlberg ließe sich leicht regeln. In Einzelgesprächen schnitten wir auch die heikle Frage der bevorstehenden Wahl an. Wenn die Sozialisten eine Gewähr dafür hätten, daß die Kirche sich neutral verhielte, dann fiele es ihnen auch leichter, der Kirche jenen Respekt zukommen zu lassen, den sie verlangte und der ihr zustehe. König versicherte uns daraufhin: »Für den letzten Kaplan oder das letzte Mitglied der Katholischen Aktion kann auch ich nicht garantieren. Aber wir Bischöfe werden dafür sorgen, daß kein aktives oder gar aggressives Eingreifen in den Wahlkampf stattfindet.«
Schärf selbst hat als Bundespräsident dieses Entgegenkommen stets zu würdigen gewußt. Er war gerne bereit zu einer Aussöhnung mit der Kirche, hat das schon in seiner Antrittsrede betont und es sich als Präsident geradezu zur Aufgabe gemacht, bei jeder offiziellen Feier im Stephansdom anwesend zu sein. In Schulfragen war es Max Neugebauer, der später – eine Geste gegenüber der Kirche – Präsident des Wiener Stadtschulrates wurde. Das Konkordat verhandelte Kreisky gemeinsam mit Drimmel. Es kam sehr rasch zum Abschluß. Von Zeit zu Zeit kamen bei einem Mittagessen der Chefredakteur der »Kathpress« und persönliche Berater des Kardinals, Dr. Barta, Dr. Skalnik , Dr. Kostelecky und ich zusammen.
Der Erfolg hat wie immer viele Väter. Nachher wollten

sich so manche eine Feder an den Hut stecken für ihren Anteil am Zustandekommen dieses historischen Kompromisses zwischen Arbeiterbewegung und Kirche, der endlich jenen Kulturkampf neutralisierte, der schon in der Ersten Republik soviel zur Verbitterung und zur Vergiftung der Atmosphäre beigetragen hatte. Anfangs gab es dagegen sehr wohl eine Reihe hämischer Kommentare, und auch von meinen Gewerkschaftern haben manche die Nase gerümpft, als ich begann, zum ÖGB-Kongreß 1959 nicht nur die Unternehmervertreter, sondern auch die kirchlichen Würdenträger einzuladen, und zwar aller Religionsgemeinschaften, mit Kardinal König an der Spitze. Das diente letzten Endes ja auch dem Ansehen und der Verankerung des ÖGB in der Bevölkerung. Die überwältigende Mehrheit unserer Mitglieder zählte zu den Katholiken und war nicht daran interessiert, daß ihre Interessensvertretung sie in einen Gewissenskonflikt hineinmanövrierte.

Nach meinem Sturz wurde unter anderem der Vorwurf gegen mich erhoben: »In seinem Vorzimmer stolpert man stets über einige Pfaffen.« Manchmal entwickelte sich daraus auch eine praktische Kooperation. So bat mich Monsignore Viktor Kollars als Zentralsekretär des Kolpingwerkes um Unterstützung für ein Heim für weibliche Lehrlinge. Weil es sich vor allem um Niederösterreicherinnen handelte, lehnte die Stadt Wien eine Subvention ab. Mit Generalsekretär Korinek von der Bundeswirtschaftskammer habe ich deshalb vereinbart, daß auch der ÖGB etwa eine Million zuschießen würde. Unser Vizepräsident Altenburger von den Christlichen Gewerkschaften war ganz erstaunt, als er davon erfuhr: »Wieso kommt der damit gerade zu dir?«

Unser Brückenschlag zur Kirche im Wahlkampf 1957 hatte zwei Jahre später noch ein aufsehenerregendes Nachspiel.

Im Oktober 1959 reisten Slavik und ich zusammen mit Leopold Gratz und Dr. Neugebauer auf Einladung des Präsidenten des Österreichischen Kulturinstituts, meines KZ-Kameraden Egon Hilbert, nach Rom. Anlaß war die Hundertjahr-Feier der »Anima«, des Kollegiums zur Ausbildung des deutschen Priesternachwuchses. Die Wiener Symphoniker gaben in Anwesenheit des Hl. Vaters ein Festkonzert. Die Stadt Wien und die Nationalbank hatten die Reise unterstützt, und wir vertraten in Rom gleichsam die Sponsoren. Völlig unvorbereitet fanden wir im Hotel in Rom die Einladung zu einer Privataudienz bei Papst Johannes XXIII. Wir hatten natürlich keinen Frack mit und mußten uns mit Hilfe von Hilbert erst einen ausleihen und uns das Zeremoniell erklären lassen. An der Reise nahm auch Dr. Hannak von der AZ teil.
Der österreichische Botschafter beim Vatikan, der selbstverständlich der schwarzen Reichshälfte angehörte, hatte sich zuvor beeilt zu erklären, es wäre ganz sinnlos, um eine Audienz anzusuchen – was wir auch gar nicht getan hatten –, weil der Papst sicher keine Zeit hätte. Als wir ihm dann das Problem mit dem Frack erklärten, meinte er immer noch, einen Frack brauche man ohnedies nur zu einer Privataudienz, nicht für einen der Massenempfänge. Als es ihm dann dämmerte, daß wir tatsächlich in Privataudienz empfangen würden, geriet er völlig aus dem Häuschen und überschüttete uns förmlich mit seiner Hilfsbereitschaft, bot uns sein Auto an und hätte uns nur zu gern begleitet. Slavik und ich lehnten dankend ab (und hörten noch, wie seine Frau zu ihm sagte: »Siehst du, das hast du jetzt davon!«).
Wir verbrachten dann fast eine halbe Stunde allein mit dem Papst und seinem Dolmetscher. Johannes XXIII. war eine eindrucksvolle Persönlichkeit, sehr lebendig und auch sehr wohlwollend gegenüber Österreich. Seine Eltern wa-

ren noch unter den Habsburgern aufgewachsen, und er lobte die alte österreichische Verwaltung in Oberitalien. (Auch sein Nachfolger Paul VI. hat mich im Juli 1965, nach meinem Sturz, als ich in Österreich schon persona non grata geworden war, in Castelgandolfo in Spezialaudienz empfangen.)

Slavik und ich wurden wegen unseres Papstbesuches in den eigenen Reihen von einigen »Berufsatheisten« angefeindet, so von Weikhart, der sich im Parteivorstand darüber fürchterlich erregte; auch von Koref, der sagte: »Ich knie in der Kirche nicht nieder, ich bleibe stehen!« Als ich ihn dann einmal fragte, warum er dann nicht gleich aus der Kirche ausgetreten sei, antwortete er ein wenig kleinlaut: »Nein, das kann ich nicht. Meine Schwester ist Oberin in einem Nonnenkloster, und das würde ihr das Herz brechen.« Noch empörter über unsere Audienz aber reagierte die ÖVP, die vor Wut beinahe zersprungen ist. Als Slavik dem Stadtsenat die »Segensgrüße des Heiligen Vaters für Wien« überbrachte, konnte sich selbst der sonst so fromme Chef der christlichen Gewerkschafter, Lois Weinberger, eine boshafte Bemerkung nicht verkneifen – worauf Slavik sich nur würdevoll umdrehte und meinte: »Mit so etwas spaßt man nicht!« Hilbert hat die ÖVP unseren Empfang auch nicht verziehen. Eine Zeitlang schien es fast so, als würde die ÖVP sogar zum Boykott gegen den damaligen Nuntius Dellepiane aufrufen, weil sie ihn im Verdacht hatte, bei unserer Audienz die Hand im Spiel gehabt zu haben. Wie es wirklich war, habe ich selbst nie erfahren. Auch der Vatikan mußte wissen, daß er nur gewinnen könne, wenn er der ÖVP kein Monopol auf die Verbindungen zwischen Wien und der Kurie einräumte.

Als Schärf 1957 zum Bundespräsidenten gewählt wurde, kam das für viele überraschend, hatten es doch ÖVP und FPÖ zum ersten und einzigen Mal geschafft, einen gemeinsamen Kandidaten aufzustellen – für den sich dann aber keiner der beiden recht verantwortlich zu fühlen schien. Professor Denk war ein ehrenwerter Mann, der es jedoch nicht verstand, die Wähler für sich zu begeistern. Raab selbst wäre damals – zum Unterschied von 1963 – wahrscheinlich ohne große Schwierigkeiten gewählt worden. Umfragen, die ich in Auftrag gab, bescheinigten dem noch frisch mit dem Nimbus des Staatsvertragskanzlers umgebenen ÖVP-Obmann zu unserem Entsetzen, daß sogar 12 Prozent der SPÖ-Wähler Raab gewählt hätten. Doch Raab erklärte damals, er wolle sich nicht in der Hofburg »einmauern« lassen. Als Bundespräsident habe man ja doch nur zu unterschreiben, was andere beschließen würden.
Dieser Eindruck hat leider einiges für sich. Die Novelle der Bundesverfassung aus dem Jahre 1929 sah zwar – ganz im Sinne der Gewaltenteilung – eine Stärkung der Stellung des Staatsoberhaupts vor und führte deshalb auch die Direktwahl ein. In der Praxis wurden diese Befugnisse aber nur ganz selten in Anspruch genommen. Von allen bisherigen Amtsinhabern konnte Schärf wohl am ehesten als ein aktiver Bundespräsident bezeichnet werden. Als penibler Jurist räumte er auch mit so manchen eingeschliffenen Gewohnheiten auf. So forderte er bei der Beurkundung von Gesetzesbeschlüssen das in der Geschäftsordnung des Nationalrats vorgesehene amtliche Protokoll an und wollte sich nicht bloß mit den gedruckten Stenographischen Protokollen zufrieden geben, von denen jeder wußte, daß sie in der Regel nachträglich redigiert und »geschönt« werden. Bei Auslandsreisen vertrat er aus gegebenem Anlaß die Auffassung, daß für eine offizielle Reise ein Beschluß der Bundesregierung notwendig sei.

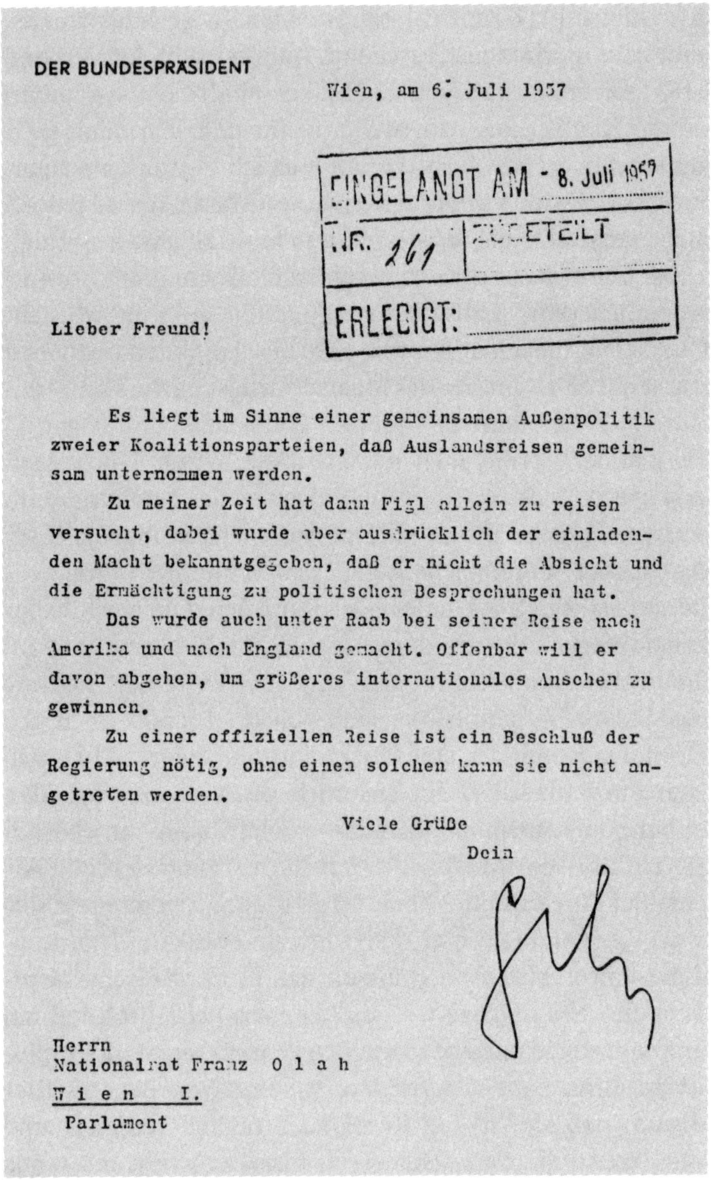

DER BUNDESPRÄSIDENT

Wien, am 6. Juli 1957

EINGELANGT AM - 8. Juli 1957

NR. 261 ZUGETEILT

ERLEDIGT:

Lieber Freund!

Es liegt im Sinne einer gemeinsamen Außenpolitik zweier Koalitionsparteien, daß Auslandsreisen gemeinsam unternommen werden.

Zu meiner Zeit hat dann Figl allein zu reisen versucht, dabei wurde aber ausdrücklich der einladenden Macht bekanntgegeben, daß er nicht die Absicht und die Ermächtigung zu politischen Besprechungen hat.

Das wurde auch unter Raab bei seiner Reise nach Amerika und nach England gemacht. Offenbar will er davon abgehen, um größeres internationales Ansehen zu gewinnen.

Zu einer offiziellen Reise ist ein Beschluß der Regierung nötig, ohne einen solchen kann sie nicht angetreten werden.

Viele Grüße

Dein

Herrn
Nationalrat Franz Olah
Wien I.
Parlament

»Zu einer offiziellen Reise ist ein Beschluß der Regierung nötig . . .«, schrieb Bundespräsident Adolf Schärf am 6. Juli 1957 an Franz Olah

Ein Minister allein, und sei es auch der Bundeskanzler, hätte keine Ermächtigung zu politischen Besprechungen. Die österreichische Verfassung normiert die Ministerverantwortlichkeit nur gegenüber dem Nationalrat. Der Bundeskanzler ist ein Vorsitzender der Bundesregierung und nicht »Regierungschef«. Kein Minister kann in ein anderes Ressort eingreifen, auch nicht der Ministerrat als Gesamtregierung. Eine Sonderregelung besteht nur für das Bundesverteidigungsministerium.

Für die SPÖ war nach der Wahl Schärfs natürlich die Frage der Nachfolge im Parteivorsitz zu klären. Es traten wiederum die alten Rivalitäten zutage zwischen Helmer, Koref und Waldbrunner. Koref wäre sehr gerne Vizekanzler geworden, wollte aber den Bürgermeistersessel in Linz nicht aufgeben; die beiden Posten zu vereinbaren schien uns jedoch unmöglich. Helmer erfreute sich schon seit geraumer Zeit nicht mehr der besten Gesundheit. Seine Bestellung wäre eine Übergangslösung gewesen bis zu den Neuwahlen in zwei, drei Jahren.

Waldbrunner hatte natürlich eine »Hausmacht« bei den Betriebsräten des »Königreichs Waldbrunner«, dem Riesenressort, das 1949 geschaffen worden war. Es umfaßte neben der Verstaatlichten Industrie ursprünglich auch noch Bahn, Post und Energiewirtschaft. Maisel als Chef der Metaller war einer seiner Anhänger. Waldbrunner galt wegen der vielen Postenrangeleien innerhalb der Industrie als »starker Mann« gegenüber der ÖVP, was er in Wirklichkeit aber gar nicht war. Schärf beklagte sich bei mir einmal: »In jede Budgetkrise treibt uns der Waldbrunner. Dann einigt er sich über unsere Köpfe hinweg mit dem Kamitz auf Kosten des Sozialbudgets, der Maisel stimmt aus Freundschaft zu.« Als es 1963 um die Frage des Koalitionswechsels ging, sollte sich übrigens gerade Waldbrunner als einer der überzeugtesten Anhänger der Großen

Koalition erweisen. Eine Modernisierung und Erneuerung der Partei war von ihm selbstverständlich weder damals noch später zu erwarten.
So blieb eigentlich nur eine einzige Alternative: Pittermann als Kompromißkandidat. Pittermann war ein hervorragender Debattenredner und ausgezeichneter Parlamentarier. Als er im Hohen Haus noch seine Pointen anbrachte, sagte Raab wiederholt: »Herr Doktor, wann kommen endlich Sie in die Regierung?« Nun war es soweit – und dort gelang es ihm erst recht, Freund und Feind mit seiner Suada zur Verzweiflung zu bringen. Gorbach sagte mir einmal: »Immer wenn der Pittermann mit mir geredet hat, glaub' ich, ich hab' ein Mühlradl im Kopf!« Zur Führung eines Ressorts – dem Vizekanzler unterstand ab 1959 die Verstaatlichtensektion im Bundeskanzleramt – war diese enervierende Fähigkeit, alles zu zerreden, nicht gerade eine ideale Voraussetzung.
Als Pittermann gewählt wurde, erschien noch die »Weltpresse« – mit unserer finanziellen Unterstützung. Fritz Konir, der spätere niederösterreichische ÖGB-Sekretär, war ihr Chefredakteur. Er rief mich um 5 Uhr früh an: »Was soll ich denn schreiben, kannst du mir nicht schon etwas sagen?« Worauf ich erwiderte: »Kandidaten haben wir ein paar, aber schreib: Pittermann wird Vizekanzler und Parteivorsitzender!« Die Wahl des Parteivorsitzenden oblag damals in der SPÖ nicht dem Parteitag, sondern der Parteivertretung, einem Gremium von rund vierzig Leuten, das sich aus dem Vorstand und der Parteikontrolle zusammensetzte. Als die Mitglieder der Parteivertretung dann am Vormittag zur Sitzung kamen, hatten sie vor sich bereits die »Weltpresse« liegen. Einer der Delegierten aus Vorarlberg, die den weitesten Weg hatten, rief: »Na, dann sind wir ja nur mehr zum Gratulieren nach Wien gekommen!« Die Abstimmung für Pittermann war nicht gerade

überwältigend. Die anderen drei Kandidaten hatten teils beleidigte, teils gewundene Erklärungen abgegeben und die Sitzung dann verlassen. Schärf, der die Sitzung persönlich leitete, hielt sich auch gar nicht lange damit auf, das genaue Stimmenverhältnis festzustellen, sondern verkündete trocken: »Der Genosse Pittermann ist hiermit zum Parteivorsitzenden gewählt.«

Gewissermaßen als Anerkennung für meine Verhandlungstätigkeit mit der Kirche und für meine Unterstützung bei der Kandidatur von Schärf wurde ich anstelle Pittermanns zum geschäftsführenden Klubobmann im Parlament gewählt. (Formell war der Parteivorsitzende immer auch der Klubobmann, die eigentliche Regie aber oblag dem »Geschäftsführenden«.) Natürlich gab es auch andere »heimliche« Kandidaten für diese Funktion: Probst wollte es werden und machte sich ernstliche Hoffnungen; Karl Mark, Max Eibegger und Alfred Horn, der Bürgermeister von Schwechat, wären es ebenfalls gern geworden. Horn wäre eine recht gute Wahl gewesen, die anderen waren zum Abgewöhnen. Ich war schon seit fast zehn Jahren Nationalratsabgeordneter und hatte an der parlamentarischen Arbeit immer Gefallen gefunden. Schon als junger Abgeordneter war ich oft mit komplizierten Materien betraut worden, 1950/51 etwa mit der Verhandlung eines Kartellgesetzes, einem »Dauerbrenner« der Wirtschaftspolitik, oder dem Bauarbeiter-Urlaubsgesetz.

In Leopold Gratz hatte ich einen tüchtigen und zuverlässigen Klubsekretär. In wirtschaftlichen Fragen standen uns eine Reihe von exzellenten Fachleuten als Berater zur Verfügung, die Mehrzahl von ihnen aus der Wirtschaftspolitischen Abteilung der Arbeiterkammer: Stefan Wirlandner, Josef Staribacher, Oskar Weihs, Otto Zöllner, Erwin Weissel und Wanke. Auch Hertha Firnberg nahm öfter teil. Ich habe mich bemüht, einige Mitglieder dieses »brain

trust« auf unseren Kandidatenlisten unterzubringen. Bei Staribacher und Zöllner gelang mir das; in den Nationalrat eingezogen ist dann aber 1961 nur Staribacher.
Es war in diesen Jahren zwischen 1957 und 1961 keineswegs so, daß ich als Klubobmann einen Konfrontationskurs zur Parteiführung gesteuert hätte, wie man mir das später oft nachgesagt hat. Ich vertrat nur dort, wo ich es für nötig hielt, unseren Standpunkt, so wie ich es gewohnt war. In einem Bericht der amerikanischen Botschaft aus dem Jahr 1959 wurde mir auch das Kompliment gemacht: »Certainly Olah's hard-driving qualities and his lack of Schlamperei are rather un-Austrian qualities.« Für manche meiner »Freunde« war dieser »Mangel an Schlamperei« aber offenbar alles andere als ein Kompliment, zumal es weiter hieß: »He does not suffer fools gladly.«
Zu einem Konflikt mit der Parteiführung kam es allerdings im Herbst 1958, als Pittermann mit Raab vereinbarte, die Legislaturperiode des Nationalrats einfach von vier auf fünf Jahre zu verlängern. Ihre Argumentation lautete, im ersten Jahr nach der Wahl gehe nicht viel weiter wegen der Regierungsverhandlungen und im letzten Jahr der Legislaturperiode auch nicht, weil schon wieder Wahlkampf herrsche. Ich äußerte damals die Überzeugung, daß sich die Regierung für ineffizientes Arbeiten nicht auch noch belohnen könne, indem sie ein Jahr länger im Amt bleibe. Das Recht des Nationalrats gehe vom Volk aus; über eine Verlängerung dieses Mandats müsse daher das Volk abstimmen. Eine Abmachung hinter verschlossenen Türen käme in einer solchen Frage einer Verhöhnung der Demokratie gleich. Ich hielt mit dieser Auffassung keineswegs hinter dem Berg. In einer öffentlichen Versammlung in Mistelbach sagte ich das auch. Als Raab davon Kenntnis erhielt, sagte er: »Na, jetzt ist das kaputt.«
Auch gegen die eigenen Experten muß man sich manchmal

durchzusetzen wissen. Diese Erfahrung machte ich bei den Verhandlungen um den Zolltarif. Der Abschluß des GATT-Abkommens brachte es mit sich, daß Österreich von der Kontingentierung der Ein- und Ausfuhren abgehen mußte. Die Industrie forderte zum Ausgleich dafür höhere Zollsätze – die Experten der Arbeiterkammer dagegen im Interesse der Konsumenten möglichst niedrige. Ich habe mir die einzelnen Ziffern dann genauer angesehen und bin zum Entsetzen mancher Freunde auf einige Wünsche der Industrie eingegangen. Ich argumentierte, daß etwa im Falle einer Überschwemmung des österreichischen Marktes mit billigen Radios der Käufer zwar unmittelbare Vorteile hätte, wir als verantwortliche Gewerkschafter jedoch kein Interesse daran haben könnten, daß ein ganzer Industriezweig mit Tausenden Arbeitsplätzen über Nacht zugrunde ginge. Ich hatte daher zunächst für manche recht hohe Zollsätze Verständnis, bestand allerdings auf einem jährlichen Abbau der Zollschranken, so daß unsere Industrie schrittweise in die Lage versetzt wurde, der ausländischen Konkurrenz standzuhalten.

Ein anderer Fall war der Streit um die Einführung des Karenzgeldes. Mit Finanzminister Heilingsetzer handelte ich 1960 den Kompromiß aus, die Hälfte der Kosten solle das Budget tragen, die andere Hälfte aus den Rücklagen der Arbeitslosenversicherung gedeckt werden. Das war keine Ideallösung, aber immerhin ein Beginn. Die Mütter würden uns sicher nicht fragen, aus welcher Kassa das Geld kam, und hätten wohl kein Verständnis dafür gehabt, wenn wir die Sache wegen eines Justamentstandpunktes hätten scheitern lassen. (Schließlich verzeichnete die Arbeitslosenversicherung damals hohe Überschüsse!) Proksch als Sozialminister aber war wütend und wollte meinen Vorschlag im Parteivorstand zu Fall bringen. Dort stimmten dann zwar seltsamerweise alle weiblichen Mitglieder und auch einige Gewerkschafter wie Proksch und Maisel gegen meinen Antrag, dennoch habe ich die Abstimmung gewonnen. Peter Strasser sagte am nächsten Tag zu meiner Frau: »Wissen Sie, ich hätte so gerne einmal gegen Ihren Mann gestimmt. Aber ich konnte nicht, weil er wieder einmal recht gehabt hat.«

Ungefähr um dieselbe Zeit kam es auch zu dem berühmten »Ärztestreik«. Die Wiener Gebietskrankenkasse wollte, um den versicherten Arbeitnehmern die Bezahlung von Arztkosten zu ersparen, mit den Kassenärzten Einzelverträge abschließen. Die Ärztekammer wehrte sich dagegen, weil das ihre Verhandlungsposition schwächen würde. In gewisser Weise vertrat sie damit einen gewerkschaftlichen Standpunkt – wenn auch als Interessenvertretung der »Freiberufler«. Besonders ihr langjähriger Präsident, Dr. Fritz Daume, war in dieser Frage ein »Hardliner«. Alle möglichen Seiten versuchten in diesem Konflikt zu vermitteln, von Sozialminister Proksch über Bundeskanzler Gorbach bis zu Unterrichtsminister Drimmel; doch keinem war ein Erfolg beschieden. Prokschs besonderer Vertrauensmann in dieser Angelegenheit war der Chefarzt der Wiener Gebietskrankenkasse, Dr. Tuchmann, der bei seinen Kollegen nicht ohne Grund höchst unbeliebt war, was zur Lösung des Konflikts wenig beitrug. Die Leitung der Wiener Gebietskrankenkasse war in dieser Situation wie gelähmt. Die Arbeiter aber wurden in der Zwischenzeit nicht auf Krankenschein behandelt und waren darüber verständlicherweise aufgebracht. Also veranlaßte ich, daß eine gehörige Anzahl unzufriedener Arbeiter ihrer Empörung vor dem Hauptquartier der Ärztekammer in der Weihburggasse lautstark Luft machte. Von den Betrieben wurden abwechselnd Belegschaften dorthin geschickt. (Ich erinnere mich noch, Karl Sekanina, damals Sekretär bei den Metallern, der die Kundgebungen dirigierte, war in derselben Firma angestellt wie Daume – als Betriebsrat der eine, als Betriebsarzt der andere.) Die Demonstrationen waren so eindrucksvoll, daß mir später einmal ein Arzt gestand: »Wir haben geglaubt, die hängen uns auf!« Nach zwei Tagen erhielt ich einen Anruf von Dr. Stellamore, dem Vizepräsidenten der Ärztekammer, der vorfühlen wollte, ob ich bereit wäre, Daume zu empfangen und mit ihm unter vier Augen zu reden. »Warum nicht, natürlich.« Er kam, wir redeten vernünftig miteinander – und in einer halben Stunde hatten wir das Problem bereinigt. Die »Münchner Ärztezeitung« schrieb dazu: »Der Honorarkonflikt endete schließlich wie der Kampf um Troja: was Proksch und Drimmel nicht gelungen war, erreichte der listenreiche Präsident des ÖGB . . .«

In diesen Jahren erfolgte auch die Gründung der Zeitung, die man bis heute mit meinem Namen in Verbindung bringt. Immerhin handelte es sich dabei um das mit Abstand erfolgreichste Medienunternehmen unseres Landes: die »Neue Kronen Zeitung«. Diese Zeitungsgründung hatte eine längere Vorgeschichte, die recht pikant ist, wenn man bedenkt, wer mir später meine Hilfestellung für die »Kronen Zeitung« als parteischädigendes Verhalten auslegen sollte. Die Frage war nämlich schon seit langem immer wieder diskutiert worden, ob die Arbeiterbewegung neben der »AZ« nicht noch ein »kleines Blatt« benötige. Ein »Kleines Blatt« hatte es bis 1934 tatsächlich gegeben. Es hatte sich in erster Linie der Betreuung jener Schichten gewidmet, die uns zwar bei Wahlen vielleicht ihre Stimme gaben, aber darüber hinaus politisch nicht allzu interessiert waren. Nach 1945 hatte nur die ÖVP auf einen dieser Vorkriegstitel zurückgegriffen und das »Kleine Volksblatt« ins Leben gerufen. Auf unserer Seite

erfreute sich zwar die »AZ« anfangs einer sehr hohen Auflage, aber das Leserinteresse ging merklich zurück, als der erste Rausch der Begeisterung vorüber war, wieder halbwegs frei schreiben zu können. (Und in dieser Rolle, auch den Besatzungsmächten, zumal den Russen, energisch entgegenzutreten, hat sich die »AZ« unter Oskar Pollak ohne Zweifel große Verdienste erworben.) Der mediale Einflußbereich der Sozialdemokraten gegenüber dem breiten Spektrum der bürgerlichen Presse, formal unabhängig, aber letztlich doch immer wieder zu der einen oder anderen Gruppe innerhalb der ÖVP tendierend, war demnach relativ beschränkt.
Bestrebungen, das »Kleine Blatt« wieder als Tageszeitung erscheinen zu lassen, gab es in der Partei. Aber die Redaktion der »AZ«, mit Oskar Pollak an der Spitze, wehrte sich mit Händen und Füßen dagegen. Auf der anderen Seite konnten wir uns natürlich nie sicher sein, ob nicht ein »Schwarzer« ein populäres Massenblatt, wie es die »Kronen Zeitung« oder die »Kleine Volks-Zeitung« gewesen waren, herausbringen würde. Wir besaßen eine Zeitlang die »Weltpresse«, die wir nach dem Abzug der Briten übernommen hatten und die auch im Vorwärts-Verlag untergebracht war. Aber trotz aller milden Gaben, die in dieses Unternehmen flossen und die mir vom Finanzreferenten des ÖGB, Zak, ausgefolgt wurden, ohne daß jemals in einer Körperschaft darüber gesprochen oder ein Beschluß gefaßt wurde, war das Unternehmen nicht zu halten. Die Beträge habe ich jeweils über meinen Sekretär zur Kanzlei Dr. Broda bringen lassen. Die »Weltpresse« mußte im Frühjahr 1958 eingestellt werden. Dann kam, durch Kredite der Arbeiterbank (BAWAG) finanziert, der »Express«. Wenn später manche, die es besser wissen müßten, vornehm sogenannte »liberale Wirtschaftskreise« als Hintermänner und Geldgeber des »Express« bezeich-

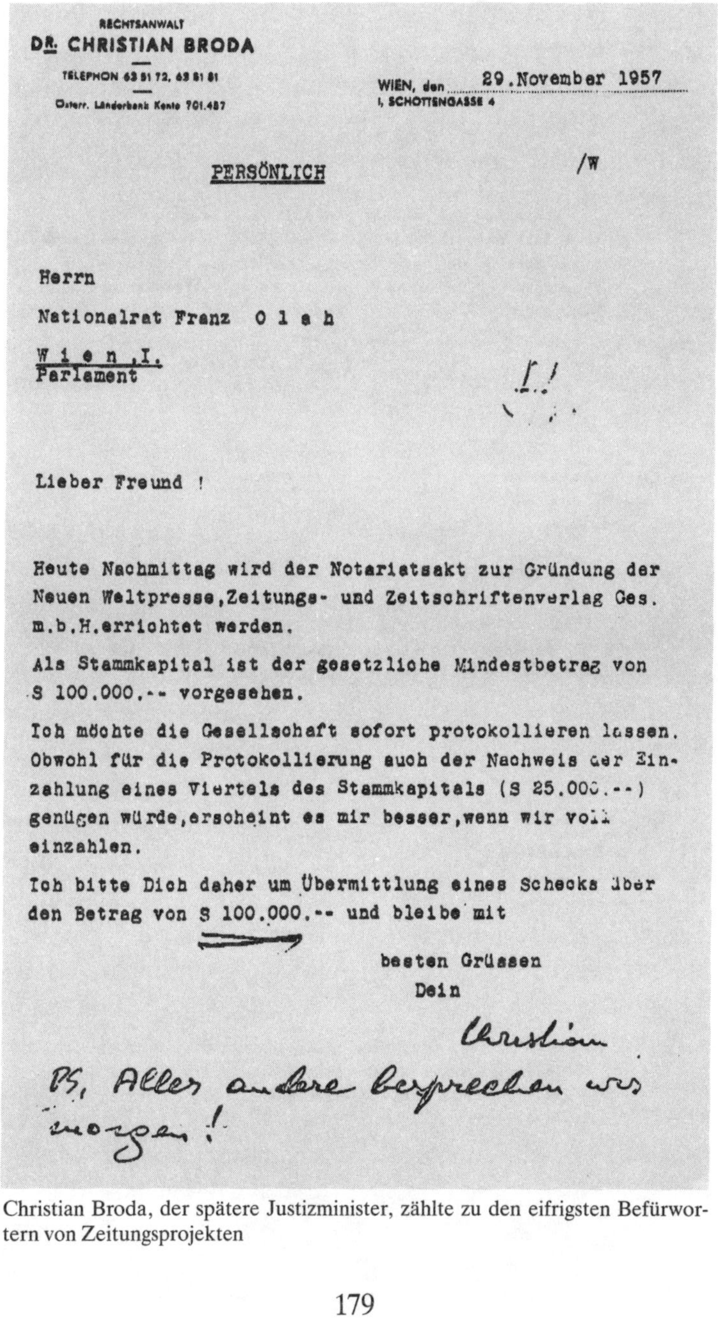

RECHTSANWALT
DR. CHRISTIAN BRODA
TELEPHON 63 51 72, 63 81 81
Österr. Länderbank Konto 701.487

WIEN, den 29.November 1957
I, SCHOTTENGASSE 4

PERSÖNLICH /W

Herrn

Nationalrat Franz O l a h

W i e n , I.
Parlament

Lieber Freund !

Heute Nachmittag wird der Notariatsakt zur Gründung der Neuen Weltpresse, Zeitungs- und Zeitschriftenverlag Ges. m.b.H. errichtet werden.

Als Stammkapital ist der gesetzliche Mindestbetrag von S 100.000.-- vorgesehen.

Ich möchte die Gesellschaft sofort protokollieren lassen. Obwohl für die Protokollierung auch der Nachweis der Einzahlung eines Viertels des Stammkapitals (S 25.000.--) genügen würde, erscheint es mir besser, wenn wir voll einzahlen.

Ich bitte Dich daher um Übermittlung eines Schecks über den Betrag von S 100.000.-- und bleibe mit

besten Grüssen
Dein

Christian

PS, Alles andere besprechen wir morgen!

Christian Broda, der spätere Justizminister, zählte zu den eifrigsten Befürwortern von Zeitungsprojekten

RECHTSANWALT
DR. CHRISTIAN BRODA
TELEPHON 63 51 72, 63 51 81
Österr. Länderbank Konto 701.457

WIEN, den 19. November 1957
I. SCHOTTENGASSE 4

B e s t ä t i g u n g

Ich bestätige den Empfang eines Scheckes der Arbeiterbank Aktiengesellschaft Wien, Nr. 382483, vom 19.November 1957, über S 380.000.- / Schillinge dreihundertundachtzigtausend / (Treuhanderlag) für die "Neue Weltpresse Ges.m.b.H. i.G.". -

Dr. Ch. Broda
(Dr.Ch. Broda)

RECHTSANWALT
DR. CHRISTIAN BRODA
TELEPHON U 24-0-61, U 24-0-70
Österr. Länderbank Konto 701.457

WIEN, den 29. November 1957
I. SCHOTTENGASSE 4

B e s t ä t i g u n g

Ich bestätige die Übernahme eines Schecks Nr. 382494 lautend auf die Österreichische Nationalbank, Kto.Nr. 244, über S 100.000.- / Schillinge einhunderttausend /.

RECHTSANWALT
DR. CHRISTIAN BRODA
TELEPHON 63 51 72, 63 51 81
Österr. Länderbank Konto 701.457

WIEN, den 9. Dezember 1957
I. SCHOTTENGASSE 4

R.

B e s t ä t i g u n g

Ich bestätige die Übernahme eines Schecks über S 330.000.- / Schillinge dreihundertdreissigtausend / Nr. 382500, Konto Nr. 244, lautend auf die Österreichische Nationalbank, d.d. 9.Dezember 1957.

RECHTSANWALT
DR. CHRISTIAN BRODA

TELEPHON U 24-0-61, U 24-0-70

Österr. Länderbank Konto 701.457

WIEN, den 3. Februar 1958
I, SCHOTTENGASSE 4

B e s t ä t i g u n g
- - - - - - - - - - - - -

Ich bestätige den Empfang eines Betrages von S 335.000.-
/in Worten Schillinge dreihundertfünfunddreissigtausend/.

Dr. Christian Broda
Rechtsanwalt
WIEN I, Schottengasse 4
Telefon U 24-0-61

Ramsl

RECHTSANWALT
DR. CHRISTIAN BRODA

TELEPHON 63 51 72, 63 51 81

Österr. Länderbank Konto 701.457

WIEN, den 28. Februar 1958
I, SCHOTTENGASSE 4

R.

Ich bestätige den Empfang eines Scheckes über
S 130.000.- / Schillinge einhundertunddreissig-
tausend / von der Arbeiterbank Aktiengesellschaft,
lautend auf die Österreichische Nationalbank,
Nr. 385495, Konto Nr. 244.

Dr. Christian Broda
Rechtsanwalt
WIEN I, Schottengasse 4
Telefon U 24-0-61

Ramsl [illegible]

RECHTSANWALT
DR. CHRISTIAN BRODA

TELEPHON 63 51 72, 63 51 81

Österr. Länderbank Konto 701.457

DURCHSCHLAG

WIEN, den
I, SCHOTTENGASSE 4 7. März 1958

/R

B e s t ä t i g u n g
- - - - - - - - - - -

Ich bestätige den Empfang eines Scheckes über S 150.000.-
/Schillinge einhundertundfünfzigtausend / der Arbeiter-
Bank AG., Wien, lautend auf die Österreichische National-
bank, Kto.Nr. 244, Scheck Nr. 385.499.

Ramsl e.h.

neten, kann man das wohl nur als Ausrede bezeichnen. In Wirklichkeit waren es auch in diesem Fall Gewerkschaftsgelder, die die Gründung möglich machten. Nur Waldbrunner und Maisel waren gegen diesen Flirt mit den Methoden der »bürgerlichen« Presse. Im Vorstand der Arbeiterbank haben deren Leute, die Konsumgenossenschaften (auf Geheiß von Waldbrunner) und ein Vertreter der Metallarbeiter (auf Geheiß von Maisel), zunächst auch gegen das Projekt gestimmt. So lud Pittermann im Einvernehmen mit Böhm die Verantwortlichen der Bank sowie die Genossenschaftsvertreter zu einer Sitzung. Daraufhin wurde der Kredit genehmigt. Zu den eifrigsten Befürwortern all unserer Zeitungsprojekte gehörte Christian Broda. Der »Express« war ein Boulevardblatt, stand in Konkurrenz zum »Kurier«, verkörperte aber immer noch nicht das, was wir suchten. Da schied im Herbst 1958 eines Tages Hans Dichand nach einem Krach mit dem damaligen Eigentümer Dr. Polsterer als Chefredakteur aus dem »Kurier« aus. Wir vereinbarten daraufhin ein Treffen mit Dichand in Pittermanns Stammcafé »Resch« in Meidling. Ursprünglich wollte Pittermann Dichand für den »Vorwärts«-Verlag gewinnen. Daraus wurde nichts, denn Dichand wollte kein Parteijournalist werden. Er ließ mich wissen, daß er eine Option auf den Titel der »Kronen Zeitung« erworben habe. Er verfüge über genügend Geld, um diese Option einzulösen, aber noch nicht über genügend Mittel für den Start und den Betrieb der Zeitung. Mir ging es vor allem darum, daß keine andere Partei sich dieser Sache bemächtigte. Das galt auch für den eigenen Parteiapparat. Denn in dem Augenblick, in dem sich ein Parteisekretariat den Einfluß über die Blattlinie anmaßt, ist die Zeitung mit Sicherheit ruiniert. Das haben unsere Erfahrungen mit der »Weltpresse« und schließlich auch mit dem »Express« nur zu gut gezeigt. Abgesehen davon –

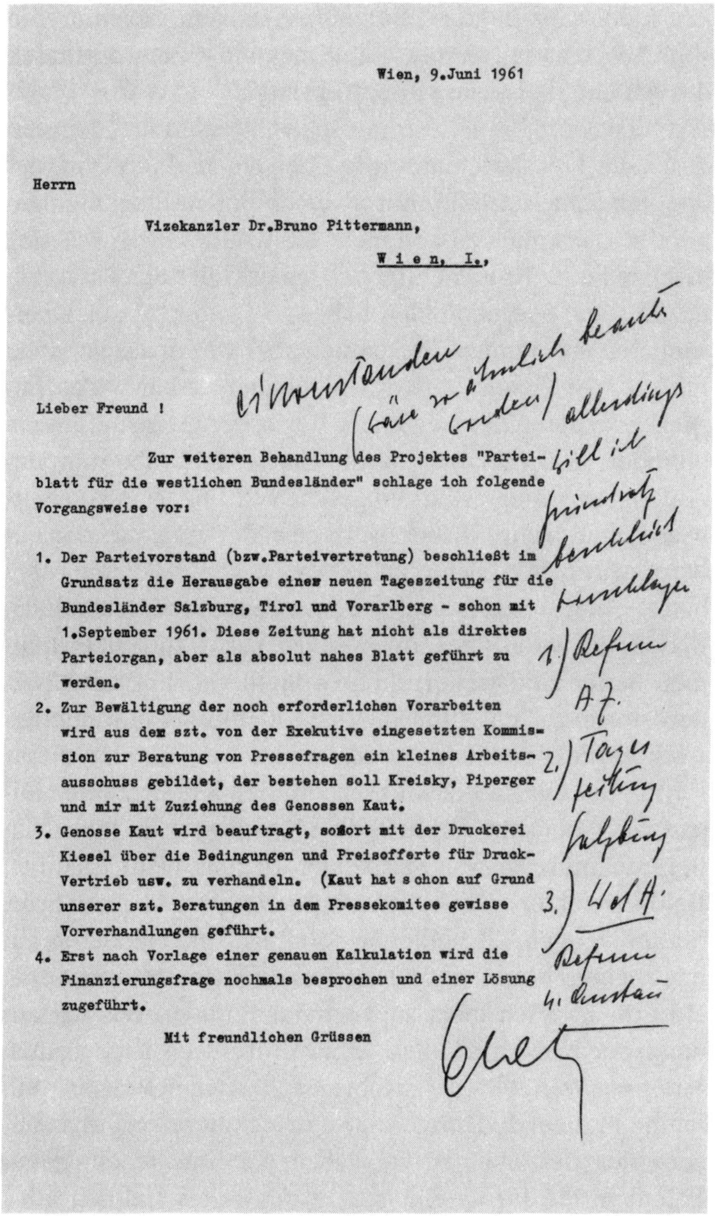

Wien, 9.Juni 1961

Herrn

Vizekanzler Dr.Bruno Pittermann,

W i e n, I.,

Lieber Freund !

Zur weiteren Behandlung des Projektes "Parteiblatt für die westlichen Bundesländer" schlage ich folgende Vorgangsweise vor:

1. Der Parteivorstand (bzw.Parteivertretung) beschließt im Grundsatz die Herausgabe einer neuen Tageszeitung für die Bundesländer Salzburg, Tirol und Vorarlberg - schon mit 1.September 1961. Diese Zeitung hat nicht als direktes Parteiorgan, aber als absolut nahes Blatt geführt zu werden.
2. Zur Bewältigung der noch erforderlichen Vorarbeiten wird aus dem szt. von der Exekutive eingesetzten Kommission zur Beratung von Pressefragen ein kleines Arbeitsausschuss gebildet, der bestehen soll Kreisky, Piperger und mir mit Zuziehung des Genossen Kaut.
3. Genosse Kaut wird beauftragt, sofort mit der Druckerei Kiesel über die Bedingungen und Preisofferte für Druck-Vertrieb usw. zu verhandeln. (Kaut hat schon auf Grund unserer szt. Beratungen in dem Pressekomitee gewisse Vorverhandlungen geführt.
4. Erst nach Vorlage einer genauen Kalkulation wird die Finanzierungsfrage nochmals besprochen und einer Lösung zugeführt.

Mit freundlichen Grüssen

Schreiben Olahs vom Sommer 1961 bezüglich eines weiteren Zeitungsprojektes

die Ideologen in der SPÖ hätten nie zugestimmt. Sie sprachen von der »Kronen Zeitung« mit einem Ausdruck des Abscheus als dem »Revolverblatt«.
Auch Dichand brauchte finanzielle Unterstützung, zumindest eine Überbrückungshilfe über einige Jahre hinweg, und versuchte deshalb, mit diversen potentiellen Geldgebern ins Gespräch zu kommen. Ich wollte sehen, was sich machen ließe. Es ist richtig, daß ich damals auch Kontakte ins Ausland aufgenommen habe, zu Leuten, die mir persönlich nahe standen. Wesentlich aber war etwas anderes: Ich ging zu Generaldirektor Neubauer von der Zentralsparkasse, der »Z«, die sich im Besitz der Gemeinde Wien befindet, und erklärte ihm die Sache. Ich habe ihm von Anfang an reinen Wein eingeschenkt, und Neubauer erwies sich als sehr hilfsbereit. In gewisser Weise war er mir verpflichtet, weil ich ihm einige Jahre zuvor geholfen hatte, einen »Sanierer« für einen der USIA-Betriebe zu finden, die wir aus der sowjetischen Verwaltung übernommen hatten und weiterführen wollten. Im Interesse Niederösterreichs, das durch die russische Besatzung ohnedies stark zurückgeworfen worden war, hatte die »Z« dieser Firma, der Glasfabrik Moosbrunn, den Kreditrahmen immer wieder erhöht. (Eine direkte Beteiligung an Industrieunternehmungen war Sparkassen damals nicht erlaubt.) Bald erreichten die Außenstände die wirklich sehr hohe Summe von ca. 40 Millionen Schilling, und Neubauer bat mich, einen Mann zu finden, der die Firma retten könne. Da erinnerte ich mich an Sigmund Winkler, den ich aus einer der Klavierfabriken kannte, in denen ich vor dem Krieg gearbeitet hatte. Er lebte seit langem in Belgien. Auf meine drängende Bitte erklärte er sich bereit, eine Sanierung des Betriebes zu versuchen. Er brachte ein neues Patent in die Firma ein: das Profilglas als Industrieglas. Binnen relativ kurzer Zeit hatte er den Betrieb saniert und

die Schuld abgedeckt und so der Zentralsparkasse einen recht beträchtlichen Verlust erspart. Nach der Sanierung konnte die »Z« den Betrieb verkaufen.
Neubauer war bereit, der neu zu gründenden Zeitung einen Kredit zu gewähren. Er benötigte dafür aber zumindest formal eine Besicherung, wenn auch nur zum Schein; denn er könne mit diesem Kreditantrag nicht in seine zuständige Körperschaft gehen. Ich bat ihn um vertrauliche Behandlung und übergab die Sache dem Zentralsekretär unserer Gewerkschaft Bau-Holz, Josef Las, den Neubauer schon kannte. Wenig später teilte man mir mit, es sei alles in Ordnung. Die »Z« wollte den Kredit aber nicht der Zeitung einräumen, sondern einer Privatperson. Dichand hatte mir gesagt, daß er sicher sei, als Blattmacher eine erfolgreiche Zeitung auf die Beine stellen zu können, daß er aber nichts von Verwaltung, Finanzen und Inseratenwesen verstehe. Ich sollte ihm einen Partner verschaffen, der auf diesem Gebiet seine Fähigkeiten einbringen könne. Da erinnerte ich mich an den Sohn eines unserer Mitglieder, der es trotz seiner Jugend bei Persil inzwischen immerhin schon zum Chef der Werbe- und Finanzabteilung gebracht hatte: Kurt Falk. Sein Vater war Betriebsratsobmannstellvertreter bei der »Wibeba«, der gemeindeeigenen Baufirma, gewesen. Er erledigte dort alle Arbeiten für den »Chef«, der ein echter »Baraber« vom Bau war und keine Hand für ausgefeilte Schriftsätze hatte. Vater Falk kam ursprünglich aus einer anderen Branche, arbeitete wie so viele nach 1945 eine Zeitlang am Bau und erwarb sich durch seinen Fleiß und seine kollegiale Art in der Firma eine geachtete Stellung. Im Oktober 1950 führte er eine Gruppe von Bauarbeitern, die im Parteiheim in Hernals stationiert waren. Als er kurze Zeit danach starb, sah ich seine Familie beim Begräbnis zum ersten Mal. Später bat mich seine Witwe einmal um meine

Fürsprache für ihren Sohn; ich habe einen Empfehlungsbrief an den Vorwärts-Verlag geschrieben, ohne je eine Antwort zu erhalten. Später erklärte ich mich auch bereit, als Bürge für einen Kredit bei der »Z« zu fungieren, den Kurt Falk benötigte, um sich eine Wohnung anzuschaffen. Es handelte sich um eine bescheidene Summe, die er pünktlich zurückzahlte.
Inzwischen hatte Kurt Falk meine Fürsprache nicht mehr notwendig, aber ich hatte ein interessantes Angebot für ihn. Falk meinte zwar zuerst, er verstünde von Zeitungen nichts, ich versuchte ihm jedoch zuzureden, Werbung und Finanzen seien doch im einen wie im anderen Fall wohl dasselbe. Schließlich erbat er sich Bedenkzeit, rief mich dann drei Tage später an und sagte zu. Ich brachte Dichand und Falk zusammen. Sie waren sehr unterschiedliche, fast gegensätzliche Naturen, deren Fähigkeiten und Begabungen einander jedoch großartig ergänzten, solange sie es verstanden, das Gemeinsame über das Trennende zu stellen. Die »Kronen Zeitung« erschien zum ersten Mal im April 1959. Die Anfangsjahre waren nicht einfach. Die Verluste stiegen bis zu einer Höhe von über 11 Millionen an, dann war die Grenze erreicht, und 1961/62 kamen die ersten Gewinne. Instinktiv hatte ich bei der Sache immer ein gutes Gefühl. Der Boden für eine solche Zeitung war da. Bis zu meinem Sturz waren alle Kredite zurückgezahlt, und niemand hatte einen Schaden erlitten, weder die Zentralsparkasse noch die Gewerkschaft.
Die Zeitung sollte in ihrer Berichterstattung völlig frei sein, weil eine Zeitung sonst nicht existieren kann. Nur drei Bedingungen hatte ich gestellt: die Zeitung war zu jeder Kritik berechtigt, doch sollten weder die parlamentarische Demokratie noch die Überparteilichkeit des ÖGB prinzipiell in Frage gestellt werden. Und: Es sollte kein neuer Kulturkampf entfacht werden, also kein Rückfall in

das antiklerikale Gezänk der Zwischenkriegszeit. Man hat mir später oft zum Vorwurf gemacht, die »Kronen Zeitung« hätte über mich immer besonders freundlich geschrieben. Nun ja, es wäre auch ein bißchen viel an Selbstverleugnung verlangt gewesen, wenn sie gerade mich besonders angegriffen hätten. Die »Kronen Zeitung« hat es aber – zum Unterschied von den Betonköpfen in den Parteisekretariaten – immer verstanden, ihre Meinung nicht mit jener abschreckenden selbstgerechten Penetranz an den Mann zu bringen, die so viele andere an den Tag legten. Wenn die »Kronen Zeitung« wohlwollend über mich berichtete, so war der Kontrast vielleicht auch deshalb auffallend, weil unsere eigene Zeitung, die »AZ«, wie mir Redakteure später selbst erzählten, von Probst sogar angewiesen wurde, wo meine Reden zu erscheinen hätten – nämlich möglichst weit hinten.

Diese Sorte von Menschen erträgt es einfach nicht, wenn irgend etwas ohne ihren Segen und ihre »Erlaubnis« geschieht – besonders wenn der andere damit auch noch Erfolg hat. Für diese Leute war ich seit jeher ein Ärgernis. Das war schon Anfang der fünfziger Jahre so, als es um eine Demonstration ging und einer dieser Parteibürokraten großzügig verkündete: »Ja, wir haben ihm das erlaubt.« Worauf Waldbrunner – der zwar sicher kein besonderer Freund von mir war, sich aber auch keine Illusionen über so manche anderen machte – nur trocken erwiderte: »Ja, glaubt's ihr denn, daß sich der Olah Franzl von euch was erlauben läßt?« Und damit zumindest hatte er den Nagel auf den Kopf getroffen.

Vor den vorgezogenen Wahlen des Jahres 1959 hatte ich eine heikle Mission zu erfüllen: aus diversen Quellen war durchgesickert, daß in der Wiener ÖVP eine Schmutzkampagne gegen Pittermann vorbereitet wurde. Pittermanns

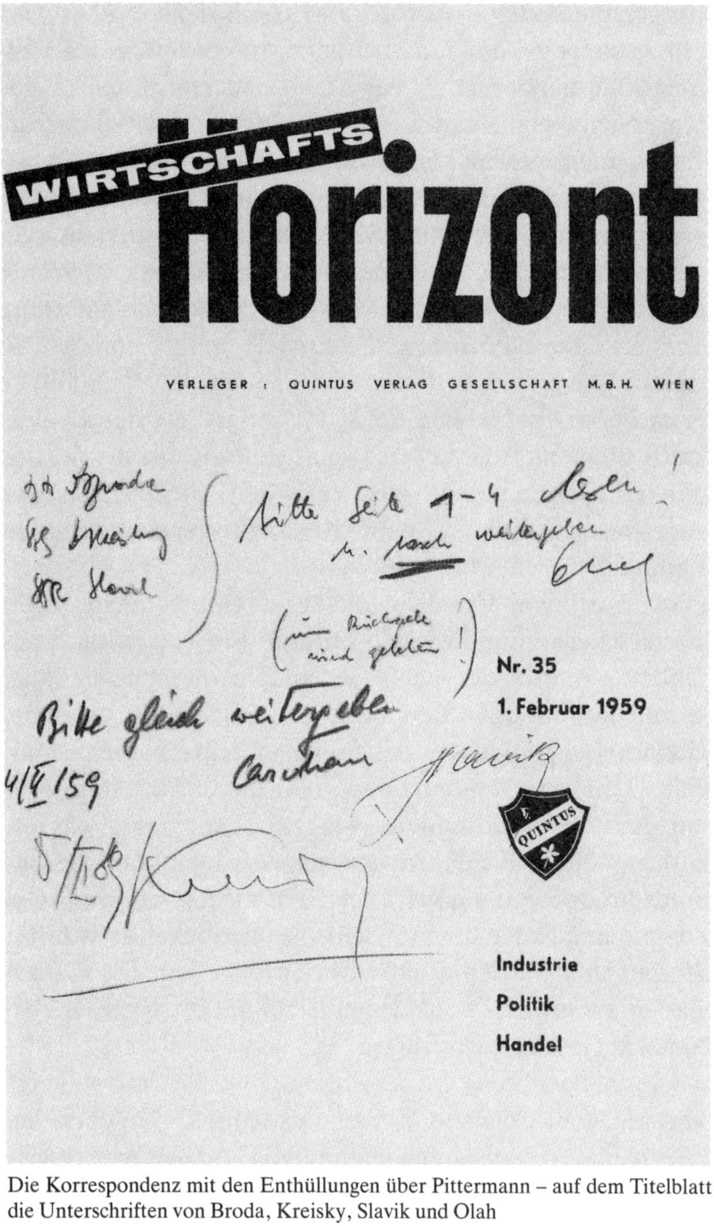

Die Korrespondenz mit den Enthüllungen über Pittermann – auf dem Titelblatt die Unterschriften von Broda, Kreisky, Slavik und Olah

Taschenkalender war vor Jahren bei einer als äußerst lebenslustig geltenden Linzerin gefunden worden, die unmittelbar nach einem seiner Besuche ermordet worden war. Nicht, daß Pittermann irgendein Verdacht getroffen hätte, aber als Wahlkampfthema breitgetreten, wären die näheren Umstände der Affäre doch sehr geeignet gewesen, unserem Spitzenkandidaten das Leben in der Öffentlichkeit unmöglich zu machen. Dies umso mehr als die ganze Affäre um diesen Mord in nicht sehr kluger Weise von der Linzer Polizeidirektion als geheime Sache behandelt wurde. Eine Korrespondenz hatte die alte Geschichte jetzt wieder aufgewärmt, die Zeitungen schrieben zwar noch nicht darüber, aber Kreisky erzählte mir, daß die Wiener ÖVP schon ein entsprechendes Flugblatt in Auftrag gegeben hätte: »Wenn wir das nicht verhindern können, haben wir die Wahl verloren, und Pittermann ist politisch tot.« Er bat mich, ich solle zu Raab gehen und mit ihm reden. »Wieso ich? Präsident des ÖGB ist immer noch Böhm.« Aber Kreisky meinte: »Böhm würde das für Pittermann nie machen.« Also meldete ich mich beim Bundeskanzler und sagte ihm in aller Offenheit, daß seine Partei diesen »Wahlschlager« natürlich einsetzen könne, sie damit vermutlich auch einen Erfolg erzielen würde und Pittermann vielleicht sogar stürzen könne, nach einem solchen Untergriff jedoch die Basis für eine weitere Zusammenarbeit nach den Wahlen sehr schwierig wäre, die Verbitterung auf unserer Seite zu groß. Raab sah das ein, ihm lagen solche Tricks weniger, und die ÖVP hat von der ganzen Geschichte keinen weiteren Gebrauch gemacht. Außerdem wußte er damals schon, daß der künftige ÖGB-Präsident vor ihm saß. Bei den Wahlen erhielten die »Schwarzen« dann zum zweitenmal weniger Stimmen als die SPÖ und retteten nur auf Grund der Wahlarithmetik ein Mandat Vorsprung.

Die beiden Parteiobmänner, Pittermann und Raab, scheiterten bei den Regierungsverhandlungen 1959. Es wurden daraufhin zwei Dreier-Komitees gebildet: Josef Kraus (vom Bauernbund) sowie Gorbach und Maleta von der ÖVP, Slavik, Probst und ich für die SPÖ. Ich glaube, das Ergebnis konnte sich sehen lassen. Die ÖVP hatte ein Ministerium an uns abzugeben. Raab spielte eine Zeitlang sogar mit dem Gedanken, uns das Finanzministerium anzubieten. Er scheiterte damit aber in seiner eigenen Partei.

Wir bekamen das damals von Leopold Figl geführte Außenministerium, das wir mit Bruno Kreisky besetzten. Von unserer Ministerriege schied Helmer als Innenminister nach fast anderthalb Jahrzehnten aus. Schon damals schlugen mich die Niederösterreicher, Steirer, Salzburger u. a., aber auch viele Stimmen aus der Exekutive als seinen Nachfolger im Ressort vor. Doch einen Tag nach der Wahl war Johann Böhm plötzlich verstorben, und ich sollte im Herbst zum Präsidenten des ÖGB gewählt werden. Ich mußte diese Funktion antreten, konnte den ÖGB nicht einfach im Stich lassen. Ich lehnte das Ministerium ab, sagte aber, in vier Jahren könnte die Sache vielleicht anders aussehen.

Pittermann ließ das Innenministerium daraufhin Weikhart anbieten, der sich zunächst sogar noch zierte. Meine Zustimmung bekam er nicht; das vergaß er mir auch nicht. Ich habe das Pittermann auch deutlich gesagt: »Der Mann ist ein Schreihals! Als Staatssekretär kann er bleiben, aber als Minister ist er unmöglich.« Pittermann lenkte sofort ein: »Na ja, wenn du dagegen bist, dann hat das keinen Sinn. Jetzt muß ich ihm halt wieder zwei Leute schicken, die ihm sagen, daß er es nicht wird.« Auf der Suche nach einer Übergangslösung für die laufende Legislaturperiode schlug Slavik schließlich Josef Afritsch vor. Afritsch war dienstältester Stadtrat in Wien. Uns war klar, daß er im Innenministerium nicht gerade Bäume ausreißen oder umwälzende Reformen durchführen würde, aber er war gerne bereit, das Amt anzunehmen: »Die Staatsbürgerschaften und die Feuerwehr hatte ich bisher auch schon, und der Rest wird sich schon finden«, meinte er. Außerdem – und auch das spielte sicherlich eine Rolle – wurde dadurch für Slavik der Weg zum Vizebürgermeister frei. Auch Probst wäre liebend gerne Innenminister geworden. Pittermann erwähnte das in der Sitzung der Parteivertretung: »Der Genosse Probst würde sich sicher über eine Berufung freuen.« Die Begeisterung dafür hielt sich aber sehr in Grenzen. Probst hatte sich aber Hoffnungen gemacht. Als er in unser Parteihaus in die Löwelstraße kam und dort bereits in der Portiersloge aus dem Radio von der Ernennung Afritschs hörte, machte er noch in der Einfahrt kehrt, stieg wieder in sein Auto und blieb einige Tage verschollen.

Es war jedoch eine andere Bestellung, die nicht lange danach, im Juni 1960, anstand, und endgültig zum Bruch innerhalb der Runde führte, die versucht hatte, in der Partei eine »Vordenker«-Rolle zu übernehmen. Tschadek sollte als Justizminister abgelöst werden. In Niederösterreich trat Franz Popp aus Altersgründen in den Ruhestand; dorthin konnte man Tschadek als Landeshauptmannstellvertreter entsenden, um das Ministerium endlich mit einer Persönlichkeit zu besetzen, die ein Minimum an Energie entwickelte. Als seinen Nachfolger schlug Pittermann in der Parteivertretung Christian Broda vor – unterstützt von Peter Strasser. Ich trat auf Wunsch von Schärf im Parteivorstand gegen Broda auf. Schärf wollte sogar soweit gehen, als Bundespräsident die Ernennung zu verweigern. Davon habe ich ihm allerdings abgeraten: »Das wäre ein Eklat! Tu das bitte nicht.« Denn seinetwegen eine

RECHTSANWALT

DR. CHRISTIAN BRODA

TELEPHON 63 51 72, 63 51 81

Österr. Länderbank Konto 701.457

WIEN, den 19. November 1957

I, SCHOTTENGASSE 4

B e s t ä t i g u n g

\- - - - - - - - - - - -

Ich bestätige den Empfang eines Scheckes der Arbeiterbank Aktiengesellschaft Wien, Nr. 382483, vom 19.November 1957, über S 380.000.- / Schillinge dreihundertundachtzigtausend / (Treuhanderlag) für die "Neue Weltpresse Ges.m.b.H. i.G.". -

Dr. Christian BRODA

WIEN I,

Telefon U

Dr. Ch. Broda

(Dr.Ch. Broda)

Staatskrise heraufzubeschwören, das war Broda meines Erachtens nun auch nicht wert.
Mein Kandidat für das Justizministerium war Dr. Viktor Kleiner, der Kammeramtsdirektor der oberösterreichischen Arbeiterkammer. Wir hielten es für nötig, endlich einmal keinen Strafrechtler, sondern einen Experten für Sozial- und Arbeitsrecht in das Ressort zu berufen. Gerade das waren die Bereiche, in denen eine Modernisierung erforderlich war und auch gewünscht wurde. Außerdem wäre es uns damit gelungen, endlich einmal einen Mann aus den Bundesländern in die Regierung zu holen. Die Abstimmung im Parteivorstand fiel äußerst knapp für Broda aus. Kleiners eigene Leute, die Oberösterreicher, sind ihm zum Teil in den Rücken gefallen, und auch Kreisky und Slavik haben mich nicht unterstützt. Kreisky sagte mir später einmal: »Ich habe das so oft bereut wie ich Haare auf dem Kopf habe.«

Auch in der ÖVP nahmen um diese Zeit die internen Turbulenzen zu. Die »Reformer« wollten die Budgetverhandlungen im Oktober 1960 nützen, um Raab nicht nur als Parteiobmann, sondern auch als Bundeskanzler zu stürzen. In der Sache ging es dabei nur noch um eine Frage im Zusammenhang mit der Pensionsversicherung, doch offensichtlich wollte man um jeden Preis eine Regierungskrise herbeiführen. Schärf hat das auf meinen Rat nicht zugelassen: »Nein, so machen wir das nicht. Wir geben dem Raab Gelegenheit, selber zu gehen. Wenn man den Staatsvertragskanzler so abhalftert, ist das schließlich für Österreich kein Renommee!« – war unsere Meinung. Schärf nahm daher den Rücktritt der Regierung nicht an, lehnte ihn aber auch nicht ab, sondern behielt sich die Entscheidung vor und erteilte einstweilen nur den Auftrag, die Verhandlungen fortzusetzen. Die Reformer-

Gruppe in der ÖVP rebellierte und sprach von Verfassungsbruch. Ein bestelltes Gutachten erklärte, daß das Vorgehen des Bundespräsidenten verfassungswidrig sei.
Der Nationalrat tagte aber trotz Regierungskrise und nicht zustandegekommenem Budget. Einen Tag vor der nächsten Sitzung rief mich der Klubobmann der ÖVP, Dr. Hurdes, an und bat mich, um 8 Uhr früh zu ihnen in den »Polenklub« zu kommen, ein Klublokal der ÖVP im Parlament, das seinen Namen noch aus der Zeit der Monarchie behalten hat. Dort erwarteten mich der NR-Präsident Figl und Bundeskanzler Raab mit Dr. Hurdes und fragten mich, was man am besten tun könnte. Unser Koalitionspartner hatte Angst vor Wortmeldungen aus den eigenen Reihen. Einige Abgeordnete wollten die ungeklärte Lage zur Sprache bringen. Das hätte natürlich erst recht einen Eklat provoziert. Wenn es zu einer Debatte über den Bundespräsidenten käme, dann war die Regierung wirklich gesprengt – und das ein Jahr nach den letzten Wahlen. Ich schlug für den Fall einer Wortmeldung aus den Reihen der Regierungsparteien vor, daß der jeweilige Klubobmann den Ordnern mitteilen sollte, die Wortmeldung sei zurückzuziehen und der Betreffende von der Liste zu streichen. Wenn dann einer dagegen aufstehe und seinen Klubobmann desavouiere, könnten wir freilich nichts dagegen tun. Dieses Risiko mußte man eingehen. Wir wollten doch sehen, wie weit die Herren es treiben würden. Und es geschah – nichts. Einige Scharfmacher haben vor Wut zwar sichtlich geschäumt, aber zum offenen Aufstand wollten sie es doch nicht kommen lassen. Die weiteren Gespräche brachten ein positives Ergebnis; das teilte man dem Bundespräsidenten mit, worauf dieser die Demission des Kabinetts auch formell zurückwies. Das Budget kam mit einer Woche Verspätung ordnungsgemäß zustande. Der Abgeordnete Hofeneder, ein treuer Gefolgsmann Raabs aus der

Bundeswirtschaftskammer, fragte mich, als er mich aus der Besprechung mit den Herren von der ÖVP herauskommen sah: »Herr Präsident, möchten's nicht auch unser Klubobmann werden?« Worauf ich ihm zur Antwort gab: »Ja, aber nur in Personalunion.«

Im April 1961 trat Raab auch als Bundeskanzler zurück. (Seine Partei jagte den schwerkranken Mann zwei Jahre später noch in eine aussichtslose Kandidatur gegen die Wiederwahl Schärfs als Bundespräsident.) Als im Sommer 1961 Kennedy und Chruschtschow Wien besuchten, war Gorbach schon Kanzler – und Josef Klaus, der »starke Mann« der »Reformer«, Finanzminister. Klaus war äußerst fleißig und gewissenhaft, aber stur. Als Bundeskanzler war er später übrigens sehr umgänglich, und ich konnte mich über ihn nicht beklagen. Als Finanzminister stand er bei seinem ersten Budget jedoch unter einem gewissen Profilierungszwang, und so kam es mit ihm zu einem frontalen Zusammenstoß, als ich im Namen des ÖGB von der Regierung eine Lohnsteuersenkung forderte. Die Unternehmerseite hatte schon die längste Zeit nahezu unbeschränkte Abschreibungen für Werbekosten in Anspruch nehmen können, während auf der anderen Seite durch die Inflation immer mehr kleine und mittlere Gehaltsempfänger die Steuerprogression zu spüren bekamen. Die Forderung nach einer Lohnsteuersenkung (bzw. einer Erhöhung des Werbekostenpauschales für Arbeitnehmer, was auf dasselbe hinauslief), war vom ÖGB einstimmig beschlossen worden und stieß auch bei den christlichen Gewerkschaftern auf breite Zustimmung. Es war nicht einzusehen, warum die Arbeitnehmer nicht auch ihren Anteil am steigenden Wohlstand erhalten sollten. Wenn Klaus und mit ihm die ÖVP stur blieben, so taten sie das auf eigene Gefahr und riskierten damit ein großes Maß an Unzufriedenheit bei ihrem eigenen Arbeitnehmerflügel im ÖAAB,

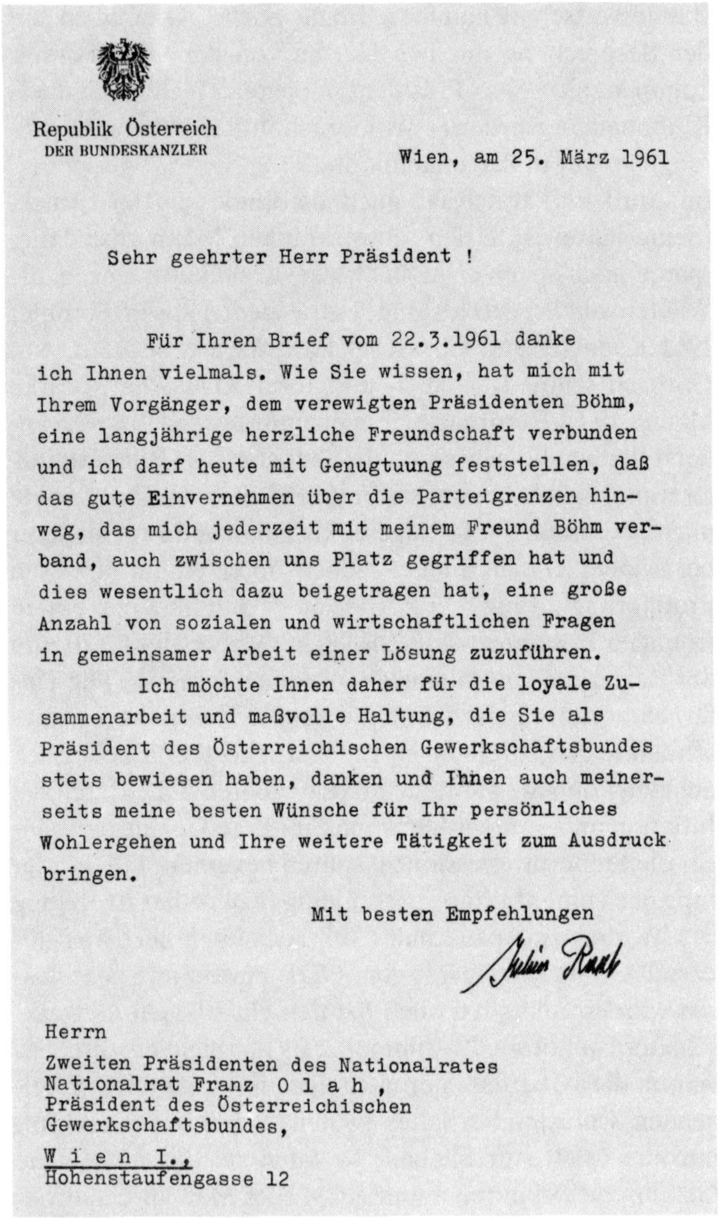

Republik Österreich
DER BUNDESKANZLER

Wien, am 25. März 1961

Sehr geehrter Herr Präsident !

Für Ihren Brief vom 22.3.1961 danke ich Ihnen vielmals. Wie Sie wissen, hat mich mit Ihrem Vorgänger, dem verewigten Präsidenten Böhm, eine langjährige herzliche Freundschaft verbunden und ich darf heute mit Genugtuung feststellen, daß das gute Einvernehmen über die Parteigrenzen hinweg, das mich jederzeit mit meinem Freund Böhm verband, auch zwischen uns Platz gegriffen hat und dies wesentlich dazu beigetragen hat, eine große Anzahl von sozialen und wirtschaftlichen Fragen in gemeinsamer Arbeit einer Lösung zuzuführen.

Ich möchte Ihnen daher für die loyale Zusammenarbeit und maßvolle Haltung, die Sie als Präsident des Österreichischen Gewerkschaftsbundes stets bewiesen haben, danken und Ihnen auch meinerseits meine besten Wünsche für Ihr persönliches Wohlergehen und Ihre weitere Tätigkeit zum Ausdruck bringen.

Mit besten Empfehlungen

Herrn
Zweiten Präsidenten des Nationalrates
Nationalrat Franz O l a h ,
Präsident des Österreichischen
Gewerkschaftsbundes,

W i e n I.,
Hohenstaufengasse 12

Abschiedsbrief Raabs an Olah

vielleicht sogar eine Abspaltung. (In unserer Propaganda bezog ich mich auch ausdrücklich auf die päpstliche Sozialenzyklika »Mater et magistra«. In einer Broschüre, die wir um diese Zeit herausgaben, hieß es: Die ÖVP habe »öffentlich erklärt, daß die in der Sozialenzyklika dargelegten Grundsätze vollkommen mit dem Programm der Partei übereinstimmen. Das ist sehr erfreulich. Hoffentlich spricht sich das auch bis zur Handelskammer durch.«)
Es hätte nicht schwer sein sollen, unsere Argumente einer breiteren Öffentlichkeit verständlich zu machen. Die Lohnsteuersenkung war zweifelsohne populär. Dennoch wurde sie von unserer Regierungsfraktion nur sehr halbherzig vertreten, die sich von der starr ablehnenden Haltung des Finanzministers allzuleicht einschüchtern ließ und im letzten Moment umfiel. Diese Nachgiebigkeit von Leuten, die unser Programm vorher einstimmig im Parteivorstand abgesegnet hatten, war ich nicht bereit zu decken. Ich hatte nicht vor, über die Forderungen, die ich im Auftrag des ÖGB durchzusetzen hatte, einfach zur Tagesordnung überzugehen. Die entscheidende Sitzung fand am 22. Oktober 1961 statt. In der Parteivertretung unterstützten mich nur Slavik, Hillegeist und Klenner. Benya hingegen meinte: »Wir müssen halt eine elegante Wendung machen!« (In einem Gespräch unter vier Augen am nächsten Morgen drohte er sogar damit, seine Metaller-Gewerkschaft würde sich vom ÖGB absentieren, wenn wir einen autonomen Kurs verfolgten: »Denn wir sind eine Parteigewerkschaft.«) Daraufhin legte ich meine Funktion als Abgeordneter und damit natürlich auch als Klubobmann und 2. Nationalratspräsident zurück. Das war meine persönliche Entscheidung, ich habe sie vorher auch niemandem mitgeteilt. Der Parteivorstand hat meinen Rücktritt erst aus dem Rundfunk erfahren. Für mich hieß das, als Politiker Konsequenz zu beweisen, andere sahen darin

freilich bloß einen neuerlichen Verstoß gegen die Parteidisziplin.

Raab war nicht mehr Kanzler, ich nicht mehr Abgeordneter. Aber Raab war immer noch Präsident der Bundeskammer der Gewerblichen Wirtschaft und ich Präsident des Österreichischen Gewerkschaftsbundes. In dieser Funktion handelten wir das sogenannte »Raab-Olah-Abkommen« aus, das als Schlußstein der österreichischen Sozialpartnerschaft gilt – heute oft in allerlei Sonntagsreden zitiert und gefeiert, damals aber von vielen gar nicht so sehr willkommen geheißen. Österreich erlebte in den frühen sechziger Jahren sein Wirtschaftswunder. Es waren Jahre der Hochkonjunktur, aber auch Jahre, in denen jene schleichende Inflation einsetzte, die der gesamten Weltwirtschaft später so zu schaffen machen sollte. Ende 1961 erreichte die Steigerung der Lebenshaltungskosten immerhin schon fast fünf Prozent. Die Inflation ist für den kleinen Mann immer eine Gefahr: was ihm an Lohnerhöhungen zukommt, wird ihm weggesteuert, die Preise aber steigen weiter. Der ÖGB hatte schon seit dem Sommer konkrete Maßnahmen zur Wiederherstellung der Preisstabilität vorgeschlagen. Die Lohnsteuersenkung war nur ein Teil dieses Paktes. Doch weder in der Paritätischen Lohn- und Preiskommission, die 1957 ins Leben gerufen worden war, noch in der Regierung fand man zu einer Einigung. So forderte der Bundeskanzler vor den Weihnachtsferien die Sozialpartner auf, in Direktverhandlungen Lösungsvorschläge zu erstatten.
Ich rief also Raab an: »Können wir darüber reden?« Für mich war dabei tatsächlich ein gewisser Zeitdruck gegeben, denn nach dem Neuen Jahr mußte ich zuerst zu einer Gewerkschaftstagung der neutralen EFTA-Länder (Schweiz, Schweden, Österreich) fahren und anschließend

zu meiner dritten Amerika-Reise aufbrechen. Raab war bereit, mit mir auch über die Feiertage zu verhandeln. Da waren wir außerdem ungestört und frei von allen möglichen politischen Querschüssen. Deshalb gleich von einem Geheimpakt zu sprechen, gehört freilich in den Bereich der Legendenbildung. Die Experten beider Seiten waren ja von Anfang an voll in die Verhandlungen eingebunden. Allerdings hatte uns wohl kaum jemand eine so rasche und gründliche Einigung zugetraut, und manche unserer lieben Parteifreunde – hüben wie drüben – waren dementsprechend konsterniert, als sie aus dem Weihnachtsurlaub zurückkamen und wir ihnen das Paket fertig geschnürt auf den Tisch legten.

Dieses »Raab-Olah-Abkommen« vom 28. Dezember 1961 bestand im wesentlichen aus zwei Teilen: Wenn der Staat etwas gegen den Preisauftrieb unternehmen sollte, mußte man ihm auch das nötige Instrumentarium dafür in die Hand geben. Der Unternehmerseite gingen derartige Preiskontrollen selbstverständlich gegen den Strich; aber nur wenn sie einigermaßen funktionierten, konnte man auch von den Gewerkschaften Zurückhaltung bei Lohnforderungen verlangen. Wir schlugen also verstärkte Kompetenzen für den Innenminister vor, gewisse Branchen der Preisregelung zu unterstellen – dann nämlich, wenn es sich ganz offensichtlich um Preisabsprachen oder Firmen mit marktbeherrschender Position handelte, von einem »freien Wettbewerb« also ohnehin keine Rede sein konnte. In der schon erwähnten Broschüre schrieb ich damals: »Die Erfahrung lehrt, daß wir die Preisentwicklung nicht ausschließlich dem Marktmechanismus überlassen können, einfach deshalb, weil er in der wünschenswerten Form und Stärke nicht funktioniert.« (Allein schon die Drohung mit der Preisregelung durch den Innenminister, so waren wir nicht zu Unrecht überzeugt, würde hingegen in vielen Fällen eine heilsame Wirkung ausüben.) Außerdem sollte der ganze Mechanismus der Lohn- und Preis-Kommission in Zukunft durch fixe Termine ein wenig beschleunigt und Anträge nicht immer endlos verschleppt werden.

Auf der anderen Seite machten wir den Unternehmern das Zugeständnis, erstmals Gastarbeiter einstellen zu dürfen. (Einer der Betriebe, der das besonders nötig hatte, war übrigens die »Vöslauer Kammgarn«, die Firma des Präsidenten der Industriellen-Vereinigung, Franz Josef Mayer-Gunthof.) Wir waren dazu bereit, freilich mit Maß und Ziel. Dort wo akuter Arbeitskräftemangel herrschte, konnten wir kein Interesse daran haben, daß ein inflationärer Schub entstand oder vorhandene Kapazitäten brachlagen. Wir wollten aber auch eine Schmutzkonkurrenz am Arbeitsmarkt verhindern und bestanden deshalb auf genau berechneten und kontrollierten Kontingenten von ausländischen Arbeitskräften (damals waren das insgesamt 47000). Benya hat unseren Standpunkt in Sachen Fremdarbeiterbeschäftigung vor dem Bundesvorstand des ÖGB dann folgendermaßen formuliert: »Wenn, dann nur gemäß einem nach Schweizer Muster zu schaffenden Fremdarbeitergesetz. Die Unternehmer werden sich bemühen, Fremdarbeiter zu bekommen, unsere Aufgabe aber wird es sein, zu verhindern, daß sie zu Lohndrückern werden.«

Unser Abkommen war übrigens so »geheim«, daß die Zeitungen schon darüber schrieben, bevor die entsprechenden Gremien sich damit beschäftigten. Von »Fesseln für die freie Wirtschaft«, »Dirigismus« und sogar einer »Gefahr für die Verfassung« war da die Rede. Obwohl uns das immer wieder vorgeworfen wurde, maßten wir uns als Sozialpartner niemals legislative Kompetenzen an. Wir haben diese Vorschläge dem Parlament bzw. den jeweiligen Ministern zugeleitet, und es stand in deren Belieben,

1 Franz Olah im Alter von sechs Jahren

2 In der 2. Klasse des Gymnasiums, Budapest

3 Führeraussprache der Sozialistischen Arbeiterjugend in Gaming (Niederösterreich), Januar 1930; erstes Zusammentreffen Olahs mit Kreisky (letzte Reihe, 1.v. re.)

4 Versammlung der Sozialistischen Jugend (SAJ) in Klingenbach (Burgenland), März 1932

5 Kardinal Innitzer (3. v. li.) und Stadtrat Julius Tandler (5. v. li.) bei der Aktion »Jugend am Werk«, Ottakring 1932 (Olah in der Mitte im hellen Hemd)

6 Im Untergrund 1936/37; Schnurrbart, Brille und Hut trug Olah zur Tarnung

7 Am 1. Mai 1948 als SPÖ-Bezirksobmann auf dem Marsch zum Rathausplatz

8 60. Geburtstag von Adolf Schärf im April 1950; Zusammenkunft mit dem Bezirksausschuß Hernals

9 Die Bauarbeiter demonstrieren vor dem Wiener Rathaus gegen die Budgetpolitik der ÖVP-Regierungsmitglieder, April 1952

11 Johann Böhm (1.v. li., im Profil), erster Präsident des ÖGB 1945-59, Vorgänger Olahs,

10 Rede nach der Wahl zum ÖGB-Präsidenten 1959

2.v. li. Karl Maisel, Frau Olah, Bundespräs. Schärf, ganz rechts Olah

12 Chruschtschow bei seinem Besuch im ÖGB während einer Diskussion mit Olah

13 Olah zu Besuch bei US-Präsident Kennedy im Weißen Haus 1962

darüber zu entscheiden. Deshalb war der Innenminister auch nicht automatisch zum Einschreiten verpflichtet, wenn eine Branche ohne Genehmigung der »Paritätischen« ihre Preise hinaufsetzte, denn das wäre eine Einschränkung der Ministerverantwortlichkeit gewesen (so meinten zumindest die Juristen). Der entsprechende Paragraph war als eine »Kann«-Bestimmung formuliert, an der verfassungsrechtlich nichts auszusetzen war.
Ich konnte das »Raab-Olah-Abkommen« selber gar nicht mehr im Parteivorstand bzw. im ÖGB vertreten, weil ich bereits Anfang Jänner nach Bern fuhr und dann nach Washington. Das übernahm Benya, der seit 1959 einer der Vizepräsidenten des ÖGB war. Im Parteivorstand wurde mir offiziell der Dank ausgesprochen, in Wahrheit sind manche vor Wut fast zersprungen. Sachlich hatte niemand etwas einzuwenden. Vorher aber wurde Pittermann gefragt: »Hast du etwas von den Verhandlungen gewußt?« – »Nein, ich hab' nichts gewußt.« – »Na, sag, wie können die zwei so was machen ohne uns!«

Als der Parteivorstand tagte, befand ich mich längst in den Vereinigten Staaten. 1957 hatte Kreisky Franz Prinke und mich als führende Parlamentarier in die österreichische Regierungsdelegation zur UN-Generalversammlung entsandt. Auch damals hatte ich die Gelegenheit wahrgenommen, alte Kontakte aufzufrischen. Diesmal war ich vom Arbeits- und vom Außenministerium eingeladen worden. Die verschiedenen Besprechungen waren ein geballter Angriff auf die schlanke Linie. Wenn man allen Einladungen nachgekommen wäre, hätte man es am Tag – das mehrfache Frühstück miteingerechnet – auf gut ein halbes Dutzend »Arbeitsessen« gebracht. Eines Abends fand ein Essen beim österreichischen Botschafter Dr. Platzer statt. Unter den Gästen waren auch Dr. Arnold Steinbach, der

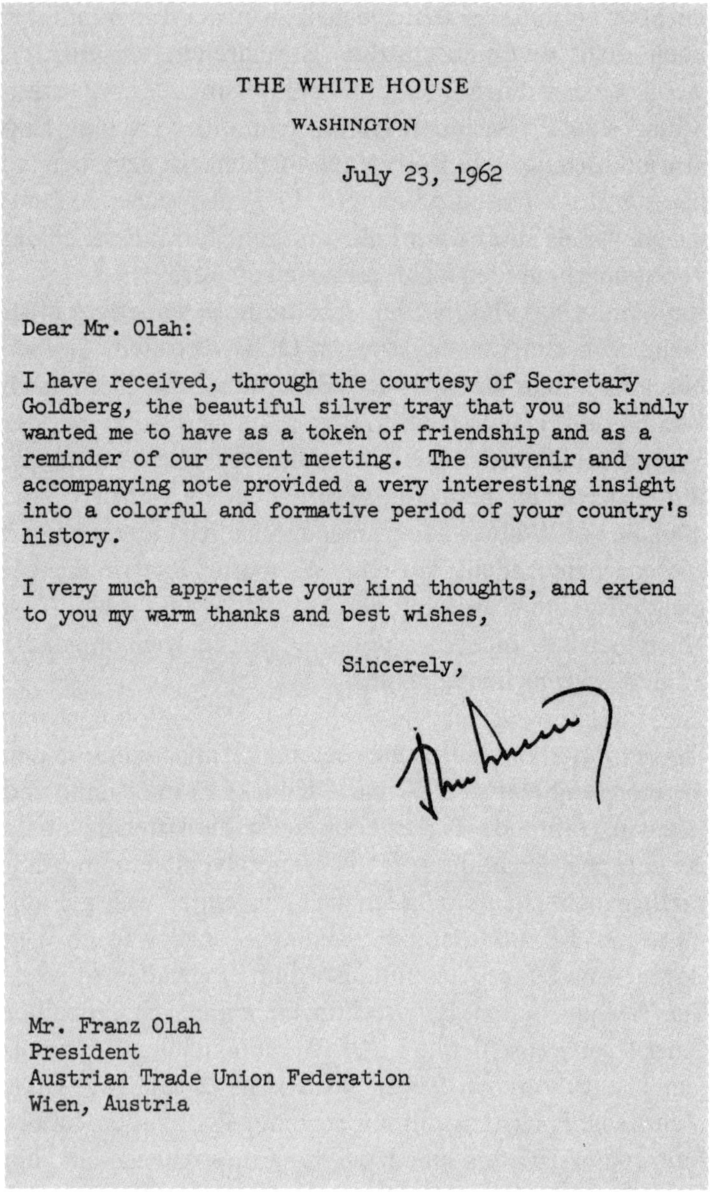

THE WHITE HOUSE

WASHINGTON

July 23, 1962

Dear Mr. Olah:

I have received, through the courtesy of Secretary Goldberg, the beautiful silver tray that you so kindly wanted me to have as a token of friendship and as a reminder of our recent meeting. The souvenir and your accompanying note provided a very interesting insight into a colorful and formative period of your country's history.

I very much appreciate your kind thoughts, and extend to you my warm thanks and best wishes,

Sincerely,

Mr. Franz Olah
President
Austrian Trade Union Federation
Wien, Austria

Dankschreiben John F. Kennedys für ein bescheidenes Geschenk – eine Erinnerungsmedaille an die Trauung Kaiser Franz Josephs mit Elisabeth

in die USA zurückgekehrt war, George Meany und Walter Reuther, der Vorsitzende der amerikanischen Automobilarbeiter, der übrigens sehr gut deutsch sprach. Auf einmal stand Reuther auf und fragte, ob er kurz telefonieren dürfe. Als er zurückkam, sagte er: »Ich habe soeben mit dem Präsidenten gesprochen. Er möchte Sie morgen sehen.« Kennedy war mit Unterstützung der Gewerkschaften gewählt worden. Als ich bei ihm eintraf, fand gerade eine feierliche Zeremonie statt: er unterzeichnete einen Erlaß, mit dem den öffentlichen Bediensteten das Kollektivvertragsrecht gewährt wurde. Im Anschluß daran fand ein Gespräch in seinen Räumen statt, anwesend waren Arbeitsminister Goldberg und seine Unterstaatssekretäre Willard Wietz und George Weaver.
Die Amerikaner schätzen unmittelbare Eindrücke mehr als papierene Analysen. Das galt auch für die Erfahrungen, die wir in Österreich mit den Sowjets gemacht hatten. So erhielt ich im Sommer darauf, am 27. Juni 1962, während der Berlinkrise, den Besuch des Unterstaatssekretärs im State Department, William Tyler, der sich nach meinen Ansichten über die Lage erkundigte. Tyler meinte, man wüßte in Washington sehr wohl, welche Rolle ich in der Vergangenheit gespielt hatte, und würde daher auf meine Meinung mehr Wert legen als auf eine offizielle Stellungnahme, von der man annehmen könne, daß sie nichtssagend ausfallen werde. Meine Empfehlung war eindeutig: Kein Jota nachgeben! Nur wenn man hart bleibt, kann man den Sowjets imponieren. Kennedy hat nach diesen Grundsätzen gehandelt und damit auch die Kubakrise souverän gemeistert.
Eine außenpolitische Initiative möchte ich hier noch erwähnen, die nach meinem Sturz nicht weiterverfolgt worden ist und vielleicht gerade heute eine besondere Aktualität besitzt, die aber auch sehr typisch war für die Probleme,

mit denen wir damals zu kämpfen hatten, und für die Lösungsansätze, die man im folgenden negiert hat. Die österreichische Wirtschaft war bereits Anfang der sechziger Jahre der Meinung, ohne Fremdarbeiter nicht mehr das Auslangen zu finden. Wenn das schon für uns zutraf, so galt das umso mehr für ein hochentwickeltes, nicht durch zwei Weltkriege zurückgeworfenes Industrieland wie die Schweiz. Die Schweiz war und ist allerdings sehr vorsichtig mit der Aufnahme von Gastarbeitern. Die große lokale Eigenständigkeit und die delikate Balance zwischen den verschiedenen ethnischen Gruppen der Eidgenossenschaft spielen dabei eine Rolle. Die Schweizer dachten vielmehr daran, den umgekehrten Weg zu gehen und manche Produktionen auszulagern, und zwar nach Österreich.
Es war einer meiner alten Freunde, der Schweizer Nationalrat Dr. Hans Oprecht, der diese Idee konsequent verfolgte. Schon im Herbst 1962 hatte er mir in dieser Sache Vorschläge unterbreitet und eine ganze Reihe von Kontakten geknüpft. Als erster Schritt schwebte ihm die Bildung eines »Investment-Trusts« vor, in den diverse österreichische Firmen eingebracht werden sollten. Von unserer Seite betreute diese Frage Dkfm. Rudolf Schneider, der nach dem Krieg in der arbeitswissenschaftlichen Abteilung begonnen hatte, die wir mit Marshall-Plan-Mitteln und einem amerikanischen Mitarbeiter in der Gewerkschaft Bau-Holz aufgebaut hatten. Später war Schneider in der Vermögensverwaltung für das ehemalige »Deutsche Eigentum« tätig, und als ich im Frühjahr 1963 ins Innenministerium in die Herrengasse übersiedelte, willigte er ein, mir für eine symbolische Entschädigung von 1 Schilling pro Jahr als Konsulent zur Seite zu stehen.
Nach den langen Verhandlungen um die Regierungsbildung konnte ich der Einladung meiner Schweizer Freunde zu eingehenderen Besprechungen im Juli 1963 endlich

Folge leisten. Wir beabsichtigten, die ersten Fühlungnahmen möglichst diskret abzuwickeln. Als Regierungsmitglied mußte ich mich zwar vom Bundespräsidenten beurlauben lassen, doch sollte die übliche Verlautbarung in der »Wiener Zeitung« diesmal unterbleiben. (Ganz hat die Geheimhaltung übrigens nicht geklappt, weil der Kriminalbeamte, der am Schwechater Flughafen Journaldienst versah, prompt über meine Ausreise Meldung erstattete.)
In Zürich erwarteten mich am Bahnhof Dr. Oprecht und der Präsident des Schweizer Gewerkschaftsbundes, Hermann Leuenberger. Zu meinem Schrecken stand ganz bescheiden abseits auch der österreichische Botschafter Dr. Tursky da, der fragte, ob er uns irgendwie behilflich sein könne. Ich bedankte mich und bat ihn, sich nicht weiter um mich zu kümmern. Von den korrekten Schweizern erhielt ich eine Bahnkarte nach Bern ausgehändigt. In Bern traf ich im Gästehaus der Schweizer Regierung den damaligen Bundespräsidenten Dr. Willy Spüler und die mir schon gut bekannten Leuenberger und Dr. Oprecht (Dr. Oprecht war Präsident der Nationalratlichen Militärkommission und der SRG – der Schweizerischen Rundspruchgesellschaft –) sowie den Vizepräsidenten des SGB, Wüttrich, der auch Präsident der Schweizerischen Metall- und Uhrenarbeitergewerkschaft war, und den Sekretär des SGB, Bernasconi. Anwesend waren weiters Spitzenbeamte des volkswirtschaftlichen und politischen Departments (Außenministerium). Die Schweizer hatten mit den Österreichern schon ihre Erfahrungen gemacht. »Man kann mit euch sehr charmant plaudern und gut zum Heurigen gehen, aber heraus kommt dabei nie etwas. Von Ihnen wissen wir, daß Sie eine andere Art von Politiker sind, der auch etwas weiterbringt, daher machen wir noch einmal einen Versuch.«
Ich habe versucht, die Sache in Gang zu bringen und

natürlich zuallererst Schärf, Gorbach und Kreisky aber auch Raab und Dr. Korinek darüber berichtet. Oprecht war im folgenden Jahr auch selbst noch einmal beim Bundespräsidenten. Ich hätte später noch einmal nach Zürich fahren sollen, um Anfang Oktober 1964 dort einen Vortrag über »Österreich, die EWG und die EFTA« zu halten. Doch zu diesem Zeitpunkt war ich schon nicht mehr Minister. Zwar hätten es manche meiner Genossen nur zu gerne gesehen, wenn ich mich damals ins Ausland abgesetzt hätte – aber sicherlich nicht, um dort für Österreich Verhandlungen zu führen. Einen Erfolg hätte man mir zuallerletzt gegönnt. Ich habe den Besuch daher schon einige Zeit vor meiner Abberufung abgesagt. Wie so vieles andere in Österreich ist auch diese Initiative an Unentschlossenheit und Eifersüchteleien sang- und klanglos zugrunde gegangen.

Die Große Koalition zeigte unübersehbare Abnützungserscheinungen. 1962 wurde zum dritten Mal eine Legislaturperiode nicht voll ausgenützt. Zu den Krisenerscheinungen in den sechziger Jahren zählte ein Konflikt zwischen Regierung und Exekutive. Polizei, Gendarmerie, Zollwache, Justizwache warteten eineinhalb Jahre auf Gespräche mit ihrem Arbeitgeberstaat, bis die Geduld zu Ende war und wir erstmals das Schauspiel in Österreich erlebten, daß diese Exekutivkörper in den Streik traten. Ihre Forderungen waren wirklich bescheiden: die erforderliche Summe bewegte sich in der Höhe von 4 Millionen Schilling (pro Jahr). Ich war damals in Mönichkirchen auf Urlaub, und die beiden Vorsitzenden der Gewerkschaft öffentlicher Dienst – Koubek und Gabriele, ein »Roter« und ein »Schwarzer« – waren fast jeden zweiten Tag bei mir, um sich auszuweinen. Der Finanzminister wollte um jeden Preis (und das war, wie sich herausstellte, wörtlich zu nehmen!) seinem Ruf als harter Sparmeister gerecht werden und blieb dabei, daß das Budget nicht die geringste Mehrbelastung vertrage. Ich wurde gebeten, zu einer Verhandlung ins Bundeskanzleramt zu kommen. Also fuhr ich nach Wien. Dr. Gorbach führte den Vorsitz, Afritsch als Innenminister war mit Koubek und Gabriele anwesend. Der Finanzminister kam nicht zur Verhandlung. Der Bundeskanzler erklärte nur, daß nach Feststellung von Dr. Klaus das Budget nicht die geringste Mehrbelastung vertrage. Die Sitzung war bald zu Ende. Ich ging mit Afritsch und den beiden Gewerkschaftern die Stiege hinunter. Während des Abganges sagte ich zu meinen Begleitern: »Bleibt einmal stehen – ich glaube, wir sollten die Regierung auf die Probe stellen und ihnen einen Vorschlag machen, um zu sehen, ob es tatsächlich nur um die vier Millionen geht oder um einen Justamentstandpunkt. Wir müssen uns selbst bemühen, einen Streik der Exekutive, der in der Öffentlichkeit durchaus nicht populär wäre, abzuwenden. Ich werde dem Bundeskanzler vorschlagen, daß der ÖGB dem Finanzministerium unter irgendeinem Titel vier Millionen Schilling gibt, dann könnte doch die Forderung bewilligt werden . . .«

Afritsch, Koubek und Gabriele waren begeistert von der Idee. Wir gingen zurück in den Sitzungssaal. Der Bundeskanzler war noch da mit einigen Beamten, und ich unterbreitete ihm den Vorschlag. Ich sah dem armen Gorbach an, daß er nicht wußte, was er sagen sollte. Dann erklärte er, er werde das seinen Leuten berichten, die im Vogelsang-Heim versammelt seien. Ich erklärte ihm, daß ich an diesem Tag noch in Wien bleiben und auf telefonische Antwort warten würde.

Nach ungefähr drei Stunden kam ein Anruf. Dr. Withalm meldete sich am Telefon und sagte, die ÖVP könne den Vorschlag aus prinzipiellen Gründen nicht annehmen. –

»Gut«, sagte ich, »dann gibt es eben Streik.« Und so geschah es. Nach ein paar Tagen – neuerliche Einladung zu einer Sitzung im Bundeskanzleramt. Die Regierung war zu Gesprächen bereit. Daraufhin empfahl ich den Gewerkschaftern, den Streik zu unterbrechen. Für die sozialistische Fraktion sagten wir sofort zu, aber die christliche Fraktion der Gewerkschaft machte gegen ihre eigenen Regierungsmitglieder Schwierigkeiten. Sie wollte bis zu einem Abschluß weiterstreiken. Gabriele bat mich daher, in die Sitzung der christlichen Polizeigewerkschaftsfraktion zu kommen, um sie mit meiner Autorität zu einem Streikabbruch zu bewegen. Das war mir ein echtes Vergnügen! Nach kurzer Debatte waren sie mit einem Abbruch des Streiks einverstanden.

Ungefähr eine Woche später wurde in Villach abgeschlossen. Für das Budget endete das nicht mit vier Millionen, sondern mit fünfzehn Millionen Schilling. So wurde regiert.

Bei den Wahlen im November 1962 konnte die SPÖ zum ersten Mal seit 1949 ihren Stimmenanteil nicht vergrößern. Das war zum Teil wohl auch die Quittung für ihren Umfaller beim Konflikt um die Lohnsteuersenkung im vergangenen Jahr. Die ÖVP hatte uns zwei Mandate abgenommen und geriet vor Freude über diesen Erfolg völlig außer Rand und Band. Für die »Reformer« führte jetzt Withalm das große Wort. Für die zwei Mandate Gewinn forderte er von uns gleich zwei Ministerien: das Außen- und das Justizressort – und dazu noch eine ganze Reihe anderer Posten wie den Präsidenten des Rechnungshofes, den damals noch der von uns nominierte Dr. Hans Frenzel innehatte, sowie den einzigen sozialistischen Direktor der Tabakregie.

Diese »Vorschläge« waren unannehmbar. Die Parteiexekutive setzte ein großes Verhandlungskomitee ein. Ich wurde von allen Seiten gedrängt, wieder an den Regierungsverhandlungen teilzunehmen. Pittermann war mehrmals nahe daran, Kreisky zu opfern und das Außenministerium abzugeben. Auch Schärf hätte nichts dagegen gehabt, er hatte zu Kreisky immer ein recht unterkühltes Verhältnis. Im Parteivorstand waren die »Kapitulanten« am Beginn der Verhandlungen in der Mehrheit, genauso wie im Vorjahr, als es um die Frage der Lohnsteuerreform ging. Diesmal war Dr. Koref ihr Wortführer. Ich widersprach wütend. Eine Woche später kam er aus Linz zurück und erklärte kleinlaut: »Der Genosse Olah hat recht. Auch meine Leute in Oberösterreich sind fürs Hartbleiben!« In der Presse ausgiebig zitiert wurde auch meine Prophezeiung, das Außenministerium hänge für die ÖVP nicht am Christbaum.

Ich selbst war im November wieder in den Nationalrat gewählt worden, diesmal nicht nur für Wien, sondern auch für Helmers alten Wahlkreis im Viertel unter dem Wienerwald, wo er mich persönlich in mehreren Versammlungen in Wiener Neustadt und Umgebung eingeführt hatte. Nach der Wahl kam Kreisky im Auftrag Pittermanns zu mir, um mich zu ersuchen, nicht auf der Funktion des Zweiten Nationalratspräsidenten zu bestehen, damit Waldbrunner sich auf diese Position zurückziehen könne. Dabei wollte ich nicht im Weg stehen und verzichtete. Umso mehr als ich schon damals damit rechnete, in die Regierung eintreten zu müssen. Sich für wenige Wochen zum Präsidenten wählen zu lassen wäre ungut gewesen. Andere Versionen in diesem Zusammenhang gehören in die Kategorie der so beliebt gewordenen Umschreibung der Zeitgeschichte.

Inzwischen zogen sich die Regierungsverhandlungen auch nach Konstituierung des Nationalrates noch fast ein Vierteljahr ergebnislos hin. Im April 1963 stand die Neuwahl des Bundespräsidenten bevor. Jetzt schrieb man bereits Ende Februar. Bevor wir unter Termindruck gerieten,

mußte der Bundespräsident versuchen, eine Lösung noch vor den Wahlen herbeizuführen. Auch meine Mitarbeiter berichteten: »Die Leute werden schon ungeduldig und fragen, was der Bundespräsident eigentlich macht.« Ich ging daher zu Schärf: »Du mußt etwas tun! Laß dir den Gorbach kommen und sage ihm: ›Herr Bundeskanzler, meine Geduld ist zu Ende‹!« Schärf ersuchte mich daraufhin um einen Entwurf für eine entsprechende Erklärung. Um eine Indiskretion zu vermeiden, hatten wir abgemacht, daß ich ihm den Text nicht in die Präsidentschaftskanzlei, sondern in seine Wohnung in der Skodagasse schicken sollte. Ich diktierte die Erklärung meinem Sekretär Heinrich Daurer in die Maschine; er brachte sie zu Schärf, der sie zur Sicherheit selber noch einmal abtippte und am Montag damit Gorbach überraschte, den er aus Graz zu sich bestellt hatte. »So möchte ich jetzt nach einer Periode der Zurückhaltung als der vom österreichischen Volk gewählte Repräsentant unserer Republik zum erstenmal nach der Wahl vom 18. November den dringenden Wunsch aussprechen: Einigen Sie sich rasch!«
Das genügte für Gorbach, um den überbordenden Forderungen seiner eigenen Parteifreunde Einhalt zu gebieten. Er kehrte in den Parteivorstand zurück und erklärte: »Wir müssen abschließen!« Die ÖVP mußte sich mit zwei neugeschaffenen Staatssekretären begnügen. In einer Zeitung erschien damals eine Karikatur, die eine herabgebrannte Kerze zeigte: Wo man am Anfang noch »Aussenministerium« lesen konnte, stand zum Schluß nur noch »Aus«. Bezeichnend war auch, daß Withalm und Krainer, die Exponenten der »Reformer«, beim Abschluß der Koalitionsgespräche fehlten. Gorbach unterschrieb allein.
Die Wiederwahl des Bundespräsidenten entwickelte sich zu einem Triumph für Schärf. Er war sich seiner Sache anfangs nicht ganz sicher, ich schon: »Die FPÖ stellt

keinen eigenen Kandidaten auf, du wirst im ersten Wahlgang gewählt und bekommst 55 Prozent der Stimmen.« Um den Wählern der FPÖ die Entscheidung zu erleichtern und das oft gebrauchte Argument zu widerlegen, der Bundespräsident möchte die FPÖ ausgrenzen, besprach ich mit Schärf, daß er vor der Wahl eine öffentliche Erklärung abgeben wird, daß alle im Parlament vertretenen demokratischen Parteien von ihm gleich behandelt werden. Auf seinen Wunsch formulierte ich seinen Text, und mein Sekretär brachte die Erklärung Schärf in die Wohnung. Als Kreisky für die Herausgeberin von »Time/Life« ein Essen gab, saß ich an einem Tisch mit dem Ehepaar Drimmel und Korinek, dem neuen Finanzminister, den ich aus seiner Zeit als Generalsekretär der Bundeskammer schon gut kannte. Frau Drimmel war mit meiner Prognose nicht einverstanden und wollte mit mir eine Wette abschließen um ein Essen im Hotel Sacher für uns alle. »Aber ich zahle nichts«, meinte sie. – »Macht nichts«, sagte ich. »Ich wette und werde gewinnen und lade Sie zur Siegesfeier für die Schärf-Wiederwahl ins Sacher ein.« Der Gewinner durfte zahlen – und ich habe es gerne getan. Gorbach nahm an dem Essen teil.

Die »verlorenen« Regierungsverhandlungen und die Schlappe bei der Bundespräsidentenwahl haben das Schicksal von Gorbach freilich nur beschleunigt. Ich habe mich mit Gorbach persönlich immer sehr gut verstanden. Aber vielleicht besaß er wirklich nicht ganz die Härte und Autorität, die zur Führung einer großen Partei nötig sind. Raab erzählte mir einmal, daß er zu Gorbach gesagt hätte: »Alfons, so wird das nicht gehen. Du machst so groß in Demokratie. Das ist falsch. In meiner Zeit gab es im Vorstand keine zehn oder zwölf Tagesordnungspunkte, sondern nur einen, den Bericht des Obmannes. Und dann habe ich gefragt, ob jemand etwas dagegen hat und verkündet: Die Sitzung ist geschlossen.« Gorbach verzichtete 1963 auf eine Wiederkandidatur als Parteiobmann. Im September wurde in einer Kampfabstimmung auf dem Klagenfurter Parteitag der ÖVP Josef Klaus gewählt, der sich geweigert hatte, in die neue Regierung einzutreten.

VI.
»Ein Schatten über Österreich«

Innenminister 1963/64

Auch bei uns in der SPÖ war die Regierungsbildung im Frühjahr 1963 nicht ganz reibungslos verlaufen. Waldbrunner hatte in der Parteiexekutive erklärt, daß die Leute, die ausverhandelt hatten, das Ergebnis auch in der Regierung durchsetzen sollten. Ich sollte also Innenminister werden, wie das schon 1959 von einigen Bundesländerorganisationen, den Niederösterreichern, aber auch den Steirern und Salzburgern, gewünscht worden war. Vielleicht hatte es sich Waldbrunner auch umgekehrt vorgestellt: Probst als Innenminister und ich mit einem der anderen Ressorts betraut. Für Probst als Innenminister erhob sich jedoch auch diesmal keine Stimme. Pittermann hatte sich dafür ein Schreiben der sozialistischen Fraktion der Postgewerkschaft bestellt, das um die Ernennung Probsts zum Verkehrsminister bat. Von den Eisenbahnern hat man einen solchen Wunsch übrigens nicht vernommen. Schon im Februar war Pittermann zu mir in den ÖGB gekommen und hatte mir das Innen- oder das Sozialministerium angeboten. Als Sozialminister könne ich ÖGB-Präsident bleiben (vertreten durch einen geschäftsführenden Stellvertreter), als Innenminister müsse ich meine Gewerkschaftsfunktionen allerdings zurücklegen. Proksch hatte fürchterliche Angst, daß ich mich für das Sozialministerium entscheiden könnte und hat in diesen Tagen unter Tränen meinen Sekretär angerufen, bis ich ihm ausrichten

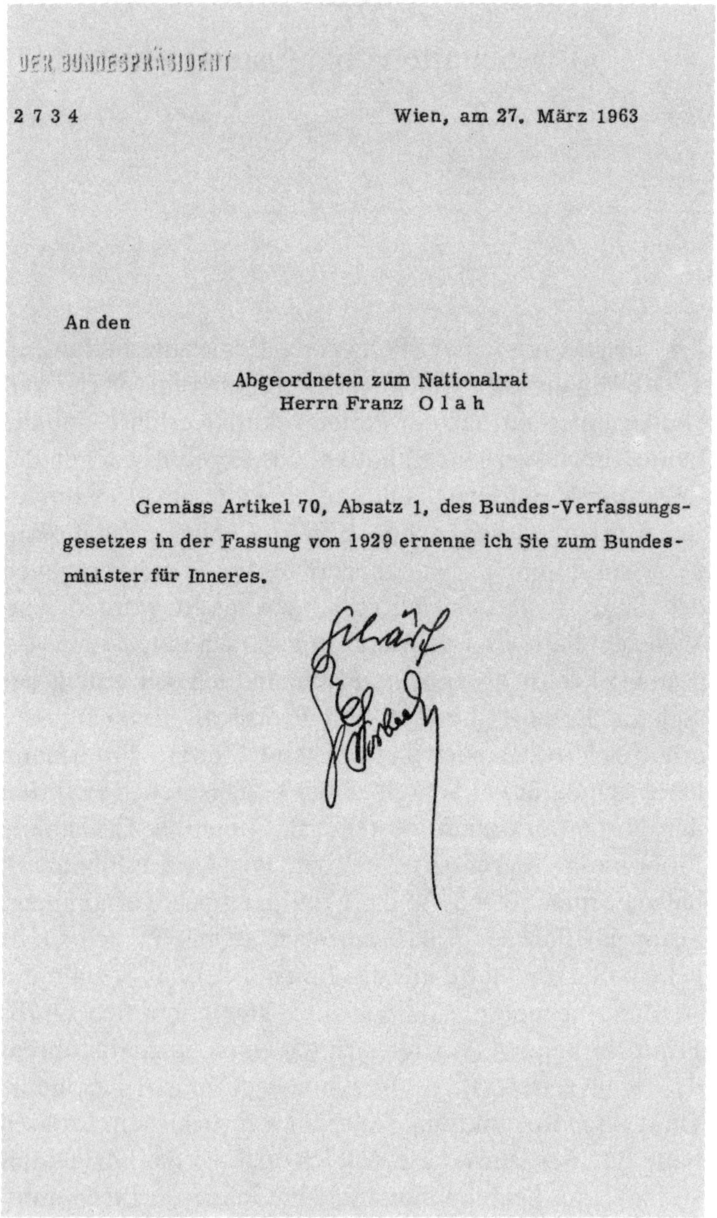

DER BUNDESPRÄSIDENT

2 7 3 4 Wien, am 27. März 1963

An den

Abgeordneten zum Nationalrat
Herrn Franz O l a h

Gemäss Artikel 70, Absatz 1, des Bundes-Verfassungsgesetzes in der Fassung von 1929 ernenne ich Sie zum Bundesminister für Inneres.

Franz Olahs Ernennung zum Innenminister am 27. 3. 1963 . . .

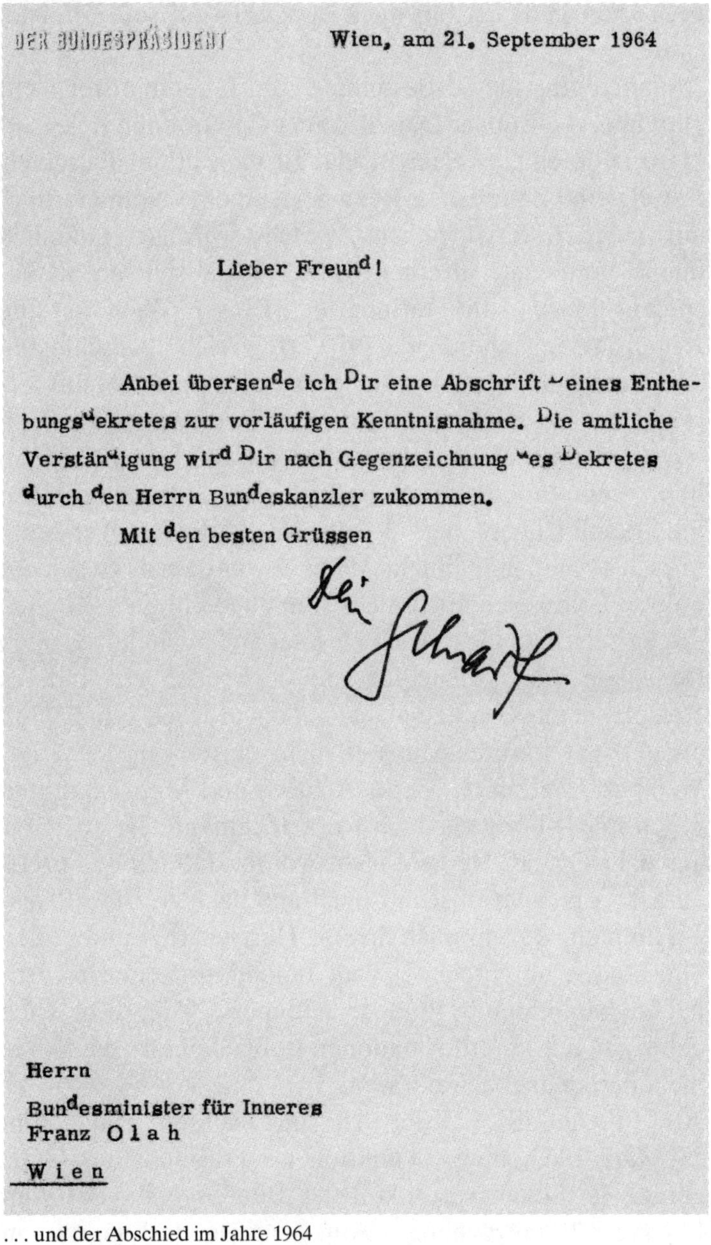

DER BUNDESPRÄSIDENT

Wien, am 21. September 1964

Lieber Freund!

Anbei übersende ich Dir eine Abschrift eines Enthebungsdekretes zur vorläufigen Kenntnisnahme. Die amtliche Verständigung wird Dir nach Gegenzeichnung des Dekretes durch den Herrn Bundeskanzler zukommen.

Mit den besten Grüssen

Dein Schärf

Herrn
Bundesminister für Inneres
Franz Olah
Wien

. . . und der Abschied im Jahre 1964

ließ: »Sag ihm, ich bin nicht neugierig auf sein Ministerium.«
Dennoch ging meine Bestellung zum Innenminister nicht glatt über die Bühne. Damals kam es zur offenen Kriegserklärung durch Christian Broda. Er hielt in der Parteivertretung eine flammende Rede gegen meine Nominierung, auf eine perfide Art freilich. Zunächst würdigte er nämlich meine Verdienste in einer Weise, die zu sehr an Shakespeares Marc Anton erinnerte: »Dieser Mann hat die Regierungsverhandlungen 1959 erfolgreich abgeschlossen und auch die jetzigen zum erfolgreichen Abschluß gebracht; es hat mich auch in meinen Ressortangelegenheiten niemand mehr unterstützt als er, aber: wenn Sie ihn heute zum Innenminister designieren, dann entscheiden Sie damit über den künftigen Parteivorsitzenden.« Sprach's – und ging hinaus, denn er war damals zu seinem großen Leidwesen noch nicht stimmberechtigtes Mitglied des Parteivorstandes. Auch ein paar andere äußerten noch Bedenken oder versuchten mir doch noch ein anderes Ressort schmackhaft zu machen. So wurde ich zum Schluß als einziger unserer Minister nicht einstimmig bestätigt. Weikhart, Czernetz, Mark, Afritsch und Muhr stimmten gegen mich, übrigens auch Rosa Jochmann, sie aber nur aus dem Grund, weil sie nicht wollte, daß ich den ÖGB aufgab. Erst später ist mir nach und nach zu Bewußtsein gekommen, warum mich diverse Herrschaften unter allen Umständen ausgerechnet vom Innenministerium fernzuhalten wünschten. Offenbar hatten sie Angst, daß ich dabei auf gewisse Informationen stoßen könnte, die für sie nicht immer angenehm waren.
Als Innenminister legte ich am nächsten Tag, dem 28. März 1963, meine Funktion als Präsident des ÖGB zurück (s. Sitzungsprotokoll des Bundesvorstandes vom März 1963 im Anhang). Auf dem Bundeskongreß im

Herbst wurde Benya zum Präsidenten des ÖGB gewählt. Für die Kontrolle beantragte Professor Klenner, dem Präsidium die Entlastung zu erteilen, und stellte ausdrücklich fest, »daß nicht nur – woran niemand zweifelt – die Statuten eingehalten, sondern auch sämtliche Beschlüsse des Bundeskongresses und des Bundesvorstandes durchgeführt wurden« (s. dazu Protokoll des Bundeskongresses vom September 1963 im Anhang).

Mein erstes öffentliches Auftreten als Innenminister war die Markterhebung von Tribuswinkel, einer Ortschaft in meinem niederösterreichischen Wahlkreis. Dann führte mich der Wahlkampf für Dr. Schärf nach Litschau im Waldviertel, an der Grenze zur ČSSR. Wegen Schneeverwehungen hatte ich Verspätung und ging in Göpfritz in einen kleinen Gendarmerieposten, um kurz zu telefonieren und mich gleich als der neue Ressortchef vorzustellen. Meine blauen Wunder erlebte ich schon bei dieser Gelegenheit, als ich mich bei der Besichtigung des Postens nach dem Ruheraum erkundigte, der gesetzlich vorgeschrieben war. Ich fand ein Loch ohne Fenster und ohne Heizung vor. Auf ähnliche Zustände stieß ich noch öfter. So gab es in den Unterkünften der Alarmabteilung der Wiener Polizei in der Marokkanerkaserne Sanitärräume, die den Namen wirklich nicht verdienten. Jede private Firma hätte sofort Schwierigkeiten mit dem Arbeitsinspektorat bekommen, wenn sie ihren Bediensteten solche primitiven Einrichtungen zugemutet hätte. Also ordnete ich an, daß sofort ordentliche Waschgelegenheiten, Duschräume und Warmwasser installiert werden sollten. Nach einigen Monaten erfuhr ich zufällig, daß mit den Umbauten immer noch nicht begonnen worden war. Die Polizeidirektion Wien sabotierte einfach alle Anordnungen des Ministeriums mit dem Argument, es sei kein Geld vorhanden.

Also gab ich Anweisung, den erforderlichen Betrag für diese Installationen aus Budgetmitteln des Ministeriums zu bezahlen.
Das Ressort, das ich im März 1963 übernahm, hatte eine starke Hand, wie man sie mir nachsagte, allerdings sehr nötig. Davon sollte ich mich bald überzeugen können. Helmer hatte sich große Verdienste erworben in den Auseinandersetzungen mit den Besatzungsmächten. Seine aufrechte Haltung hatte den Menschen in der »Ostzone« Mut eingeflößt und ihnen den Rücken gestärkt. Dabei war ihm für die Routinearbeit in der Zentrale nicht viel Zeit geblieben. Unter seinem Nachfolger Afritsch aber rissen geradezu skurrile Zustände ein. Manche der sogenannten Spitzenbeamten gingen ganz offensichtlich nach der Devise vor: »Verschaffen wir dem Minister Termine – Einladungen, Besichtigungen, Reden, Eröffnungen, sonst kommt er am Ende noch auf die Idee, das Ministerium auch wirklich führen zu wollen.« Vorbild dürfte die Filmserie »Yes, Minister!« gewesen sein. Einige dieser Herren empfanden es schon als demütigende Zumutung oder als Eingriff in ein schwebendes Verfahren, wenn ein Minister wissen wollte, was in seinem Ressort eigentlich vorging. Wie sich ein solcher – offenbar allgemein akzeptierter – Zustand mit der Ministerverantwortlichkeit vereinbaren ließ, die ein Grundpfeiler unserer Verfassung ist, war mir schleierhaft. Ein erfahrener Jurist – mit Einblick in die österreichische »Realverfassung« – hat mir das nach meinem Sturz auch auseinandergesetzt: »Sie mußten scheitern, denn Sie haben ihre gesetzlichen Möglichkeiten bis an den Rand ausgenützt. Das ist in Österreich nicht üblich!«
Nun kann ein Minister natürlich beim besten Willen nicht alles selbst machen. Gerade dieses Verzetteln im Detail läßt ja Initiativen nur zu oft wirkungslos verpuffen. Dazu

braucht er Leute, auf die er sich verlassen kann, ein Büro des Ministers, das rund um die Uhr in Kontakt mit ihm steht und das sich kein X für ein U vormachen läßt. Mein Büroleiter war ein Mann, der selber schon einige politische und administrative Erfahrung gesammelt hatte: Karl Stephani war auf Wunsch von Schärf 1956 Staatssekretär im Verteidigungsministerium geworden – kein leichter Posten. Dabei trug er einige Blessuren davon, vor allem auch bei den Intrigen, zu denen Offiziere in Friedenszeiten besonders neigen und an denen er vielleicht nicht immer ganz unschuldig war. Pittermann war deshalb 1959 der Meinung, daß Stephani im Heeresressort nicht mehr zu halten sei. So wurde er statt dessen Präsidialchef der Verstaatlichtensektion im Bundeskanzleramt, geriet dort aber in Konflikt mit dem »Platzhirschen«, Sektionschef Schopf. Pittermann war bereit, Stephani samt Auto, Chauffeur und Sekretärin ziehen zu lassen, wenn er ihn nur loswürde. Dabei war Stephani zwar manchmal vielleicht schwer zum »Der'reiten«, wie man in Wien sagt, aber ein Mann mit Ideen, ein ausgezeichneter Verwaltungsjurist und ein tüchtiger Organisator, dem ich als Leiter des Ministerbüros weitreichende Vollmachten übertragen habe.

Das Innenministerium verfügte zwar über einen beamteten Pressereferenten, aber ich besorgte mir meinen eigenen Mann in der Person Dr. Erich Müllers, den mir der Landesparteisekretär von Vorarlberg, Paul Peter, empfohlen hatte. Er war nach einem Schlaganfall etwas behindert und hatte seinen bisherigen Job verloren, machte seine Sache aber ausgezeichnet und war daneben auch noch ein ausgesprochen politischer Kopf. Aus dem ÖGB begleitete mich Sekretär Heinrich Daurer.

Darüber hinaus habe ich meine Absicht angekündigt, fähige Leute ohne Unterschied der Parteizugehörigkeit zu befördern – notfalls auch unter Hintansetzung der von Bürokraten so abgöttisch geliebten Anciennität. Es ist nicht verwunderlich, daß der politische Gegner in jedem einzelnen Fall, bei jeder Versetzung oder Beförderung, immer wieder versucht hat, mir parteipolitische Motive zu unterschieben. Das gehört zum Kleingeld im politischen Alltag, zumal in der Zeit der Großen Koalition, in welcher derlei Postenschacher einen übergroßen Teil der Energie aller Beteiligten absorbierte. Die Art und Weise, wie Protektion, das berühmt-berüchtigte Vitamin »P«, damals zur allseits anerkannten Routine zählte, erreichte mitunter geradezu groteske Auswüchse. Mein ÖVP-Staatssekretär, der Oberösterreicher Otto Kranzlmayr, erklärte mir unter Händeringen, wenn dieser oder jener Gendarm nicht Bezirkskommandant in seiner Heimat Ried würde, könne er sich daheim nicht mehr blicken lassen. Ich tröstete ihn: »Dann bleibst' du eben in Wien.« In Tulln wiederum hatte Figl einem der SPÖ angehörenden Gendarmen eingeredet, wenn er zum ÖAAB übertrete, werde er dafür sorgen, daß er zum Bezirkskommandanten ernannt würde. Nun hatte ich weder gegen Figl etwas (ganz im Gegenteil: bei allen politischen Differenzen verstanden wir uns menschlich ausgezeichnet) noch gegen »schwarze« Gendarmen, gegen Charakterlosigkeit aber schon; Tulln bekam ein anderer. Wütende Proteste aller ÖVP-Bürgermeister des Bezirks waren die Folge.

Dabei hatte ich meine eigenen Konflikte oft auch mit »Genossen«, und auch die Leute von der ÖVP-»Kameradschaft der Exekutive« konnten ein Lied davon singen, wie fein sie mitunter von ihren lieben Parteifreunden behandelt wurden. So las ich einmal im »Express« ein Interview mit einem Major Heinrich Mildner, Kommandant der Gendarmerieverkehrsabteilung in Niederösterreich. Er hatte ein paar sehr gute Ideen, was man in Niederösterreich alles tun könnte, um die Verkehrssicherheit zu erhöhen. Ich ließ mir den Mann kommen und schlug ihm vor, ein verkehrspolizeiliches Referat im Ministerium zu übernehmen, das neu geschaffen werden sollte. Der Major war sichtlich überrascht: »Ich? Ich bin doch ein alter Schwarzer!« – »Ja, das weiß ich! Werden Ihre Leute da nicht eine Freude haben?« – »Nein, die werden vermutlich sagen, wahrscheinlich hat er sich an die Roten verkauft.« Die »Roten« waren natürlich genausowenig begeistert. Schon am nächsten Tag bekam ich ein Protestschreiben von der Polizei. »Warum ein Gendarm und nicht einer von uns?« – und eines von der eigenen Fraktion: »Warum ein Schwarzer und nicht einer von uns?« Um des lieben Friedens willen habe ich dem frischgebackenen Referatsleiter daraufhin einen Tip gegeben: »Herr Major, suchen Sie sich einen talentierten jungen Polizeioffizier, den Sie brauchen können. Der wird dann Ihr Stellvertreter. Und wenn das zufällig ein Roter ist, wär's auch nicht schlecht.« So mußte man das damals ausgleichen.

Ein paar ganz gefinkelte Psychologen wollten mir auf Grund meiner Hafterfahrungen gleich pauschal ein gestörtes Verhältnis zur Exekutive bescheinigen. Die Briefe, die ich zu meinem Abschied bekam, als schon keinerlei Liebedienerei oder sonstige opportunistische Beweggründe mehr dahinter stecken konnten, sind der beste Beweis für das Gegenteil.

Der Behördenapparat schrieb immer noch vorsintflutliche Bestimmungen fort, von denen jeder unbefangene Beobachter meinen mußte, man hätte sie spätestens 1918 zum alten Eisen werfen sollen. So hieß es in den Aufnahmebedingungen immer noch, Wachebeamte hätten ledig zu sein bzw. bei ihren Vorgesetzten um eine Heiratserlaubnis einzukommen. (Manche unserer Leute konnten sich nicht genug über Otto von Habsburg aufregen, derlei Anachronismen störten sie aber offensichtlich nicht.)

Ich habe diese vorsintflutlichen Bestimmungen ebenso wie die willkürlich festgelegte Körpergröße aufgehoben. Auch die Motorisierung war am Ressort anscheinend spurlos vorübergegangen. Wir waren ja Gott sei Dank nicht in der Besatzungszeit stehengeblieben. Das Wirtschaftswunder hatte eine Autolawine zur Folge. Polizei und Gendarmerie aber waren für eine effiziente Verkehrskontrolle völlig unzureichend ausgerüstet.
Als erste Etappe bekam jeder politische Bezirk ein Funkpatrouillenfahrzeug, das mit wechselnder Besatzung rund um die Uhr im Einsatz sein sollte. Als wir dann endlich genügend Fahrzeuge für einen wirksamen Funkstreifendienst angeschafft hatten, mußte ich eines Tages feststellen, daß die Patrouillenfahrten nur unregelmäßig stattfanden. Auf meine Anfrage erklärte man mir, es sei kein Benzin vorhanden – denn niemand war auf die Idee gekommen, eine entsprechende Nachtragsforderung zu stellen oder zu urgieren. Der jeweilige Finanzminister (zuerst Dr. Korinek, dann Dr. Schmitz) zeigte volles Verständnis und bewilligte die von mir angesprochenen erforderlichen Mittel. Begründung: Wir wissen, Sie gehen mit Budgetmitteln sehr sorgsam um.

Der Innenminister hat auch mit ernsteren Vorkommnissen zu tun als bloß mit Verkehrssündern. Der Minister eines demokratischen Staatswesens ist kein Repräsentant einer selbstherrlichen Obrigkeit, sondern eine »Servicestelle«, die gesunden Menschenverstand einsetzt und pragmatische Lösungen anpeilt. Ich habe mich an diese Maxime gehalten. Für manche mag das ein Steinchen mehr in der Anklage gewesen sein, die man mir am Ende entgegengeschleudert hat, nämlich der Vorwurf des »Praktizismus«.
Als erste Maßnahme wurde ein Ministerbriefkasten im Hausflur des Ministeriums angebracht. Auf diesem Weg

bekam ich täglich bis zu zwanzig Beschwerden oder Anregungen aus allen Kreisen der Bevölkerung – und nur wenig anonyme Briefe. Nach meinem Sturz wurde dieser Briefkasten wieder entfernt.

Gleich am Anfang meiner Laufbahn erregte der sogenannte »Streikerlaß« die Gemüter. Auf einer Arbeitstagung mit den Sicherheitsdirektoren im Juli 1963 hatte ich auf ausdrücklichen Wunsch des Generaldirektors für die öffentliche Sicherheit, Sektionschef Dr. Seidler, mündlich meine Auffassung über das Verhalten der Exekutive bei Arbeitskonflikten dargelegt. Seidler erwähnte übrigens, er hätte schon Minister Afritsch vorgeschlagen, er möge den Präsidenten des ÖGB zu solchen Tagungen einladen. Aber Afritsch ging darauf nicht ein. »Jetzt aber haben wir den bisherigen ÖGB-Chef als Ressortchef hier.« Ich führte bei dieser Gelegenheit aus, daß die Sicherheitsbehörden im Falle von Demonstrationen im Rahmen einer Streikbewegung den Kontakt zur Gewerkschaftsführung bzw. zu den Betriebsräten suchen und gemeinsame Anstrengungen unternehmen sollten, um Ausschreitungen zu vermeiden. Ich wies darauf hin, daß Sachschäden wiedergutzumachen seien, vergossenes Blut aber nicht. Das sollte kein Freibrief für Randalierer sein. Wer eine Fensterscheibe einschlug, konnte ja selbstverständlich angezeigt und entsprechend verfolgt werden. Aber die Exekutive sollte alles unterlassen, um einer Eskalation der Gewalt Vorschub zu leisten, und nur im äußersten Notfall, das heißt, wenn Menschenleben in Gefahr waren, energisch einschreiten.

Dr. Seidler fragte mich später, ob ich erlaube, daß er die Darlegungen für die nicht anwesend gewesenen Landesgendarmeriekommandanten in komprimierter Form schriftlich zusammenfasse. Ich habe diesen Text, dessen Wortlaut gar nicht von mir stammte, dann zur Weitergabe genehmigt. Ich habe den von Dr. Seidler verfaßten Text

den ÖGB-Präsidenten Benya lesen lassen und gefragt, ob er Einwände hätte. Er war einverstanden. Dieser »Erlaß« des ehemaligen Gewerkschaftspräsidenten hat zunächst ein wenig Aufregung bei der Industrie hervorgerufen, die hier eine Benachteiligung ihrer Seite bei künftigen Arbeitskonflikten witterte. An eine Haupt- und Staatsaktion hatte ich dabei auch wirklich nicht gedacht. Stephani hat mir das erst später einmal drastischer erklärt: »Alles, was du unterschreibst, ist ein Erlaß!« So fand ich einen Zettel, auf dem ich um irgendeine Auskunft ersucht und den ich nachher weggeworfen hatte, in einem amtlichen Aktenumschlag auf meinem Schreibtisch wieder. Ich dachte zuerst an einen Scherz, zerriß das ganze Faszikel in vier Teile und warf es in den Papierkorb. Ich mußte für ein paar Stunden weg. Als ich wiederkam, lag der Aktenumschlag, fein säuberlich mit Tixo zusammengeklebt, wieder auf meinem Tisch. Mich erinnerte diese Ehrfurcht der Bürokratie vor der ministeriellen Paraphe an den Witz, der in der Zwischenkriegszeit über den reichsdeutschen Präsidenten Hindenburg kursierte: »Gebt's die Trauscheine weg vom Schreibtisch. Wenn der Alte sie sieht, glaubt er, es ist eine neue Notverordnung und unterschreibt sie!«
Ich habe diese Auffassung auch vertreten – und selbst nach meinem Rücktritt noch im Parlament verteidigt –, wenn es sich um die »andere« Reichshälfte handelte. Im Mai 1963 gab es eine Studentendemonstration. Die jungen Leute setzten sich auf die Schottenkreuzung und blockierten den Verkehr. Meine Meinung war: »Lassen Sie sie sitzen, leiten Sie die Straßenbahn um! Wenn ihnen die Hinterbakken einschlafen oder wenn sie Hunger kriegen, werden sie nach Hause gehen, und die Demonstration wird beendet sein.« Genauso verhielt es sich auch mit einer Bauerndemonstration in Kärnten, als die Traktoren eine Zeitlang die Bundesstraße sperrten. Der zuständige Mann der Si-

cherheitsbehörden war klug genug, um vorauszusehen: »Das dauert bis längstens 17 Uhr. Dann müssen das Vieh gefüttert und die Kühe gemolken werden und alles löst sich von selber auf.« Man durfte solche Vorkommnisse nur nicht zum Anlaß nehmen, um irgendein großes Drama zu inszenieren, das dann unabsehbare politische Folgen haben konnte.

Ein anderer Fall, der damals viel Staub aufwirbelte, waren die Aufmärsche der Kameradschaftsbünde. Im Jahre 1962 hatte der Kameradschaftsbund zum ersten Mal eine größere Veranstaltung in Niederösterreich organisiert. Die Sowjets hatten in ihrer Zone keine derartigen Veranstaltungen geduldet, und ihre Mitläufer übten ihren Terror gegen Mißliebige noch lange nach dem Ende der Besatzungszeit aus. Das feige Zögern und Zurückweichen der staatlichen Ordnungsmacht gegenüber diesen terroristischen Allüren blieb nicht ohne Folgen. So wurden die Veteranen bei einem Treffen in Berndorf 1962 von kommunistischen Gegendemonstranten attackiert und hatten auch einige Verletzte zu beklagen. Beim nächsten Mal in Purkersdorf war ich Innenminister. Ich studierte die Akte Berndorf und mußte feststellen, daß die Sicherheitsvorkehrungen völlig unzureichend gewesen waren. Manche werden vielleicht gehofft – oder gefürchtet – haben, ein »KZler« als Minister werde solche Treffen einfach verbieten. Das fiel mir nicht ein. Meine Devise blieb: Wenn eine Veranstaltung ordnungsgemäß angemeldet ist und den gesetzlichen Normen entspricht, dann wird die Exekutive diesem Recht auch zum Durchbruch verhelfen. Außerdem hatte auch ich Freunde im Krieg verloren, die in der Uniform der deutschen Wehrmacht gefallen waren, und ich hatte genug Gelegenheit gehabt, Erfahrungen zu sammeln, was Kameradschaft gerade in Situationen bedeutet, die man sich nicht ausgesucht hat. Daher hatte ich überhaupt keine Einwände gegen Treffen von Kriegsteilnehmern. Stattdessen lud ich die Gegner des Purkersdorfer Treffens ein – zumeist Organisationen, die im Vorfeld der KPÖ angesiedelt waren –, vorher ihre Gegenaktion durchzuführen. Allerdings machte ich deutlich, daß für Gewaltanwendung dabei kein Raum sei. Die Veranstaltung der Kommunisten verlief so wenig erfolgreich, daß ihnen die Lust auf weitere Blamagen vergangen sein dürfte. Dennoch sorgten wir für entsprechende Sicherungskräfte, und das Treffen des Kameradschaftsbundes in Purkersdorf am 5. Mai verlief in völliger Ruhe. Der Bann war gebrochen.

Das verschaffte mir die nötige moralische Autorität, auch gegen Dummheiten der anderen Seite glaubwürdig aufzutreten. Es sollte nicht der Eindruck entstehen, es handle sich um ein Wiederaufleben der paramilitärischen Verbände unseligen Andenkens – und auch nicht um regelrechte Paraden vor ehemaligen Offizieren der deutschen Wehrmacht. Darüber hinaus empfahl sich auch absolute Mäßigung in der Sprache. Österreich hatte keinen Krieg geführt, daher auch keine Siege erfochten und keine Niederlagen erlitten. Das war unsere Argumentation gegenüber den Signatarmächten des Staatsvertrages, und diese Position, die uns sehr zustattengekommen war, sollte nicht durch unsinnige Provokationen in der Öffentlichkeit unterlaufen werden.

Ein einziges Mal mußte ich mich als Minister in diesem Zusammenhang zu härterem Vorgehen entschließen: Im Herbst sollte in Maria Langegg in der Wachau ein zweites Gefallenendenkmal mit einer Kapelle eingeweiht werden. In dieser Kapelle wurde auch einiger Priester gedacht, die im KZ umgekommen waren. Im Ortsverband Krems polterten daraufhin ein paar Radikalinskis, sie wären nicht bereit, »Hochverräter« zu ehren und würden eher den

Befehl zum Wegtreten geben als das zuzulassen. Eine Totenehrung zu derlei fragwürdigen Polemiken zu mißbrauchen, war eine Ungehörigkeit. Ich verhängte deshalb über den Ortsverband Krems die Auflösung und erließ ein Aufmarschverbot. Die Herren kamen daraufhin sehr schnell zur Besinnung. Die verantwortlichen Funktionäre zogen sich in der Frist zurück, die ich ihnen in Absprache mit dem Kremser Bürgermeister eingeräumt hatte. Die Auflösung konnte unterbleiben, das Treffen wurde gestattet. (Übrigens sehr zum Leidwesen mancher Ehefrauen. Ich erhielt wenig später einen Brief von den Frauen eines steirischen Ortes, die sich zu früh darauf gefreut hatten, daß endlich all die Treffen aufhören würden, die ihre Männer jedes Wochenende von daheim entführten.) Die Protagonisten auf beiden Seiten zählten übrigens, wie so oft in Niederösterreich, zum Einzugsbereich der ÖVP. Der Obmann der Kremser Ortsgruppe – ein bekannter Verleger – erschien kurz darauf persönlich bei mir im Ministerium, um sich zu rechtfertigen.
Von Afritsch geerbt hatte ich übrigens auch ein paar Fälle von angeblicher »NS-Wiederbetätigung« in Kärnten. Im einen Fall handelte es sich um zwei Maurer, die mit dem Kalk, der ihnen übriggeblieben war, Hakenkreuze auf die Straße gemalt hatten und dann vom Gasthaus gegenüber beobachteten, wie die Passanten reagierten; beim anderen waren es ein paar geschmacklose Verkleidungen bei einem Faschingsumzug in Kärnten, die auf den Eichmann-Prozeß anspielten, der damals in Israel gerade zu Ende gegangen war. Bei den Beteiligten handelte es sich übrigens überwiegend um Genossen oder Gewerkschaftsmitglieder. Wir ließen sie alle im Verwaltungsverfahren abmahnen und machten keinen großen Skandal daraus. Wenn die Republik den Eindruck erweckte, daß sie sich von Faschingsnarren und ähnlichen Lausbübereien gefährdet fühlte, han-

delte sie keinesfalls verantwortungsbewußt, sondern machte sich zum Gespött.
Heikle Situationen entstanden auch im Zusammenhang mit der Südtirolfrage. Im Oktober 1963 wurde in Ebensee ein Attentat verübt, das einen Gendarmen das Leben kostete und mehrere Schwerverletzte forderte. Ich bin selber nach Ebensee gefahren, der zuständige Bezirkshauptmann, Dr. Pesendorfer, war ein alter KZ-Kamerad von mir. Der Landeshauptmann von Oberösterreich dachte im ersten Schock gleich an die Verhängung des Standrechts, während ein Vertreter des Justizministeriums sich von Anfang an darauf versteifte, die Täter müßten im Kreis österreichischer Rechtsextremisten zu suchen sein. Ich gab Auftrag, auch die Spur nach Italien nicht unberücksichtigt zu lassen. Wie sich herausgestellt hat, sollte ich damit recht behalten. Ins Kreuzfeuer der Kritik, diesmal von der anderen Seite, geriet das Ministerium auch, als wir den Schützenmajor Klotz vorübergehend in Haft nehmen ließen, der in Italien wegen seiner Beteiligung an Sprengstoffattentaten gesucht wurde. An seine Auslieferung haben wir keine Sekunde gedacht. Aber wir durften uns international keine Blöße geben und uns nicht gegenüber Italien ins Unrecht setzen. Jeder Hinweis, daß die Sprengstoffanschläge in Südtirol von offizieller österreichischer Seite unterstützt oder geduldet wurden, hätte bei den Verhandlungen unsere Position geschwächt. Und die Kreise, die uns deswegen angriffen, wären die ersten gewesen, die uns Verrat vorgeworfen hätten, wenn wir bei der UNO nichts für Südtirol erreicht hätten.

Ich war noch keine zwei Monate Minister, als eine Krise über Österreich hereinbrach, die all die Aufregung zwar nicht wert war, die sie verursachte, aber wichtig war, weil sie einen Weg wies für künftige Entscheidungen. Am

24. Mai 1963 erging das Erkenntnis des Verwaltungsgerichtshofes, daß die Loyalitätserklärung, die Dr. Otto von Habsburg für seine Person abgegeben hatte, ausreichend war, um die Landesverweisung aufzuheben, die im Habsburgergesetz von 1919 über alle Angehörigen des Kaiserhauses ausgesprochen worden war. Es ist heute – nachdem Dr. v. Habsburg viele Male in Österreich gesprochen hat, mit Kreisky zusammengetroffen ist und sich zum Anwalt österreichischer EG-Bemühungen in Straßburg gemacht hat – schwer vorstellbar, welche hysterischen Reaktionen diese Entscheidung damals auslöste. Ein ganzer SPÖ-Parteitag beschäftigte sich mit kaum etwas anderem, so als ob die Menschen in diesem Land keine anderen Sorgen gehabt hätten – was nun sicherlich auch kein guter Weg war, sich der Bevölkerung als zukunftweisende Partei zu präsentieren. Der ganze Parteitag wurde mit der Habsburggefahr von jeder innerparteilichen und innenpolitischen Debatte abgelenkt. Das war auch der Zweck der Übung. Die in der Partei aufgestaute Unzufriedenheit und der Unmut über Pittermanns unverständlichen Zick-Zack-Kurs wäre wahrscheinlich damals schon zum Ausbruch gekommen. Vor allem über die erlittene Wahlschlappe. Pittermann und Broda hielten bei dieser Gelegenheit ihre berüchtigten Reden über den »Richterstaat« und über die »Putschisten im Talar«! In jedem anderen demokratischen Land hätten solche Regierungsmitglieder wohl keine 24 Stunden im Amt bleiben können, aber in Österreich ist eben alles möglich! Außerdem erschien Broda einige Tage später zusammen mit dem Anwalt Dr. Rosenzweig bei mir, um mir zuzureden, ich solle einen Erlaß herausgeben, in dem ich das Erkenntnis des Verwaltungsgerichtshofes nicht anerkenne. Diese Zumutung war sogar dem hartgesottenen Dr. Stephani, der mitgehört hatte (auf meinen Wunsch hatte er seine Verbindungstür zu meinem Zimmer

nur angelehnt – ich wollte das Gespräch mit diesen beiden Ehrenmännern nicht ohne Zeugen führen) zuviel. Er sagte nachher zu mir: »Herr Minister, das darfst du nicht.« Die Herren Broda und Rosenzweig haben mich sehr wütend verlassen! Ich war mir nicht ganz sicher; beide waren – von ihren Charaktereigenschaften abgesehen – gute Juristen. Wollten sie schon damals für mich eine Falle konstruieren oder eine Staatskrise provozieren? Eine andere Erklärung fand ich nicht. Auf Wunsch der sozialistischen Regierungsfraktion gab ich im nächsten Ministerrat – aber gegen meine eigene Meinung – eine Erklärung ab, daß ich mich an das Erkenntnis des Verfassungsgerichtshofes halten würde. Das bedeutet im Prinzip gar nichts, denn dieser Gerichtshof hat sich bekanntlich für »unzuständig« erklärt. Eben gut österreichisch! Der Generaldirektor für die öffentliche Sicherheit, Sektionschef Dr. Seidler – der die prekäre Lage erfaßte – gab mit meiner Zustimmung einen Erlaß auf Grund des Paßgesetzes heraus.
Das war ein Entgegenkommen an die Habsburgerhysteriker nach dem Motto »Wasch' mir den Pelz, aber mach' mich nicht naß«. Darin wurden die Grenzbehörden aus gegebenem Anlaß ausdrücklich darauf hingewiesen, daß auch für österreichische Staatsbürger die Ein- und Ausreise nur mit einem gültigen Reisepaß möglich sei. Wir wußten ja, daß Dr. v. Habsburg kein derartiges Dokument besaß. Es war mir natürlich auch klar, daß wir überhaupt nichts gegen ihn unternehmen konnten, wenn er plötzlich irgendwo in Österreich auftauchte. Man kann einen Österreicher weder einsperren noch ausweisen, wenn er das Land betritt.
Mein einziger »gesetzwidriger« Erlaß bestand darin, daß ich die Behörden anwies, für den Fall, daß aus diesem Anlaß spontane Demonstrationen stattfinden sollten, lieber auf die dreitägige Anmeldefrist zu verzichten als eine

Konfrontation heraufzubeschwören. Natürlich hatte das dann aber auch für allfällige pro-Habsburg-Demonstrationen zu gelten. Nur auseinanderhalten mußte man die beiden Streitparteien natürlich. Es stellte sich da erst so richtig heraus, wie übertrieben die ganze Panikmache war. In ganz Österreich fand nur eine einzige Kundgebung statt – und zwar bei Schöller-Bleckmann in Ternitz, wo mein Nachfolger Hans Czettel als Betriebsratsobmann eine solche organisierte und als Redner auftrat.

In der nächsten Sitzung der Parteiexekutive kam nochmals ein eventuelles Verhalten der Behörden im Falle einer Einreise von Dr. Habsburg zur Sprache. Waldbrunner stellte in der Sitzung die Frage: »Und was wird der Innenminister machen?« Meine Antwort war: »Der Innenminister wird sich an die Verfassung halten.« »Nun Genossen, ihr habt es jetzt gehört, der Innenminister wird sich an die Verfassung halten.« Bei dieser Debatte kam mir der Gedanke, ob die »Erkundung« von Broda und Rosenzweig bei mir, mit der direkten Frage Waldbrunners an mich, nicht in einem Zusammenhang stehen könnten.

Der Sturm im Wasserglas bot dennoch die Chance, in der festgefahrenen Innenpolitik etwas zu bewegen. Er setzte eine Eigendynamik in Gang, die vielen Beteiligten schon bald gar nicht mehr recht geheuer sein sollte. Vielleicht ergab sich ein Ausweg aus den Lähmungserscheinungen der Großen Koalition. Am 5. Juni war im Nationalrat eine Resolution eingebracht und schließlich einen Monat später, am 4. Juli, auch verabschiedet worden, die eine Einreise Dr. v. Habsburgs für »unerwünscht« erklärte. Das besondere daran war, daß es sich um einen Antrag der freiheitlichen Opposition handelte, dem wir unsere Zustimmung gegeben hatten. Der »koalitionsfreie Raum«, von dem sich die ÖVP-Reformer immer so viel versprochen hatten und den sie immer wieder als Rute im Fenster

verwendeten, ohne je wirklich den Mut zu besitzen, damit auch ernst zu machen, war nun zum ersten Mal tatsächlich ausgenützt worden. (Schon 1959 war von Gorbach bei den Regierungsverhandlungen der koalitionsfreie Raum aufs Tapet gebracht worden. Zum Unterschied von meinen Kollegen wäre ich schon damals bereit gewesen, darauf einzugehen; aber die ÖVP bekam bald Angst vor der eigenen Courage und ließ den Vorschlag wiederum verschwinden.)
Es kam nun darauf an, ob wir es bei dieser parlamentarischen Eintagsfliege bewenden lassen würden oder ob wir bereit waren, mehr daraus zu machen.

Die Große Koalition hatte ihre großen Verdienste. Sie hatte in den Not- und Krisenzeiten der Besatzungsjahre den Willen der überwältigenden Mehrheit der Österreicher zu einem einmütigen Zusammenstehen nach außen hin dokumentiert, den inneren Frieden eingeleitet und praktische Aufbauarbeit geleistet, auch wenn das nicht immer einfach und allen unmittelbar verständlich zu machen war. Doch inzwischen hatte sich die Situation grundlegend gewandelt. Die Bedrohung von außen war weggefallen – und die Arbeitsfähigkeit der Koalition gesunken. Alles wurde »junktimiert« und endlos verschleppt. Seit dem Abschluß des Staatsvertrages wurde praktisch nicht mehr regiert, sondern man tastete sich von einer Regierungskrise zur anderen, von einer Budgetkrise zur nächsten. Auch die Flucht in Neuwahlen, wie wir sie immer häufiger erlebten, änderte daran nichts. Da war ein Wechsel notwendig, wenn sich das parlamentarische System nicht selbst ad absurdum führen sollte. Selbstverständlich war auch eine Kleine Koalition kein Allheilmittel gegen diese Unergiebigkeit der Regierungstätigkeit. Auch sie sollte und konnte nicht ewig dauern, aber sie sollte das Tor

14 Olah mit seiner Frau vor dem Blair House in Washington nach dem Essen mit amerikanischen Regierungsmitgliedern

15 Gespräch mit dem Präsidenten der US-Automobilarbeitergewerkschaft, Walther Reuther (li.) und dessen Bruder Victor (re.), 1962

16 Mit Schärf nach dessen Wiederwahl 1963 im Innenministerium

17 Das sozialistische Verhandlungskomitee bei der Koalitionssitzung 1963 im Bundeskanzleramt zur Habsburgerfrage

18 Olah und Raab, die damaligen Spitzenvertreter der Sozialpartnerschaft mit Dr. Alfons Gorbach nach einer Sitzung der Paritätischen Kommission 1959

19 Pro-Olah-Demonstration 1964

20 Papst-Audienz 1965

21 Großkundgebung der DFP 1966 im Konzerthaus, bei der Olah als Spitzenmandatar seine erste große Wahlkampfrede hielt

22 Urteilsverkündigung im Prozeß gegen Olah und seine Mitangeklagten im Jahre 1969

23 Mit Kreisky 1987

24 Zilk überreicht Olah das Große Goldene Ehrenzeichen des Landes Wien, Jänner 1990

in eine Epoche der wechselnden Koalitionen öffnen. Es war mir klar, daß es früher oder später zu einer Mehrheitsregierung kommen mußte. Wir Sozialisten aber mußten dabei den Anfang machen und die Initiative ergreifen, weil es sonst zu einem Wiederaufleben des Schreckgespensts vom »Bürgerblock« käme.

Ich war nicht der einzige, der solche Überlegungen anstellte. Aber ich war vielleicht am konsequentesten. Ein erster Kontakt hatte sich für mich 1959 ergeben. Wir verhandelten damals mit den Freiheitlichen über eine Wahlrechtsreform in Wien. Vereinbart wurde diese Änderung bei einem ausgezeichneten Essen im Haus des bekannten Chirurgen Professor Schönbauer. Eine Fünf-Prozent-Klausel sollte der FPÖ den Einzug in den Gemeinderat ermöglichen. Das gelang auch. Anwesend bei diesem Essen waren Pittermann, Slavik, Probst, Gratz und ich auf SPÖ-Seite. Auch bei den Regierungsverhandlungen dieses Jahres verhielt sich die FPÖ uns gegenüber immer korrekt. Die Freiheitlichen erinnerten sich nur zu gut an die Situation des Jahres 1953, als Raab den VdU bloß benutzt hatte, um die Folgen seiner Wahlniederlage auszugleichen und ihn dann fallen zu lassen. Wir vereinbarten deshalb einen Informationsaustausch, um uns nicht gegeneinander ausspielen zu lassen. Später, als Klubobmann, habe ich es mir zur Regel gemacht, der FPÖ auch immer zwei Kopien der zur Begutachtung ausgesandten Gesetzesvorlagen und der einlaufenden Gutachten zukommen zu lassen – ein Verfahren, von dem sie bisher ausgeschlossen geblieben war. Ich setzte mich auch dafür ein, die Unterstützung der SPÖ für diverse Dissidentengruppen am Rande der FPÖ einzustellen. Derlei Aktionen blieben selten geheim und belasteten nur das Gesprächsklima. Nun standen im Oktober 1959 Arbeiterkammerwahlen bevor. Es war üblich, daß alle Fraktionen vom ÖGB Sonderzuwendungen für ihre

Wahlarbeit bekamen. Nur die Freiheitlichen waren als Fraktion nicht anerkannt und gingen deshalb leer aus. Darin lag zweifellos eine gewisse Ungerechtigkeit – schließlich befanden sich auch ihre Anhänger unter den Mitgliedern des ÖGB. Gustav Zeillinger suchte mich damals ganz offiziell in seiner Eigenschaft als Bundessozialreferent der FPÖ auf, und ich übergab ihm einen Betrag in der Höhe von 150000 Schilling.

Zur nächsten Kontaktaufnahme kam es 1962. FPÖ-Obmann Peter machte mir im April einen Antrittsbesuch. Wir wußten, daß maßgebende Kreise der Industrie die FPÖ bedrängten, sich für eine Mehrheitsbildung mit der ÖVP zur Verfügung zu stellen. Einige Zeit vorher fragte mich der damalige Sozialreferent der FPÖ Gustav Zeillinger aus Salzburg – ein korrekter, seriöser parlamentarischer Gesprächspartner –, ob ich ihren Bundesparteiobmann Friedrich Peter zu einem Gespräch empfangen würde. Selbstverständlich sagte ich zu. Der Obmann einer parlamentarischen Partei ist immer ein Gesprächspartner.

Peter kam, und es gab auch ein Gespräch über die politische Lage und über den zunehmenden Druck auf die FPÖ am Wege der Finanzierung. Ich überlegte, was wir vorbeugend tun könnten. Ich war sicher, daß wir die kommenden Wahlen verlieren würden. Also sagte ich zu Peter: »Wenn die FPÖ sich neutral verhält, kann sie auf eine finanzielle Hilfe von uns rechnen.« Einige Wochen später übergab ich ihm zwei Sparbücher mit einem Gesamtbetrag von einer Million Schilling und sagte zu ihm: »Das ist kein Kaufpreis, wir wollen keine Satelliten, sondern Partner, die keinem Zwang unterliegen.« Aber ich fügte noch etwas hinzu: »Sollte die ÖVP der FPÖ ein Koalitionsangebot machen – wie wir hörten – mit zwei Ministerposten, dann sind wir bereit, in dieses Angebot einzusteigen – mit drei Ministern!«

Denn wir konnten natürlich nicht daran interessiert sein, daß die Freiheitlichen zu Kreuze kriechen mußten. (Als nach der Habsburg-Krise einmal der Obmann des Ringes Freiheitlicher Wirtschaftstreibender bei Raab in der Bundeskammer vorsprach, soll der Altkanzler minutenlang nichts gesprochen und dann nur anklagend gebrummt haben: »Ös geht's mit die Roten!«)

Auf den Sparbüchern waren Gelder, die mir von einigen Fraktionen bzw. Einzelgewerkschaften für politische Zwecke zur Verfügung gestellt worden waren. Wir hatten sie zur Finanzierung des »Express« verwendet. Einige Fraktionen verzichteten ausdrücklich auf die Rückgabe, z. B. die Gemeindebediensteten. Andere wieder sagten von Anfang an, daß sie das Geld zurückhaben wollten, weil ihre Fraktionskasse nicht sehr gut dotiert sei, wie die Chemiearbeiter und die Privatangestellten. Diese bekamen ihre Beträge auch zurück. Daneben war es üblich, im Wahlkampf den Gewerkschaftsfunktionären, die für den Nationalrat kandidierten, immer wieder Beträge in verschiedener Größenordnung zur Verfügung zu stellen. Es war völlig legitim, diese Gelder derart einzusetzen, wenn sie den Zielen unserer Fraktion auf diese Weise besser nutzten. Daß wir diese Spende nicht gerade an die große Glocke gehängt haben, versteht sich wohl von selbst – nur Pittermann hat später gegen dieses Gebot verstoßen. Pittermann wurde von mir darüber informiert, daß ich der FPÖ aus einem finanziellen Engpaß geholfen hatte.

Pittermann konnte man aber nicht über alles informieren, denn er plauderte bei nächster Gelegenheit das ihm Anvertraute »streng vertraulich« wieder aus!

Kreisky und Slavik gegenüber war ich noch deutlicher. Richtig ist aber, das ich niemandem gegenüber eine *genaue* Darstellung gegeben habe. Es fragte aber auch niemand, sie waren alle zufrieden, daß wir den Rücken frei hatten, niemand wollte mehr wissen – schon gar nicht, woher ich das Geld nahm! Schärf beruhigte ich nur, denn er wurde durch die lange Dauer der Koalitionsverhandlungen nervös; von FPÖ-Seite bestehe keine Gefahr, sagte ich. Damit gab er sich zufrieden. Es ist eine Legende, daß er habe durchblicken lassen, er werde keine freiheitlichen Minister ernennen. Im Gegenteil: auf meinen Rat hin gab er vor seiner Wiederwahl bei einer Versammlung im Hietzinger »Weißen Engel« eine öffentliche Erklärung ab: »Die politischen Gesinnungsgemeinschaften, ob groß oder klein, genießen meinen Respekt. Es kann sich niemand darauf beziehen, daß der Bundespräsident die eine oder andere politische Partei von der Mitbestimmung oder Mitverantwortung ausschließen will.«

Zwei Tage nach meiner Angelobung als Minister fuhr ich nach Graz, wo am Wochenende Gemeinderatswahlen stattfinden sollten. Zwei Jahre vorher, 1961, gab es bei den Landtagswahlen kein großartiges Ergebnis für die SPÖ, hinzu kam jetzt das enttäuschende Abschneiden bei der NR-Wahl. Die Grazer befürchteten Einbußen. Das hätte den Verlust des Bürgermeisters bedeuten können. Die SPÖ hielt bisher genau die Hälfte der Mandate. Immerhin war damit der Bürgermeister gesichert. Von meinem Auftreten in einer großen Kundgebung erhofften sich die Grazer viel.

Vor der Versammlung besuchte ich noch Karl Maria Stepan, den Generaldirektor der »Styria« und Landeshauptmann vor 1938 im Spital, übrigens ein alter Rivale Gorbachs noch aus der Zeit der Vaterländischen Front. (Wir kannten uns aus Dachau!) Er lag mit einem Beinbruch im Spital. Ich wünschte ihm natürlich gute und baldige Genesung, sagte ihm aber zu unserer beiderseitigen Erheiterung: »So, und jetzt gehe ich in eine Versammlung, um eine Rede gegen die ÖVP zu halten«! Umgekehrt sagte mir anläßlich der Landtagswahl 1961 – gelegentlich eines Abendessens für den jugoslawischen Außenminister – Landeshauptmann Krainer sen. auf meine Ankündigung, daß ich eine ganze Anzahl Wählerversammlungen besuchen würde: »Nein, bitte tun Sie das nicht, schicken Sie mir lieber den Dr. Pittermann, dann gewinnen wir die Wahlen sicher.«

Erst nach der Versammlung – die einen ausgezeichneten Verlauf nahm – ließen die Steirer die Katze aus dem Sack. Sie hatten mich auch deswegen nach Graz geholt, weil ein Gespräch mit der FPÖ stattfinden sollte. Ich sollte dabeisein, damit es zu einem positiven Ergebnis käme. Also trafen wir mit dem damaligen FPÖ-Landesparteiobmann, Oberst a. D. Götz, seinem Sohn Dr. Alexander Götz und dem aus Wien herbeigeeilten Bundesgeschäftsführer der FPÖ, Bogner, zusammen. Von der steirischen SPÖ nahmen Dr. Schachner-Blazizek, Bürgermeister Scherbaum und der Landesparteisekretär Sebastian teil. Das Statut der Stadt Graz wurde geändert, ein zusätzlicher Vizebürgermeisterposten geschaffen und mit unserer Hilfe Dr. Alexander Götz in diese Funktion gewählt.

Nach der Verabschiedung der gemeinsamen Resolution im Nationalrat am 4. Juli 1963 installierte die Parteiexekutive ganz offiziell ein Kontaktkomitee, das im »GÖC«-Keller in der Billrothstraße zusammentraf: Peter, van Tongel, Dr. Kandutsch, Bundesgeschäftsführer Bogner und Zeillinger von den Freiheitlichen; Pittermann, Probst, Klubobmann Uhlir und ich von der SPÖ. Eine Zeitlang setzte geradezu ein Wettlauf um die Freiheitlichen ein. Kreisky z. B. versucht durch ein Interview mit »Ma'ariv« sogar das Image der FPÖ in Israel aufzumöbeln. So war es Christian Broda, der schon 1961 Friedrich Peter und van Tongel bei Bundespräsident Schärf einführte. Ich erfuhr davon zufällig. Anläßlich eines Pausengespräches in den Wandelgängen des Parlaments mit Friedrich Peter und Dr. van Tongel sagten die beiden zu mir: »Sie wissen ja, Herr Minister, Broda hat uns dem Herrn Bundespräsidenten vorgestellt, wir waren in der Hofburg.« Nun, ich wußte zwar nichts – und wie ich glaube, auch sonst niemand in der Partei –, tat aber so, als wüßte ich Bescheid, und fragte: »Und – wie war es?« »Der Herr Bundespräsident war sehr freundlich zu uns und interessiert.« Und dann sagten die beiden Herren noch zu mir: »Beim Abschied haben wir uns bei Herrn Minister Broda bedankt für seine Bemühungen: Herr Minister, Sie wären der gegebene Kanzler einer Kleinen Koalition.« »Und was sagte Dr. Broda dazu?«, fragte ich. »Er hat sehr geschmeichelt gelächelt«, antworteten die beiden. Der Kanzlerkandidat hieß freilich immer noch Pittermann. Nur war Peter und van Tongel dabei nicht ganz wohl zumute – nicht etwa aus Mangel an Sympathie, aber: »Wenn Pittermann Kanzler einer Kleinen Koalition wird, verlieren wir die nächste Wahl. Bei Ihnen sind das vielleicht ein paar Mandate, aber wir sind dann weg vom Fenster! Eine Koalition kann nur mit Ihnen erfolgreich sein.« Peter war in einer schwierigen Situation. Die Abstimmung mit uns zusammen hatte großes Aufsehen erregt und ihm zum Teil offenen Widerstand in der eigenen Partei eingetragen, der natürlich von der ÖVP geschürt wurde. (So wurde in Vorarlberg ein gemeinsamer Antrag von ÖVP und FPÖ lanciert, meine Erlässe wegen angeblicher Verfassungswidrigkeit beim Verfassungsgerichtshof anzufechten.) Peter war ein geschickter Taktiker, aber er mußte sich in dieser Situation immer wieder Verdächtigungen gefallen lassen, ohne irgendwelche konkreten Erfolge vorweisen zu können: »Auf die Dauer«, meinte er, »halte ich den Kurs nicht aus, ohne daß er realisiert wird.«

Das zentrale Stück einer Kooperation mit der FPÖ aber war die Wahlrechtsreform. Unser Wahlrecht stammte aus

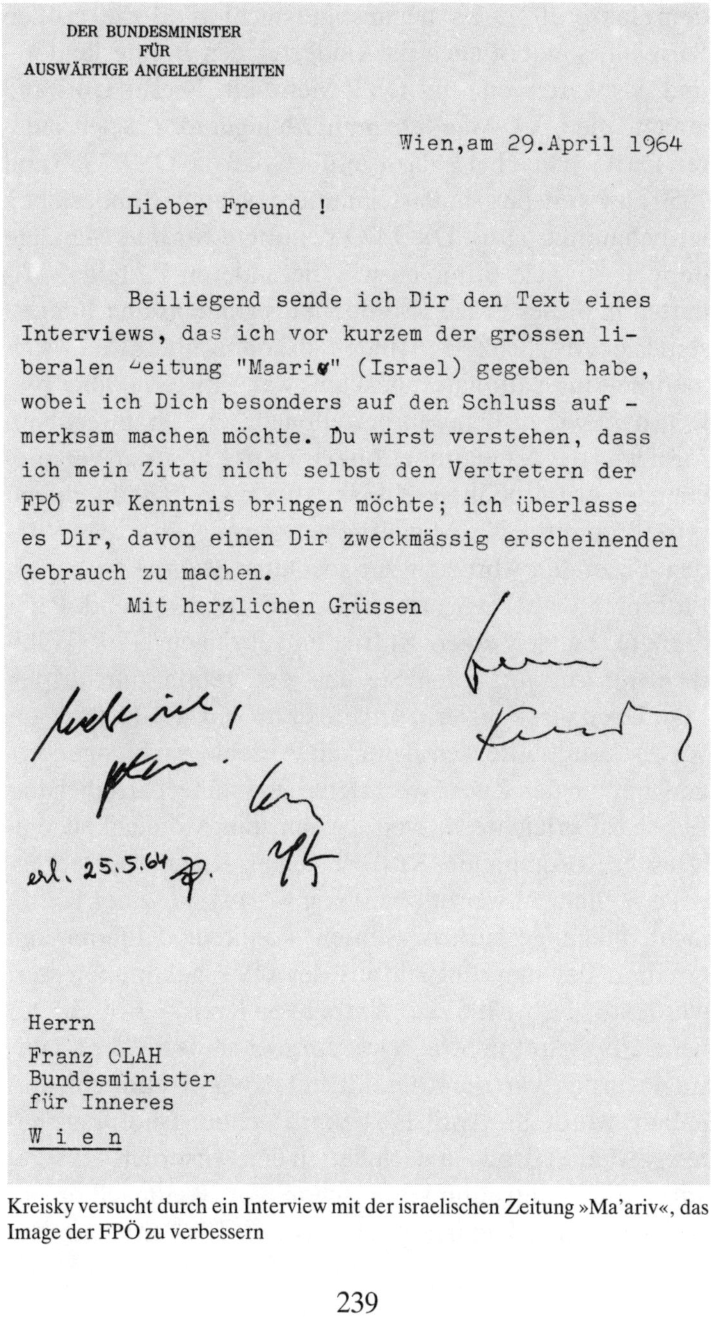

DER BUNDESMINISTER
FÜR
AUSWÄRTIGE ANGELEGENHEITEN

Wien, am 29. April 1964

Lieber Freund !

Beiliegend sende ich Dir den Text eines Interviews, das ich vor kurzem der grossen liberalen Zeitung "Maariv" (Israel) gegeben habe, wobei ich Dich besonders auf den Schluss aufmerksam machen möchte. Du wirst verstehen, dass ich mein Zitat nicht selbst den Vertretern der FPÖ zur Kenntnis bringen möchte; ich überlasse es Dir, davon einen Dir zweckmässig erscheinenden Gebrauch zu machen.

Mit herzlichen Grüssen

erl. 25.5.64

Herrn
Franz OLAH
Bundesminister
für Inneres
W i e n

Kreisky versucht durch ein Interview mit der israelischen Zeitung »Ma'ariv«, das Image der FPÖ zu verbessern dem Jahre 1923. Es begünstigte nicht bloß die großen Parteien, sondern auch die kinderreichen Bundesländer – und das waren jene mit ÖVP-Mehrheit. Dieser Umstand machte die ÖVP-Mandate immer billiger als die der anderen Parteien und hatte dazu geführt, daß die ÖVP 1953 und 1959 als zweitstärkste Partei immer noch den Bundeskanzler behauptet hatte. Die FPÖ benötigte für ihre Mandate doppelt so viele Stimmen wie die anderen Parteien. Wir hatten in dieser Frage also durchaus gemeinsame Interessen. Eine Möglichkeit zu finden, die ohne eine Zweidrittelmehrheit im Nationalrat auskam, war schwierig, aber realisierbar, wie sich herausgestellt hat. Die Wahlrechtsreform war die Nagelprobe, ob wir es mit unseren Versprechungen ernst meinten. Kreisky führte sie 1970 durch und rettete damit seine Minderheitsregierung über die Runden, bis er den Absprung zur absoluten Mehrheit schaffte. Pittermann aber zögerte und zauderte, während Peter drängte, endlich einen Antrag einzubringen: »Die Wahlrechtsreform verkaufen Sie uns jetzt schon zum dritten Mal, Herr Vizekanzler«, seufzte er im »GÖC«-Keller.

Inzwischen mußte sich Peter mit Abschlagszahlungen begnügen, die den Zweck verfolgten, ihm innerparteilich das Leben zu erleichtern, weil sie ihm die Möglichkeit einräumten, prominente Kritiker seines Kurses auf ehrenvolle Stellungen wegzuloben, von wo aus sie seiner Politik nicht mehr gefährlich werden konnten. Klubobmann Gredler, der ursprünglich aus der ÖVP gekommen war, wurde im Herbst 1963 auf Antrag von Kreisky Botschafter beim Europarat in Straßburg; Jörg Kandutsch, der beauftragt worden war, die Kontakte mit der ÖVP aufrechtzuerhalten, wurde im April 1964 zum Rechnungshofpräsidenten gewählt. (Broda und ich hatten den Anspruch der FPÖ auf diese Kontrollfunktion schon vor Weihnachten im Fernsehen anerkannt.) Auch aus den Ländern kam der eine oder andere Vorschlag. Schließlich wählten wir noch van Tongel, den Parteistrategen und Befürworter einer Linkskoalition, zum Zweiten Obmannstellvertreter des Ständigen Unterausschusses des Hauptausschusses im Nationalrat. Auch die Finanzspritzen gingen weiter und erreichten schließlich eine Höhe von rund sechs Millionen aus der zentralen Parteikasse der SPÖ. Das sollte selbstverständlich streng geheim bleiben. Beschlüsse gab es dazu keine! Als dann eines Tages doch gezielte Indiskretionen durchsickerten, riet Pittermann Friedrich Peter: »Alles ableugnen!« Peter hielt sich daran, Pittermann nicht; er gab im Herbst 1964 schließlich sogar eine offizielle Erklärung in der »AZ« ab. Peter war blamiert und hatte bei den nächsten Wahlen einen schweren Stand. Im Monat meiner Ablöse hatte er sogar einen Mißtrauensantrag in seiner Parteileitung zu überstehen.

Ich glaube nicht, daß Pittermann meine Strategie bewußt sabotiert hat. Er wollte zweifelsohne gerne Bundeskanzler werden. Vielleicht hat er aber doch geahnt, daß er dies nicht sehr lange bleiben würde. In der Zwischenzeit war er unschlüssig, wer seine eigentlichen Gegner in der Partei waren: einige seiner sturen alten Rivalen wie das Duo Waldbrunner/Maisel oder auch gewisse Teile der Wiener Partei, die unser Konzept durchkreuzen wollten – oder ich, dem in einer Kleinen Koalition zwangsläufig eine zentrale Stellung zufallen mußte, ganz gleich, wer Bundeskanzler wurde.

Bei der Tagung des Parlamentsklubs in Wels im Oktober 1963 erklärten Tschadek, Waldbrunner, Afritsch, Weikhart und Czernetz, eine Wahlrechtsreform könne nur mit Zweidrittelmehrheit beschlossen werden. Sie beteten getreulich die Argumente der ÖVP nach. Wahrscheinlich glaubten sie selbst nicht an das, was sie sagten. Aber instinktiv fühlten sie, daß bei einer im koalitionsfreien

Raum beschlossenen Wahlreform das bisherige parlamentarische Schneckentempo ein Ende haben würde. Was dann später unter Kreisky gemeinsam von SPÖ und FPÖ beschlossen wurde, glich fast aufs Haar meinem Entwurf, von einigen Nebensächlichkeiten abgesehen. Pittermann verteidigte schon damals den Kurs der Parteiführung nur äußerst halbherzig.

Eine amüsante Unterredung hatte ich in diesem Zusammenhang mit Eduard Wallnöfer, damals frischgebackener Tiroler Landeshauptmann. Es war bei den Olympischen Winterspielen in Innsbruck, spät abends, meine Frau und ich waren schon schlafen gegangen, als der Landesamtsdirektor Kathrein anrief, ob wir nicht noch auf ein Glas Rotwein hinunterkommen wollten, der Herr Landeshauptmann hätte gerne mit mir gesprochen. Also zogen wir uns wieder an. Wallnöfer fühlte zuerst ein wenig wegen dieser oder jener Ernennung vor, dann kam er zu des Pudels Kern. Ihn beunruhigte die Fünf-Prozent-Klausel, die wir statt der Grundmandatsschwelle als Voraussetzung für den Einzug in den Nationalrat vorgeschlagen hatten. Ich war anfangs etwas verblüfft, das könne doch für die ÖVP kein Problem sein, bis Wallnöfer mit der Sprache herausrückte: Im Augenblick nicht, aber man könne ja nie wissen, ob die Tiroler nicht einmal als Tiroler ÖVP kandidieren würden, und dann wäre es allerdings schwierig, in einem Bundesland allein fünf Prozent der Stimmen zu gewinnen.

Die Angst so mancher Politiker, bei einem Wechsel der Koalition eventuell auch ihre Ministersessel einzubüßen – und das nicht bloß auf seiten der ÖVP! –, wurde durch die gegnerische Presse natürlich nur noch geschürt. So erschien in der »Wochenpresse« im Jänner 1964 ein angebliches »Geheimpapier«, eine Ministerliste der Kleinen Koalition, das völlig aus der Luft gegriffen war und plausible Kandidaten wie Rösch, Neugebauer oder Slavik mit allerlei wunderlichen Tatarennachrichten in Verbindung brachte. Im Oktober 1963 hatte ich den Antrag auf Wahlrechtsreform formell im Ministerrat eingebracht. Spätestens im Sommer 1964 hätte die Partei nach den Bestimmungen des Koalitionsabkommens vom »koalitionsfreien Raum« Gebrauch machen können. Doch sie ließ diese Zeit verstreichen. Möglich wäre ein Koalitionswechsel natürlich auch schon anläßlich der Regierungsumbildung 1964 gewesen, als Klaus die Geschäfte übernahm. Doch man wollte nicht. Probst brachte die zunehmend gehässige Stimmung offen zum Ausdruck, als er nach einer Ministerratssitzung, in der mein Gesetzentwurf über ein neues Staatsbürgerschaftsgesetz die Zustimmung erhielt, sich gegenüber einem ÖVP Regierungsmitglied beschwerte: »Wie könnt's ihr dem Olah auch noch ein bisher so umstrittenes Gesetz durchlassen!« Daß man mir dies umgehend genüßlich hinterbrachte, war eigentlich selbstverständlich! Weikhart forderte bei einer Sitzung der Parteivertretung meine Ablöse als Innenminister. Doch damals traute sich noch niemand, darauf einzugehen.

Schon bald nach meinem Amtsantritt hatte ich einen Gesetzesentwurf über Volksbegehren und Volksabstimmung ausarbeiten lassen. Es hatte ja niemand so eine rechte Freude mit der direkten Demokratie! Schon während meiner Zeit als Klubobmann haben wir in einem Vierergespräch Raab-Maleta/Pittermann-Olah die Realisierung vereinbart, d. h. der ÖVP abgerungen. Gegen großen Widerstand. Eine Stunde nach Beendigung des Gesprächs rief Raab an und sagte am Telefon lapidar: »Es ist nichts mit dem Gesetz, ich bin bei meinen Leuten nicht durchgekommen«! Das war eine beliebte Formel von Raab, wenn er seinen Kopf wieder einmal aus der Schlinge ziehen wollte.

Die Gesetze wurden noch im Frühjahr 1963 beschlossen.

Nur dadurch wurde das Rundfunk-Volksbegehren 1964 möglich. Ich möchte mir keine fremden Federn an den Hut stecken und daher feststellen, daß ich dieses Gesetz nicht deshalb eingebracht habe, um einmal ein Rundfunk-Volksbegehren zu ermöglichen. Das konnte niemand voraussehen. Mir ging es um den Grundsatz. Mit einem Erlaß habe ich dann noch unmittelbar vor dem Ende meiner Amtszeit die Frist für die Eintragung extensiv festgelegt.

Mit Jahreswechsel 1963/64 gab es auch in meinem Ressort einige überfällige Änderungen. Die ersten wurden von der ÖVP maßlos aufgebauscht. Dabei hatte die ÖVP am allerwenigsten Grund, sich darüber aufzuregen. Waren es doch ihre Leute in Niederösterreich, die sich als unfähig für eine Kooperation erwiesen hatten. Ich hatte die betreffenden Herren schon einmal verwarnt. Im Sommer 1963 hatte es in Niederösterreich einen aufsehenerregenden Mordfall gegeben. Der Chef der Erhebungsabteilung der Gendarmerie, Major Steinacher, konnte den Fall rasch klären; Journalisten erfuhren von der Verhaftung und berichteten darüber. Der Sicherheitsdirektor Hofrat Schobel fühlte sich übergangen. Als einziger Sicherheitsdirektor hatte er sich einen eigenen kriminalpolizeilichen Referenten zugelegt. Dieser überflüssige Apparat des Sicherheitsdirektors (inklusive eines eigenen Pressereferenten) verfolgte die Beamten von der Erhebungsabteilung mit seiner Eifersucht. Es ist nahezu überflüssig zu betonen, daß es sich im »schwarzen Kernland« Niederösterreich bei allen Beteiligten um ÖVP-Parteigänger handelte. Im Juli rief ich die Herren im Ministerium zusammen, rief sie ernsthaft auf, diese sinnlosen Rivalitäten einzustellen, und forderte sie alle auf, ein Gedächtnisprotokoll von dieser Sitzung anzufertigen, um es keinesfalls wieder zu »Auslegungsunterschieden« kommen zu lassen.

Während meines Urlaubs in Kärnten erreichte mich ein Anruf von Franz Kreuzer, dem Chefredakteur der »AZ«. Schobel habe ihn kontaktiert, er wolle einer »anständigen Zeitung« ein Interview geben. Ich habe mich gegen die Veröffentlichung nicht gesperrt; meine Reaktion sollte allerdings nicht ausbleiben. Das staunende Publikum konnte also lesen, wie ein Sicherheitsdirektor in aller Öffentlichkeit breittrat, daß er ein Geständnis, das der Täter in einem zweiten Mordfall abgegeben hatte, nicht für glaubwürdig halte. (Zu diesem Publikum gehörte übrigens auch der Tatverdächtige selbst, der sich das nicht zweimal sagen ließ und sein Geständnis widerrief.) Nach derlei Eskapaden berief ich die Herren Schobel und Schüller per sofort ab (Landeshauptmann Figl war alles andere als erfreut, bei der ÖVP herrschte große Aufregung) und schickte sie der niederösterreichischen Landesregierung mit bestem Dank zurück. Die Sicherheitsdirektoren waren zwar Landesbeamte, ich konnte sie daher auch gar nicht versetzen oder entlassen, aber ich konnte auf ihre Dienste verzichten. Schließlich stand deren Ernennung allein dem Innenminister zu – dank Dollfuß, der diese Regelung 1933 eingeführt hatte, um dem »Roten Wien« eins auszuwischen. Das hatte ich auch den übrigen ÖVP-Landeshauptleuten klar gemacht. Wallnöfer schlug ich vor, einen »Schwarzen« zu ernennen, sobald es im Heiligen Land Tirol einen »roten« Bezirkshauptmann gebe, etwa in Imst (wo die ÖVP damals noch fast 90 Prozent der Stimmen erntete). Der Vorarlberger Ilg, der besonders wenig von Wien hielt, wollte mir seine personalpolitischen Wünsche mit dem Argument nahebringen: »Wir in Vorarlberg sind nicht für den Proporz.« – »Ganz richtig, ich auch nicht, darum ernennen Sie und ich in unserem Kompetenzbereich jeweils die besten Beamten, und zwar allein!«
Die Unverfrorenheit, mit der manche Staatsdiener ihre

Position zu politischen Intrigen mißbrauchten, war allerdings keineswegs auf die ÖVP oder auf Niederösterreich beschränkt. Dieser Umstand gab den Anlaß zu einem zweiten Revirement, das diesmal in der »roten« Reichshälfte einigen Staub aufwirbelte. Die Staatspolizei war schon vor einiger Zeit durch einen Skandal unliebsam aufgefallen: ein ungarischer Geheimdienstmajor, der nach Österreich geflohen war, starb ausgerechnet ein paar Tage vor seiner beabsichtigten Ausreise in die USA in der Zelle des Wiener Polizeigefangenenhauses eines plötzlichen Todes – angeblich an eitriger Mandelentzündung. Es war der Öffentlichkeit wohl nicht zu verdenken, wenn hier Zweifel am Hergang des Geschehens laut wurden.
Die nächste Affäre bei der Staatspolizei ließ nicht lange auf sich warten: gegen einen Beamten der Abteilung wurden Ermittlungen wegen nachrichtendienstlicher Tätigkeit für einen Nachbarstaat eingeleitet. Dabei ging man soweit, die Hilfe des Geheimdienstes eines dritten Staates in Anspruch zu nehmen, um das Privattelefon des Betreffenden abhören zu lassen. Der fremde Nachrichtendienst mietete zur ungestörten Beobachtung und zur leichteren Kommunikation mit seinen Zuträgern sogar eine Wohnung gegenüber dem Innenministerium an. Ganz abgesehen davon, daß die Untersuchungen ergebnislos verliefen – es wurde so klug gearbeitet, daß der Verdächtige es bald bemerkte –, war das Vorgehen der beiden Beamten in jeder Beziehung ungesetzlich und kompromittierend und hätte allemal für ein Disziplinarverfahren gegen sie ausgereicht. (Dieselben »Autoren«, die mich wegen meiner Haltung im Oktober 1950 immer wieder als Agenten des US-Imperialismus zu bezeichnen beliebten, legten im Fall der beiden Ehrenmänner übrigens eine erstaunliche Toleranz an den Tag.) Als ich die betreffenden Herren in eine andere Abteilung versetzte, hatten sie nichts Eiligeres zu tun als

sich in die Rolle der Opferlämmer zu werfen. Spätestens da mußte klarwerden, daß zwei subalterne Beamte derlei Aktionen nicht ganz aus eigenem Antrieb und ohne Rükkendeckung setzen konnten.

Die offene Feindschaft jener Gruppe, die vor mir das Ministerium »geleitet« hatte, zog ich mir endgültig zu, als ich im Fernsehen an konkreten Beispielen erörterte, welche Zustände in diesem Haus herrschten, wo im Keller Zigtausende Spitzelakten gelagert wurden, ohne daß sich irgend jemand dafür zuständig erklärte! Ich hatte in das Ministerium auch Emil Paulis, einen Kriminalbeamten, geholt, der sich schon in der Zeit nach 1934 in der Untergrundbewegung einige Verdienste für unsere Partei erworben hatte. Paulis überraschte mich eines Tages mit der Frage: »Herr Minister, kennen Sie Ihren Akt?« Ich antwortete ihm leichthin: »Natürlich!« Denn schon an meinem zweiten Tag im Amt hatte mir Ministerialrat Rupertsberger, Leiter der Staatspolizei im Ministerium, meinen »Gauakt« aus der NS-Zeit überreicht. Doch Paulis klärte mich auf: »Das meine ich nicht, das ist nicht Ihr Akt. Da gibt es noch eine ganze Reihe von Karteiblättern.« Daraufhin sagte ich ihm: »Such das raus!« Um Aufsehen zu vermeiden, wurde er mit meiner Genehmigung tätig – und fündig. Insgesamt fanden sich über 40000 solcher Spitzelakten über Österreicher, allesamt angefertigt nach 1945, zumeist unter der Ägide des Stapo-Chefs Max Pammer, den noch Helmer 1958 wegen seiner Eigenmächtigkeiten versetzt hatte, ohne wohl den vollen Umfang dieser Aktivitäten zu kennen.

Pammer, der aus seinen Sympathien für die Ära des Ständestaates nie ein Hehl gemacht hatte, wollte durch seine Intrigen 1963 auch die Bestellung Stephanis zum Leiter meines Ministerbüros blockieren – ein einmaliger Vorgang, daß sich der Minister seinen Kabinettschef nicht

Es handelt sich um zwei Wohnungen :

1. Wien I. Graben 31, 6. Stock Türe 21

Diese Wohnung war sozusagen die Kommando Zentralle für die erste Überwachung des Alfred Petrovic im Mai, 1962. Die Kriminalbeamten aus Linz, so wie unsere Herren aus Deutschland haben die Wohnung gemeinsam benutzt. Die Herren Hlubucek und Jäger kennen die Wohnung.

Im Laufe der Zeit wurde von Seite der Stapo vorgeschlagen die Wohnung für die Zwecke des zu aufstellenden Stapo Überwachungteams bereit zu stellen. Wir waren grundsätzlich bereit das zu tun aber die Angelegenheit kam nicht zu einen definitiven Abschluss.

2. Wien I. Herrengasse 6 - 8, I. Stiege, I. Stock, Tür 5

Diese Wohnung wurde von uns spezifisch für den Fall Petrovic, und mit grosser Mühe, erworben. Sie liegt direkt gegenüber der Dienststelle und war am besten geeignet für die notwendige elektronische Überwachung. Die Anlagen wurden seiner Zeit von den Herren Ruppertsberger und Dr. Mayer inspiziert und benützt und die Herren Jäger und Hlubucek kennen es auch.

Wir haben mit Herrn Ruppertsberger besprochen dass diese Wohnung eventuell geeignet wäre um vertrauliche Gespräche zwischen unseren Herren einen sicheren Rahmen zu geben. Zum Beispiel, und das ist nicht allgemein bekannt, kann man vom Ministerium in das Gebäude Herrengasse 6 - 8 auch durch einen unterirdischen Tunnel gelangen und eine Fernschreibverbindung zwischen der Wohnung und der Staatspolizeigruppe wäre ohne weiteres möglich. Dadurch wäre die Gruppe in der Lage mit befreundeten Diensten Zusammenkünfte abzuhalten ohne eventuell kompromittierende Besuche von Ausländern im Ministerium zu riskieren.

Diese Information wurde Olah von seiten der zuständigen diplomatischen Vertretung zugespielt

selber aussuchen sollte! Als Innenminister habe ich Pammers Sektion aufgelöst und ihn dem Bundeskanzleramt zur Verfügung gestellt. Gorbach war ganz konsterniert und sagte: »Ja, was soll ich denn mit ihm machen?« Pammer hat sich später dann übrigens in einem Interview noch damit gebrüstet, angeblich im Auftrag amerikanischer Diplomaten Kontakte zu Spitzenpolitikern der SPÖ herstellen zu sollen, die mir feindlich gesinnt waren.
Entgegen anderslautenden Berichten und journalistischen Verdrehungen handelte es sich bei den Spitzelakten keineswegs um die Gau-Akten der NS-Zeit, die man etwa nur verwahrt oder dem Zugriff der Sowjets entzogen hatte, sondern um Berichte, die nach 1945 angelegt und gesammelt wurden – und zwar ganz offensichtlich ohne Wissen des verantwortlichen Ministers. Über Helmer und Afritsch selbst waren übrigens Dossiers zusammengetragen worden, die allerlei abträgliche und erfundene Aufzeichnungen enthielten. (Über mich war unter anderem ein Geheimtreffen in einer Wiener Bar mit Kreisky und einem Direktor der SAS-Fluglinie verzeichnet – eine Nebensächlichkeit, aber eben eine komplette Erfindung!) Diese Akten bewiesen, daß es mit der Kontrolle des verantwortlichen Ministers nicht sehr weit hergewesen sein konnte. Alles in allem war das eine unhaltbare Situation. Ich habe unserer Regierungsfraktion und dem Bundeskanzler dementsprechend berichtet und sie zu einer Stellungnahme aufgefordert. Aber ich erhielt keine Antwort. Gorbach rang immer nur vielsagend die Hände, während Withalm in der Presse einen Angriff nach dem anderen auf die »rote« Staatspolizei startete. Das war der Grund, weshalb ich beschloß, mit der Sache an die Öffentlichkeit zu gehen und zum Beweis meiner Behauptungen aus den Akten über mich und meine Amtsvorgänger zu zitieren. Denn es würde ja wohl niemand annehmen, daß ein Minister seinen

Quelle FR (Rei) 11

I n f o r m a t i o n

Vertraulich wird mitgeteilt:

22. OKT. 1952
15.10.52.

Die Lage der SPOe.

In der SPOe ist man überzeugt, dass H e l m e r gehen wird. Man hält es allerdings für ziemlich ausgeschlossen, dass H o l a u b e k sein Nachfolger wird und rechnet eher mit O l a h, der für diesen Posten von den Gewerkschaften vorgeschlagen werden dürfte. Bereits heute läßt sich in dieser Richtung ein leichter Druck seitens der Gewerkschaften feststellen. O l a h hat sich mit seinen Bauarbeitern zweifellos ein starkes Instrument geschaffen und hat in P r o k s c h keinen Gegner, da er zu diesem nicht in Konkurrenz steht. In diesem Zusammenhang wird bestritten, daß Olah in Amerika für den ÖGB Geld bei den amerik. Gewerkschaften gefunden haben könnte. Es scheint schon deshalb ausgeschlossen, weil gerade Olah bei den österr. einflussreichen Emigranten in Amerika auf Ablehnung stößt. Sollte Olah nicht den Posten eines Innenministers erhalten, so hat er noch immer die Aussicht die Stelle von Proksch zu bekommen, falls dieser die Stelle von Böhm erhält.

Pittermann und Probst haben sich eine besonders starke Brücke im 12. Bez. aufgebaut. Pittermann hat zweifellos sehr viel für Polak, Helmer und Schärf geleistet. Es ist jedoch derzeit nicht damit zu rechnen, dass er in ein neues Kabinett hineinkäme.

Waldbrunner stützt sich innerhalb der Partei immer mehr auf den Bund sozialistischer Akademiker, dessen Einfluss und Stärke ständig steigen. Bekanntlich hat der BSA in starkem Masse zum Abgang von Tschadek beigetragen.

P r o k s c h stützt sich ausser auf die Gewerkschaften auch noch stark auf das Burgenland, wo er zweifellos sehr grossen Einfluss hat. Die Rolle der Gewerkschaften darf überhaupt nicht unterschätzt werden. Die Chancen Holaubek's auf den Posten eines Innenministers sind vor allem deshalb gering, weil er gerade in den Gewerkschaften wenig Anhang hat und nur im Parteivorstand Sympathien geniesst. Er ist zwar ~~nicht~~ in der Leitung der Kinderfreunde, doch bedeutet dies politisch nichts.

M a n t l e r hat heute keine Ambitionen mehr. Er ist zweifellos zufrieden, wenn er Präsident der Arbeiterkammer bleiben kann. Sein Einfluss in der Partei ist gering.

W i r l a n d n e r, der wirtschaftspolitischer Referent der Arbeiterkammer ist, steht im schlechten Einvernehmen mit dem Gewerkschaftsbund und mit P r o k s c h. Proksch beschwert sich, dass Wirlandner zu sehr den

1406-49

»Olah hat sich mit seinen Bauarbeitern zweifellos ein starkes Instrument geschaffen . . .« – Auszug aus Franz Olahs »Stapo«-Akte

Beamten die Weisung erteilt hatte, abträgliches Material über sich selbst zusammenzutragen. Am 28. Jänner 1964 legte ich im Rahmen einer Fernsehsendung, die Helmut Zilk moderierte, die Akten vor laufender Kamera auf den Tisch und versprach, diesem Skandal ein Ende zu bereiten. Die Akten sollten von einer Kommission geprüft und vernichtet werden.

Der erste, der darauf reagierte, war Afritsch. Er fühlte sich durch die zitierten Vorwürfe beleidigt – ohne den Sinn der Aktion zu verstehen, oder aber er verstand nur zu gut, daß darin natürlich ein Angriff lag – nicht auf die Spitzelberichte, die ihm vorgeworfen wurden, sondern auf die Art seiner Amtsführung. Man hatte mir 1963 vor meiner Bestellung zum Minister weisgemacht, Afritsch sei amtsmüde; in Wirklichkeit erfüllten ihn seit seiner Ablöse tiefe Ressentiments, und er nützte die erzwungene Freizeit, um in Wien Stimmung gegen mich zu machen. Sein Verbündeter Broda hat das in seinem Nachruf elegant, aber deutlich charakterisiert: »In diesen Monaten hatte Josef Afritsch seine beste, seine größte Zeit. Wir waren fast täglich beisammen.« Afritsch, der in der Partei über keinerlei Hausmacht verfügte und keinerlei Rücksichten mehr zu nehmen hatte, wurde hier als Plänkler vorgeschickt, um das Terrain aufzubereiten. Sein Revanche-Artikel vom Februar 1964 lieferte gewissermaßen den Startschuß zur Jagd auf den Innenminister, der es gewagt hatte, so vielen Leuten auf die Zehen zu treten und die beschauliche Routine diverser Pfründeninhaber zu stören.

Hinter dieser Kampagne, die sich in den folgenden Monaten ausweitete, standen freilich ganz andere Kaliber – nicht nur innerhalb der eigenen Partei, sondern auch des eigenen Ressorts. Das war schon im vergangenen Herbst klar geworden, sofern es dafür überhaupt noch eines weiteren Beweises bedurfte. Im Oktober waren in der »Wochenpresse« auf der Titelseite mein Bild und darüber der dramatische Aufmacher erschienen: »Ein schwarzer Schatten über Österreich«. Chefredakteur der »Wochenpresse« aber war Bruno Flajnik, der mit seiner Familie aus Kroatien gekommen und ein guter Bekannter des Wiener Polizeipräsidenten Holaubek war, der ihm nicht nur eine niedere Autonummer verschafft hatte (derlei Eitelkeiten waren ja gerade noch verzeihlich), sondern auch diverse kleine Unfälle und Vergehen seiner Schützlinge großzügig übersah. Mit Holaubeks selbstherrlicher Machtausübung war es vorbei, seitdem ich als Innenminister amtierte. Dazu kam der Groll über einen persönlichen Zusammenstoß, als ich ihn aufforderte, die weit über das Maß von Andenken oder Souvenirs hinausgehenden Geschenke abzulehnen, die Ibn Saud bei Staatsbesuchen den ihn begleitenden Polizisten zu machen pflegte. Der zweite im Bunde war Gottfried Lipowitz, Generalinspektor der Wiener Sicherheitswache, der in Parteiveranstaltungen lauthals über dienstliche Angelegenheiten Klage führte und sich dann noch wunderte, wenn dieses gegen jede Amtsverschwiegenheit verstoßende Vorgehen von oben gerügt wurde. (Daß ich mich vorher erkundigte, ob er das, was mir zugetragen worden war, auch wirklich gesagt hatte, legte man mir natürlich als Bespitzelung aus!) Auch die Tatsache, daß der treue Genosse Lipowitz nichts Eiligeres zu tun hatte, als zum ÖVP-Staatssekretär Soronics zu laufen und ihn um Unterstützung gegen seinen Minister zu ersuchen, illustriert recht treffend, mit welchen Methoden gerade jene Herren, die mir später »parteischädigendes Verhalten« vorwerfen sollten, agierten.

Im Zentrum der Intrigen gegen mich aber stand zweifelsohne und eingestandenermaßen eine Person: Christian Broda. Mit Leuten wie Waldbrunner und Maisel hatte ich immer schon Schwierigkeiten gehabt. Da gab es ehrliche

Auffassungsunterschiede, die uns immer schon getrennt hatten, etwa über Struktur und Stil unserer Partei. Pittermann und wohl auch Benya, die es schließlich in die Hand nahmen, meine Hinrichtung zu exekutieren, wurden im Laufe der Ereignisse selbst immer mehr zu Getriebenen. Darüber hinaus gab es, wie in jeder klassischen Tragödie, einen »Chor«: eine Reihe von Figuren am Rande, eine hungrige Meute, gierig nach Posten und Aufstiegschancen, die mit Argusaugen jeden verfolgte, von dem sie – zu Recht oder zu Unrecht – annahmen, ihrer Karriere im Wege zu stehen. Unter anderen zählte Weikhart dazu – und von seinem Standpunkt aus, muß ich sagen, durchaus mit Recht, denn in einer Partei unter meiner Führung wären seine Chancen sehr gering gewesen. Den Apparatschiks wie Probst war ich ein Dorn im Auge, weil ich das Vertrauen der Arbeiter besaß, um das sich diese Leute ihre ganze papierene Existenz lang vergeblich bemühen würden. Und dann waren da natürlich auch die Opportunisten, die bis ganz zuletzt abwarteten, um nicht auf der falschen Seite zu landen. Dem Wiener Bürgermeister Franz Jonas z. B. war ich nie ganz geheuer gewesen, aber exponiert hätte er sich deshalb nie. Er hielt sich bis zum Ende bedeckt, damit man später nur ja nicht sagen konnte, er hätte gesagt . . .

Nur einer haßte mich derart, daß er alles daransetzte, mich politisch und menschlich zu vernichten: Christian Broda. Schärf und Böhm hatten mich immer schon vor Broda gewarnt. Es war nicht bloß die Tatsache, daß Broda in seiner Jugend Kommunist gewesen war. Was uns noch stutziger machte, war der Umstand, daß die Kommunisten, die Renegaten doch sonst mit geradezu alttestamentarischem Haß zu verfolgen pflegten, nie ein böses Wort über Broda fanden. Immerhin: Brodas politische Vergangenheit war allgemein bekannt. So mancher mochte sich

xS 14. August 1931 S. 3

Nr. 24036 Wien, Freitag Neue Freie Presse

Eine kommunistische Nachrichtenzentrale in der Prinz-Eugen-Straße.

Im Zusammenhang mit dem Fünfturmschlössel.

Im Zusammenhang mit der Affäre Semmelmann hat die Polizei seinerzeit aus den Aufzeichnungen, die bei dem Ermordeten gefunden wurden, entnommen, daß in Wien in der Prinz-Eugen-Straße 14, unter einer Deckadresse noch eine kommunistische Nachrichtenzentrale vorhanden sei. Bereits damals führte die Polizei dort Erhebungen durch und stellte fest, daß dort offiziell eine Familie Broda wohnte, die aber zur Zeit der Ermordung Semmelmanns nicht in Wien war. Es wurde gleichzeitig festgestellt, daß die zwei Söhne dieser Familie mit kommunistischen Anhängern in regem Verkehr standen und selbst Mitglieder der kommunistischen Partei sind. Damals stellte sich heraus, daß der eine der beiden Söhne in Berlin lebt, der zweite mit seiner Mutter in Altenberg im Fünfturmschlößl wohnt. Ende Juli entsandte also die Polizeidirektion, wie bereits gemeldet wurde, Beamte nach Altenberg in der Steiermark, um dort weitere Erhebungen zu pflegen. Sie nahmen damals in der Wohnung der Familie Broda ebenso eine Hausdurchsuchung vor, wie eine solche auch in Wien stattgefunden hatte. Man fand dabei neuerliche Dokumente, die auf eine kommunistische Nachrichtenzentrale schließen lassen. Der eine Sohn, Christian Broda, der sich in Altenberg aufhält, gab auch zu, in Wien Briefe bekommen zu haben, die unter Doppelkuvert an ihn gelangt sind, deren Absender sein Bruder in Berlin war und die an die kommunistischen Parteimitglieder in Wien gerichtet waren. Christian Broda hat diese Briefe weitergeleitet. Die Staatsanwaltschaft in Wien II wurde hievon in Kenntnis gesetzt. Die Polizei hat weitere Erhebungen eingeleitet.

Die Familie des Finanzrates Broda.

Dr. Broda, dessen Wohnung in Wien von der Polizei durchsucht wurde, ist, wie wir weiter erfahren, österreichischer Finanzrat und war vor vielen Jahren in einer Finanzstelle beschäftigt, war aber schon seit langem in Pension. Er ist derzeit unbekannten Aufenthaltes und befindet sich wahrscheinlich in Berlin. Sein Bruder ist der bekannte pazifistische Vorkämpfer Professor Broda, der vor dem Krieg, in der Schweiz die „Dokumente des Fortschrittes" herausgab und jetzt in Amerika wirkt. Dr. Ernst Broda entstammt gutbürgerlichen Kreisen Mährens.

Es taucht die Frage auf, woher der Finanzrat das Geld hatte, um sich das Fünfturmschlößl in Altenberg zu kaufen, doch ist dieses Haus kein Schloß nach allgemeinen Begriffen, sondern bloß ein etwas größeres Gebäude. Angeblich besaß Dr. Broda privates Vermögen. Es ist jedenfalls auffallend, daß die Familie eines vermögenden Finanzrates kommunistische Propaganda betreibt und daß auch der Sohn dieser in einem guten Viertel von Wien lebenden Familie für die Kommunisten arbeitet. Christian Broda ist übrigens erst vierzehn Jahre alt, ist Gymnasiast und hat, wie jetzt nachgewiesen wurde, auch im Gymnasium Propaganda für den Kommunismus getrieben.

Die Nachrichtenstelle außer Betrieb.

Es scheint, daß die Wohnung Brodas nur eine Relaisstelle in einem größeren Nachrichtendienst gewesen ist. Diese Adresse ist aber bereits einige Zeit vor der Ermordung Semmelmanns außer Betrieb gesetzt worden. Infolgedessen konnte in seiner Wohnung bei der Hausdurchsuchung eigentlich kein besonders belastendes Material gefunden, sondern nur überhaupt der Nachweis erbracht werden, daß hier Briefe durchgelaufen sind und an bekannte Kommunisten weitergegeben wurden.

Mit Semmelmann in Verbindung.

Es scheint übrigens, als ob sich bei diesem Material hauptsächlich um kommunistische Propaganda und vielleicht auch um Nachrichtendienst ausländischer Staaten, nicht aber um österreichischen Nachrichtendienst gehandelt hat. Auch ist kein Zusammenhang zwischen dem Nachrichtendienst, der über Broda führte, und jener Stelle nachzuweisen, die in Währing bei dem Kommunisten Hlavac seinerzeit aufgefunden wurde. Es handelt sich hier bloß um eine Stelle, die mit Semmelmann im Zusammenhang stand. Aus dem Nachlaß des ermordeten Semmelmann besitzt die Polizei übrigens noch weiteres Adressenmaterial, und die Erhebungen in diesem Falle sind noch lange nicht abgeschlossen.

Verhaftung eines kommunistischen Agitators in Graz.

Graz, 14. August.

Durch besonders starke Ueberwachung konnte die Polizeidirektion in der letzten Zeit bei verschiedenen Personen, darunter auch Ausländern und Intelligenzkreisen angehörenden Leuten, eine erhöhte Tätigkeit für die kommunistische Partei feststellen. Einige dieser Agitatoren, die nicht nach Graz, beziehungsweise Steiermark zuständig sind, wurden aus Oesterreich abgeschafft. Gestern hat die Polizei den in Wien bekannten kommunistischen Agitator Theodor Maller verhaftet. Er wurde seit mehreren Tagen wegen einer in Gösting bei Graz gehaltenen Rede, in der er zu ungesetzlichen Handlungen aufgefordert hatte, von der Polizei gesucht. Maller suchte sich durch Verkleidung der Polizei zu entziehen, konnte jedoch gestern nach einer kommunistischen Versammlung in Graz verhaftet, perlustriert und hierauf dem Landesgericht überstellt werden.

Die Salzburger Festspiele gegen Regen versichert.

Ein Millimeter Regen sechstausend Schilling.

Telegramm unseres Korrespondenten.

Salzburg, 14. August.

Das Regenwetter vom letzten Sonntag ließ eine originelle Versicherung in Kraft treten. Da bekanntlich zahlreiche Veranstaltungen der Festspiele unter freiem Himmel abgehalten werden, hat die Festspielleitung mit einer Versicherungsgesellschaft eine Versicherung gegen Regen abgeschlossen. Die Hauptbestimmung der Polizze lautet, daß gegen Zahlung einer Gesamtprämie von 15.000 Schilling jeder Tag versichert ist. Wenn an einem beliebigen Nachmittag — ausgenommen waren nur die beiden ersten Regentage — zwischen 5 und 7 Uhr mindestens ein Millimeter Regen fällt, so muß die [illegible] sechstausend Schilling liqui-

Aus dem Gerichtssaale.

Die Quellen des Rauschgifthandels.

Ein Schmuggler plaudert aus.

Vor dem Strafbezirksgericht I (Landesgerichtsrat Doktor Standhartinger) haben sich der Kaufmann Johann St. und der Stumpenhändler Renzo C. wegen Rauschgiftschmuggels zu verantworten. Richter (zum Angeklagten St.): Sie geben zu, zwei Kilogramm Kokain von Basel nach Mailand geschafft zu haben. Woher haben Sie diese Verbindungen? — Angekl.: In Basel gibt es genug Gelegenheit, sich Kokain zu verschaffen. — Richter: Woher haben Sie gewußt, daß man gerade in Basel sich das Gift leicht verschaffen kann? — Angekl.: Ich habe doch als Drogenhändler zehn Jahre gearbeitet. Das Gift erhielt ich nicht von der Erzeugerfirma; da schiebt sich der Zwischenhändler ein. Wie der Mann heißt, weiß ich nicht, weil diese Leute sich gewöhnlich mit dem Vornamen vorstellen, und der ist falsch. Ich kaufte das Gift von einem gewissen Theo. [illegible] hatte acht Kilogramm: [illegible]

Schlagzeile der »Neuen Freien Presse« vom 14. August 1931

sagen, daß in einem Jahrhundert, in welchem die totalitäre Versuchung – von der einen wie von der anderen Seite – an die Menschen herangetragen worden war, zwar nicht vergessen, aber doch einmal vergeben werden sollte. Dazu war auch ich immer bereit – jedoch nur unter einer Voraussetzung, ganz gleich ob es sich um ehemalige NSDAP-Mitglieder handelte oder um Kommunisten: persönlich mußten sie sich anständig verhalten haben. Das politische Bekenntnis ist kein Verbrechen. Es entschuldigt aber auch kein Verbrechen.

Zu dem Zeitpunkt, als ich Innenminister wurde, war mein Konflikt mit Broda kein Geheimnis mehr. Erst später habe ich dann allerdings so manches erfahren, was mir seinen Widerstand gegen meine Ernennung in einem anderen Licht erscheinen ließ. Es gab im Leben des Christian Broda einige dunkle Punkte, die eine ganze Reihe von Fragen aufwarfen – Fragen, die bis heute nicht geklärt sind und es vielleicht auch niemals sein werden; dunkle Punkte, auf die zu stoßen der Innenminister vielleicht mehr Gelegenheit hatte als der Präsident des Gewerkschaftsbundes.

Da war zuerst einmal der Mordfall Semmelmann. Im Juli 1931 war in Wien von Kommunisten ein Fememord verübt worden. Georg Semmelmann war ein Agent, der seinen Auftraggebern unbequem geworden war. Bei ihren Nachforschungen stießen die Behörden auch auf die beiden Söhne der Familie Broda, die als Relaisstelle, als »Briefkästen«, für die KP tätig waren. Wenn Broda mit 15 Jahren ein jugendlicher Idealist war, so bewegte sich sein Idealismus gefährlich nahe an tödlichem Ernst. Der aus Belgrad nach Österreich eingereiste Killer handelte im Auftrag der Kommintern (Kommunistische Internationale) und wurde über die Wiener Leitstelle, das war die Broda-Wohnung in der Prinz-Eugen-Straße, eingeschleust.

In den dreißiger Jahren gründete Broda seine eigene Zeit-

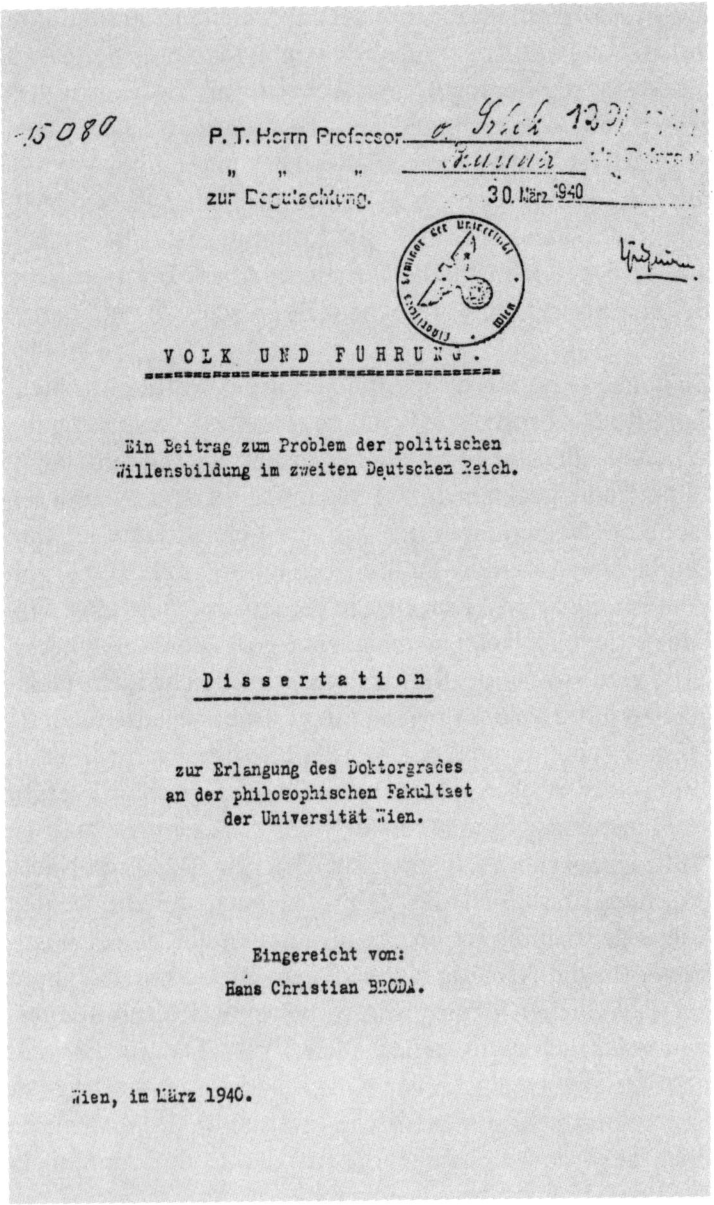

15080

P. T. Herrn Professor ________

" " " ________

zur Begutachtung. 30. März 1940

VOLK UND FÜHRUNG.

Ein Beitrag zum Problem der politischen
Willensbildung im zweiten Deutschen Reich.

Dissertation

zur Erlangung des Doktorgrades
an der philosophischen Fakultaet
der Universität Wien.

Eingereicht von:
Hans Christian BRODA.

Wien, im März 1940.

Titelblatt der Dissertation Hans Christian Brodas, eingereicht im März 1940

Geheime Staatspolizei
Staatspolizeileitstelle Wien

Tagesbericht Nr. 4
vom 11. - 14.Juni 1943.

zu 3): Kommunismus,Marxismus:

Zum Tagesbericht Nr. 8 vom Mai 1942 und andere, betr. die Aktion gegen den KJVÖ:

Im Zusammenhang mit dem am 27.4.1942 festgenommenen und am 17.4.1943 wegen Vorbereitung zum Hochverrat zum Tode verurteilten Walter K ä m p f wurde über hiesiges Ersuchen durch die Abwehrstelle im Wehrkreis XVII der Obergefreite

Johann Christian B r o d a.,
Dr.phil.u.Jurist,
12.3.1916 Wien geb.,
DRA.,ev.,verh.,
Wien,XIII., Adolfstorgasse 11 whg.,

wegen Verdachts der kommunistischen Betätigung am 1.6.1943 bei seinem Truppenteil festgenommen und am 9.6.1943 der hiesigen Dienststelle überstellt.

Nach Angabe des Kämpf hat B r o d a im Winter 1941/42 RM 50.- als Spende für die Beschaffung eines Abziehapparates zur Verfügung gestellt. Weiters hat B. die Flugschrift "Die Rote Jugend" zur Weiterverbreitung erhalten. Broda steht ferner im Verdacht, Mitglied der kommunistischen Organisation "Der Soldatenrat"gewesen zu sein.

Am 7.6.1943 wurde die Postfacharbeiterin

Hermine K ö p f , geb.Proissl,
17.10.190[illegible] Wien geb.,
DRA.,rk.,verh.,
Wien,XV.,Holocherg.47 whg.,

wegen Verdachts der kommunistischen Betätigung und Wehrkraftzersetzung festgenommen.

Die wegen komm.Betätigung im Jahre 1935 bereits vorbestrafte Hermine Köpf steht mit dem Wehrmachtsangehörigen Rudolf G i l e k , 8.6.1897 Wien geb., in Verbindung und hat von diesem in der letzten Zeit wiederholt Briefe mit Zeitungs-

Auszug aus den »Tagesberichten« der Gestapo

schrift »Ziel und Weg«. Die Volksfronttaktik der KP war ihm zu opportunistisch. Damit war es später vorbei; statt dessen schrieb er an seiner Dissertation »Volk und Führung«. Broda promovierte 1940 zum Dr.phil. Eigentlich hätte er den Titel DDr. führen dürfen. Daß er diesen in der NS-Zeit erworbenen Titel jedoch unerwähnt ließ, war vielleicht nicht nur auf Bescheidenheit zurückzuführen. Brodas Dissertation rechtfertigt sowohl das NS-Regime als auch das System der bolschewistischen totalen Diktatur! Ein Zitat lautete z. B.: »Die bewußte und organisierte Ausschaltung breiter Schichten der Bevölkerung von Gesetzgebung und Verwaltung ... mag in bestimmten Situationen sogar eine durchaus energiesteigernde Politik sein.« Unmittelbar nach seinem Eintritt in die Regierung (1960) gab Broda Auftrag, das Originalexemplar der Dissertation aus dem Archiv zu entfernen. Er gab es trotz wiederholter Urgenzen nicht zurück, bis man ihm mit einer amtlichen Aktion drohte. Wenn es so harmlos war, warum der Versuch, die Dissertation aus dem Verkehr zu ziehen? Die jüdische Zeitung »Der Ausweg« schrieb dazu: »Fragen an DDr. Broda? Nein, keine, die stellen sich von selbst.« Noch in einer weiteren Angelegenheit stellte Broda sein Licht unter den Scheffel: 1966 erschien ein Buch über »Österreich 1938–1945 im Spiegel der NS-Akten«, herausgegeben von dem Historiker Karl Stadler, der vor dem Krieg mit Broda in kommunistischen Jugendorganisationen zusammengearbeitet hatte und im Vorwort Broda ausdrücklich für dessen Unterstützung dankte. Der Band enthält eine Reihe von Dokumenten über österreichische Widerstandskämpfer, aber kein Wort davon, daß auch Broda in ein Verfahren verwickelt war. Am 1. Juni 1943 war der damalige Obergefreite Broda festgenommen und der Gestapo überstellt worden. Die Anklage lautete auf Unterstützung einer kommunistischen Untergrundorganisation. Darauf stand seit Ausbruch des Krieges mit der Sowjetunion die Todesstrafe. In den darauffolgenden Wochen wurden sechs weitere Mitglieder der Gruppe festgenommen. Sie alle wurden hingerichtet, darunter auch Alfred Rabofsky. Christian Broda bekam wegen »Nichtanzeige eines Verbrechens« drei Monate und wurde im Herbst 1943 zu seiner Einheit zurückgeschickt. Ich gebe zu, ein einleuchtender Grund für die selektive Milde der SS – noch dazu bei einem Häftling, der nach ihren Vorstellungen als »Reichsfeind ersten Grades« galt – ist mir bis heute nicht eingefallen. Oder sollten die Gestapo-Richter bei einem Juristen plötzlich rechtsstaatliche Bedenken überkommen haben?

Nach Kriegsende fiel Christian Brodas Name erneut in Zusammenhang mit zwei Morden. Broda gehörte damals einem Siebener-Ausschuß an, der im Bezirk Ried im Innenkreis die Macht übernommen hatte. Die Amerikaner ließen den »Broda-Ausschuß« schalten und walten. Er ernannte die Stadträte und den Polizeichef, der eine Reihe von Verhaftungen vornahm. In der Nacht vom 8. auf den 9. Mai 1945 wurden der Gemeindearzt Dr. Emmerich Mösenbacher und ein zweiter Gefangener von diesem Polizeichef abtransportiert. Am nächsten Morgen fand man ihre Leichen. Niemand hat Broda eine persönliche Beteiligung vorgeworfen. Aber er gehörte zu denjenigen, die die Verantwortung trugen. In den sechziger Jahren begannen sich ein paar Lokalblätter mit den unaufgeklärten Vorfällen zu befassen. Der Stein kam ins Rollen, Zeugenaussagen wurden eingeholt. Persönliche Rivalitäten traten zutage, Schuldige lebten noch. Ein Schwerverbrecher, der damals in Ried als Hilfspolizist angestellt worden war, packte aus. Die Sicherheitsdirektion Oberösterreich bat um die Zustimmung zur Einleitung der Erhebungen. Das war am 21. August 1964. Der zuständige

Staatsanwalt in Wels aber war derselbe Dr. Geigl, den Broda 1945 in Ried als einen der geschäftsführenden Gemeinderäte eingesetzt hatte. Ressort: Polizei!
Vier Wochen später war ich nicht mehr Minister. Aber das war natürlich reiner Zufall.

VII.
»Nur ein einziges lachendes Gesicht«

Der Sturz

Kurz nachdem ich 1964 aus dem Sommerurlaub zurückgekehrt war – die Notiz trägt das Datum vom 3. September –, wartete mein Pressereferent mit einer makaber-absurden Nachricht auf. Von befreundeten Journalisten habe er erfahren, daß in Wien ein Gutachten zweier Ärzte kursiere, worin man mich für schizophren erklärte! Ich ging sofort zu Kreisky: »Schau dir das an!« Kreisky aber wußte schon davon. Er war bei Pittermann gewesen und hatte ihn rundheraus gefragt: »Bruno, was ist das für eine Schweinerei?« Pittermann wurde daraufhin sehr verlegen und gestand, daß Hoff bei ihm gewesen sei und ihn gefragt habe, ob er ein solches Gutachten brauchen könne. Worauf Pittermann antwortete: »Herr Professor, geben Sie mir das schriftlich!«

Bei den Ärzten handelte es sich eben um Univ.-Prof. Dr. Hoff und um Hofrat Dr. Tuchmann, den Chefarzt der Wiener Gebietskrankenkasse. Nun hatte Hoff allerdings Grund genug, mir nicht wohlgesonnen zu sein, denn er war sehr schnell bei der Hand, wenn es darum ging, mißliebige Personen für verrückt zu erklären. Im Sommer 1963, unmittelbar nach meinem Amtsantritt, ließ er während des Besuchs Ibn Sauds in Wien einen arabischen Prinzen in seine Anstalt einliefern. Der junge Prinz, Abdullah Ben Jalawi, stammte aus einer Seitenlinie des Königshauses, die früher eine bedeutende Position in der Ölprovinz am

Dr. Erich Müller den 3.9.1964

Herrn

Bundesminister Franz O l a h

im Hause

Sofort !

Zur eigenhändigen Eröffnung !

Sehr geehrter Herr Bundesminister,

ich fühle mich verpflichtet, Ihnen vertraulich mitzuteilen, dass mich heute, Donnerstag, Redakteur Wolfgang O b e r l e i t n er von der PRESSE anrief und um eine dringliche Unterredung ersuchte. Dabei teilte er mir mit, von einem bewährten sozialistischen Gewährsmann (den Namen gab er mir nicht bekannt) folgendes erfahren zu haben :

" Eine Minister Olah feindlich gegenüberstehende Gruppe der SPÖ (Namen wurden nicht genannt, Oberleitner meinte aber, " man kennt sie ja ") hat zwei führende Psychiater Wiens damit betraut, Minister Olah bei bestimmten politischen und gesellschaftlichen Anlässen zu beobachten und hierüber ein Gutachten zu erstellen. Es handelt sich um Univ. Prof. Dr. H o f f sowie um Hofrat T u c h m a n n . Die beiden haben inzwischen ihr Gutachten fertiggestellt, Es lautet dahin, dass Minister Olah an Schizophrenie leide und für seine Handlungen nicht verantwortlich sei. Die betreffende Parteigruppe hat die Absicht im Herbst, gestützt auf dieses Gutachten , zu einem entscheidenden Angriff anzutreten, nachdem die bisherigen Versuche zu einem Sturz alle scheiterten und die Amtsführung des Ministers keine weiteren Handhaben bietet ",

Herr Minister, ich kann als ihr Vertrauensmann obige Nach-

Es wird ernst: Vertrauliche Information über ein Gutachten der beiden prominenten Wiener Psychiater Hoff und Tuchmann, daß Minister Olah an Schizophrenie leide!

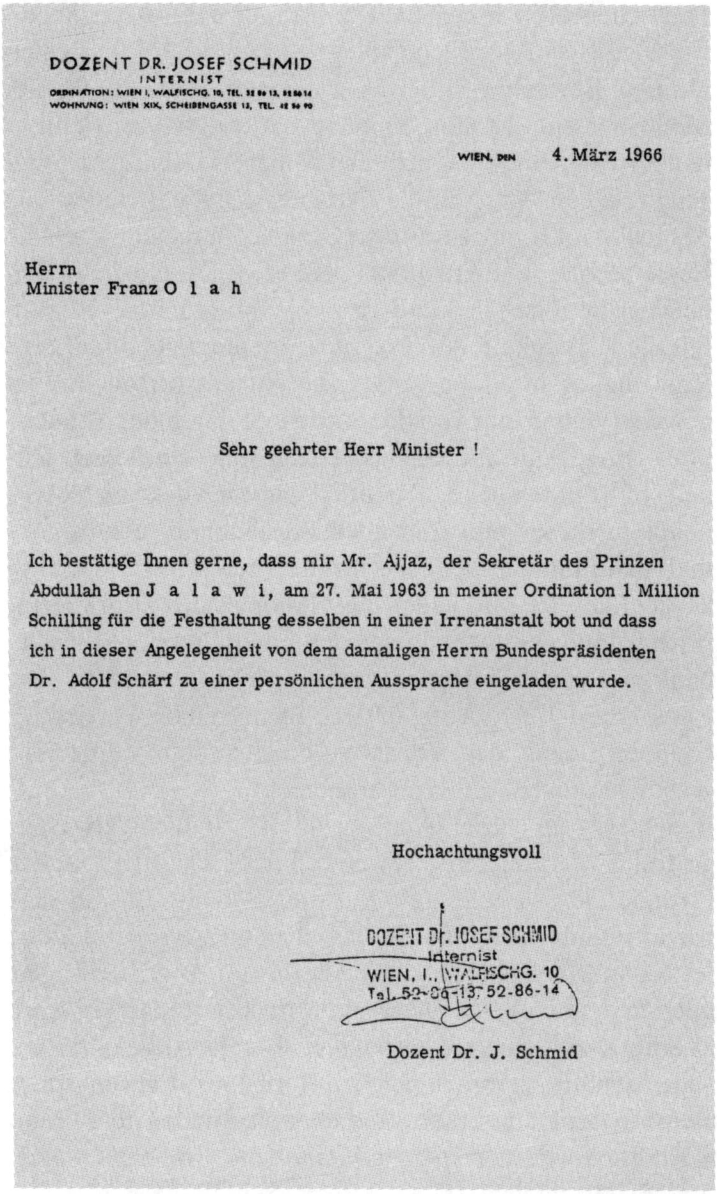

DOZENT DR. JOSEF SCHMID
INTERNIST
ORDINATION: WIEN I, WALFISCHG. 10, TEL. 52 86 13, 52 86 14
WOHNUNG: WIEN XIX, SCHEIBENGASSE 13, TEL. 42 56 90

WIEN, DEN 4. März 1966

Herrn
Minister Franz O l a h

Sehr geehrter Herr Minister !

Ich bestätige Ihnen gerne, dass mir Mr. Ajjaz, der Sekretär des Prinzen Abdullah Ben J a l a w i, am 27. Mai 1963 in meiner Ordination 1 Million Schilling für die Festhaltung desselben in einer Irrenanstalt bot und dass ich in dieser Angelegenheit von dem damaligen Herrn Bundespräsidenten Dr. Adolf Schärf zu einer persönlichen Aussprache eingeladen wurde.

Hochachtungsvoll

DOZENT Dr. JOSEF SCHMID
Internist
WIEN, I., WALFISCHG. 10
Tel. 52-86-13, 52-86-14

Dozent Dr. J. Schmid

Ungeheuerliche Vorgänge – Dr. Josef Schmid nahm die Bestechungsmillion nicht an

Persischen Golf innegehabt hatte und daraus möglicherweise gewisse Ansprüche ableiten konnte. Dessen Begleiter und Bewacher hatten schon einem anderen Wiener Mediziner eine Million Schilling dafür geboten, wenn er den Prinzen für unzurechnungsfähig erklären lasse. Der erschrockene Arzt wandte sich angesichts der Bedeutung des Falles an Bundespräsident Schärf. Nun aber hatten die Begleiter offenbar einen Arzt gefunden. Dr. Hoff, der sich lange in arabischen Ländern aufgehalten hatte, übersah nur die Kleinigkeit, daß in Österreich niemand ohne seine Einwilligung in eine geschlossene Anstalt verbracht werden darf. Ich erfuhr von der Sache erst durch den Bundespräsidenten, der mir sagen ließ, ich solle die Angelegenheit sofort untersuchen. Natürlich habe ich das Staatsoberhaupt in dieser nun folgenden Auseinandersetzung niemals erwähnt. Bezeichnend für die Situation war der Tag, an dem ich die Mitglieder des Nationalrates informierte. Nach Schluß der Sitzung sagte der mit mir auf der Ministerbank weilende Unterrichtsminister Dr. Drimmel: »Ich wünschte, daß Sie Erfolg hätten, aber seien Sie vorsichtig! Glauben Sie mir, gegen diese Verbrecherclique werden Sie sich nicht durchsetzen!« Er hatte recht!

Bedeutsam an dieser Angelegenheit war nicht etwa die groteske Ferndiagnose zweier Wissenschaftler, deren Pfründen ich zu nahe getreten war. Bedeutsam war, daß Parteifreunde von mir so nonchalant reagiert hatten. Schon im März 1964 hatte eine Serie von Angriffen gegen mich in der »Zukunft« begonnen. Ihr Chefredakteur Karl Czernetz, der nur zu gerne Kreisky als Außenminister abgelöst hätte, zerbrach sich den Kopf über »Führungsprobleme in der Demokratie« und über die Sünden des »Praktizismus« sowie der »neuen Methoden«. Im April wagte sich Broda endlich selbst hervor. Sein Beitrag war ein einziger persönlicher Angriff. Man las von »offener Diskussion« – fürwahr, wenn auch einer einseitigen. Einzig Günther Nenning kam mit einer abweichenden Meinung zu Wort: »Ich lasse mir nicht einreden, daß dieser persönliche Stil, der vielleicht kommt, die einzige Gefahr ist, verglichen mit jenem ›persönlichen Stil‹, den es längst tatsächlich gibt, der uns längst auf das heftigste schadet und der eine der Ursachen für den im Parteivolk weit verbreiteten Wunsch nach einem neuen Stil ist: nach einem Stil, der die Partei einer schonungslosen Entfettungskur unterzieht.«

Mit der Zeit zeitigten die Angriffe Wirkung. Pittermann, der Zauderer, neigte sich auf die Seite, auf welcher er die stärkeren Bataillone vermutete – zumindest aber die Mehrheit der Spitzenfunktionäre, gegen die Nenning zur »Entfettungskur« aufgerufen hatte. In manchen Blättern war Pittermann schon die Rute ins Fenster gestellt worden. Die »Wochenpresse« erging sich in Spekulationen über einen Parteivorsitzenden Waldbrunner. Pittermann trat jetzt die Flucht nach vorne an, aus Angst, daß er abgewählt würde, ganz gleich, wie die Sache ausging. Broda hat es mit stolzgeschwellter Brust noch vor Jahresende verkündet: »Daß die Entscheidung gefallen war, das war für uns in den Wochen, als der heiße Sommer des Jahres 1964 zu Ende ging, nicht mehr zweifelhaft.« Nur auf einen Anlaß wartete man noch. Alles, was man später gegen mich an Beschuldigungen vorbrachte, war nur vorgeschoben. Den Verfolgungswahn meiner Gegner aber charakterisiert treffend eine lächerliche Episode, die sich noch während meines Urlaubs in Kärnten zutrug.

Die Wiener Polizei hatte in der Nacht zum 9. August einen betrunkenen Randalierer und Gewalttäter arretiert, der Friedrich Benya hieß und sich als Neffe des ÖGB-Präsidenten ausgab. Der Mann war daraufhin sofort auf freien Fuß gesetzt worden. Der Verdacht, daß die betreffenden

Beamten im vorauseilenden Gehorsam gegenüber einem der Mächtigen der Republik gehandelt hatten, war nicht von der Hand zu weisen. Die »Kronen Zeitung« griff das Thema auf und erlaubte sich dabei auch einige Seitenhiebe auf den Gewerkschaftspräsidenten. Überflüssig zu betonen, daß ich mit diesen Artikeln nicht das geringste zu tun hatte (ich bekam sie in meinem Urlaubsort am Längssee erst verspätet zu Gesicht) – aber auch sinnlos. Meine Gegner behaupteten, daß die Lokalreporter der »Krone« ihre Direktiven direkt vom Innenminister bezogen. Ich habe nach meiner Rückkehr den genauen Hergang untersuchen lassen und selbst Benya gegen alle Angriffe verteidigt, zugunsten des Mannes interveniert zu haben, der mit ihm überhaupt nicht verwandt war. (Die Freilassung erfolgte auf Anordnung des Wiener Polizeivizepräsidenten – ob dieser sich nicht doch von der Mär des »Neffen« beeindrucken ließ, sei dahingestellt.)
Für meine Gegner war die ganze Angelegenheit jedoch Wasser auf ihre Mühlen. Ich machte mir um diese Zeit schon keine Illusionen mehr über ihre Absichten. Oder eigentlich doch, denn daß sie es so weit treiben würden, hatte ich doch nicht erwartet. Ich hatte allen Grund, mit meiner Ablöse als Innenminister zu rechnen. Man hat es im nachhinein oft als Fehler bezeichnet, daß ich diesen Posten »kampflos« geräumt habe. Manche wollten die Schauermärchen meiner Gegner über den »Führer« Olah sogar wörtlich nehmen und versicherten mir: »Hätten Sie Weisung gegeben zu marschieren, wir hätten die ganze Bande abkassiert!« Doch ich bin kein Sesselkleber und war es niemals. Die Parteivertretung hatte mich mit dieser Aufgabe betraut, sie konnte mir ihr Vertrauen auch wieder entziehen. Allerdings mußte die Parteivertretung dem nächsten Parteitag dafür Rede und Antwort stehen. Und da würde man ja sehen, wen die kleinen Funktionäre und

Delegierten für den erfolgversprechenderen Repräsentanten ihrer Bewegung hielten. Ich war bereit zu gehen, aber nicht bereit, über die Machenschaften meiner Gegner zu schweigen. Wenn Dr. Broda eine »offene Diskussion« wollte, konnte er sie haben. Deshalb gab ich am 14. September der »Presse« jenes Interview, das dann offiziell als Begründung für meine Ablöse herhalten mußte.
Zwei Tage später beschäftigte sich die Parteivertretung mit meinem »Fall«. Pittermann und Zentralsekretär Probst erklärten gleich zu Beginn der Sitzung, sie würden ihre Funktionen zurücklegen, wenn man mich nicht abberufe. Die Zustimmung fiel bei diesem Vertrauensvotum keineswegs überwältigend aus. Zwar erhielt der Antrag die Zweidrittelmehrheit, aber es gab dreizehn Gegenstimmen, und das waren fürwahr nicht die schlechtesten: für mich und gegen Pittermann stimmten seine beiden Stellvertreter Bruno Kreisky und Rosa Jochmann; der Klubobmann im Parlament, Robert Uhlir; die beiden Wiener Vizebürgermeister Felix Slavik und Hans Mandl; der Vorarlberger Obmann Katzengruber; Haberl aus der Obersteiermark und alle Niederösterreicher bis auf Tschadek und Singer, den Bürgermeister von St. Pölten. (In Niederösterreich war ich im Sommer zum stellvertretenden Parteivorsitzenden gewählt worden.) Rosa Jochmann rief in der Debatte, zu Broda gewandt: »In dieser für uns alle bedrückenden Situation sehe ich nur ein lachendes Gesicht – das des Genossen Broda.« Der formale Grund für meine Abberufung war, daß ich einer »bürgerlichen Zeitung« ein Interview gegeben hatte, ohne vorher die Zustimmung der Parteigremien eingeholt zu haben. (Das Schiedsgericht, das sich mit diesem Fall befaßte, wollte es übrigens bei einer Verwarnung bewenden lassen.)
Eineinhalb Jahre, nachdem ich den ÖGB verlassen hatte, wurden neue Anschuldigungen gegen mich laut, vor allem

hinsichtlich der Finanzgebung des ÖGB, wo Klenner und Zak seit Jahr und Tag Material gegen mich sammelten. Wer die Praxis kannte und wußte, daß die ÖGB-Fraktion und die Einzelgewerkschaften der Partei immer wieder ausgeholfen hatten, konnte über diese Vorgangsweise nur äußerst verwundert sein. Josef Matejcek, der Obmann der Eisenbahnergewerkschaft und Vorsitzende der Fraktion Sozialistischer Gewerkschafter, hielt Broda empört entgegen: »Willst du, daß der Staatsanwalt in die Gewerkschaft kommt? Dann ist aber Schluß mit vielen Dingen!« Zur Klärung der Vorwürfe beantragte ich die Einberufung eines Ehrengerichts. Das kam vielen gelegen: So gern man mich auch eher heute als morgen völlig demontieren wollte, so ungelegen kam vielen der Termin aus einem anderen Grund: man wollte noch keinen Eklat riskieren, denn Ende Oktober würden in den beiden größten Bundesländern, Wien und Niederösterreich, Landtagswahlen stattfinden. In einer Woche waren außerdem Arbeiterkammerwahlen, bei denen übrigens die SPÖ in meiner politischen Heimat Niederösterreich sieben Prozent dazugewann, in Wien aber sieben Prozent verlor.
Zu einem Eklat kam es dennoch: Am nächsten Tag wurden in Wien spontane Streiks und Demonstrationen gegen die Parteiführung durchgeführt. In den E-Werken wurde drei Stunden lang der Strom für die Straßenbahnen abgeschaltet. Auch ein großer Teil der Bauarbeiter und Belegschaften von Betrieben in Niederösterreich, Oberösterreich und der Steiermark bekundeten ihre Sympathie. Eine große Menge Menschen drängte sich vor dem Parteihaus in der Löwelstraße, auf dem Platz hinter dem Wiener Burgtheater. Viele Journalisten waren der Ansicht, nur mein persönliches Eingreifen hätte die aufgebrachten Arbeiter von einem Sturm auf das Parteihauptquartier abgehalten. Ich habe die Leute beruhigt, ihnen versprochen,

Fernschrift

\+ wien 1 nr. 1079 18/9/64 1400 =

an das
bmfi. - journaldienst

am 18.9.1964 in der zeit zwischen 1000 und 1030 uhr legte die belegschaft der 1. arbeitsgemeinschaft der hanf- jute und textilfabrik in neuda, bezirk melk , n. oe. aus anlasz des ausscheidens des innenministers franz olah die arbeit nieder. der steikxx streik stellte eine sympathiekundgebung fuer den scheidenden innenminister dar. in der 1. arbeitsschicht sind ca. 400 personen beschaeftigt.
aus dem gleichen anlasz traten ebenfalls in der zeit zwischen w 1000 und 1030 uhr die ca. 130 arbeiter der fa. august rath , tonwarenfabrik in krummnuszbaum , bezirkx bezirk melk , n. oe. in den ausstand.
zwischenfaelle waren keine .

s. d. f. noe.
der sicherheitsdirektor:
i. v. dr. s a u e r

\+ 18/9/64 1415 wien 1 nr. 1079 - min / taibl+

N o t i z vom 18.9.1964

Aus Neunkirchen erhalten wir die Nachricht, daß die niederösterreichischen Bezirkshauptleute heute vormittag in der Landesregierung in Wien zusammenkommen.

Sie erklären - und das geht von ihrem Sprecher, den Wiener-Neustädter Bezdirkshauptmann MOHR aus, daß die Sicherheit und damit die Republik gefährdet ist - die Exekutive wisse nicht mehr was sie zu tun hätte.

Fritz MARSCH e.h.

Meldungen über Sympathiekundgebungen für Franz Olah. Fritz Marsch war damals Landesparteisekretär von Niederösterreich

weiter für sie zu arbeiten und ihre Interessen zu vertreten, dazu müsse ich nicht Minister sein. Auch an die Funktionäre der niederösterreichischen Partei verfaßte ich ein Rundschreiben, einen Appell, sich nicht beirren zu lassen und ihre ganze Kraft für den Wahlkampf einzusetzen. »Als Sozialist und Demokrat«, so schrieb ich, »beuge ich mich dem Beschluß« der Parteivertretung. Ich tat das auch, als Bundeskanzler Klaus mich aufforderte, doch im Amt zu bleiben. »Natürlich haben wir gegen Sie polemisiert. Sie nehmen uns ja die Leute weg! Aber sonst haben wir nichts gegen Sie, bleiben Sie doch! Stellen Sie sich doch dem Nationalrat, vielleicht kommt es zu einem Umschwung innerhalb Ihrer Fraktion.« Klaus hat mein Rücktrittsgesuch auch erst vier Tage später an den Bundespräsidenten weitergeleitet. Die ÖVP wollte aus dem Konflikt natürlich Kapital schlagen. Sie stellte sich auf den Standpunkt, eine Veränderung der Regierungsmannschaft sei keine interne Parteiangelegenheit, sondern erfordere neuerliche Verhandlungen zwischen den Koalitionspartnern. Die Partei nominierte als meinen Nachfolger Hans Czettel, den Bruder des späteren Arbeiterkammer-Präsidenten Adolf Czettel.

Ich weiß nicht, ob es ein Fehler war, mich den Beschlüssen einer Partei zu beugen, der ich jahrzehntelang angehört hatte und für die ich mehr als acht Jahre in Gefängnissen und KZs verbracht hatte. Jedenfalls wurde es mir von meinen Gegnern nicht honoriert. Im Gegenteil: Als die Apparatschiks sahen, wie die Stimmung an der Basis wirklich aussah, dürfte der Entschluß gereift sein, mich endgültig zu liquidieren, meine berufliche und politische Existenz zu vernichten. Alles hätte man mir verziehen. Die vorgeschobenen Argumente Brodas und Klenners nahm ohnedies niemand ernst, der die Usancen der Partei kannte. Doch meine Popularität bei den Arbeitern und bei der

Exekutive war unentschuldbar. Sie wirkte wie eine latente Bedrohung auf jene, die ihre Posten nur ihrem Sitzfleisch und ihrem schmiegsamen Naturell verdankten. Es durfte keinen Parteitag mehr geben mit Franz Olah als Mitglied und Funktionär. Das bekam ich schon in der Woche danach zu spüren. Als Vorsitzenden des Ehrengerichts setzte die Parteivertretung Otto Probst ein, einen meiner unerbittlichsten Gegner. Meinem Einspruch wegen Befangenheit des Vorsitzenden wurde nicht stattgegeben.

In den Wochen nach meinem Rücktritt herrschte eine gespenstische Situation. Dieselbe Partei, deren maßgebliche Funktionäre insgeheim bereits meinen Ausschluß planten, ließen mich in den letzten Wochen noch als Wahlkampfredner agieren. Meine Versammlungen in Niederösterreich erhielten regen Zulauf. Die Leute waren verunsichert, aber neugierig. Überall versicherten sie mich ihrer Sympathie. Von Tschadek, dem offiziellen Spitzenkandidaten, sprach niemand. In Gloggnitz besuchte Frau Leopoldine Deutsch-Renner, die Tochter Karl Renners, meine Veranstaltung. Ob meine Popularität damals noch auf die Partei abfärbte, weiß ich nicht. In Wien wollte man nach den Erfahrungen in der Löwelstraße meine Auftritte nach Möglichkeit unterbinden. In meinem Heimatbezirk Hernals sprach ich jedoch einmal in der Rötzergasse. Die Leute trugen mich auf ihren Schultern aus dem überfüllten Lokal; wegen des Andrangs entstand ein Verkehrsstau.

Mein Büro hatte ich jetzt wieder in der Ebendorferstraße, im Haus der Gewerkschaft der Bau- und Holzarbeiter. Ich war ja schließlich immer noch Mitglied des Vorstandes meiner Gewerkschaft. Dort besuchte mich eines Tages Alois Piperger. Piperger und Gratz waren – zum Unterschied von Probst, der als Verkehrsminister ja nur mehr dem Namen nach Zentralsekretär war – über die Entwicklung der Partei äußerst besorgt. Sie hatten den Kontakt zur

Der Landesgendarmeriekommandant
für Tirol

Innsbruck, am 19. September 1964

Hochgeehrter Herr Bundesminister!

Tiefbestürzt über die Art und Weise mit der man Sie, hochgeehrter Herr Bundesminister, mitten aus Ihrem für die Exekutive im allgemeinen und für die Gendarmerie im besonderen so unerhört erfolgreichen Wirken herausgerissen hat, ist es mir ein aufrichtiges Herzensbedürfnis Ihnen, hochgeehrter Herr Bundesminister, als Sprecher für die Gendarmerie Tirols für das grosse Interesse das Sie dem mir anvertrauten Kommando schenkten und für die stete gütige Hilfsbereitschaft mit der Sie meinen vielfachen Wünschen und Bitten begegneten, allerherzlichst und ergebenst zu danken!
Sie waren kein bequemer Minister, aber solche hatten wir seit 1918 ohnehin genug und die Früchte davon sahen Sie selbst! Ihr ehrlicher Wille, hochgeehrter Herr Minister, als aufrechter Österreicher auf Ihrem Posten nur den Interessen des Vaterlandes zu dienen, Ihr beispielhafter Fleiss und noch mehr die Ritterlichkeit und Vornehmheit mit denen Sie von Mensch zu Mensch wirkten, haben uns allen uneingeschränkte Hochachtung abgerungen.
Wenn Sie, hochgeehrter Herr Minister, nunmehr aus dem Amte scheiden, so mögen Sie das gute Gefühl mitnehmen, dass Sie sich in der verhältnismässig kurzen Zeit Ihres Wirkens während welcher Sie für die Exekutive mehr leisteten als alle Ihre Vorgänger seit 1918 in den Herzen meiner Gendarmen ohne Unterschied der politischen Einstellung ein dauerndes Denkmal der Hochachtung und Dankbarkeit setzten!
Mit allen guten Wünschen für Ihr ferneres Wohlergehen und überzeugt, dass man Sie, hochgeehrter Herr Minister, sehr bald wieder im Interesse Österreichs an wichtigster Stelle benötigen wird, bin ich, mit respektvollsten Grüssen in aufrichtigster Verehrung und bittend, der gnädigen Frau Gemahlin meinen ergebensten Handkuss zu vermelden, hochgeehrtem Herrn Bundesminister

allzeit aufrichtig ergebenster

Peter Fuchs Gend. Oberst

Am 19.9.1964 schrieb der Landesgendarmeriekommandant für Tirol, Peter Fuchs: »Sie waren kein bequemer Minister, aber ...«

Basis noch nicht vollkommen verloren und machten sich auch keine Illusionen über die Stimmung unter den kleinen Funktionären – allenfalls über die Perfidie der Leute an der Spitze. Piperger, ein anständiger und gutmütiger Mann, war diesbezüglich vielleicht noch zu vertrauensselig und optimistisch. Er hat damals sicherlich nicht geheuchelt, als er mir sagte: »Kein Mensch denkt daran, dich aus der Partei auszuschließen. Im Gegenteil, die Leute wollen, daß Pittermann geht und du Obmann wirst.« Dann fragte er mich: »Würdest du mit Pittermann reden? Unter vier Augen? Ihr müßt das beilegen!« Doch Pittermann wich einem solchen Gespräch aus. Zuerst wollte er es nur im Rahmen des Parteipräsidiums zu einer Aussprache kommen lassen, dann vertröstete er Piperger auf die Zeit nach den niederösterreichischen Wahlen.

Die Wahlen wurden am 25. Oktober geschlagen. Die SPÖ hielt sich gut und gewann einige Zehntelprozent. Vom Gewinn eines oder mehrerer Mandate, wie es unter anderen Umständen möglich gewesen wäre, konnte natürlich keine Rede sein. Am Abend war ich im NÖ-Landhaus bei unserer Landtagsfraktion. Kreisky nahm mich beiseite und fragte mich: »Hast du etwas getan, um dein Mandat zu sichern?« Ich zeigte ihm die vorbereitete Erklärung für die Wahlbehörden und den NR-Präsidenten. Kreisky las sie und meinte: »Das genügt.« Die Erklärungen waren von einem der besten Verfassungsjuristen verfaßt, von Dr. Kurt Ringhofer, dem späteren Vizepräsidenten des Verfassungsgerichtshofes.

Figl war in Niederösterreich mit seiner Mehrheit noch einmal davongekommen. Das kümmerte die Parteiführung auch nicht. Sie hatte jetzt die Hände frei und ließ sich die Gelegenheit nicht entgehen, mich ein- für allemal auszuschalten. Zunächst schickte sie den ÖGB vor. Am 27. Oktober beriet die Fraktion der sozialistischen Gewerkschafter über den Bericht der Kontrollkommission. Dieser Bericht bestätigte ausdrücklich, daß dem ÖGB durch die Transaktionen kein Schaden entstanden war. Man warf mir jedoch formale Fehler bei der Gebarung von Gewerkschaftsgeldern vor. Gerade diese Anschuldigungen erwiesen sich vor Gericht dann zumeist als nicht stichhaltig. Dennoch war von seiten der Gewerkschaftsführung in den letzten Tagen auf die hauptamtlichen Funktionäre ein gewaltiger Druck ausgeübt worden. Wer sich nicht bedingungslos zur »Zusammenarbeit« mit der Führung verpflichtete, wurde mit der Kündigung bedroht. Niemand getraute sich mehr, in den Sitzungen offen für mich Partei zu ergreifen.

Dennoch versammelten sich Dutzende Betriebsräte vor dem Gewerkschaftshaus in der Hohenstaufengasse, um ihrem Unmut Luft zu machen. Als Benya und Maisel das Gebäude verließen, standen sie einer aufgebrachten Menge gegenüber. Dieser Tag brachte für mich die wohl schwerste Entscheidung. Ich hatte die Unabhängigkeit und Überparteilichkeit des ÖGB immer verteidigt. Ich wollte ihn jetzt nicht durch einen innerparteilichen Konflikt einer Zerreißprobe aussetzen, obwohl ich entschlossen war, mein Mandat zu behalten und gegen einen Parteiausschluß Berufung einzulegen – denn, daß das der nächste Schritt sein würde, war vorauszusehen. Aber ich erklärte mich bereit, meine Gewerkschaftsfunktion zurückzulegen. Das erklärte ich auch den Demonstranten. Es fiel mir unendlich schwer. Ich wußte, das waren Leute, die viel riskiert hatten, um mich ihrer Unterstützung zu versichern. Wenn ich sie jetzt nach Hause schickte, würden sie kein zweites Mal kommen.

Am 28. Oktober war in den Zeitungen von der Demonstration in der Hohenstaufengasse zu lesen. Am Tag darauf versammelte sich in der Löwelstraße die Parteiexekutive.

Diesmal erschienen mehr als zweitausend Leute vor dem Hauptquartier. Sozialistische Funktionäre aus Niederösterreich führten eine Delegation an, die sich nicht abspeisen ließ, sondern mit Pittermann persönlich sprechen wollte. Der Parteivorsitzende sollte versprechen, daß man mich in Ruhe lassen und kein Ausschlußverfahren einleiten würde. Zu Mittag verließen Benya und Broda das Gebäude. Der Justizminister mußte Polizeischutz in Anspruch nehmen und sich in ein Nebenhaus flüchten. Für Pittermann war das ein willkommener Anlaß, die Verhandlungen abzubrechen. Man wollte sich von der Basis nicht stören und nicht aufhalten lassen.

Am selben 29. Oktober fand eine Sitzung des Vorstandes der Gewerkschaft der Bau- und Holzarbeiter statt. Ein letztes Mal bäumten sich meine Kollegen gegen die von oben verordneten Sprachregelungen auf. Es regnete Vorwürfe gegen die Verbandsführung, gegen die stalinistischen Methoden, mit denen man aufrechte Genossen mundtot zu machen versuchte und auch gegen die eigenen Spitzenfunktionäre der Bau-Holz, Flöttl und Las, die sich dagegen nicht energisch zur Wehr gesetzt hatten. Ein Kollege sprach es offen aus: »Wenn es um die statutenwidrige Verwendung von Geldern geht, so müßte man alle Funktionäre der Bewegung vor ein Schiedsgericht zitieren.« Der steirische Vertreter gab zu Protokoll: »Niemand kann von uns verlangen, daß wir hinausgehen und den Leuten erklären, Olah hat etwas Schlechtes getan.« Die Niederösterreicher schlugen vor, eine Delegation zur Parteileitung zu entsenden, »damit das Kesseltreiben gegen Olah endlich ein Ende nimmt«.

Auch Kardinal König war bemüht, mir zu helfen. Nach meinem Rücktritt als Minister rief mich sein Pressesprecher Dr. Barta an; der Kardinal möchte in einer offiziellen Presseaussendung mir den Dank aussprechen, da ich während meiner Amtsführung immer die Anliegen der Katholiken respektiert hätte. Ich bat Dr. Barta davon abzusehen, ein solcher Dank würde meine innerparteilichen Gegner nur noch mehr reizen. Denn die Anführer waren prononcierte Antiklerikale. Einer ihrer Anklagepunkte war, daß ich »dem König« Geld gegeben hätte. Das stimmte nicht; tatsächlich handelte es sich um die Subvention des ÖGB für das Kolpingwerk – der Kardinal hatte damit gar nichts zu tun.

Nach meinem Sturz ging der Kardinal zum Bundespräsidenten; er bat, den Kampf gegen mich einzustellen und den Konflikt friedlich beizulegen. Der Bundespräsident erwiderte, daß er in der Partei keinen Einfluß mehr habe. Das entsprach der Wahrheit. Pittermann versuchte, jeglichen Einfluß Schärfs auf die Politik zu verhindern.

Ein anderer inoffizieller Anklagepunkt war, daß ich dem damaligen Generalsekretär der ÖVP in den USA Gespräche mit US-Gewerkschaftsfunktionären vermittelt hätte. Das war richtig. Aber ich sah keinen Grund, dies nicht zu tun.

Am 3. November beschloß die Parteivertretung meinen Ausschluß. Die Niederösterreicher unternahmen noch einen letzten Versuch, eine Vertagung zu erreichen. Das Abstimmungsverhältnis war damals schon etwa zwanzig zu vier, wie Kreisky später dem niederösterreichischen Landesparteivorstand berichtete. Kreisky hat die Niederösterreicher dann in einer Verhandlungspause überzeugt, daß eine Vertagung und ein weiteres Schiedsgericht ja doch nichts mehr ändern würden. Sie sollten sich deshalb eine Abstimmungsniederlage ersparen. So ging mein Ausschluß in der Parteivertretung dann sogar einstimmig über die Bühne. Rosa Jochmann aber fehlte an diesem Tag, und auch das war kein Zufall.

In Niederösterreich herrschte eine völlig niedergedrückte

Stimmung. Die Einheit der Partei – sie hochzuhalten war in den fünfundsiebzig Jahren seit dem Hainfelder Parteitag das oberste Gebot gewesen – war in Gefahr. Zuerst fragte Popp, Helmers erster Nachfolger als Landesobmann, ob dieser Appell zur Einheit nicht auch für diejenigen gelte, die schon seit dem Frühjahr eine geplante Kampagne gegen mich ablaufen ließen. Während der wochenlangen Hetzkampagnen gegen mich meinte Popp einmal im kleinen Kreis, die niederösterreichische Landespartei könne sich für autonom erklären und mich als Mitglied aufnehmen. Er berichtete von einer Vorsprache des Landesparteipräsidiums beim Präsidium der Bundespartei. Pittermann, Probst und Jonas waren die Gesprächspartner. Popp: »Sie gaben uns einfach keine Antwort, sie ließen uns reden wie Schulbuben und blieben stumm.« Andere fragten, wer die »Wochenpresse«, doch zweifellos auch eine bürgerliche Zeitung, laufend mit Informationen über mich versorgt hatte? Kreisky fiel die Aufgabe zu, über die Sitzung der Parteivertretung zu referieren, »eine menschliche, eine politische Katastrophe«: »Widerwärtig sind mir alle jene, die da jetzt einfach Rache üben wollen bis zum Äußersten.« Winkler bat um Verständnis: »Wir haben alles getan, aber alle Genossen, die dort waren, werden zugeben, es war nicht zu ändern.« Die Betroffenheit war tief. Vielleicht fand Kreisky das passende und für viele tröstliche Wort, das über manche Zweifel hinweghalf, wenn er mit einer Reminiszenz an Viktor Adler schloß: »Ich glaube, niemand hier muß sich schämen, so gehandelt zu haben und nicht anders, denn es bleibt wahr und weise, was der allergrößte der österreichischen Arbeiterbewegung einmal gesagt hat: Vor die Wahl gestellt, ob man mit den Massen irrt oder sich von ihnen trennt, muß man mit den Massen den falschen Weg gehen, weil man nur so die Möglichkeit hat, sie wieder auf den richtigen Weg zu führen.«

SOZIALISTISCHE PARTEI ÖSTERREICHS

ZENTRALSEKRETARIAT
WIEN I, LÖWELSTRASSE 18
TELEPHON 632731 BIS 39
FERNSCHREIBER 01-1783

Wien, den 19. November 1964

Herrn
Bundesminister a. D.
Abg. z. Nationalrat
Franz OLAH

Neuwaldeggerstrasse 27
W i e n 17

Betrifft:
Schreiben vom 16. November 1964.

Zu Ihrem Schreiben vom 16. November 1964 muss der Partei= vorstand die folgenden Feststellungen treffen:

Das Schreiben des Parteivorstandes vom 12. November 1964 enthielt den Beschluss des Parteivorstandes und die statuten= mässig ergangene Aufforderung an Sie, binnen drei Tagen einen Beisitzer zu nominieren und eine allfällige schriftliche Gegen= äusserung unter Bekanntgabe der Beweismittel zu erstatten.

Ihr Schreiben vom 16. November 1964 ist innerhalb der offenen Frist von drei Tagen ab Zustellung eingegangen.

Darin lehnen Sie es ab, für das Schiedsgericht einen Beisitzer zu nennen.

§ 51, Z. 5 des Organisationsstatutes lautet:

> " Ein Parteimitglied, gegen das ein Verfahren wegen Ausschlusses aus der Partei anhängig ist, hat binnen 14 Tagen nach Verständigung seine Beisitzer namhaft zu machen. Unterlässt es dies oder verzichtet es ausdrücklich auf Einsetzung eines Schiedsgerichtes, so gilt es als aus der Partei ausgeschlossen. Die Verständigung erfolgt durch den Vorstand jener Organisation, die das Schiedsgericht eingesetzt hat."

Die hier zitierte Frist von 14 Tagen wurde, wie Ihnen bekannt ist, auf drei Tage herabgesetzt. Da Sie es ablehnen, einen Beisitzer zu nennen, sind Sie nach dem eindeutigen Wortlaut

- 2 -

Franz Olahs Ausschluß aus der Sozialistischen Partei Österreichs im November 1964

- 2 -

des Organisationsstatutes hiermit aus der Partei aus=
geschlossen.

Nach den Bestimmungen des Organisationsstatutes ist gegen einen Ausschluss wegen Verweigerung der Namhaftmachung eines Beisitzers, gemäss § 51, Z. 5, eine Berufung nicht vorgesehen. Der Beschluss des Parteivorstandes vom 3. XI. 1964 ist daher in Rechtskraft erwachsen.

SOZIALISTISCHE PARTEI ÖSTERREICHS
Zentral-
sekretariat

Leopold GRÄTZ
Zentralsekretär

DDr. Bruno PITTERMANN
Parteivorsitzender

Liebe Kollegen!

Zum erstenmal konnte ich an einer Tagung meiner Gewerkschaft - der ich seit 40 Jahren angehöre nicht mehr teilnehmen.

Ich respektiere auch diese Tatsache.

So bleibt mir nur dieser Weg,
um allen Delegierten und Gästen meinen herzlichen Gruß und die unwandelbare Verbundenheit mit meinen Kollegen von Bau-Holz zum Ausdruck zu bringen.

Franz Olah

14.November 1964

Eigentümer, Herausgeber, Hersteller und für den Inhalt verantwortlich: Franz Olah,
Wien 17., Neuwaldeggerstraße 27

Abschied von der Gewerkschaft

Natürlich erhob ich gegen meinen Ausschluß aus der Partei Einspruch. Die Statuten sahen für diesen Fall die nochmalige Einsetzung eines Schiedsgerichts vor. Daraufhin bestellte der Parteivorstand Probst und Waldbrunner als seine Vertreter, ich sollte einen dritten Beisitzer vorschlagen. Auf diese Formalität habe ich dann verzichtet. Das Ergebnis konnte ja von vornherein nur zweifelhaft sein. Mit 16. November war ich für die Partei daher rechtskräftig ausgeschlossen. Zum ersten Mal konnte ich an einer Tagung meiner Gewerkschaft – der ich seit 40 Jahren angehörte – nicht mehr teilnehmen. Ich verfaßte folgende Aussendung: »Ich respektiere auch diese Tatsache. So bleibt mir nur dieser Weg, um allen Delegierten und Gästen meinen herzlichen Gruß und die unwandelbare Verbundenheit mit meinen Kollegen von Bau-Holz zum Ausdruck zu bringen.« Erst im Oktober 1965 strich man mir auch hier die Mitgliedschaft. Mit der fadenscheinigen Begründung, ich gehöre nicht mehr der entsprechenden Berufsgruppe an, schickte man mir auch einige Mitgliedsbeiträge zurück. Im Laufe der Zeit erfolgte dann in einer Art Eiertanz auch mein Ausscheiden aus dem weiten Spektrum der Vereine, die im Nahbereich der Arbeiterbewegung angesiedelt sind, bis hin zu den Arbeiter-Briefmarkensammlern. Nur in meinem Bezirk in Hernals wurde dennoch ein Antrag vorbereitet, die Wiederaufnahme des Verfahrens gegen mich bzw. den Wiedereintritt des Genossen Olah in die Wege zu leiten. Einige Sektionen haben mich zu Aussprachen mit den Vertrauenspersonen eingeladen, zum Beispiel die Arbeiterturner. Die sogenannten kleinen Leute waren menschlich und anständig. Aber alle Bemühungen wurden von der Löwelstraße abgeblockt.

Aus den USA erreichte mich damals ein Schreiben meines alten Freundes und KZ-Kameraden Flesch, das mit der

ÖSTERREICHISCHER GEWERKSCHAFTSBUND

GEWERKSCHAFT DER BAU- UND HOLZARBEITER

LANDESLEITUNG WIEN

WIEN, I, EBENDORFERSTRASSE 7

IHR ZEICHEN UNSER ZEICHEN Th/Tei WIEN, am 18. Oktober 1965

Herrn
N.R. Franz O l a h
Seemüllergasse
W i e n , 17.,

Sehr geehrter Herr Nationalrat!

Der Hauptvorstand der Gewerkschaft der Bau- und Holzarbeiter hat in seiner Sitzung vom 6. Oktober 1965 über Antrag des Präsidiums den Beschluß gefasst, Ihre Mitgliedschaft zu unserer Gewerkschaft mit Ende der Beitragswoche 39/1965 zu streichen, da die Voraussetzungen für eine Mitgliedschaft gemäß § 1 lit. a), zweiter Absatz der Geschäftsordnung der Gewerkschaft der Bau- und Holzarbeiter nicht mehr gegeben sind.

Wir retournieren mit gleicher Post den Betrag von S 203.-- für die Beitragswochen 40 - 53/1965.

Da das Mitgliedsbuch Eigentum des Ö.G.B. ist, ersuchen wir um umgehende Übersendung desselben.

Ö.G.B.
Gewerkschaft der Bau- u. Holzarbeiter
Landesorganisation Wien
Wien I, [illegible]
Telefon 42 35 41 Serie

Hans B ö c k
Landesobmann

Johann T h u r i
Landessekretär

Einschreiben!

~~TELEFON 33-84-81 SERIE~~ Telefon Nr. 42-35-41 Serie | TELEGRAMMADRESSE: BAUHOLZGEWERKSCHAFT WIEN | POSTSPARKASSA WIEN NR. 192.140

»Da das Mitgliedsbuch Eigentum des Ö. G. B. ist, ersuchen wir um umgehende Übersendung desselben.«

Anrede begann: »Lieber Genosse Olah! Denn so wie der Lueger entschied, wer a Jud ist, so entscheide ich für mich, wer a Genosse ist.«
Nicht verzichtet habe ich auf das Mandat im Nationalrat. Zwar war es Usus, daß jeder Abgeordnete vor seiner Angelobung blanko eine undatierte Rücktrittserklärung ausfüllt, doch hatte ich meine Erklärung rechtzeitig widerrufen. Juristisch beraten hat mich dabei unter anderem Joseph Simon. Simon, ein alter, aufrichtiger Freund, war nach seiner Emigrationszeit in den USA als Mitarbeiter des US-Hochkommissariats (Rechtsabteilung) in Österreich tätig. Er leistete uns wertvolle Hilfe. Er erzählte mir, daß Dr. Straka, ein Mitarbeiter Czettels, ihn angerufen und ihm mitgeteilt habe, daß unsere Tefefone abgehört würden. Daß dies von der Polizeidirektion Wien praktiziert wurde, war kein Geheimnis. Straka sagte zu Simon: »Bei dir hat man nichts Besonderes festgestellt, außer daß deine Töchter viel telefonieren. Aber in der Organisation des Olah hast du den Decknamen ›Hasi‹!« Straka wußte offensichtlich nicht, daß es damals noch gar keine Organisation des Olah gab und Decknamen überhaupt nie. Aber es ist richtig, daß Simon einmal den Decknamen ›Hasi‹ hatte: in der illegalen RS-Organisation in den Jahren 1934–1938! So kannte sie sich aus, unsere Staatspolizei! Von der jüngsten Parteigeschichte hatte sie keine Ahnung.
Über die Rechtsfrage hatte die Hauptwahlbehörde zu entscheiden. Dort aber schlossen sich nicht bloß alle ÖVP- und FPÖ-Mitglieder, sondern auch alle unabhängigen Richter unserer Rechtsauffassung an. (Sogar eines der von der SPÖ entsandten Mitglieder, möglicherweise Migsch, enthielt sich der Stimme!) Ich konnte daher bis zu den Neuwahlen Abgeordneter bleiben, als sogenannter »Wilder«. Ich war also für meine früheren Genossen nun ein Paria, eine Unperson, und offiziell hatten die Mitglieder

der sozialistischen Fraktion natürlich Auftrag, jeden Kontakt mit mir zu meiden. Zu ihrer Ehre sei's gesagt, daß sich nicht alle daran gehalten haben: Rosa Jochmann benahm sich mir gegenüber weiterhin freundlich, Matejcek von den Eisenbahnern, unser Fraktionsvorsitzender im ÖGB, hatte Tränen in den Augen, als er mir im Parlament zum ersten Mal nach meinem Parteiausschluß begegnete. Als ich einmal ins Parlamentsrestaurant kam, war nur noch an einem Tisch ein Platz frei. Dort saßen Ludwig Kostroun, der Vorsitzende des ersten Schiedsgerichts, und Migsch, langjähriger Mitarbeiter Schärfs, der in den vierziger Jahren kurz Energieminister gewesen war: »Komm her, du bist doch schließlich von unserem Fleisch und Blut.« Nach dem Essen verabschiedeten sie sich dann: »Du, wir müssen gehen. Der Weikhart schaut schon ganz bös herüber.«
Die Kollegen von der anderen Reichshälfte, meine langjährigen politischen Gegner, verhielten sich anständig. Gorbach ließ es sich nicht nehmen, meine Frau und mich in unserer Wohnung in der Neuwaldeggerstraße zu besuchen. Auch Leopold Figl, dem ich in Niederösterreich sicherlich einiges Kopfzerbrechen bereitet hatte, verhielt sich äußerst anständig. Er lud uns zu einer Jause ein. Es war kurz vor Ostern. Figl war sehr schwach, er schwankte ein wenig. Man sah ihm seine Krankheit an. »Du wirst Geld brauchen, für dich und deine Mitarbeiter. Wir wollen dir helfen. Am besten eine Tankstelle, da kannst du gleich einige Mitarbeiter beschäftigen. Grund und Konzession verschaffen wir dir. Arbeiten müßt ihr selbst. Wir waren in Dachau gute Kameraden, wir bleiben es.« Doch ich war der Meinung, ich müsse den Kampf ohne fremde Hilfe durchstehen. An jenem Sonntag, an dem Figl starb, erhielt ich die telefonische Nachricht, er wolle mich sprechen. Als ich kam, war er bereits bewußtlos.
Meine berufliche Existenz war damals noch in Schwebe.

Ende November 1964 hatte Benya meinen Sekretär Heinrich Daurer angerufen und mich bitten lassen, ich solle doch zu ihm in den ÖGB kommen. Benya war damals ausnehmend höflich. Ich könne doch wohl kaum als Angestellter des ÖGB weiterarbeiten. Man müsse das doch regeln. Wenn ich bereit sei, mein Dienstverhältnis einvernehmlich aufzulösen, würde ich auch meine Abfertigung erhalten. Das klang alles sehr amical, fast so, als ob es ihm peinlich sei. Da es um eine finanzielle Abwicklung ging, wurde der Finanzreferent des ÖGB, Zak, zugezogen. Ich sollte meine Abfertigung erhalten (ohne Kündigungsentschädigung) und nach Erreichung des vorgesehenen Alters die in der Dienst- und Pensionsordnung des ÖGB vorgesehene Zusatzpension.
Dazu eine kurze Erläuterung: Als 1955 unter dem Titel »Büropauschale« eine Erhöhung der damals sehr niedrigen Abgeordneten-Entschädigung eingeführt wurde, verzichtete ich schriftlich auf meinen Bezug als ÖGB-Angestellter.
Als ich nach meiner Wahl zum Vizepräsidenten des ÖGB (1955) auf Wunsch von Johann Böhm hauptamtlich im ÖGB arbeitete, wurde mir auf ausdrücklichen Wunsch von Böhm eine monatliche Aufwandsentschädigung von ca. 4500 S angewiesen.
Als ich im Oktober 1961 mein Nationalratsmandat zurücklegte, wurde mir wieder mein Gewerkschaftsgehalt ausbezahlt: brutto ca. 11 000 S. Nach meiner Rückkehr aus den USA schlug mir Benya einen Sondervertrag vor, wie ihn mein Vorgänger und alle Vizepräsidenten hatten. Mein monatlicher Bezug wurde darin mit ca. 14 000 S festgelegt. Diesen Sondervertrag unterschrieben Benya und Zak.
Als es nun um meine Abfertigung ging, meinte Zak, die Abfertigung könne ich nicht als ÖGB-Präsident bekommen, sondern nur als Vorsitzender der Bau-Holz. Dann

folgte meine Entlassung. Man redete nicht mehr mit mir, man fragte nichts. Die Kursänderung erfolgte auf Befehl der Löwelstraße. Zum ersten Male versuchte man jetzt, mir persönlich am Zeug zu flicken und mir eine Bereicherungsabsicht zu unterstellen. Den Vorwand dafür lieferte die Druckerei Libal.

Libal war einer der Getreuen gewesen, die uns nach 1934 halfen, die illegale »AZ« und Flugblätter herzustellen. Die Stapo entdeckte den Betrieb, der Inhaber, Libal, wurde verurteilt. Er verlor seinen Betrieb und damit seine Existenz. Eines Tages stellten mir unsere Zentralsekretäre Libal vor. Der Vorschlag, den sie mir unterbreiteten, war interessant: Durch den Kauf einer neuen Druckmaschine beteiligen wir uns an der Firma (wir brauchten ohnehin eine Druckerei für die Herstellung unserer Jahresberichte, Informationsschriften u. ä.), Libal würde die Firma weiterführen, sie würde aber in den Besitz der Gewerkschaft übergehen. Ich stimmte unter der Bedingung zu, daß die BHG 51 Prozent besitzen müßte. Libal war unter der Bedingung einverstanden, daß ich persönlich der Treugeber wäre. Sollte ein anderer der Treugeber der BHG werden, sollte Libal das Recht haben, 2 Prozent der Eigentumsanteile zurückzukaufen. Und in diesem Sinne wurde der Vertrag abgeschlossen. Von Geheimniskrämerei konnte also keine Rede sein. Ich war übrigens der einzige, der den Betrieb nie betreten, ja nie gesehen hat.

Wenig später erfolgte ein Einbruch in der Ebendorferstraße, im Haus der Gewerkschaft der Bau- und Holzarbeiter. Nach meinem Ausscheiden aus dem ÖGB im Jahre 1963 wurde mir ein geeignetes Kellerabteil für mein Archiv zur Verfügung gestellt. Die Schlüssel verwahrte mein Sekretär. Das gewaltsame Eindringen in mein Archiv erfolgte auf direkte Anweisung des Wiener Polizeipräsidenten. Es wurden willkürlich Schriften entnommen und be-

schlagnahmt. Meiner Beschwerde beim Verfassungsgerichtshof wurde stattgegeben, dem Polizeipräsidenten wurden Hausfriedensbruch und Immunitätsverletzung bescheinigt. Der damalige Leiter der Wiener Staatspolizei, Dr. Peterlunger, sagte mir, daß er von dieser »Aktion« nichts gewußt habe. Angeblich habe sie sein Stellvertreter geleitet.
Man kann den Herrschaften wirklich keinen Vorwurf machen, daß sie nicht alle ihre Möglichkeiten ausgenutzt hätten, um auf die eine oder andere Weise belastendes Material gegen mich zu sammeln. Ich hatte 1964 bei der Zentralsparkasse einen ganz normalen Kredit aufgenommen und zusammen mit meinem Nachbarn, dem Architekten Kamml, am Schafberg ein kleines Einfamilienhaus geplant. Eines Tages erhielt nun Kamml eine Vorladung ins Sozialministerium. Dort empfing ihn der zuständige Sektionschef zusammen mit Dr. Muchna, einem Vertrauensmann des Ministers Proksch, und begann ein richtiggehendes Verhör: Woher ich das Geld für das Haus hätte? Wie hoch die Kosten seien? Allzu befriedigt dürften die Herren mit Kammls Auskünften nicht gewesen sein, denn von dem unvorstellbaren Luxus, den Abermillionen unterschlagenen Geldern konnte keine Rede sein. Im Gegenteil: Die gesamten Baukosten beliefen sich auf die selbst für damalige Begriffe eher bescheidene Summe von circa 350000 Schilling. Die Episode sollte allerdings ihr ironisches Nachspiel haben. Ein paar Jahre später stand nämlich Dr. Muchna auf der Fahndungsliste. Er hatte bei seinen Grundstückskäufen für die »Gesiba« kräftig in die eigene Tasche spekuliert.
Ein anderes Mal erschien bei meinem alten Mitarbeiter Franz Werdek ein Journalist von der »Wochenpresse« namens Zerbs, der schon etliche Artikel gegen mich geschrieben hatte und später Chefredakteur des »Express«

wurde. Zerbs gab sich spendabel und bot Werdek 60000 Schilling für die Beantwortung von zwölf Fragen an, nicht ohne durchblicken zu lassen, seine Kooperation könne Werdek auch helfen, aus der Affäre so gut wie möglich auszusteigen. Werdek fragte den generösen Journalisten bloß, ob 5000 Schilling pro Frage der Standardsatz der »Wochenpresse« wären, und ließ ihn stehen.
Kurz nach dem Einbruch in der Ebendorferstraße besuchten mich zwei Funktionäre, Gemeinderat Dr. Stemmer und Bezirksvorsteher Panek, aus meinem Bezirk, als sich plötzlich auch mein Nachfolger als Bezirksobmann anmeldete, der spätere Vizebürgermeister Bock. Bock eröffnete, er wolle mit Pittermann über ein friedliches Arrangement mit der Partei reden. Ich antwortete ihm: »Es ist nicht meine größte Sehnsucht, mit der Bewegung, mit der mich fast ein ganzes Menschenalter verbindet, in dauernder Fehde zu leben.« Ich würde um meine Wiederaufnahme in die Partei ansuchen, auch wenn mir klar sei, daß ich damit wohl keinen unmittelbaren Erfolg haben würde. Und ich würde die Legislaturperiode als gewählter Abgeordneter zu Ende dienen. Bock rief mich dann kurz darauf noch einmal an: er habe mit mehreren führenden Funktionären gesprochen. Viele wären froh, wenn die Sache ein Ende hätte, aber eine Vereinbarung könne die Partei mit mir nicht eingehen. Dennoch klang das, was er mir sagte, ein wenig nach einem Nichtangriffspakt. Für den Einbruch in der Ebendorfergasse entschuldigte er sich beinahe und distanzierte sich davon. Dabei sei über das Ziel hinausgeschossen worden, diese Aktion sei nicht geplant oder mit der Partei abgesprochen gewesen. Nur meine Differenzen mit dem ÖGB müsse ich selbst bereinigen.
Dennoch lief die Kampagne gegen mich auf vollen Touren weiter. Im Herbst 1965 erfuhr ich von einer Besprechung zwischen Pittermann, Probst, Benya und Klenner. Es

wurde dabei alles Material vorgelegt, das gegen mich verwendet werden könnte. Rosenzweig versprach Waldbrunner, ich würde mindestens vier bis fünf Jahre Haft »ausfassen«. Das war nicht auf die leichte Schulter zu nehmen. Zwar hatte ich eine Gegenüberstellung nicht zu scheuen, aber der überwiegende Teil meiner alten Mitarbeiter war vom ÖGB oder von der SPÖ existentiell abhängig. Sie konnten mir in Briefen ihre Loyalität versichern oder mir auch auf Umwegen die eine oder andere Nachricht zukommen lassen, durften es jedoch kaum wagen, vor Gericht gegen den Willen ihrer Vorgesetzten auszusagen. Ich wußte, das war ein Kampf bis zur Vernichtung. Doch ich war weiterhin entschlossen, mich auch meinerseits aller Mittel zu bedienen, die mir zur Verfügung standen.

Schon im Herbst 1964 hatte Klenner die Mitglieder der Parteivertretung mit dem Gerücht zu erschrecken versucht, ich wolle eine eigene Partei gründen. Das hatte ich damals bei weitem nicht vor. Erst später entschloß ich mich, einen Verein anzumelden: Die »Arbeitsgemeinschaft für Demokratie und Fortschritt«.
Außerdem nahm ich Einladungen zu Vorträgen und Diskussionen an, wenn man an mich herantrat. So sprach ich im Frühjahr 1965 vor dem Forum Stadtpark in Graz. (In der letzten Reihe, weil er früher gehen mußte, aber dennoch vielbeachtet, saß damals auch Landeshauptmann Krainer unter den Zuhörern.) Ein anderes Mal sprach ich in Salzburg und traf dort einige meiner späteren Mitarbeiter.
Als ich im Herbst 1965 davon erfuhr, daß meine Gegner zum Vernichtungsschlag ausholten, beschloß ich, die Arbeitsgemeinschaft zu einer Partei auszubauen. Ich gebe zu, ich habe mir dabei keine großen Hoffnungen auf einen

durchschlagenden politischen Erfolg gemacht. Die Wähler waren damals zwar fast genauso frustriert wie heute, aber doch sehr viel weniger mobil. Das Wahlrecht – das wir eben nicht geändert hatten – benachteiligte kleine Gruppierungen. Daß wir dann doch einen Erfolg hatten und weit über den Erwartungen abschnitten, besonders in Wien, schreckte alle Parteien. Aber ich wollte mich nicht kampflos geschlagen geben. Meine Gegner arbeiteten mit allen Mitteln der Politik; ich wollte mich auch auf diesem Feld zum Kampf stellen. Verhindert haben wir immerhin, daß die herrschende Clique noch einmal in der Regierung aufschien. Daß diese Niederlage so deutlich ausfiel, ermöglichte Kreisky den Aufstieg zum Parteiobmann – an der Spitze der Landesverbände, die einst meine Anhänger gewesen waren.

Vor den Nationalratswahlen 1966 wollte die SPÖ, besonders die damalige reaktionäre Clique in Wien, zu einem Schlag ausholen. Auf dem Zeitungssektor natürlich, wo schon viele Schlachten siegreich verloren worden waren. Zum Teil im Kampf gegen die verhaßte Kronen Zeitung, deren »Ausräucherung« nach Kreuzer-Rezept so glorreich daneben gegangen war, zum anderen Teil im Kampf gegen mich, den Erzfeind. Die neue Zeitung hieß auch »Die Neue Zeitung«. Die Zeitung war neu, der Inhalt war alt. Aber man dachte, ist dem Dichand und Falk mit Olah und rund 12 Millionen Schilling die Schaffung eines Massenblattes gelungen, noch dazu bei vollständiger Rückzahlung des Kredits samt Zinsen, so muß das doch einer finanzstarken Partei auch gelingen. Es kostete nicht zwölf, sondern rund 70 Millionen und endete mit einer totalen Pleite. Bei dem Geld handelte es sich um mühselig von Idealisten kassierte und bezahlte Mitgliedsbeiträge. Die NÖ-Landesorganisation soll sich angeblich auch mit einem bescheidenen Betrag beteiligt haben.

In die neue Partei traten manche meiner alten Freunde und Mitarbeiter ein: Daurer, Payer, der Vorarlberger Landesparteisekretär Peter. Dazu kamen neue Leute, die früher bei anderen Parteien gewesen waren oder sich überhaupt noch nie engagiert hatten, darunter viele Polizisten und Gendarmen. Sie stellten die Kerntruppe im Wahlkampf. Wenn ein Beamter oder Bundesbediensteter für den Nationalrat kandidiert, muß er von seiner Dienststelle bis zum Wahltag freigestellt werden – auch dann, wenn er nach menschlichem Ermessen an aussichtsloser Stelle gereiht ist, denn die Behörde kann der Entscheidung des Wählers ja nicht vorgreifen. Diese Bestimmung machten wir uns zunutze. Selbstverständlich benötigt eine Partei auch Geld. Der Präsident der Industriellenvereinigung, Franz Mayer-Gunthof, den ich von unzähligen Besprechungen her kannte, stand in diesem Konflikt mit der Parteiführung auf meiner Seite. Wir hatten oft hart verhandelt, aber wir sprachen dieselbe Sprache. Broda hingegen flößte ihm abgrundtiefes Mißtrauen ein, so gewinnend sich dieser auch aufzutreten bemühte. »Was der plant, geht an die Wurzeln der Gesellschaft.« Dennoch mußte Mayer-Gunthof Benya um des lieben Friedens der Sozialpartner willen versprechen, mich bei einer Kandidatur nicht zu unterstützen. Er hielt sich auch strikt daran. Das Geld dafür erhielt ich von anderen Wirtschaftsleuten.

Sobald ich wieder in die politische Arena gestiegen war, wurde ich auch für andere wieder interessant. Otto Molden wollte mit mir schon im Sommer über eine politische Kooperation mit seiner dahindämmernden EFP sprechen. Emil van Tongel, der Klubobmann und eigentliche strategische Kopf der Freiheitlichen, besuchte mich in unserer Wohnung. Wenn ich als Parteifreier für die FPÖ kandidieren wollte, so versprach er mir, »werden wir für Sie einen Wahlkampf organisieren, daß Sie nur so schauen«. Ich

sollte in allen Industriewahlkreisen in Wien, Niederösterreich und der Steiermark der Listenführer sein. Das hätte aller Voraussicht nach ein sicheres Mandat für mich bedeutet. Dazu war ich aber nur bereit, wenn meine DFP und die Freiheitlichen als Listenkombination auftreten würden. Das lehnte wiederum Peter ab. Angeblich fürchtete man, die Reihung als Liste 3 zu verlieren, wenn man von der gewohnten Bezeichnung abging, aber auch ein paar engstirnige oder verwirrte Wähler damit vor den Kopf zu stoßen. Die DFP war dann in Wien sogar erfolgreicher als die FPÖ – aber ihr fehlte das Grundmandat. Gemeinsam hätten wir zumindest in Ostösterreich nicht schlecht abgeschnitten, insoweit hatte van Tongel recht.
Doch plötzlich als der Kandidat einer anderen Partei aufzutreten, die man bei allem Respekt bisher zu den politischen Gegnern gezählt hatte, hielt ich nicht für den richtigen Weg, das Vertrauen der Wähler zu erringen. Dieser Devise bin ich auch noch nach einer anderen Richtung hin treu geblieben: Anfang 1966 meldete sich der steirische Landesamtsdirektor Dr. Tropper bei mir. Sein Chef, Landeshauptmann Krainer, liege zwar gerade im Spital, würde mich aber dennoch gerne sehen. Auch Krainer schlug mir vor, als Parteiunabhängiger auf der Liste der ÖVP zu kandidieren. Ich mußte ihm dasselbe sagen: »Das ist unglaubwürdig! Das bringt Ihnen und mir nichts! Und außerdem: auf lange Sicht kann das nicht gutgehen, denn eines Tages wäre ich für Sie eine Belastung. Sie werden nach der Wahl wieder mit der SPÖ zusammengehen müssen, wo meine Gegner das Sagen haben. Ich muß meinen Weg alleine gehen.«
Die DFP konnte sich im Wahlkampf nicht über mangelndes Interesse beklagen, auch wenn dieses Interesse selten freundlicher Natur war. Meine alte Partei, die damals ja – zum ersten und einzigen Mal – mit offener kommunisti-

scher Unterstützung zur Wahl antrat, führte eine wüste Diffamierungskampagne gegen mich und meine Freunde. Einmal hieß es, das deutsche Kapital finanziere die DFP, dann lief wieder die Platte von den »SS-Seilschaften«. Der ehemalige Kärtner Sicherheitsdirektor Dr. Payer, der mich unterstützte, wurde nachträglich zum Prager Gestapo-Chef befördert. Um diese Zeit waren in Niederösterreich, im Industrieviertel, eine Reihe herabgewirtschafteter Betriebe aus dem Umfeld der Verstaatlichten von der Schließung bedroht, wie die Rax-Werke in Wiener Neustadt. Ich versuchte über die Schweizerische Handelskammer einen Käufer für die Firma ausfindig zu machen, der an einer Weiterführung des Betriebes interessiert war. Auch das Bergwerk in Grünbach am Schneeberg wurde damals zugesperrt. Auf meiner Wahlreise traf ich dort auch den ehemaligen kommunistischen Betriebsratsobmann, dem man schon angedroht hatte, er werde im ganzen Bezirk keine andere Arbeitsstelle finden. »Siehst du«, sagte ich zu ihm, »und dafür darfst du jetzt den Pittermann wählen!« Einen bekannten Arzt, der eine Unterstützungserklärung abgegeben hatte, holte die Polizei vom Operationstisch weg, um ihn zu fragen, ob er auch wirklich für mich unterschrieben hätte. Ebenso erkundigte man sich bei den Tanten meiner Frau, ob kein Irrtum vorläge.

Besonders absurd waren die Angriffe gegen unsere große Abschlußkundgebung im Wiener Konzerthaus wenige Tage vor der Wahl. Ein paar besonders betuliche Zeitgenossen warfen mir antisemitische Untergriffe vor, weil ich die Stirn hatte, meinen Ruf gegen Dr. Tuchmann und Professor Hoff zu verteidigen, der sein famoses Gutachten in Wien herumgetragen hatte. Das war nun wirklich eine verkehrte Welt. Mir, der ich im Dritten Reich sieben Jahre lang im KZ gesessen hatte, wurde also vorgeworfen, ich

hätte es gegenüber dem ehemaligen Wiener Vertrauensarzt der Gestapo, Dr. Tuchmann, am schuldigen Respekt fehlen lassen! Und das von Leuten wie Pittermanns Schoßhund Weikhart, der in der Zeit der illegalen Untergrundbewegung von 1934–1938 einmal vorgeschlagen hatte, Juden in der Sozialdemokratie nicht mehr als Funktionäre zu akzeptieren. Manche Leute nennen diese Art der Argumentation dann auch noch Vergangenheitsbewältigung. Böses Blut machte bei den Bonzen in der SPÖ – und nicht nur dort – vermutlich auch, daß wir so manche Praktiken ans Licht der Öffentlichkeit zu bringen versuchten, auf welche Weise sich diverse famose Saubermänner, die mir finanzielle Malversationen vorwarfen, ihr eigenes Nest ausgepolstert hatten.
Das Wahlergebnis vom 6. März 1966 war für die DFP ein Achtungserfolg. Nach dem Wahlrecht, das Kreisky 1970 einführte und das fast auf den Beistrich meiner Vorlage von 1963 entsprach, wären wir sicher mit fünf Mandaten im Nationalrat vertreten gewesen, denn wir erhielten fast 150000 Stimmen. In Wien erreichten wir mehr als acht Prozent, die SPÖ mußte dort hohe Verluste hinnehmen. Die ÖVP verfügte im Nationalrat jetzt über die absolute Mehrheit. Zwar wurden noch einmal Koalitionsverhandlungen geführt, die aber nicht zuletzt daran scheiterten, daß die ÖVP um keinen Preis das Justizministerium der SPÖ überlassen wollte. Die SPÖ wollte zumindest einen Staatssekretär haben. Warum wohl? Vielleicht, damit das Verfahren gegen Olah nicht außer Kontrolle gerate?
So bildete Klaus eine »monokolore« Alleinregierung. Die Garnitur um Pittermann flog aus der Regierung, und auf dem nächsten Parteitag wurde Bruno Kreisky zum Parteivorsitzenden gewählt. Er selber sagte dazu später einmal: »Das Merkwürdige, wenn ich das so retrospektiv beurteile, ist zweifellos, daß meine größte politische Niederlage

– denn ich hatte ja mit Olah diese Niederlage erlitten – der Anfang meines Erfolges war.« Aus einer historischen Perspektive gesehen, hatte ich damit sowohl Klaus als auch Kreisky den Weg an die Spitze und zur Alleinregierung freigeschossen. In gewisser Weise sollte mir die Geschichte recht geben. Damals sahen die Dinge freilich anders aus.

VIII.
»Gegen den Olah könnt's ihr ruhig vorgehen!«

Der Prozeß

Schon vor dem Wahltag kursierten in Wien Gerüchte, Broda werde mich noch in der Wahlnacht verhaften lassen. Bauarbeiter, die mit Renovierungsarbeiten im Wiener Landesgericht beschäftigt waren, hatten ein Gespräch zweier höherer Justizbeamter mitangehört, die sich schon darüber unterhielten, in welche Zelle ich eingeliefert werden sollte. Die Immunität der Abgeordneten erlischt aber erst beim Zusammentritt des neuen Nationalrats, nicht mit der Neuwahl oder der Auflösung des alten Parlaments. Eines Tages erhielt ich einen Anruf. Ein Mann wollte mich unbedingt dringend besuchen. Er kam und sagte: »Wir sind eine Gruppe von Bauarbeitern und arbeiten im Landesgericht; ich habe Gespräche gehört, in welche Zelle Sie am 6. März kommen sollen. Wenn Sie festgenommen werden, werden wir Sie in einer Bauarbeitermontur herausholen – wir haben alle Schlüssel.«

Die Voruntersuchungen, die meine Gegner angestrengt hatten, liefen immer noch unter dem Deckmantel von Erhebungen gegen »unbekannte Täter«. Ganz offensichtlich wagte man es nicht, vom Nationalrat meine Auslieferung zu verlangen. Dieses Problem war nun weggefallen, meine Immunität erloschen, und man konnte endlich mit allen Mitteln gegen mich vorgehen. Wie wenig wählerisch man dabei vorging, erzählte mir später einmal die erste

Frau Dr. Rosenzweigs, des ÖGB-Anwalts, Claire Rosenzweig. Sie mußte für ihren Mann immer die Materialien ordnen, die er mit nach Hause brachte. Dabei fielen ihr so manche Ungereimtheiten auf: »Das geht dich gar nichts an!« herrschte sie ihr Gatte an. »Was heißt hier schon legal. Ich muß einen Prozeß gewinnen.« (Die skrupellosen Methoden ihres Mannes mußte sie dann bei ihrer Scheidung selbst über sich ergehen lassen.)
In der Öffentlichkeit war die Stimmung für meine Gegner zwar nicht besonders günstig, aber es gab auch Gegenströmungen, die um des lieben Friedens willen einer Institution wie dem ÖGB und Leuten, die beim nächsten Mal wieder in der Regierung sitzen könnten, keine Schwierigkeiten machen wollten. Präsident Sallinger, Allgewaltiger der Bundeswirtschaftskammer und des Wirtschaftsbundes der ÖVP, die Graue Eminenz, intervenierte sehr nachdrücklich und wiederholt bei den maßgebenden Stellen der Justiz: »Gegen Benya, Klenner und Zak um Gotteswillen keine Verfahren, das gefährdet die Sozialpartnerschaft. Gegen den Olah könnts ihr ruhig vorgehen, der hat nichts mehr zu sagen.« So lief das. Es wurden nur gegen Zak Vorerhebungen eingeleitet, aber der Akt wurde solange liegengelassen, bis die Verjährungsfrist um war.
Die erste Runde in dem jahrelangen Rechtsstreit ging an mich. In einem ersten Verfahren Anfang 1966 blitzten Dr. Rosenzweig und der ÖGB mit ihren Schadensersatzforderungen an mich ab. Um so sorgfältiger wurde von meinen Gegnern der nächste Schritt vorbereitet, die Einleitung eines Strafprozesses gegen mich. Schon die Vorgeschichte des Prozesses war bemerkenswert, ging es diesmal doch um politische Einflußnahme. Als ich einmal beim Untersuchungsrichter Dr. Balta saß, wurde ein Anruf durchgestellt, und man hörte den Untersuchungsrichter nur immer wieder sagen: »Jawohl, Herr Bundesrat! Jawohl, Herr

Bundesrat!« Der Anrufer war Böck, der neue Vorsitzende der Gewerkschaft Bau-Holz. Der ursprünglich als Vorsitzender in Aussicht genommene Oberlandesgerichtsrat wurde plötzlich abgezogen. Es hieß, er habe schon früher einmal mit den Voruntersuchungen in einem parallelen Verfahren zu tun gehabt und sei daher befangen. Der wirkliche Grund war, daß er erklärt haben soll, er werde einen Sachverständigen bestellen, um die Kassabücher der Gewerkschaft einsehen zu lassen. Das nämlich war der wunde Punkt meiner Gegner. Alle ihre Behauptungen beruhten auf Aussagen von Zeugen. Es waren Funktionäre und kleine Angestellte des ÖGB, die vom Wohlwollen ihrer Vorgesetzten abhingen und sich keine eigenen Meinungen erlauben durften. Ich erhielt immer wieder Briefe von Angestellten und Funktionären, die mich um Verzeihung dafür baten, daß sie sich nicht öffentlich für mich einsetzen konnten, aber auch um Verständnis dafür, daß sie es sich nicht leisten konnten, ihre berufliche Zukunft zu gefährden.

Bei Durchsicht der Bücher wäre das etwas anderes gewesen. Da hätte sich entweder herausgestellt, daß es einfach keine Beweise für die Behauptungen gab – oder aber, wenn solche Transaktionen stattgefunden hatten, diese von mir keineswegs eigenmächtig durchgeführt worden waren, sondern daß eine ganze Reihe von Herren, die jetzt beteuerten, von nichts gewußt, nichts gehört und gesehen zu haben, sehr wohl ihre Hände im Spiel gehabt hatten. Sicherlich konnten in den Dokumenten auch nachträgliche Retuschen angebracht werden, was jedoch aufgefallen wäre – und der ÖGB konnte ja nicht sein ganzes Archiv verschwinden lassen. Vielleicht wären bei einer solchen Durchsicht der Bücher aber noch ganz andere Dinge zum Vorschein gekommen, die man nicht an die große Glocke hängen wollte. Für meine Gegner bestand also aller

Grund, einer solchen Untersuchung, wie sie in einem »Finanz«-Verfahren doch wohl selbstverständlich gewesen wäre, mit äußerst gemischten Gefühlen entgegenzusehen. So ging die Suche nach einem Vorsitzenden weiter, der Gewähr zu bieten schien, daß er nichts anstellen würde. Einer meldete sich krank, ein anderer ging in Pension. Dann kam die Reihe an Dr. Melnitzky, ein tüchtiger Richter, der sich mir gegenüber korrekt und freundlich benahm, bei dem man aber auch sicher war, daß »nichts passieren« würde. Er gab mir denn auch keine Gelegenheit, meine vorbereitete Rechtfertigung vorzutragen. Vielleicht war es ein Fehler, daß ich ihm diese auf Anraten meines Anwalts schon vorher schriftlich übergeben hatte. Das diente jetzt als Vorwand, weshalb ich sie den Geschworenen und der Öffentlichkeit nicht mündlich vortragen durfte. Erstaunt war ich trotz meiner langen politischen Erfahrung über die Unverfrorenheit, mit der ein Zeuge nach dem anderen aus dem Fundus des Dr. Rosenzweig vor Gericht aufmarschierte und all das als »undenkbar« bezeichnete, was er vor kurzem noch mitbeschlossen hatte.
Ein besonders klägliches Schauspiel vor Gericht bot Las, mein langjähriger Mitarbeiter als Zentralsekretär der Gewerkschaft Bau-Holz, der ja selbst zu den Mitangeklagten zählte. Benya hatte ihn 1964 mit Zuckerbrot und Peitsche ganz auf seine Seite gezogen. Einerseits winkte ein Gemeinderatsmandat in Meidling, wo Benya ihn lancierte; andererseits bestand die Drohung, selbst einer ähnlichen Existenzvernichtung ausgesetzt zu sein wie ich. Las verwickelte sich vor Gericht immer wieder in Widersprüche, widerrief Dinge, die er noch 1966 eidesstattlich erklärt hatte und bekam schließlich ein Verfahren wegen falscher Zeugenaussage aufgebrummt. (Als ihm der Vorsitzende wieder einmal sein lückenhaftes Gedächtnis vorwarf, be-

Karikatur in den »Oberösterreichischen Nachrichten« vom 29./30 März 1969

rief sich Las auf sein Rheuma!) In meinem Bezirk galt er als der »Judas von Hernals«. Mein Nachfolger als Vorsitzender der Gewerkschaft Bau-Holz, Flöttl, war wirklich krank. Er erklärte zwar pflichtschuldigst, er sei ganz baff gewesen, als er von den Zahlungen an politische Mandatare gehört habe, die gang und gäbe gewesen waren. Aber er stellte für meine Gegner doch einen gewissen Unsicherheitsfaktor dar. Man berief sogar einen außerordentlichen Gewerkschaftstag ein, um Flöttl ein Jahr früher ablösen zu lassen. Dessen Nachfolger wurde Bundesrat Böck, derselbe, der sich so interessiert mit dem Untersuchungsrichter unterhalten hatte.

Ich wurde in allen Punkten freigesprochen – bis auf einen. Das Gericht akzeptierte meine Verantwortung, daß es sich bei den Sparbüchern des ÖGB, die den Gründungskredit der Kronen Zeitung besichert hatten, um eine Scheinverpfändung handelte. Man anerkannte, daß ich den ÖGB finanziell nicht geschädigt hatte und viele der Transaktionen, die mir vorgehalten wurden, gar nicht von mir angeordnet worden sein konnten. Der Vorsitzende betonte bei der Urteilsverkündung ausdrücklich, daß mir keinerlei persönliche Bereicherung vorgeworfen werden könne. Die »Frankfurter Allgemeine« brachte den Urteilsspruch unter der Schlagzeile: »Ein Jahr für einen Ehrenmann«. Verurteilt wurde ich nur wegen der Million, die man mir 1959 für den Wahlkampf gegeben hatte. Das war eine Farce. Erst 1965 kam man darauf, ich hätte diese Gelder »unterschlagen«. Es fehlte angeblich eine Million Schilling, die ich mir 1959 »angeeignet« hätte! Wie denn? Habe ich den Betrag bei Nacht und Nebel aus der Kassa genommen? Habe ich das Geld von einem Konto abgehoben? 1957 wurde ich geschäftsführender Obmann des sozialistischen Parlamentsklubs. Da ich bereits amtierender und damit schon sehr ausgelasteter Vizepräsident des ÖGB war, legte ich sowohl meine Funktion als SPÖ-Bezirksobmann von Hernals als auch meine Funktion als Vorsitzender der Gewerkschaft der Bau- und Holzarbeiter zurück. Ich tat dies in aller Form in den zuständigen Körperschaften. Flöttl, schon seit 1956 von mir mit der teilweisen Geschäftsführung betreut, übernahm die Führung der Gewerkschaft. Nicht gerade zur Begeisterung der leitenden Funktionäre der Länder. Er galt als anständig, höflich, gesinnungstreu, aber schwach und vergeßlich. Es war zur damaligen Zeit die einzig gangbare Übergangslösung. Vor den NR-Wahlen 1959 wurde mein Sekretär Daurer – von dem man wußte, daß er die bei mir deponierten Gelder verwaltete – vom Zentralkassier der Gewerkschaft, Walter Jeschko, angerufen. Es wurde ihm folgendes mitgeteilt: »Es kommen Wahlen, der Franz wird Geld brauchen zum Verteilen. Er bekommt zu diesem Zweck eine Million. Frag ihn, in welcher Form er es haben will, per Scheck, in bar oder auf ein Sparbuch.« Ich sagte zu Daurer: »Laß dir ein Sparbuch geben, das ist praktisch, da kann man jeweils die Summe abheben, die gebraucht wird.« So wurde es auch durchgeführt. Das Sparbuch kam in meinen Bürosafe, zu dem Daurer und ich einen Schlüssel hatten. Um das Märchen von der Veruntreuung der Million zu untermauern, wurde behauptet, ich sei Vorsitzender der BHG bis 1960 gewesen! Und dies wurde vom Gericht geglaubt, obwohl alle gewerkschaftlichen Unterlagen bewiesen, das ich seit 1957 nicht mehr als Vorsitzender geführt wurde. Außerdem hatte die fragliche Summe fünf Jahre lang niemand vermißt. Bei keiner Bilanz und Kontrolle war dieser »Verlust« bemerkt oder irgend etwas beanstandet worden. Das Gericht verließ sich auf Zeugen, die mit großen Augen so taten, als ob es politische Subventionen nie gegeben hätte.

Oberlandesgerichtspräsident Otto Lachmayer schrieb mir

damals, das Urteil sei nicht nur anzuzweifeln, sondern rechtlich unhaltbar. Ich war zu einem Jahr unbedingt verurteilt worden. Eine Berufung war nicht möglich, weil das Strafausmaß unter der dafür erforderlichen Grenze lag. Nur eine Nichtigkeitsbeschwerde beim Obersten Gerichtshof konnte ich anstrengen. Auch dort kam es wieder zu bemerkenswerten Personalrochaden. Der Senat, der meinen Fall behandelte, war nach einer Reihe von Krankmeldungen und Urlaubsansuchen ganz anders zusammengesetzt als vorgesehen. Auch meine Gegner wollten ursprünglich eine Nichtigkeitsbeschwerde anstrengen, und zwar deshalb, weil ich zwar in einem Punkt schuldig, in zehn anderen aber freigesprochen worden war. Am Tage nach dem Urteil tauchte Dr. Rosenzweig mit einem fertigen Schriftsatz beim Staatsanwalt auf und sagte: »Sie brauchen nur mehr unterschreiben!« Worauf der Staatsanwalt allerdings einen Wutanfall bekam und ihn hinauswarf. Das Urteil führte noch vor seiner Bestätigung zu einem politischen Eklat. Am 27. April 1969, knapp vier Wochen nach der Urteilsverkündung, fanden in Wien Landtags- und Gemeinderatswahlen statt. Die DFP verlor zwar gegenüber 1966 Stimmen, schaffte es aber doch, die Fünf-Prozent-Hürde zu nehmen und erhielt drei Mandate. Ich war damit wiederum gewählter Abgeordneter. Doch wurde auf Antrag des Gerichts meine Immunität gleich bei der ersten Sitzung des Landtages aufgehoben. Ohne daß mich irgendein Bescheid erreicht hätte, erklärte Bürgermeister Marek mich für beurlaubt und forderte mich zum Verlassen des Gemeinderatssitzungssaales auf. Als ich mich weigerte, ließ er mich durch ein halbes Dutzend Beamte der Wiener Stadtwache mit Gewalt aus dem Saal zerren. Das Image Mareks, der sich gerne das Ansehen eines britischen Gentleman gab, war mit dieser brutalen Machtdemonstration freilich gründlich angekratzt. Wie es

um Mareks Charakter wirklich bestellt war, hatte sich bereits einige Zeit vorher herausgestellt, als er seine eigene Familie verleugnete. Marek bezeichnete sich gern als »einzigen Sohn« einer ehrbaren Wiener Bürgersfamilie – bis wir erfuhren, daß er einen Bruder gehabt hatte, der als Offizier im Krieg gefallen war, und eine Schwester, die Mitglied der NSDAP gewesen war.
Am 23. Juni 1970 verwarf der Oberste Gerichtshof meine Nichtigkeitsbeschwerde. Das Urteil war jetzt rechtskräftig. Ich glaube, es wäre vielen sogar gelegen gekommen, wenn ich mich krank schreiben hätte lassen oder vielleicht ins Ausland ausgewichen wäre, um der Haft zu entgehen. Denn solange ich die Haft nicht hinter mich gebracht hatte, wären die Rechtsfolgen meiner Verurteilung ja ad infinitum in Kraft geblieben, sogar über einen weit längeren Zeitraum. Außerdem hätte man dann in der Öffentlichkeit darauf hinweisen können: »Seht ihr, er drückt sich!« Das wollte ich nicht. Ich hatte unter zwei diktatorischen Regimen wegen meiner Gesinnung viel Härteres ertragen müssen. Ich würde auch das noch durchstehen. Eines freilich muß ich sagen: die Vertreter dieser Diktaturen waren meine politischen Todfeinde gewesen, und ich schwebte während meiner KZ-Haft immer wieder in Lebensgefahr. Meine persönliche Ehre haben diese Leute aber nie angetastet oder in Zweifel gezogen. Das blieb jenen vorbehalten, für die ich damals im KZ gesessen war. Mit Unterstützung der Dachauer KZ-Gemeinschaft und der Österreichischen Widerstandsbewegung hat sich 1970 zwar eine Initiative für meine vorzeitige Begnadigung gebildet. Justizminister Klecatsky, der eben erst aus dem Amt ausgeschieden war, schloß sich ihr an, des weiteren die Landeshauptleute von Salzburg, Tirol und der Steiermark, Bischöfe und sogar der ex-kommunistische Wiener Kultur-Stadtrat Viktor Matejka. Bundespräsident Jonas gab das Gesuch

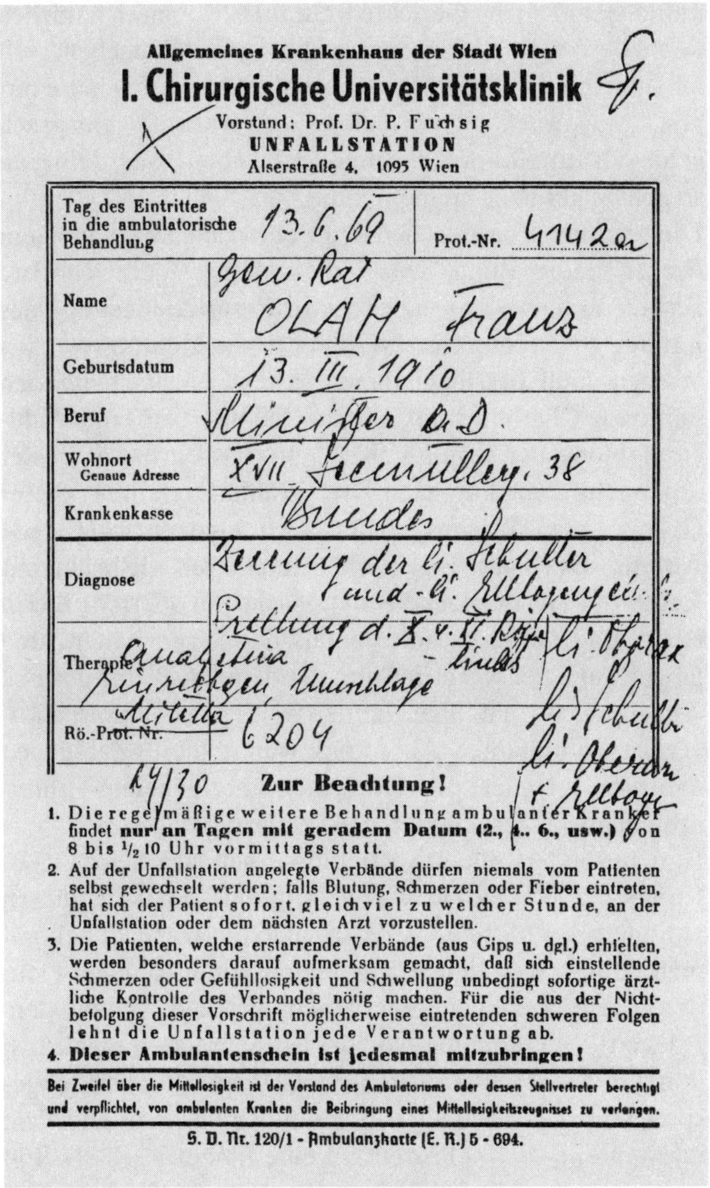

Allgemeines Krankenhaus der Stadt Wien

I. Chirurgische Universitätsklinik

Vorstand: Prof. Dr. P. Fuchsig

UNFALLSTATION

Alserstraße 4, 1095 Wien

Tag des Eintrittes in die ambulatorische Behandlung	13.6.69 — Prot.-Nr. 4142
Name	OLAH Franz
Geburtsdatum	13. III. 1910
Beruf	Minister a. D.
Wohnort Genaue Adresse	XVII ... 38
Krankenkasse	Bundes
Diagnose	
Therapie	
Rö.-Prot. Nr.	6204

Zur Beachtung!

1. Die regelmäßige weitere Behandlung ambulanter Kranker findet **nur an Tagen mit geradem Datum (2., 4., 6., usw.)** von 8 bis 1/2 10 Uhr vormittags statt.
2. Auf der Unfallstation angelegte Verbände dürfen niemals vom Patienten selbst gewechselt werden; falls Blutung, Schmerzen oder Fieber eintreten, hat sich der Patient sofort, gleichviel zu welcher Stunde, an der Unfallstation oder dem nächsten Arzt vorzustellen.
3. Die Patienten, welche erstarrende Verbände (aus Gips u. dgl.) erhielten, werden besonders darauf aufmerksam gemacht, daß sich einstellende Schmerzen oder Gefühllosigkeit und Schwellung unbedingt sofortige ärztliche Kontrolle des Verbandes nötig machen. Für die aus der Nichtbefolgung dieser Vorschrift möglicherweise eintretenden schweren Folgen lehnt die Unfallstation jede Verantwortung ab.
4. **Dieser Ambulantenschein ist jedesmal mitzubringen!**

Bei Zweifel über die Mittellosigkeit ist der Vorstand des Ambulatoriums oder dessen Stellvertreter berechtigt und verpflichtet, von ambulanten Kranken die Beibringung eines Mittellosigkeitszeugnisses zu verlangen.

S. D. Nr. 120/1 - Ambulanzkarte (E. R.) 5 - 694.

Die Verletzungen, die Olah erlitt, als die Wiener Stadtwache ihn aus dem Gemeinderatssaal zerrte, wurden in der Universitätsklinik behandelt kaltlächelnd an die Gerichte weiter. Die konnten natürlich keine besonderen Milderungsgründe geltend machen, weil ich ohnehin die Mindeststrafe erhalten hatte. Ich hatte mir von Jonas auch nichts anderes erwartet. Es entsprach seinem Naturell – devot, solange ich »oben« war, dafür um so gehässiger nach meinem Sturz.

Die »Kronen Zeitung« ließ den Leuten auch nach meinem Prozeß keine Ruhe. Das Unternehmen, dem ich Pate gestanden hatte, war inzwischen zur größten Zeitung des Landes geworden. Der ÖGB hatte die Zeitung vor den Wahlen 1966 beschlagnahmen lassen. Nichts hätte den dubiosen Charakter der Clique, die sich auf eine Wahlempfehlung der Kommunisten eingelassen hatte, besser dokumentieren können. Die Wähler erteilten dieser Gruppe zwei Wochen später auch eine entsprechende Abfuhr. Doch die Eigentümer fürchteten vielleicht mit Recht die Hartnäckigkeit und Macht der Herren, die in Partei und Gewerkschaft damals das Sagen hatten, und gingen auf einen Vergleich ein, der dem ÖGB eine gewisse Abgeltung für allfällige, immer wieder behauptete Zinsverluste einräumte. Allerdings waren diese Zahlungen natürlich geeignet, den Gerüchten über geheime Hintergründe und Transaktionen neue Nahrung zu geben.

Eine besonders pikante Situation ergab sich beim ÖGB-Kongreß 1967. Dr. Rosenzweig und Klenner bemühten sich mit allen Mitteln, die Zeitung in die Hand zu bekommen. Daran Beteiligte erzählten mir von folgendem Plan, der bereits kurz vor dem Abschluß stand. Hinter dem Rücken des Gerichtes, vor dessen Schranken man noch immer die verfeindeten Prozeßgegner spielte, wurde abgesprochen, daß die beiden Eigentümer Dichand und Falk ihre Anteile zu 100 Prozent an eine Finanzgesellschaft in Frankfurt treuhändig übertragen bzw. verkaufen. Der Kaufpreis wurde und sollte nach Abschluß des Gerichts-

So sehen Österreichs Kulturträger
FRANZ OLAH

Wir bitten um Gnade für Franz OLAH, weil uns scheint, dessen vom Gericht festgestellte Verfehlungen in keinem Verhältnis stehen zu seinen Verdiensten um die Freiheit, die soziale Gerechtigkeit und die demokratische Ordnung unseres Landes. Abgesehen davon, daß Franz OLAH in nur einem von elf Punkten verurteilt wurde, stellte sogar das Gericht mit Nachdruck fest, daß Franz OLAH sich nicht persönlich bereichert hatte und daß überhaupt kein „schäbiges, eigennützig-gewinnsüchtiges Motiv als Triebfeder erwiesen werden konnte". Der einen Handlung, die zur Verurteilung führte und die obendrein „durch mangelnde Kontrolle seitens der Gewerkschaft sowie durch unangebrachte Passivität und Willfährigkeit gegenüber den Machtbestrebungen des Angeklagten möglicherweise erleichtert wurde", steht ein selbstloses, den Interessen einer staatstragenden Partei und dem Wohl des Staatsvolkes gewidmeten Leben gegenüber – ein Leben, in dem es nicht nur Erfolg und Macht, sondern auch Opfer und Erniedrigungen gegeben hat, bis zu den sieben Jahren im Konzentrationslager. Einige der Unterzeichneten haben diese Jahre mit Franz OLAH im Lager verbracht; sie haben seine Tapferkeit, Energie, Loyalität und charakterfeste Gesinnung bis heute nicht vergessen, sein unerschütterlicher Glaube an die Wiedergeburt Österreichs hat uns alle ständig ermutigt. OLAHS persönlicher Einsatz gegen den Versuch einer kommunistischen Machtergreifung im Jahre 1950 ist eine historische Tatsache, wie auch die Aussöhnung zwischen Kirche und Sozialismus weitgehend seiner (durch eine päpstliche Auszeichnung gewürdigten) Initiative zu danken ist. Das auch nach ihm benannte Raab-Olah-Abkommen stellt heute noch die Grundlage der Sozialpartnerschaft dar, ohne die unser sozialer Friede und Wohlstand kaum denkbar wären. Und Sie selber, hochgeehrter Herr Bundespräsident, haben zum 50. Geburtstag Franz OLAHS die „Lauterkeit seines Wirkens" bestätigt.

Ohne – wir wiederholen das noch einmal – die Rechtmäßigkeit des über Franz OLAH gesprochenen Urteils anzuzweifeln, geben wir zu bedenken, daß Franz OLAH bereits ohne Gerichtsurteil, nur seiner demokratischen Überzeugung wegen acht Jahre seines Lebens hinter Kerkermauern verbracht hat.

Aus den genannten Gründen erscheint uns – und wie wir glauben annehmen zu dürfen, auch zahllosen anderen Österreichern jedweder politischen Gesinnung – Franz OLAH als in höchstem Grade gnadenwürdig.

Gerade in diesem weniger durch objektive Schuld als durch subjektive Tragik charakterisierten Falle glauben wir, von Ihnen hochgeehrter Herr Bundespräsident, einen Akt jener Humanität erbitten zu dürfen, die die sittliche Basis unseres ganzen Gemeinwesens und also auch der Partei bildet, aus der sowohl Sie selber hochgeehrter Herr Bundespräsident, als auch der jetzige Häftling Franz OLAH hervorgegangen sind.

Ihre sehr ergebenen
(Unterschriften)

Name	Beruf/Funktion
ALMASSY, Susanne	Schauspielerin
BACHER, Gerd	ORF-Generalintendant
BENEDIKT, Heinrich	DDr., em. Univ. Prof.
BERTELE-GRENADENBERG, Hans	Hochschulprofessor Dr.
BRAUNSTEINER, Herbert	Dr. Univ. Prof. Vorstand der Med. Univ. Klinik Innsbruck z. Zt. Dekan der Med. Fakultät
BRONNER, Gerhard	Komponist u. Schriftsteller
CZERWENKA, Oskar	Kammersänger
DALMA, Alfons	Chefredakteur ORF
DRAXLER, Ludwig	Dr. Rechtsanwalt
EIDLITZ, Johannes	Cheflektor Moldenverlag
EINEM, Gottfried von	Komponist
EISENREICH, Herbert	Schriftsteller
ERMACORA, Felix	Dr., Univ. Prof.
FELLINGER, Karl	Dr. Univ. Prof.
FISCHER-KARWIN, Heinz	Chefreporter
FLORA, Paul	Zeichner
FUCHS, Peter	Gendamerie-General i. P.
FUNK, Emmy	Kammersängerin
GÖRLICH, Ernst Joseph	Prof. Dr. Oberstudienrat
GORBACH, Alfons	Dr., Hofrat i. P. Alt-BK
HABSBURG-LOTHRINGEN, Otto	Dr., Schriftsteller
HEER, Friedrich	Dr. Univ. Prof.
HENZ, Rudolf	Prof. Dr. Schriftsteller, Literaturstaatspreisträger
HOCHWÄLDER, Fritz	Schriftsteller
HÖRBIGER, Attila	Kammerschauspieler, Prof.
HÖRBIGER, Paul	Kammerschauspieler
HURDES, Felix	Dr. RA. Ält-Präsident d. NR
HYROSS, Anton	Hofrat, Präsident der KZ Gemeinschaft Dachau
INGRISCH-EINEM, Lotte	Schriftstellerin
KAFKA, Gustav E.	Dr. Univ. Prof. Dekan d. Jur. Fak. d. Universität Graz
KIRNBAUER, Amalia	Schöffin im Olah-Prozess
KLECATSKY, Hans	Dr. Univ. Prof. Vorstand d Instituts f. Politik u. öffentl. Recht a. d. Universität Innsbruck, Bundesminister für Justiz a. D.
KNAPP, Horst	Prof. Wirtschaftspublizist
KOLLARS, Viktor	Monsignore, Prof., Pfarrer
KOSTELECKY, Alfred	Dr., Erzb. Gerichtspräsident
KRAINER, Josef	Landeshauptmann
KUTSCHERA, Rolf	Direktor d. Theater a. d. Wien

Name	Beruf/Funktion
LECHNER, Hans	Dipl. Ing., Hofrat, Landeshauptmann
LOVREK, August	Firmeninhaber
MEINRAD, Josef	Burgschauspieler/Ifflandringträger
MILLER-HAUENFELS, Erich	Prof. akad. Maler
MÜLLER, Karl Franz Prof.	Komponist, Musikschriftsteller
MÜLLER-HARTBURG, Herbert	Dipl. Ing. Arch. Präsident d. Bundes-Ingenieurkammer
NUSKO, Konrad	Schriftsteller (Heimatdichter)
ORTNER, Franz	Dr., Chefredakteur „Vorarlberger Nachrichten"
PEICHL, Gustav (Ironimus)	Architekt
PORTISCH, Hugo	Dr., Chefredakteur
PURKARTH, Anton	soz. Altbürgermeister, Kom.-R.
REDLICH, Gertrud	Witwe nach dem Justizminister Univ. Prof. Dr. Josef Redlich
REIF-GINTL, Heinrich	Dr. HR. Dir. d. Staatsoper
RITSCHEL, Karl Heinz	Dr., Chefredakteur der „Salzburger Nachrichten"
RUBEL, Peter	Journalist
RUSCH, Paul	Dr., Diözesanbischof
SCHMIDT, Theodor	Dr. Generalkonsul
SCHÖNBORN-PUCHHEIM, Hermann	Akademiker
SCHULMEISTER, Otto	Dr., Chefredakteur der „Presse"
SOBEK, Franz	Dr. Generaldirektor i. P. Präsident der Widerstandskämpfer
STEPHANI, Karl	Dr., ehem. Staatssekretär im BMfLV
STOLZ, Robert	Prof., Komponist
THIRRING, Hans	Dr., Univ. Prof.
THÜR, Hans	Chefredakteur der „Tiroler Tageszeitung"
TOCH, Josef	Publizist und Archivar
WAGGERL, Karl Heinrich	Schriftsteller
WALTSTEIN, Wolfgang	Dr., Univ. Prof., Vorstand des Instituts f. Römisches Recht a. d. Universität Salzburg
WEIGEL, Hans	Schriftsteller
WESENAUER, Franz	Monsignore, Stadtpfarrer
WOTRUBA, Fritz	Prof., Bildhauer
ZROUNEK, Karl	Bibliothekar
MATEJKA, Viktor	Schriftsteller
STROHAL, Eberhard	Chefred. 'Kurier'
WALLNÖFER, Eduard	Landeshauptmann
JÜRGENS, Udo	Schlagersänger

verfahrens ausbezahlt werden. Der Prozeß sollte aber zum Schein weitergeführt werden. Sollten Dichand und Falk verlieren, würde ihnen der ÖGB alle Kosten ersetzen und sie blieben in ihren Positionen; dann ging die Zeitung in das Eigentum des ÖGB über. Sollte der ÖGB den Prozeß verlieren, würde die Zeitung über die Frankfurter Tarngesellschaft trotzdem in das Eigentum des ÖGB übergehen, der vereinbarte Kaufpreis an Dichand und Falk würde ausbezahlt werden. In der Vereinbarung wurde außerdem festgehalten, daß alle Beteiligten geschont und niemand gerichtlich verfolgt würde. Der Justizminister würde dafür sorgen. Eine einzige Ausnahme gab es: Olah würde in die Vereinbarung nicht einbezogen, gegen ihn würde weiter gerichtlich vorgegangen werden. Öffentlichkeit und Gericht sollten so zum Narren gehalten werden. Für mich war die Zeit gekommen, diesen Plan zu verhindern. Ein Flugblatt mit allen Einzelheiten, vor dem Konzerthaus an alle Delegierten verteilt, schlug wie eine Bombe ein. Die bloßgestellten Scharlatane gaben gewundene Erklärungen ab, der »Deal« war geplatzt!
Inzwischen hatten sich die Mehrheitsverhältnisse wieder gewandelt. Kreisky hatte die relative Mehrheit errungen. Jetzt probierte es die andere Seite mit ähnlich dubiosen Methoden, an eine Zeitung heranzukommen, der man es zutraute, bei den knappen Mehrheitsverhältnissen den Ausschlag geben zu können. Oder aber man agierte für ominöse Hintermänner? Schon im Sommer 1968, noch vor meinem Prozeß, hatte sich ein Mann bei mir gemeldet, dem High Life nicht abgeneigt, ohne über entsprechende Mittel zu verfügen. Damals bat er mich noch, ich solle ihm und seinen Partnern doch behilflich sein, die Kronen Zeitung oder doch zumindest Anteile an ihr zu erwerben. Ich verwies die Herren an die Gesellschafter und hörte zwei Jahre lang nichts mehr von ihnen. Inzwischen war mein

Prozeß über die Bühne gegangen, und mein Haftantritt stand unmittelbar bevor. Offenbar, so dachte man, befände ich mich jetzt in einer Zwangslage. Und wieder meldete sich der Herr bei mir und lud mich zu einem Treffen ein. Diese Hartnäckigkeit erweckte meine Neugier. Ich wollte mehr über diese Geschäftemacher wissen und sagte zu, um so mehr, als mir versprochen wurde, ein Rechtsanwalt würde an unserer Besprechung teilnehmen.
Was ich zu hören bekam, war auch nicht von schlechten Eltern.
Man behauptete, es gebe Beweise, daß die Kronen-Zeitung in Wirklichkeit mir gehöre.
Das war nun schon hundertmal behauptet und widerlegt worden. Um welche Beweise es sich da handle? Diese Papiere befänden sich leider nicht in ihrem Besitz, wurde mir geantwortet, man müsse sie erst für eine hohe Summe erwerben. Das würde man natürlich erst tun, wenn man sicher sei, mit ihnen auch etwas anfangen zu können. Nun gut, den Herren konnte geholfen werden. Ich hatte einen gewissen Verdacht, aus welcher Ecke diese Gerüchte und Spekulationen kamen. Ich war an einer endgültigen Klärung interessiert. Daher ging ich auf einen Handel ein. Ich unterschrieb einen Vertrag, daß ich den Herren alle meine Rechte an der »Kronen Zeitung« gegen eine Gewinnbeteiligung abtrete, für den Fall und unter der Voraussetzung, den Beweis für das Vorhandensein solcher Rechte zu liefern. Man versprach mir: »Sie riskieren nichts, wir kaufen diese Papiere.« Jetzt mußten die Karten auf den Tisch gelegt werden. Die geheimnisvollen Beweise bekam ich jedoch nie zu sehen. Sie waren nicht vorhanden! Doch ich hatte inzwischen meine Haftstrafe angetreten. Daraufhin ging man mit dieser Version der Ereignisse am 6. November 1970 an die Öffentlichkeit und brachte eine Klage ein, obwohl mein Anwalt in meinem Auftrag inzwischen alle

Vereinbarungen zwischen uns wegen Irreführung für aufgelöst erklärt hatte. Bezeichnenderweise erhielt mein Anwalt daraufhin den Besuch eines Mittelsmannes, der ihm eine Million »schwarz« anbot, wenn das Geschäft doch noch über die Bühne gehe! Zum Glück fertigten alle Beteiligten Notizen an und ließen sich nicht gegeneinander ausspielen. All diese Bemühungen verliefen ohne Erfolg, wie ich es vorausgesagt hatte. Es zeigte sich allerdings einmal mehr, welcher Methoden sich gewisse Leute bedienen, die gerne im Trüben fischen.

Nach acht Monaten wurde ich entlassen. Wie allen Häftlingen, die zum ersten Mal verurteilt werden, wurde mir wegen guter Führung ein Drittel der Strafe erlassen. Die Rechtsfolgen blieben noch eine Zeitlang aufrecht. Erst 1974, als Jonas starb und Kreisky bis zur Neuwahl interimistisch auch die Geschäfte des Bundespräsidenten übernahm, hob er die rechtlichen Folgen der Verurteilung auf. Bis dahin erhielt ich nur die Hälfte meiner Pension ausbezahlt. Dieser Entscheidung ging eine österreichische Operette voraus.

Kreisky kam nicht von selbst auf diese Idee. Ein gemeinsamer guter Bekannter sprach einen bekannten Spitzenmann aus der linken Reichshälfte an: »Eine Mindestvoraussetzung für Frieden wäre die Aufhebung der Pensionskürzung.« Darauf sein Gesprächspartner: »Ich werde sofort etwas veranlassen.« Kurz darauf bekam mein Anwalt Dr. Böck einen Anruf vom zuständigen leitenden Beamten des Justizministeriums, er möge sofort ein Gesuch einbringen. Böck informierte mich telefonisch. Ich stimmte zu. Mit der halben Pension hätte ich auch leben können, wie früher mit viel weniger und wie viele andere Menschen mit noch weniger. Aber warum Nein sagen. Die Vorstellung ging weiter: vom Justizminister wurde der Antrag dem amtierenden Bundespräsidenten überbracht, dieser unterschrieb. Der Akt ging zurück an das Justizministerium. Der zuständige Beamte rief meinen Anwalt an: »Es ist schon unterschrieben.« Mein guter Bekannter, der diese Maschinerie zum Rotieren gebracht hatte, wurde von seinem Gesprächspartner angerufen: »Es ist schon unterschrieben.« Er wurde außerdem vom »Amtierenden« angerufen: »Also, ich habe soeben unterschrieben.« Ende der Vorstellung.

Außerdem war ich noch belastet mit einer Hypothek für unser Einfamilienhaus. Die Geschichte dieser Hypothek war eine Tragikomödie im kleinen: Ursprünglich handelte es sich um einen Kontokorrentkredit bei der Zentralsparkasse zu einem Zinssatz von sechs Prozent. Doch nach meinem Ausschluß aus der Partei kam Dr. Gerhard Wagner zu mir, später Generaldirektor der Länderbank, damals noch Angestellter der Zentralsparkasse. Die »Z« könne mich leider nicht länger als Kunden behalten. Man hätte aber bereits vorgesorgt und mir einen Kredit bei der Feichtner-Bank besorgt, zu Zinsen in Höhe von sieben Prozent. Die »Z« würde dafür im Einverständnis mit Slavik einen größeren Betrag zu günstigen Konditionen hinterlegen. Also übersiedelte ich zur Feichtner-Bank, bis ich von dort eines Tages die Mitteilung erhielt, die »Z« hätte ihre Guthaben abgezogen, man könne mir deshalb keine derartig günstige Verzinsung mehr bieten. Glücklicherweise erhielt ich statt dessen einen Hypothekarkredit auf zwanzig Jahre von der Niederösterreichischen Landeshypothekenanstalt. Es war typisch, daß die sozialistischen Mitglieder des Aufsichtsrats reflexartig gegen den Kredit an mich Stellung nahmen und erst von der ÖVP-Mehrheit überstimmt werden mußten.

Die Zinsenlast aber wurde mit jeder Umschuldung größer. Außerdem hatte ich auch noch für die Gerichtskosten einen separaten Kredit aufnehmen müssen. Ich war jetzt im 62. Lebensjahr, aber gesund. Warum sollte ich nicht noch einmal einem zivilen Beruf nachgehen? Ich hatte diverse Angebote erhalten. Eine Baufirma wollte mich zu einem sehr guten Gehalt als Angestellten aufnehmen. Dipl.-Ing. Roman Nemec von der Baufirma IBG in Baden sagte mir, er hätte seinem Betriebsratsobmann Karl Langer vor dessen Tod versprochen, mir zu helfen (Langer war in der Besatzungszeit Mitglied der KPÖ gewesen!). Ich hatte nicht das Gefühl, dieses Gehalt wirklich verdienen zu können – er bot mir immerhin 20000 S monatlich. So akzeptierte ich das Angebot einer Firma für Büroorganisation und blieb dort bis zu meiner endgültigen Pensionierung. Auch diese Firma wurde daraufhin von politischer Seite unter die Lupe genommen. Sallinger rief sofort den Gremialvorsteher an und fragte: »Was ist das für eine Firma? Hoffentlich kein Mitglied des Wirtschaftsbundes!« Die »Z« kündigte der Firma den Kontokorrent-Kredit und verständigte alle anderen Geldinstitute von dieser Maßnahme. Die Firma geriet dadurch – wenn auch nur vorübergehend – in eine recht unangenehme Lage.

Nach meiner Entlassung hatte ich alle Funktionen in der DFP zurückgelegt. Wer nicht im Besitz seiner vollen staatsbürgerlichen Rechte ist, kann nicht gut eine politische Funktion ausüben. »Der Obmann einer politischen Organisation, der selbst weder wahlberechtigt ist noch kandidieren kann, bedeutet keine Hilfe, sondern eher eine Belastung«, schrieb ich meinen Freunden. Das sollte keine Flucht aus der Öffentlichkeit sein und selbstverständlich auch kein Desinteresse an der Politik bedeuten, sondern es war eine Anerkennung der Tatsachen. Auch als mir Unrecht geschah, beugte ich mich dem Gesetz, das meine politische Entrechtung verfügte.

IX.
Ausblick

Zu dem Zeitpunkt, als ich meinen Rückzug aus der Politik ankündigte, hatte Kreisky schon die Regierung übernommen. Wenige Wochen später, im Sommer 1971, schrieb er Neuwahlen aus und erzielte die absolute Mehrheit. Kreisky hat in den Jahren seiner Regierung viele der Pläne zu verwirklichen versucht, die wir vor 1964 gemeinsam erörtert hatten. Nach der Periode der Stagnation in den letzten Jahren der Großen Koalition war in Österreich unbestreitbar ein Reformbedarf gegeben. Daß die ÖVP-Alleinregierung vor 1970 diese Chance nicht ergriffen und sich nicht getraut hat, ihre Mehrheit auch wirklich zu benützen, war an sich schon eine bemerkenswerte Tatsache. Was unter Klaus verabsäumt worden war, wurde jetzt zuweilen in extrem überzogener Form nachgeholt, z. B. auf dem Gebiet des Strafrechts, wo Christian Broda so manche gefährlichen Experimente in Szene setzte.

Kreisky wollte Broda ursprünglich gar nicht in die Regierung berufen. Ich hatte allen Mitgliedern des Nationalrats im November 1969 eine Dokumentation über Broda zukommen lassen. Das führte beinahe zu einem Eklat im Parlament. Broda spielte die gekränkte Unschuld. Doch zu einem Prozeß, bei dem alle Vorwürfe vor den Schranken des Gerichts hätten geklärt werden können, wollte er es offensichtlich nicht kommen lassen. Im Wahlkampf

1970 hatte Kreisky noch davon gesprochen, einen parteilosen Fachmann zum Justizminister vorzuschlagen, wie sich das auch schon früher bewährt hat. Doch dann setzte ihn die Partei unter Druck, schon mit Rücksicht auf meinen Prozeß. (Die Nichtigkeitsbeschwerde war zum Zeitpunkt der Bildung des Kabinetts Kreisky I ja noch nicht erledigt.)

Kreisky besaß zweifelsohne das Talent, auch Menschen anzusprechen, die seine Gesinnung nicht teilten. Er war im besten Sinn des Wortes ein Humanist, tolerant gegenüber anderen und ihren Meinungen. In der Frage der Befriedung, der Aussöhnung der verfeindeten politischen Lager, deren Vorgänger in den dreißiger Jahren aufeinander geschossen hatten, waren wir uns einig. Das galt auch für das »nationale Lager«, das Kreisky nicht ausgegrenzt, sondern eingebunden hat. Aber auch die Aussöhnung mit der Kirche, die wir eingeleitet hatten, hat er mit Unterstützung von Leopold Gratz als Unterrichtsminister zu Ende geführt. Kreisky war nicht gläubig. Aber er war auch kein kämpferischer Atheist; er war Agnostiker, der religiöse Überzeugungen respektierte.

Kreiskys Schwächen lagen vor allem auf zwei Gebieten. Das eine betraf die Wirtschaftspolitik. Zu mir sagte er früher einmal: »Das mußt du entscheiden. Von Wirtschaft verstehe ich nichts.« Daran hätte er später auch noch manchmal denken sollen. Die ausgabenfreudige Budgetpolitik in der Hochkonjunktur wie nach dem ersten Ölschock hat in außergewöhnlichem Ausmaß zu der heutigen finanziellen Misere beigetragen. Dazu kam das Desaster der verstaatlichten Industrie. Schon in den Abendkursen der Partei in den zwanziger Jahren haben wir den Unterschied zwischen einer strukturellen und einer konjunkturellen Krise gelernt. Den verantwortlichen Managern war er offenbar unbekannt. So wurden astronomische Summen in Betriebe gesteckt, ohne auf entsprechende Reformen zu drängen. Zum Schluß waren die Milliarden und die Arbeitsplätze weg.

Die zweite Schwäche Kreiskys war ein Fehler, den ich mir rückblickend wohl auch selbst zum Vorwurf machen muß: Er hatte in der Auswahl seiner Mitarbeiter nicht immer eine glückliche Hand. Vor allem aber hat er es nicht verstanden, das Team auch richtig zu führen. Das Absakken von Talenten wie Hannes Androsch, Leopold Gratz und Karl Blecha war eine echte Tragödie, und Kreisky ist nicht unschuldig daran, daß sie einen solchen Verlauf genommen hat. Im Hintergrund spielte hier ein letztes Mal auch Christian Broda eine verderbliche Rolle, der Androsch gegen Kreisky ausspielte und sich dabei ausrechnete, als Übergangslösung vielleicht doch noch selbst Kanzler zu werden. In den achtziger Jahren, als Kreisky und ich den Kontakt wieder aufnahmen, der eine Zeitlang unterbrochen war, faßte er das alles zusammen: »Sie wollten mich weg haben.« Geschmerzt hat ihn, daß seiner Meinung nach auch Leopold Gratz bei diesem Spiel mitgetan hat.

In gewissem Sinne war auch Sinowatz ein Opfer dieser Auseinandersetzungen. Sinowatz wäre sicherlich ein ausgezeichneter Landeshauptmann des Burgenlandes geworden. Noch aus dem Frühjahr 1964, als Kreisky und ich noch gemeinsam einen Wahlkampfeinsatz im Burgenland absolvierten, habe ich Sinowatz als tüchtigen Landesparteisekretär in Erinnerung. Unterrichtsminister hätte er vielleicht noch werden dürfen, aber die Stellung des Bundeskanzlers und Parteivorsitzenden war einige Nummern zu groß für ihn. Es ist schade, daß seine politische Tätigkeit mit völlig überflüssigen Geschichten geendet hat. Schuld daran tragen diejenigen, die ihm seine berüchtigten Worte in der Causa Waldheim in den Mund gelegt und ihn dann

noch in den unglückseligen Presseprozeß hineingehetzt haben.
Ich habe heute keine Bindungen mehr an die Partei, der ich angehörte, für die ich mein Leben aufs Spiel setzte und die mich vor dreißig Jahren der totalen Isolierung und Ächtung überantworten wollte. Das hat sich später durch die Einwirkung Kreiskys gemildert, aber es ist nicht ungeschehen zu machen. Ich besitze genügend Selbstachtung, um nicht eine Partei zu unterstützen, die sich meine Vernichtung zum Ziel gesetzt und diese Haltung offiziell nie revidiert hat. Für meine Gesinnung brauche ich kein Mitgliedsbuch – ein solches gab es von 1934 bis 1945 auch nicht. Meine Überzeugung habe ich trotz fehlendem Parteibuch bewahrt. Überzeugung und Gesinnung ist eine Sache des Charakters, nicht die Sache einer Partei. Ich bin daher niemals ein Gegner der Zehntausenden, ihren Idealen treu gebliebenen Sozialdemokraten in dieser Partei. Sie haben meine Achtung – die Partei hat sie nicht! Mit vielen Personen aus der SPÖ verbindet mich weiterhin ein gutes Gesprächsklima und ein menschliches Verhältnis.
So war es für mich auch keine Frage, aus der Hand von Bürgermeister Helmut Zilk, mit dem mich eine jahrelang und auch von seiner Seite nie unterbrochene Freundschaft verbindet, eine Auszeichnung des Landes Wien entgegenzunehmen. Es war das für mich auch keine Formalität. Ich lebe nun seit mehr als zwanzig Jahren in Baden und bin dort vom ersten Tag an sehr freundlich aufgenommen worden, von allen politischen Gruppierungen, einschließlich der SPÖ. Aber Wien ist meine Heimatstadt geblieben, die Bindung ist bis heute nicht verlorengegangen.

Ich habe in der Politik stets das Wechselspiel von Regierung und Opposition vertreten. Leider ist heute davon wenig zu spüren. Die ÖVP ist nur mehr ein Aushänge-

schild. Sie gefällt sich in großen Ankündigungen – nur um danach immer wieder nachzugeben und zu kapitulieren. Diese Unfähigkeit, einen klaren Standpunkt zu beziehen und dann auch durchzuziehen, läßt die eigenen Leute an der Partei verzweifeln. Die Misere der ÖVP ist nicht nur für ihre Anhänger bedauerlich, sondern auch nachteilig für das politische System. Die Demokratie lebt von der Möglichkeit einer Alternative, die zur Ablöse bereitsteht, und von dem Bewußtsein, daß keine Partei sich in dem Glauben wiegen kann, sich alles erlauben zu dürfen. Der schwerste Fehler der ÖVP in den letzten Jahren war es, Alois Mock abzuhalftern (ganz abgesehen von der wenig vornehmen, für die ÖVP jedoch bezeichnenden Art und Weise, in der das geschehen ist. Mit Mock wäre die ÖVP heute eine glaubwürdige Alternative – und eine echte Gefahr für die Führungsrolle der SPÖ. Daß Mock nicht ganz gesund ist, würden die Leute hinnehmen, weil sie sehen, daß er weiß, was er will. Mock ist heute in Österreich zu Recht der Politiker mit dem größten moralischen Ansehen, das andere führende Köpfe entweder nie gehabt oder inzwischen verloren haben.
So spielt sich die Auseinandersetzung mit der Opposition im wesentlichen mit Jörg Haider ab. Haider hat ein ungezügeltes Mundwerk, das ihn oft dazu verleitet, Dinge von sich zu geben, die er bei einiger Überlegung wohl nicht so ausdrücken würde. Ein gewisses Maß an Selbstbeherrschung und Disziplin muß er sich noch aneignen. Hier zeigt sich, daß er nicht nur jünger ist als seine Konkurrenten, sondern – trotz aller Erfolge – politisch immer noch ein »Greenhorn«. Das gilt auch für den Umgang mit seinen eigenen Kameraden. Der Umgang mit Menschen in der Politik ist eine heikle Sache, die Fingerspitzengefühl erfordert. Die Abspaltung des sogenannten liberalen Flügels der FPÖ Anfang 1993 ist natürlich bewußt gefördert und

von außen gekonnt gesteuert worden, aber Haider war ungeschickt genug, die Voraussetzungen dafür zu schaffen. Ob sich die Leute in der SPÖ, aber auch aus der Wirtschaft, die hinter dieser Abspaltung standen, damit etwas Gutes getan haben, wird sich erst herausstellen.
Die Gründung einer liberalen Gruppe ist für Österreich vollig neu. Der Begriff liberal, den viele für sich reklamieren, ist heute schon so unverbindlich geworden, daß er zu nichts mehr verpflichtet. Wer alles nennt sich heute nicht »liberal«. Es gibt heute liberale Katholiken, liberale Kommunisten, die SPÖ ist liberal; was die ÖVP ist, muß sich erst herausstellen. Auch die Grünen können doch nur liberal sein. Bei Ausbruch des Ersten Weltkrieges 1914 rief Wilhelm II. den führenden Vertretern der politischen Parteien zu: »Ich kenne keine Parteien mehr, ich kenne nur noch Deutsche!« Und so wird es bei uns bald werden: es gibt keine Grundsätze mehr, es gibt nur noch Liberalismus! Manche der Programmpunkte des »Liberalen Forums« erwecken keinen liberalen Eindruck mehr, sondern schon eher einen links-progressiven. Wenn der Wähler daran Gefallen findet, ist auch das zu respektieren, wie überhaupt jede Gruppierung, die sich an die Verfassung und ihre Spielregeln hält und ihrem Wählerauftrag nachkommt, zu akzeptieren ist. Es gibt keinen Grund, eine demokratische Partei in Quarantäne zu halten. Selbst wenn Sprecher der Opposition manchmal zu extremen Formulierungen neigen, so ist es Sache der Wähler, darüber zu befinden und in der Wahlzelle ihr Urteil zu fällen.
Es geht in einer Demokratie nicht an, daß einer den anderen »auszugrenzen« versucht. Wenn man Hunderttausende Wähler als Aussätzige behandelt, müssen diese zwangsläufig an den demokratischen Spielregeln zu zweifeln beginnen. Damit treibt man sie in die Fundamentalopposition oder in die politische Abstinenz. Letzteres mag

für die Regierung eine Zeitlang ganz bequem sein, ist aber gefährlich. Ein solcher Weg führt Österreich in eine Sackgasse. Das hat sich schon in der Ersten Republik erwiesen, als die Sozialdemokraten Opfer einer derartigen »Ausgrenzungsstrategie« wurden. Und das gilt auch heute wieder, ganz gleich, ob es sich um Gruppierungen von der linken oder von der rechten Seite des politischen Spektrums handelt.

Heute ist viel von einer Krise der Parteien die Rede. Man soll das Kind nicht mit dem Bade ausschütten. Ohne Parteien ist eine Demokratie nicht vorstellbar. Aber die Parteien müssen endlich den Übergang von der Mitgliederpartei zur Wählerpartei vollziehen. Die Organisationsdichte der politischen Parteien ist zugleich ihr größtes Handicap. Sie büßen an Handlungsfreiheit ein, weil sie zu viele Verpflichtungen gegenüber ihren Mitgliedern übernommen haben. Für seine Wähler arbeitet man im Parlament, für Mitglieder muß man ständig irgendwo intervenieren.
Das Parlament muß aktiver werden und sich seiner Rolle als Gesetzgeber wieder bewußt werden. Unsere Verfassung ist auf dem Prinzip der Gewaltenteilung aufgebaut. Regierung und Parlament haben verschiedene Aufgaben, Gesetzgebung und Vollziehung sind getrennte Bereiche. Es ist keine Tragödie, wenn eine Regierungsvorlage einmal im Plenum abgelehnt wird. Selbstverständlich wird man mit der Aufhebung des Klubzwangs nicht gerade bei dem Budget beginnen. Aber es gibt genügend andere Materien, deretwegen die Fronten längst quer zu den Parteien verlaufen. Warum soll das nicht auch in der politischen Praxis seinen Niederschlag finden? Ein lebendigeres Parlament, in dem echte Auseinandersetzungen stattfinden, wäre auch ein wirksameres Gegengewicht zur Ministerialbürokratie, von der man heute oft den Ein-

druck gewinnt, sie habe die Gesetzgebung weitgehend an sich gerissen. Leider ist das angebliche Persönlichkeitswahlrecht, das heuer in Kraft tritt, eine Augenauswischerei, die auf ein »Wasch mir den Pelz und mach mich nicht naß« hinausläuft. Die Macht der Parteisekretariate bleibt dabei im wesentlichen erhalten.

Ich habe den vollständigen Zusammenbruch des sowjetischen Imperiums in den Jahren seit 1989 erleben dürfen. In Rußland hat das kommunistische System zwei, wenn nicht drei Generationen um ihr Leben und um die Früchte ihrer Arbeit betrogen. Um so länger wird es dort dauern, bis die Menschen den Übergang zu einem System westlicher Prägung verkraftet haben. Man darf nicht vergessen, daß Rußland (und einige der Balkanstaaten) noch nie eine funktionierende Demokratie kennengelernt haben. Ich bedauere zutiefst, daß viele der sogenannten Linken, die immer vom »integralen Sozialismus« geträumt und die Gemeinsamkeiten mit den mörderischen Regimen des Ostblocks gesehen haben, diesen Zusammenbruch nicht mehr erleben konnten. Sicher hätten sie auch dafür theoretische Erklärungen gefunden, wie sie im Theoretisieren ja immer Meister waren.
Österreich ist nun Teil der EU. Auch in diesem Rahmen müssen wir unsere Eigenständigkeit bewahren. Ein Europa der Nationen, uneingeschränkt ja. Ein eurasisch-afrikanischer Schmelztiegel – nein. Respekt und Förderung auch fremder Kulturen, aber keine Multikultur-Mischung. Wer bei uns leben will, muß unsere Sprache erlernen, muß unsere Sitten und Gebräuche respektieren und bereit sein sich zu integrieren. Nicht assimilieren. Vielfalt bereichert das Leben eines Landes.
Es ist die innere Lage unseres Landes, die zur Sorge Anlaß gibt. Die zunehmende Politikverdrossenheit, die steigende

Ablehnung der traditionellen politischen Parteien haben ihre Ursachen. Das Ansehen der Politiker war noch nie so gering wie derzeit. Das sind die wirklichen Gefahren für die Demokratie! Unsere Finanzpolitik und damit das Budget ist eine Katastrophe, von einem Mal zum anderen mit Phrasen bemäntelt. Der Bevölkerung ist das ganze Ausmaß des Desasters nur rein gefühlsmäßig bewußt. Scheu vor der Verantwortung täuscht über die wahre Lage hinweg. Die gegenwärtige Regierung ist handlungsunfähig, das Parlament ohnmächtig an die Regierung gekettet. Jede Gruppe macht in Egoismus; die Klassenscheidung, auch unter den Arbeitnehmern, ist stärker denn je. Jede Gruppe verharrt auf Privilegien und kämpft rücksichtslos um neue Vorteile. Vom Blick auf das Staatsganze, von Solidarität ist nichts mehr zu spüren.

Als wir 1945 angetreten sind, war dieses Land ein Trümmerhaufen. Unser Grundsatz war »dienen«, nicht »verdienen«. Mit Entbehrungen aller Art, mit persönlichem Einsatz oft unter Gefahren, unter Hunger und Kälte, schlecht bezahlter Arbeit und einem Minimum an sozialen Leistungen wurde dieses Land in wenigen Jahren politisch stabilisiert und wirtschaftlich mustergültig aufgebaut.

Es war tatsächlich ein kleines Wunder, an das wir selber nur wie an einen Traum gedacht haben.

Diese Errungenschaften wurden in den letzten zehn bis fünfzehn Jahren durch Unfähigkeit, Mangel an Mut zur Wahrheit, Demagogie und Lizitation ins Wanken gebracht. Diese Art von Politik ist es, die die Glaubwürdigkeit der Politiker und der Parteien erschüttert hat. Daß wir auf Dauer Pensionsdefizite, Bahndefizite, eine aufgeblähte, überdimensionierte Verwaltung mit neuen Schulden werden bezahlen können, wird niemand mit normalem Verstand glauben können. Wir müssen die Zinsen für unsere Schulden mit neuen Schulden bezahlen.

Von Rückzahlung von Schulden ist keine Rede. Wer wird schon Schulden zahlen? Das ist auch der Grundsatz vieler österreichischer Bürger. Die Lösung ist der Privatkonkurs! Wird das auch die Lösung für den Staat? Wir bekommen keinen zweiten Marshallplan von den USA. Vielleicht sollte man bei dieser Gelegenheit noch einmal alle Linksprogressiven daran erinnern, daß manche von ihnen nicht am Leben wären, wenn ihre Großeltern ohne US-Hilfe verhungert wären. Ohne den militärischen Schirm der USA und ohne ihre Dollars hätte sich kein Westeuropa behaupten können. Es hätte auch Österreich eine zehn Jahre dauernde Besatzungszeit in der Ostzone nicht überlebt.
Es gilt heute bei nicht wenigen Österreichern als »in«, möglichst wenig zu arbeiten und möglichst viele Sozialleistungen in Anspruch zu nehmen. Der Staat soll zahlen. Manuelle Arbeit ist »out«! Der Facharbeiter wird immer unter seinem Wert entlohnt.
Die verantwortungslose Schuldenpolitik des Staates färbt auf seine Bürger ab. Das ist die moralische Bankrotterklärung der staatlichen Gemeinschaft – neben der finanziellen! Wir sehen aber auch die Auflösungstendenzen in der ganzen Gesellschaft, das Ende aller bisherigen Bindungen. Diese von einer sogenannten progressiven Politik eingeleitete Entwicklung zerstört systematisch alles, was bisher die Grundlage des menschlichen Zusammenlebens war. Nur: was tritt an die Stelle des Bisherigen? Nichts! Danach sieht es auch aus. Am Ende steht das Nichts.
Begonnen hat es mit der Zerstörung jeder natürlichen Autorität. Nicht verwechseln mit »autoritär«. Autoritär ist Willkür, Autorität ist erworbenes Vertrauen! Erworben durch Charakter, Können und Leistung.
Wie hat es begonnen? Am Anfang stand der Kampf der Vereinigten Feinde der Religion, des Glaubens jeder Richtung. Der Atheismus sowohl der Nazis als auch der

Bolschewiken wurde erfolgreicher weitergeführt als Aufklärung und Befreiung der Menschheit. Da gab und gibt es verschiedene Kräfte. An der Oberfläche und im Untergrund.

Der Glaube der Menschen an eine überirdische Instanz war eine moralische Hemmschwelle. Kein Allheilmittel, wie auch das Gesetz keine absolute Sicherung ist. Religion wurde mißbraucht, sicher. Politik noch viel ärger?

Die erste Autorität waren die Eltern, die Lehrer und erst dann die staatliche Obrigkeit. Alle diese moralischen Autoritäten haben aufgehört zu wirken. Heute hat jeder Gewaltverbrecher, jeder Räuber, Einbrecher, Bankräuber mehr Rechte als der Polizist und Gendarm.

Moralische und sittliche Tabus gibt es keine mehr. Das hat nichts mit Prüderie zu tun. Aber öffentliche, ungehemmte Schamlosigkeit ist nicht ein Zeichen von Kultur. So sind alle alten Kulturen untergegangen.

Verbrecher werden zumeist auf freiem Fuß angezeigt. Eine Waffe nimmt man höchstens noch für einen Bankraub in die Hand, nicht zur Landesverteidigung. Ansonsten gibt es die »Bagatellfälle«. Wo wird die Bagatellgrenze enden? Strafe ist keine Drohung mehr, sie wird ja »teilbedingt« ausgesprochen.

Diese sogenannte westliche Gesellschaft zerfällt mit ihrer Kultur, was immer man darunter verstanden hat. Irgendwann stürzt dann auch einmal der sogenannte »politische« Überbau ein. Was kommt danach? Das Risiko, das wir eingehen, das heißt das Risiko, das die politisch Verantwortlichen auf unserem Rücken eingehen, ist enorm.

Entscheidungen stehen an, auf allen Gebieten des menschlichen Lebens. Wenn die Repräsentanten der Demokratie sich scheuen, die Maßnahmen zu treffen, die erforderlich sind, dann ist das Volk berufen, diese Entscheidungen selbst zu treffen.

Sicher waren die Politiker von 1945 keine Engel. Engel taugen nicht für die Politik; damals konnte dieser Staat auch nicht von Unschuldsengeln regiert werden. Da waren härtere Naturen vonnöten. Aber diese Männer und Frauen hatten eines, das heute fehlt: Mut!
Mut zur Verantwortung! Daß heute Männer wie Helmer und Schärf von linken Schmutzfinken mit Dreck beworfen werden, fällt nicht zuletzt auf die zurück, die das Material dazu liefern. Durch solche Schreiberlinge wird das Ansehen der Zweiten Republik zerstört. Ich kann das sagen, denn zu den Männern der ersten Stunde habe ich nicht gehört. Ich bin erst am 1. Juli 1945 zurückgekommen. Aber wir haben für dieses Land gekämpft, mit allen Argumenten, auch mit dem Argument des Opfers. Und das waren wir. Wir waren 1938 Opfer der Feigheit der Westmächte, die erst dann kämpften, als ihnen das Wasser bis zum Hals stand. Uns haben sie im Stich gelassen. Daß eigene Fehler dazu beigetragen haben, ist unbestreitbar. Aber auf dem Boden müssen wir deswegen nicht kriechen.

Ich hatte 1971 meinen Abschied von der Politik erklärt. Das geschah damals nicht ganz freiwillig. Seitdem habe ich nur noch ein einziges Mal zugesagt, mich an einem politischen Experiment zu beteiligen. Es war im Jahre 1983, gemeinsam mit dem ehemaligen Justizminister Klecatsky. Ich dachte mir: »Warum ›Nein‹ sagen?« Nur war die Zeit für ein solches Vorhaben damals noch nicht reif. Ich hatte mir auch keine großen Hoffnungen über die Erfolgschancen gemacht. Aber wir wollten ein Zeichen setzen.
Was sagt man doch über die alten Zirkusgäule? »Wenn die Musik zu spielen beginnt, fangen sie wieder an zu tanzen . . .«

Anhang

Inhalt

Brief des »Fluchtkameraden« Dr. Walter Loebner

Dr. Valtr Loebner
Mar. Lazne,
Benešova 51.

Mar. Lázně, 25.III.46.

Mein lieber alter Freund!

Es nähert sich der Tag, an dem uns beiden vor eibem Jahr der Sprung in die Freiheit gelang. In treuer Kameradschaft haben wir den Weg durch die Nächte, die Unbill der Witterung durch die Wälder in der Mark zurückgelegt, bis wir dann in unserem lieben Kremmen das xxx Tor xxx in das neue Leben geöffnet fanden. Aus Deinem Brief vom 25.II. erkenne ich, dass Du widderum Deinen angestammten Platz im öffentlichen Leben eingenommen hast und dass es Dir gut geht, was mich besonders freut. Von mir kann ich es eigentlich nicht behaupten. Ein ausländischer Freund, der unlängst bei mir zu Besuch war, hat im ersten vorschnellen Urteil, meine Heimat als den konsolidiertesten Staat, mit dem geregelsten Leben bezeichnet. Aber nach ein paar Tagen war er zu dem Schluss gekommen, dass es sich nicht um echte Brillianten, sondern nur um den Glanz von Gablonzer Steinen handelte. Ich bin zwar niedergelassen, bin in meinem schönen Beruf tätig, habe genügend zu esssen, denke sogar daran eine Liebe und liebenswerte Frau demnächst heimzuführen, in meiner alten neuen Wohnung liegen Perserteppiche und trotzdem kann ich nicht innerlich glücklich sein, denn auf allen Dekreten und Urkunden, die hier ausgestellt werden, steht das ominöse Wort "prozatím" (vorläufig, nicht definitiv). Auf Schritt und Tritt begegnet man der Frage „und wie haben Sie im Jahre 29 gewählt?" Du kannst Dir vorstellen, dass man sich in diesen 6 Jahren des Hundelebens seine Befreiung, seine Wiederauferstehung, den Seelenfrieden und den Weltfrieden ein bisschen anders vorgestellt hat. Meine Enttäuschung ist sehr gross und ich halte meine Niederlassung hier nicht für definitiv. Leider sind die Tore der überseeischen Länder für uns geschlossen, sonst würde ich es mir keinen Augenblick überlegen, mir ein ruhiges Plätzerl 5 Minuten hinter Europa zu suchen. Sollte aber, wider alles Erwarten sich doch wieder alles zum Guten einrenken, so gilt mein erster ausländischer Besuch unbedingt Dir.

Grüsse bitte Hermann Pfalzner und zeige ihm diesen Brief, damit ich nicht noch einmal derselbe schreiben muss und sei herzlichst gegrüsst von Deinem alten Freund und Fluchtkameraden

Walter

4. Abschnitt

Stenographisches Protokoll

der Verhandlungen des Ersten Bundeskongresses

Wien

18. bis 23. Mai 1948

Rede Olahs, gehalten am 1. Bundeskongreß des ÖGB, Mai 1948

Olah: Kolleginnen und Kollegen! Der erste Bundeskongreß der österreichischen Gewerkschaften kann nicht umhin, sich neben den organisatorischen Fragen auch mit jenen Dingen zu beschäftigen, die heute im Leben unseres Landes und unseres ganzen Volkes einschneidende Bedeutung haben. Wie würde es die Arbeiter- und Angestelltenschaft verstehen wenn wir hier nicht unsere Stimme gegen jene Zustände erheben würden, die heute noch bei uns in Österreich herrschen! Gewiß haben wir vor uns die Aufgabe, die Masse unserer Mitglieder mit gewerkschaftlichem Bewußtsein zu erfüllen. Aber wenn hier gesagt wurde, daß die Arbeiter und Angestellten eine abwartende Haltung einnehmen daß sie sich nicht in einer Kampfstimmung befinden, daß ihnen der Elan der Schwung für ihre Arbeit fehlt, dann fragen wir uns doch alle warum dieser österreichischen Arbeiter- und Angestelltenschaft jener Schwung fehlt, der sie beim Aufbau der ersten Republik Österreichs beseelt hat. Er fehlt, weil nicht unsere Kraft und unsere Begeisterung allein dafür ausschlaggebend sind, sondern weil andere Einflüsse vorhanden sind, die diese Schwungkraft lähmen und jedes Beginnen der österreichischen Arbeiter und Angestellten zum Scheitern verurteilen. Wir kämpfen und ringen um die Form des wirtschaftlichen Wiederaufbaues in unserem Lande, um die Frage, die auch hier, sei es von inländischen oder ausländischen Delegierten, zur Sprache gekommen ist: Mit fremder Hilfe oder ohne fremde Hilfe? Ja, wären wir österreichischen Arbeiter und Angestellten nicht schon zufrieden, wenn man uns wenigstens das belassen würde, was wir in unserem eigenen Lande noch haben? (Stürmische Zustimmung.) Kann dieser Kongreß an der Tatsache vorbeigehen, daß man von unserem Lande, dem man wohl vorschreiben will, es solle keine fremde Hilfe annehmen, nahezu 600 Millionen Schilling an Besatzungskosten für das Jahr 1948 verlangt? (Protestrufe.) Ist es eine Förderung der Selbständigkeit, der Souveränität, des demokratischen Gedankens, der Schwungkraft der Arbeiter und

Angestellten, wenn wir in den letzten Tagen immer wieder von der Beschlagnahme von Gütern unserer Landwirtschaft lesen und vernehmen müssen? Womit sollen wir die Ernährung unserer Bevölkerung sichern? (Starker, anhaltender Beifall.)

Im Kampf um die Freiheitsrechte des österreichischen Volkes benötigen wir keinen Lehrmeister. (Lebhafte Zustimmung.) Wir haben diesen Freiheitskampf ohne jede Unterstützung und Hilfe zu einer Zeit geführt, als so manche die Gefahr noch nicht erkannt haben. (Lebhafter Beifall und Händeklatschen.)

Wir verlangen nur das eine, daß man uns die Hindernisse wegnimmt, daß man uns nicht weiter in dem wirtschaftlichen Gesundungsprozeß stört, von dem wir wissen, daß wir ihn nur mit Hilfe unserer Arbeitskraft, mit Hilfe vieler Entbehrungen bewältigen werden können. Daß wir selber dazu beitragen müssen, daß unser Land, unsere Wirtschaft gesunden kann, darüber sind wir uns im klaren. Gewerkschafter sind keine Illusionisten und wissen ganz genau, mit welchen Möglichkeiten sie zu rechnen haben. Diese Möglichkeiten darf man uns aber nicht immer wieder nehmen. Man darf uns nicht immer wieder hindern daran. Ja, wenn wir immer wieder Resolutionen beschließen und zugeschickt erhalten, wenn wir selber den Kampf gegen den Schleichhandel und gegen die Wirtschaftssaboteure fördern – wir erleben es doch hier in Österreich selbst immer wieder, daß uns in schwerem Ringen um unseren wirtschaftlichen Wiederaufbau bei der Erfassung des Möglichen in unserem eigenen Lande Hindernisse entgegentreten –, so sehen wir aber daß auf dem Boden der Exterritorialität ein Handel blüht, der uns daran hindert, die für den Lebensunterhalt unserer Bevölkerung notwendigen Dinge, die Gebrauchsgüter des täglichen Lebens, zu erfassen. Sahen wir nicht in den letzten Wochen und Monaten, daß uns jene Güter, die unseren Arbeitern und Angestellten fehlen, in den Betrieben und Büros angeboten werden, so zum Beispiel Schuhe, die uns so sehr fehlen, zum Preis von 200 und 250 Schilling. Wird uns nicht das Mehl offiziell zu 12 Schilling angeboten, ohne daß wir die Möglichkeit haben, diejenigen, die es anbieten, zu fassen. Wir fragen: woher kommen diese Schuhe, woher kommen diese Lebensmittel? (Stürmische Zustimmung.) Sie kommen aus unserem eigenen Land, und man predigt uns, gibt uns moralische Lehren darüber, was wir tun sollen, um die Ernährung unserer Bevölkerung zu sichern, und rät uns: nehmt keine Hilfe an, damit Ihr Eure politische Freiheit nicht verliert. Unsere politische Freiheit untergräbt man, und ich wundere mich, daß es in den Kreisen österreichischer Vertrauensmänner der Arbeiter und Angestellten jemanden geben kann, der nicht österreichische Arbeiterinteressen vertritt, sondern die Interessen anderer, die mit unseren Interessen nichts zu tun haben. (Stürmischer Beifall.)

Wenn wir hier am Kongreß – wir schätzen und ehren alle unsere ausländischen Gäste – hören, wie sie in ihrem eigenen Lande Aufbauarbeit leisten, wie sie sich ihr Leben einrichten, so wollen wir es ihnen unbenommen lassen, das nach ihrer eigenen Entscheidung zu tun. Wir aber werden uns in unserem Staate unsere Wirtschaft nach den Gesichtspunkten einrichten, so wie wir es für zweckmäßig und für die Interessen der Arbeiter notwendig halten. (Lebhafter Beifall. – Widerspruch bei den ungarischen Delegierten.)

Noch eine Frage, die unsere Arbeiter und Angestellten bewegt, eine Frage die wir hier nicht unerwähnt lassen wollen, ob es Ihnen, lieber Kollege, behagt oder nicht. Ich spreche hier für die österreichischen Arbeiter und Angestellten. (Stürmischer Beifall, Bravorufe und Lärm.)

Eine Frage, die die österreichischen Arbeiter und Angestellten insbesondere in Wien und Niederösterreich immer stärker bewegt und die als Forderung an uns herangetragen wird, ist die Frage der demokratischen Freiheit in gewissen Betrieben auf österreichischem Territorium, daß in den letzten Wochen und Monaten – und hier hätten wir es gerne gesehen, wenn Ihr auch für die Demokratie aufgetreten wäret – Vertrauensmänner und Betriebsräte gemaßregelt werden. (Entrüstungsrufe), weil sie sich gegen ein bestimmtes Diktat wenden.

Der österreichische Gewerkschaftskongreß kann nicht vorübergehen, ohne daß er seine Solidarität für diese Arbeiter klar und deutlich ausspricht, die als Kollegen gemaßregelt werden! (Stürmischer Beifall.) Unsere Kräfte werden ausreichen, sie gegen alle Maßregelungen zu schützen! (Honner: Provokateur! – Lauter Widerspruch.) Ich kann hier nur erwidern: Söldling! Ausländischer Agent! (Unruhe. – Präsident Böhm gibt das Glockenzeichen und bittet die Delegierten, Ruhe zu bewahren. Honner: Was ist mit der Geschäftsordnung? – Haimann [Ungarn]: Sehr schön ist das, sehr schön!)

Zum Schluß noch eine Frage: Hier bei diesem Kongreß haben wir die Freude, die Vertreter vieler ausländischer Organisationen begrüßen zu können, sogar aus Übersee. Wir hätten uns sehr gefreut, wenn auch der Vertreter des Weltgewerkschaftsbundes gekommen wäre, um hier die Nöte der österreichischen Arbeiter und Angestellten zu hören und zu sehen. Aber wir haben so das Empfinden, daß auch der Weltgewerkschaftsbund vielleicht nur ein Streitobjekt der Großen geworden ist. Wir haben mit Bedauern und Schmerz vernommen, daß diese internationale gewerkschaftliche Einrichtung der Arbeiter und Angestellten, bei der wir unsere Nöte durch unsere Vertreter vorgetragen haben, auf ihrer Pariser Tagung unsere Forderungen und Wünsche nicht mit der genügenden Deutlichkeit unterstützt hat, wie das im Interesse eines kleinen Landes besonders notwendig gewesen wäre. Wir würden ja in erster Linie die Hilfe der gewerkschaftlichen Internationale mit Dank zur Kenntnis nehmen, daß man unsere Sorgen und unsere Nöte versteht. Trotzdem hat die Sitzung des Exekutivkomitees, die sich mit unseren Fragen befassen sollte, noch immer nicht stattgefunden.

Wir verlangen, daß Demokratie und Freiheit für alle, für jeden einzelnen, überall, in allen Ländern Geltung haben soll. Und deswegen haben wir die Aufgabe, den Kongreß zu bitten, die Resolution anzunehmen, die ich in der Frage Griechenland vorlege. (Einige kommunistische Delegierte fordern die Wortenziehung, weil der Redner bereits 15 Minuten spreche.) Ich glaube, es gibt niemand hier, der die Hinrichtungen in Griechenland nicht verdammen würde.

Aber wir verlangen die Freiheitsrechte in allen Ländern und überall! (Zwischenrufe.) Die Resolution lautet (liest):

»Resolution

Der Bundeskongreß der österreichischen Gewerkschaften beklagt die Geschehnisse in Griechenland, speziell die vielen Hinrichtungen von Gegnern des gegenwärtigen griechischen Regimes.

Der Krieg ist immer grausam und der Bürgerkrieg ganz besonders. Der Österreichische Gewerkschaftskongreß befindet sich auf der gleichen Linie mit der Meinung der demokratischen Welt, wenn er fordert, daß die von den Diktatur-Regimen entlehnten Methoden der Behandlung politischer Gegner auch in Griechenland ein Ende finden müssen.

Im Namen der Humanität und wirklichen Demokratie verlangt der Erste Kongreß des Österreichischen Gewerkschaftsbundes, so wie bereits in anderen Fällen, daß mit der Hinrichtung von politischen Gefangenen und Gefangenen des Bürgerkrieges in Griechenland ein Ende gemacht wird, und verlangt ferner eine strenge Anwendung der Bestimmungen der Genfer Konvention über die Behandlung der Kriegsgefangenen. Wir wenden uns gegen jedes diktatorische Regime, gegen jede Totalität; wir verlangen Sicherung der menschlichen Freiheitsrechte und Organisationsfreiheit in allen Ländern der Welt.

Böhm	*Prinke*	*Altenburger*
Maisel	*Schneeberger*	*Thaler*
Novy	*Hillegeist*	*Jochberger*
Weigelt	*Weigl*	*Stonner*
Frühwirth	*Holowatyj*	*Rubant.«*

Ich bitte den Kongreß, dieser Resolution die nötige Unterstützung zu geben, damit sie behandelt werden kann, und sie dann anzunehmen. (Starker, anhaltender Beifall. – Honner: Provokateur! – Starke Unruhe.)

Auszug aus dem Parteitagsprotokoll 1948

SOZIALISTISCHE PARTEI ÖSTERREICHS

PARTEITAG 1948

WIEN, 10. BIS 12. NOVEMBER

ORGANISATIONSAUSGABE

Josef Hindels (Sozialistische Jugend):
Genossinnen und Genossen! Auf dem letzten Parteitag ist eine politische Resolution vorgelegt worden, die unter dem Namen »Resolution der 44« bekannt war. Die Delegierten der Sozialistischen Jugend haben diese Resolution gemeinsam mit Erwin Scharf unterschrieben. Nach dem Parteitag ist Scharf an mich herangetreten und hat gesagt: Könnten wir uns nicht einmal darüber unterhalten, ob es nicht zweckmäßig wäre, wenn die Linke in der Partei, diejenigen, die den verschärften Kampf gegen die ÖVP fordern, enger zusammenarbeiten würden. Ich habe daraufhin mit Scharf einige politische Diskussionen gehabt und ich muß sagen, jede solche Diskussion mit Scharf war für mich ein erschütterndes Erlebnis. Denn ich mußte jedesmal feststellen, daß es Erwin Scharf nicht darum ging, den Kampf gegen die ÖVP zu verschärfen, sondern daß er eine Konzeption vertrat, die auf die engste Zusammenarbeit mit den Kommunisten und letzten Endes auf eine volksdemokratische Entwicklung hinauslief. . . .
Dann hatte ich Gelegenheit, nach Deutschland zu fahren, um an einer internationalen Schule, die von der SPD veranstaltet wurde, teilzunehmen. Dort hat man mir einiges über die Verhältnisse in der deutschen Ostzone erzählt. Man hat mir erzählt, wie viele deutsche Sozialisten, darunter auch sehr viele linke Sozialisten, in der deutschen Ostzone wegen ihrer sozialistischen Gesinnung verhaftet wurden. Als ich zurückkam und Erwin Scharf einige dieser Erlebnisse erzählte, bekam ich eine Antwort, die ich nie vergessen werde. Scharf erwiderte: »Ist denn um diese Leute schade?« (Entrüstung.) Das war die Antwort Scharfs. Deshalb bin ich der Auffassung, daß Erwin Scharf nichts mit einer Linken und nichts mit einer revolutionären Richtung des demokratischen Sozialismus zu tun hat.
Auf dem Verbandstag der Sozialistischen Jugend haben wir uns mit dem Fall Erwin Scharf beschäftigt. Die Sozialistische Jugend, die innerhalb der Partei immer einen linken Standpunkt eingenommen hat und auch einnimmt, hat einstimmig das Verhalten Erwin Scharfs als antisozialistisch bezeichnet und es verurteilt. Er hat also in Wirklichkeit zwei

Sprachen gesprochen. Die eine, die volksdemokratische, wurde in Privatgesprächen geführt; die andere, die getarnte, hat er auch bei der 1.-Mai-Feier in Steyr gesprochen. Das ist eine Taktik, die für jeden, der die Arbeit kommunistischer Agenten kennt, absolut nicht neu und nicht originell ist. ... Deshalb ist für Scharf in unserer Partei kein Platz. (Zustimmung.) Die Entwicklung, vor allem die Entwicklung in unseren Nachbarländern, hat uns gezeigt, daß noch aus jedem Scharf ein Fierlinger oder Szakasits geworden ist. (Lebhafter Beifall.)

Fritz Matzner (Parteivertretung):
Genossinnen und Genossen! Als ich vor der siebenten Verhaftung stand und mich entschließen mußte, außer Land zu gehen – weil man mir gesagt hatte: einmal noch und sie sind ausgelöscht! –, ging ich über die nahe steirisch-jugoslawische Grenze und gründete dort im Einvernehmen mit vielen unserer Genossen die Österreichische Freiheitsfront. Damals habe ich Scharf kennengelernt. Er ist auch über die kärntnerisch-jugoslawische Grenze gegangen. Wir hatten dann alle die Kämpfer, die von Österreich hinübergegangen sind, zusammengefaßt. Ich sage wahrheitsgemäß, daß Scharf in dieser Zeit keinen Kontakt mit den Kommunisten gehabt hat, denn die Führung lag damals ausschließlich bei den Sozialdemokraten. Nach den schweren Kämpfen, die die deutsche Armee in der Folge den Partisanen geliefert hat, nach der Niederlage, die wir hinnehmen mußten, ist mir Scharf aus den Augen gekommen. Erst als wir nach den Maitagen 1945 wieder nach Österreich kamen, bin ich mit Scharf wieder in Berührung gekommen. Etwa ein Jahr nach Wiedererrichtung der Republik trafen wir auf einem großen festlichen Empfang der jugoslawischen Gesandtschaft wieder zusammen. Zu uns gesellte sich ein russischer Offizier. Als Scharf wegging, meinte der russische Offizier, ich solle Scharf in der Sozialistischen Partei unterstützen. Was kann das damals geheißen haben? Wenn ein russischer kommunistischer Offizier ein solches Begehren stellt, so ist die Annahme berechtigt, daß Scharf schon damals kommunistische Politik in der Sozialistischen Partei verfolgt hat; ob bewußt

oder unbewußt, das mag damals noch zweifelhaft gewesen sein. Heute gibt es keinen Zweifel mehr, denn die Broschüre beweist, daß Scharf damals schon kommunistische Politik gemacht hat. Scharf ist ein Agent im Dienste der kommunistischen Ideologie. (Lebhafter Beifall.) ...

Wir haben den ersten Überläufer, der von einer führenden Stelle, auf die er hinaufgetragen wurde, weggegangen ist, aber nicht bloß als Abtrünniger, sondern als Spion. (Lebhafter Beifall.) Das ist das Bittere an diesem ganzen Fall.

Abschließend möchte ich folgendes sagen: Als ich etwa Anfang 1947 mit einer ausländischen Zeitung zu Scharf in sein Büro kam und sagte: »Schau, was ist das!« und ihm dreizehn Konzentrationslager in der deutschen Ostzone zeigte, »Sozialdemokraten sitzen drinnen, nur die Wächter haben sich geändert«, da meinte er: »Na, was ist das schon, das sind ja Reaktionäre!« Und auf meine Entgegnung, »da gibt es keine weitere Diskussion mehr?«, hat Scharf mir erklärt: »Würdest du dich auch aufregen, wenn man Schärf oder Helmer einsperren würde?« (Rufe: Hört! Hört!) Für mich war der Fall damals erledigt. (Rufe: Hört! Hört!)

Aktionsplan der Kommunistischen Partei Österreichs

Kommunistische Partei Österreichs
Landesleitung Wien
W i e n 9., Wasagasse 10

Präs. 311/VI-IX/48 K-M/D-U/H-F

Wien, 15. 11. 1948

A K T I O N S P L A N

Präsidium:

Vorsitzender der Kommunistischen Partei Österreichs
Nationalrat Johann K o p l e n i g

Generalsekretär der Kommunistischen Partei Österreichs
Friedl F ü r n b e r g

Nationalrat Franz H o n n e r

Ausarbeitung:

Hofrat Dr. D ü r m a y e r

Dr. U m s c h w e i f

M a r e k

Übersicht:

I. Einführung
II. Generaleinsatzstelle
III. Befehlszentralen
IV. Abschnitteinteilung
V. Einsatzplan
VI. Strassenkontrollen
VII. Kurierdienst
VIII. Sanitätsdienst
IX. Verpflegungsdienst

I. E i n f ü h r u n g

Im Bewusstsein der tiefen Verantwortung für die Zukunft Österreichs hat das Zentralkomité der Kommunistischen Partei Österreichs beschlossen, alle Massnahmen vorzubereiten, die notwendig sind, um im gegebenen Falle alle reaktionären und dem westlichen Kapitalismus hörigen, arbeiterfeindlichen Elemente schlagartig auszuschalten, um durch eine neue volksnahe Führung das Vertrauen a lle r Besatzungstruppen und damit den baldigen Abschluss eines Staatsvertrages zu erlangen.

Um dieses Ziel und damit die endgültige Freiheit des Landes zu erreichen, wurde der vorliegende Aktionsplan aufgestellt. Die im Aktionsplan vorgesehenen Massnahmen sollen den Fortgang des normalen Lebens in der Bundeshauptstadt gewährleisten und verhindern, dass bis zur Schaffung einer neuen Regierung wertvolles Volksvermögen verschoben und Material beiseitegeschafft wird, das die Unfähigkeit und die Korruption des gegenwärtigen Regimes vor aller Welt eindeutig beweisen wird.

Der Aktionsplan sieht politische und strategische Sicherungsmassnahmen vor, die konform durchgeführt werden müssen, damit nirgens eine Lücke entsteht, die den Erfolg der Aktion beeinträchtigen könnte. Im Plan sind daher politische und strategische Massnahmen zusammengezogen. Wo Einzelbestimmungen durch frühere Operationspläne festgelegt wurden, befindet sich im Aktionsplan ein Hinweis auf den betreffenden Operationsplan. Dasselbe trifft auf die Festsetzungen von Gegnern zu. Ebenso sind die Aktionen in den einzelnen Betrieben, in denen die Betriebszellen die Sonderweisungen durch den Operationsplan OPl 7/G-X-48 erhalten haben, im Aktionsplan nicht berücksichtigt.

Zwischenfälle mit den alliierten Dienststellen und Besatzungsangehörigen sind u n b e d i n g t zu vermeiden. Unter allen Umständen muss der rein innerpolitische Charakter der Aktion gewahrt bleiben. Disziplinlosigkeiten von Angehörigen der Einsatzkommandos, insbesondere die Provokation alliierter Personen und Plünderungen, sind unverzüglich und auf das allerstrengste zu ahnden (Befehl OPl 3/G-X-48).

II. G e n e r a l e i n s a t z s t e l l e

Sitz der Generaleinsatzstelle: 2., Sterneckplatz 1 - 2
Verantwortliche Leiter:
Politische Leitung: Johann K o p l e n i g
Strategische Leitung: General i.R. F r a n e k
Hilfsdienste:
Kurierdienst: Franz M a r e k
Sanitätsdienst: Dr. Anton R o t h
Verpflegungsdienst: Hella P o s t r a n e t z k y

Stützpunkt:
Propagandastützpunkt: 1., Fleischmarkt 5
Leiter: Chefredakteur Erwin Z u c k e r - S c h i l l i n g

III. B e f e h l s z e n t r a l e n

Befehlszentralen sind:
1. alle Abschnittskommandos (lt. Hauptteil IV)
2. alle Einsatzstellen (lt. Hauptteil V)
3. alle Bereitschaftskommandos (lt. Hauptteil V)

Die Befehlszentralen dienen als Ausgabestellen für Ausrüstungsbehelfe, Waffen, Munition, Verpflegung (lt. Hauptteil I] und als Fahrbereitschaftsstellen.

Einzelheiten gemäss OPl 4/G.X.48.

1. Präsidentschaftskanzlei, 1., Hofburg, Adlerstiege
Einsatzstärke: 50
10 Mann besetzen die Einfahrt, die restlichen 40 dringen in das Gebäude vor; 5 Mann blockieren die Telefonleitungen durch Besetzen der Zentrale, 20 Mann setzen die anwesenden Beamten und Parteien in einem Raum fest, die verbleibenden 10 Mann stellen das Aktenmaterial sicher.
Sonderauftrag: Festnahmen lt. Auszug aus der Liste SM/11 a/G-V/4
2. Bundeskanzleramt, 1., Ballhausplatz 2
Einsatzstärke: 80
15 Mann besetzen die Einfahrt und den Hof, 5 Mann besetzen die Telefonzentrale, 40 Mann nehmen die Festsetzung der Anwesenden vor, die restlichen 20 sichern das Aktenmaterial.
Sonderauftrag: Unbedingte Festsetzung von Bundeskanzler F i g l, Vizekanzler S c h ä r f und Aussenminister Dr. G r u b e r.
Im übrigen Festnahmen lt. Auszug aus der Liste SM/11 a/G-V/48
3. Bundesministerium für Inneres, 1., Herrengasse 7
Einsatzstärke: 200
50 Mann sichern die Einfahrt und die Ausgänge, 10 Mann besetzen die Telefonzentrale, 100 Mann dringen in das Gebäude ein, der Rest von 40 Mann verbleibt im Hof als Bereitschaftskommando.
60 Mann nehmen die Festsetzungen vor. 40 Mann sichern das Aktenmaterial.
Sonderauftrag: Unbedingte Festsetzung von Bundesminister H e l m e r, Staatssekretär G r a f, Ministerialrat Dr. P a m m e r, Sektionsrat Dr. M a y e r und der übrigen Beamten der Abteilung Staatspolizeiliches Büro.
Festnahmen lt. Auszug aus der Liste SM/11 a/G-V/48
Unbedingte Sicherstellung des Aktenmaterials der Abt.2
4. Parlament, 1., Dr. Ignaz Seipel-Ring 3
Einsatzstärke: 200
60 Mann besetzen die Tore und die Auffahrt, 100 Mann setzen die Nationalräte, Bundesräte und Beamten fest, 10 Mann besetzen die Telefonzentrale, 25 Mann sichern das Aktenmaterial, 5 Mann Sonderkommando sichern die Kraftwagen vor dem Gebäude.
Sonderauftrag: Festnahmen lt. Auszug aus der Liste SM/11 a/G-V/.

34. Österreichischer Getreide- und Brauwirtschaftsverband Biehwirtschaftsverband 1., Riemergasse 14
Einsatzstärke: 25
5 Mann besetzen die Eingänge, 5 Mann die Telefonzentralen, 10 Mann führen die Festsetzung der Beamten durch, der Rest sichert das Aktenmaterial.
35. Österreichischer Milch- und Fettwirtschaftsverband, 1., Wipplingerstrasse 30
Einsatzstärke: 20
5 Mann sichern die Eingänge, 3 Mann blockieren die Telefonzentrale, 8 Mann führen die Festsetzung der Beamten durch, die restlichen 4 stellen das Aktenmaterial sicher.
36. Magistratisches Bezirksamt, 1., Wipplingerstrasse 2
Einsatzstärke: 30
5 Mann sichern die Eingänge, 5 Mann besetzen die Telefonzentrale, 15 Mann setzen die Beamten fest, der Rest sichert das Aktenmaterial.
37. Bundeskammer für gewerbliche Wirtschaft, 1., Stubenring 8-10
Einsatzstärke: 50
10 Mann besetzen Eingänge und Gebäude, 5 Mann blockieren die Telefonzentrale, 20 Mann führen die Festsetzung der Beamten durch, der Rest sichert das Aktenmaterial.
Sonderauftrag: Unbedingte Festnahme: Julius R a a b
38. Österreichische Nationalbank, 1., Rokhgasse 4
Einsatzstärke: 50
10 Mann sichern die Eingänge, die übrigen dringen in die Räume ein, besetzen Telefonzentrale, Kassen- und Depositenraum.
Sonderauftrag: Blockierung sämtlicher Guthaben und Auszahlungen, Feststellung des Kassenstandes und des Bestandes an Devisen
Strengste Wahrung der Disziplin ist erforderlich (OPl 3/G-X/-48)
39. Creditanstalt, Wiener Bankverein, 1., Schottenring 6
Einsatzstärke: 100
20 Mann sichern Tor und Gebäude, die übrigen 80 Mann besetzen die Telefonzentrale und sichern den Kassen- und Depositenraum, sowie die Tresorschlüssel.
Sonderauftrag: Blockierung der Auszahlungen, Feststellung des Kassen- und Kontenstandes.
40. Staatshauptkasse, 1., Singerstrasse 17
Einsatzstärke: 50

C. Abschnitt 3

Abschnittskommando 3: 8., Langegasse 53
Abschnittskommandant: Dr. Ludwig B e r g
Kurierdienst: Friedrich H e x m a n n
Einsatzstärke: 1750
Einsatzstellen: 7., Siebensterngasse 31
8., Langegasse 53
9., Rossauerlände 29
Bereitschaftskommandos:
7., Siebensterngasse 31
7., Schottenfeldgasse 6
8., Langegasse 53
9., Rossauerlände 29
9., Wasagasse 10
9., Währingerstrasse 52

1. Bundesministerium für Handel und Wiederaufbau, Abt. 24
Österreichische Tabakregie, Generaldirektion 9., Berggasse 16
Einsatzstärke: 40
10 Mann besetzen die Eingänge, 5 Mann blockieren die Telefonzentralen, 20 Mann führen die Festsetzung der Beamten durch, die restlichen 5 sichern das Aktenmaterial.
2. Österreichische Nationalbank, 9., Otto Wagnerplatz 3
Einsatzstärke: 100
30 Mann sichern die Eingänge, 10 Mann besetzen die Telefonzentralen, die übrigen sichern die Schalter- und Büroräume, setzen die Beamten fest und schalten die anwesenden Parteien aus.
Sonderauftrag: Feststellung des Kassen- und Devisenstandes, Blockierung der Auszahlungen. Leitung der Aktion: Dr. Ludwig S o s w i n s k i.
3. Bundesministerium für Land- und Forstwirtschaft,
8., Forianigasse 8
Einsatzstärke: 60
10 Mann besetzen die Eingänge, 10 Mann blockieren die Telefonzentrale, 30 Mann führen die Festsetzung der Beamten und anwesenden Parteien durch, der Rest stellt das Aktenmaterial sicher.
4. Gewerkschaft der Bau- und Holzarbeiter, 7., Schottenfeldgasse2
Einsatzstärke: 40
5 Mann sichern die Eingänge, 5 Mann besetzen die Telefonzentrale,

20 Mann führen die Festsetzung der Beamten durch, die verbleibenden stellen das Aktenmaterial sicher.
Sonderauftrag: Unbedingte Festnahme: Franz O l a h.
5. Waldheim-Eberle-Druckerei, 7., Seidengasse 5-9
Einsatzstärke: 200
50 Mann besetzen die Aufgänge zu den Objekten Seidengasse 3 - 13
150 Mann dringen in die Druckerei vor und besetzen die Anlage im Zusammenwirken mit der Betriebszelle (lt. OPl 7/G-X/-48).
Sonderauftrag: Perlustrierung aller nichtalliierter Personen, die das Objekt verlassen oder betreten wollen, Festsetzung von nichtalliierten Zivilangestellten der amerikanischen Dienststellen, Einstellung des Druckereibetriebs durch Streikzwang. Zwischenfälle mit alliierten Personen sind unter allen Umständen zu vermeiden.
6. Österreichischer Verlag, 8., Strozzigasse 8
Einsatzstärke: 150
50 Mann sichern die Toreinfahrt, den Hof und die Ausgänge, ein Sonderkommando von 20 Mann besetzt die Verwaltungs- und Direktionsräume des Österreichischen Verlags im Haus Strozzigasse 2, die verbleibenden 80 Mann besetzen die Druckerei, Setzraum, sowie die Redaktionen der im Gebäude installierten ÖVP-Blätter. Alle Anwesenden sind festzusetzen.
Sonderauftrag: In Zusammenarbeit mit der Betriebszelle (laut OPl 7/G-X-48) ist die Druckerei stillzulegen. Archivmaterial ist sicherzustellen. Festnahmen laut Auszug aus der Liste SM 13/G-IX/48.
7. Sozialistische Partei, Landesgruppe Wien, 8., Albertgasse 23
Einsatzstärke: 80
20 Mann sichern die Eingänge, 10 Mann besetzen die Telefonzentrale, 30 Mann führen die Festsetzungen durch, die restlichen stellen das Aktenmaterial sicher.
Sonderauftrag: Durchsuchung der Parteiräume nach Waffen. Bewaffneter Widerstand ist möglich. Festnahmen laut Auszug aus der Liste SM 13/G-IX/48.

SPÖ-internes »Memo«, 1957

Wien, 6.Dezember 1957

H.B.

Betrifft: Erfassung ehemaliger KP-Wähler

Im Zusammenhang mit der Bundespräsidentenwahl wurden Verbindungen mit aus der KPÖ ausgetretenen Funktionären aufgenommen. Zu einer aktiven Anteilnahme bei der Wahl kam es damals jedoch nicht, da die KPÖ von der Aufstellung eines eigenen Kandidaten Abstand nahm und ihren Wählern den sozialistischen Kandidaten empfahl. Es unterblieb daher ein vorbereiteter Aufruf des ehemaligen Nationalrates ELSER. Eine Erklärung von ihm, nach der Wahl der Sozialistischen Partei beizutreten, fand bekanntlich Zustimmung und es wurde eine Zusammenkunft führender Partei- und Gewerkschaftsfunktionäre mit Elser in Aussicht gestellt. Ob es inzwischen zu einer solchen Zusammenkunft kam, entzieht sich meiner Kenntnis.

Bei den damaligen Besprechungen, die vor allem mit dem ehemaligen Sekretär der KP-Fraktion im Wiener Gemeinderat, W.TRUBL geführt wurden, kam zum Ausdruck, dass der Frage der Gewinnung von ehemaligen KP-Wählern und -Mitarbeitern, die sich - den Erfahrungen nach - in die Indifferenz flüchten, nach der Bundespräsidentenwahl besonderes Augenmerk zugewendet werden soll. Dabei wurden auch die Möglichkeiten, einige noch aktive Funktionäre oder Mandatare - die eine gewisse Anfälligkeit für eine Trennung von der KPÖ vermuten lassen - zu bearbeiten, erörtert. Darüber hinaus geht es aber auch um die Gewinnung der vielen hundert kleinen ehemaligen treuen Anhänger, die aus innerer Überzeugung mit der KPÖ gebrochen haben und nur mit grosser Scheu zur sozialistischen Bewegung kommen, da die Bereitschaft, sie bei uns aufzunehmen, vor allem in den unteren Organisationen, sehr gering ist.

Aus diesem Grunde war beabsichtigt, oder besser gesagt sprach man von der Möglichkeit, eine sogenannte "Dissidentengruppe" ehemaliger KP-Funktionäre zu bilden, die die Aufgabe hätte, sich mit dieser Frage besonders zu beschäftigen. Diesem Komitee sollten Bundesrat Dr.Broda und Trubl beigezogen werden. (Trubl ist bereits Mitglied unserer Partei.) Leider blieben die Gespräche über diese Angelegenheit stecken und die günstigen

Voraussetzungen zum Gelingen einer solchen Aktion gehen allmählich verloren, wenn es nicht überhaupt schon zu spät ist.

Ich muss daher bitten, auch in dieser Frage in Kürze eine Entscheidung zu treffen, da ich mir ansonsten mit Trubl nichts mehr anzufangen weiss.

H.B.

ergeht an:

Vizekanzler Dr.Pittermann,
Stadtrat Felix Slavik,
Nationalrat Franz Olah,
Staatssekretär Weikhart.

Zwei Briefe Olahs an Bundeskanzler Gorbach bezüglich Lohnsteuerreform 1961

Herrn
Bundeskanzler Dr.Alfons G o r b a c h
W i e n,I.,
Ballhausplatz

Wien, am 19.Sept.1961
Ol/o

Sehr geehrter Herr Bundeskanzler!

Ich nehme Bezug auf unseren Briefwechsel vor Beginn der Sommerferien und auf unser letztes Gespräch.

In der letzten Sitzung der Paritätischen Kommission für Preis- und Lohnfragen hat der ÖGB einige Vorschläge erstattet und um deren dringliche Behandlung gebeten.

Gestern hat nun die erste Fühlungnahme zwischen Vertretern der Bundeskammer der gewerblihhen Wirtschaft und des Österreichischen Gewerkschaftsbundes stattgefunden. Bei aller Anerkennung des guten Willens, den wir bei den Herren der Bundeskammer in der Behandlung dieser Probleme gefunden haben, sind wir doch der Meinung, daß auch der Bundesregierung ein wesentlicher Anteil an der Bewältigung dieser Aufgaben zufällt. - Die Verhinderung weiterer Preissteigerungen und damit eine Sicherung des Realeinkommens ist eine Frage von größter Dringlichkeit geworden.

Bei dieser Gelegenheit möchte ich, sehr geehrter Herr Bundeskanzler, darauf hinweisen, daß einer der wesentlichsten Punkte der damals vorgebrahhten Vorschläge die Milderung der Progression bei der Lohnsteuer war. - Ein vor kurzem zwischen dem Herrn Bundesminister für Finanzen, Dr.K l a u s, und mir stattgefundenes Gespräch hat kein Ergebnis gezeigt. Der Herr Bundesminister anerkennt zwar die Berechtigung unserer Wünsche, ist aber der Meinung, daß sie jetzt nicht realisierbar sind. Lediglich der Austausch und die Erörterung von Vorschlägen auf Beamtenebene wurde vereinbart.

Bei aller Anerkennung der Bemühungen um ein ausgeglichenes Budget und eine sparsame Gebarung des Bundes möchte ich nicht verhehlen, daß der Österreichische Gewerkschaftsbund auf dieser Forderung mit allem Nachdruck beharren muß.

Dies ist die Meinung aller Fraktionen im ÖGB. Es ist also, um zu einer raschen Verabschiedung des Budgets zu kommen, unbedingt notwendig, rechtzeitig und grundsätzlich über die Milderung der Progression bei der Lohnsteuer eine Einigung zu finden.

Mit dem Ersuchen, dies bei den laufenden Beratungen zu berücksichtigen und

mit dem Ausdruck vorzüglichster Hochachtung

Ddr.zur gefälligen Kenntnisnahme
an Herrn Vizekanzler DDr.PITTERMANN.

Wien, am 3.Oktober 1961
Ol/o

Sehr geehrter Herr Bundeskanzler !

Ich erlaube mir, anschließend an unsere gestrige kurze Unterredung, folgendes schriftlich festzuhalten. Dies auch aus dem Grunde, weil unsere in der letzten Zeit wiederholt geführten Gespräche mit Herrn Bundesminister Dr. K l a u s, aber auch im größeren Rahmen mit Ihnen, sehr geehrter Herr Bundeskanzler, dem Herrn Vizekanzler und dem Herrn Bundesminister für Finanzen, was die Bestrebungen des Österreichischen Gewerkschaftsbundes anbelangt, bisher ohne Ergebnis geblieben sind.

Mitte Juli habe ich in der letzten Sitzung der Paritätischen Kommission namens des ÖGB einige Vorschläge mit der Bitte um rasche Behandlung vorgelegt. Die in Aussicht genommenen Expertenbesprechungen haben den Sommer über nicht stattgefunden, ein erstes Gespräch mit der Bundeskammer der gewerblichen Wirtschaft konnte erst im September durchgeführt werden. Wenn auch alle Gespräche in einer konzilianten und freundlichen Atmpsphäre stattgefunden haben, so ist das Ergebnis bis jetzt doch gleich Null. Damit tritt aber auch genau jene Situation ein, die zu vermeiden unser ganzes Bestreben war, nämlich - unter den Druck der öffentlichen Meinung zu kommen.

- 2 -

Die Entwicklung der Preise hat dazu geführt, daß der sehr vorsichtig errechnete Index in diesem Jahr mit seiner Steigerung bereits an die vier Prozent heranreicht. Damit wird die Unruhe in den Betrieben unter den Arbeitern und Angestellten, aber auch im öffentlichen Dienst, täglich stärker fühlbar. Der ÖGB aber ist nicht in der Lage, seinen Mitgliedern auch nur das geringste Positive zu sagen, weil das ganze höfliche Palaver bisher zu nichts geführt hat.

Zu meinem großen Bedauern muß ich Ihnen, sehr geehrter Herr Bundeskanzler, und damit der Bundesregierung in ihrer Gesamtheit, sagen, daß ich mich nicht in der Lage sehe, diesen Zustand weiter aufrechtzuerhalten.

Ich sehe mich veranlaßt, für die allernächste Zeit den Bundesvorstand des ÖGB einzuberufen und, sofern auch bis dahin kein Ergebnis vorliegt, ihm das Scheitern meiner Bemühungen mitzuteilen.

Ich bin mir leider nicht im geringsten im Zweifel darüber, welche Beschlüsse der Bundesvorstand fassen wird.- Welchen Eindruck dies aber auf die Öffentlichkeit machen wird, wage ich jetzt noch gar nicht auszudenken.

Mittlerweile, infolge der dauernden Verzögerung, haben die gewerkschaftlichen Instanzen fast aller Bundesländer und vor allem die Vorstände aller großen Gewerkschaften, den Beschluß gefaßt, auf einer Milderung der Lohnsteuerprogression in Form der Einführung eines Gleichstellungspauschales zu beharren. - Diese Beschlüsse wurden fast überall einstimmig von den gewählten Funktionären der Frak-

- 3 -

tionen der sozialistischen und Christlichen Gewerkschafter gefaßt.- Daß die kommunistischen Anträge noch viel weitgehender sind, ist sicher nicht überraschend.

Aber auch die anderen Probleme bedürfen raschest einer Bereinigung, das sind: Verhinderung jeder weiterer Preiserhöhungen für eine längere Frist, Vermeidung auch sonstiger weiterer Belastungen, um das Realeinkommen der Arbeitnehmer nicht zu schmälern, aber auch, um eine Überwälzung irgendwelcher Kosten-und sonstiger Erhöhungen auf die Preise seitens der Arbeitgeber verhindern zu können.-

Ein besonderes Verlangen der Konsumenten, vor allem natürlich der Arbeitnehmer, und das zu vertreten von der Christlichen Fraktion im ÖGB von uns mit besonderem Nachdruck verlangt wird, ist die sofortige Überprüfung und Senkung überhöhter Preise und damit im Zusammenhang auch die Überprüfung erhöhter Handelsspannen. Weiters damit im Zusammenhang wird die Schaffung rechtlicher Möglichkeiten verlangt, um Preisexzesse sofort und wirksam verhindern zu können. Eine Rückführung des Preisniveaus durch sofortige Zollsenkung beim Import einiger wichtiger Konsumgüter und die Änderung des Kartellgesetzes.

Der Paritätischen Kommission gehören auch vier Mitglieder der Bundesregierung an, vor allem ist der Bundeskanzler der Vorsitzende dieser Kommission.

Wir halten es für gänzlich ausgeschlossen, daß die Bundesregierung monatelang lediglich eine abwartende Haltung einnimmt, ob die wirtschaftli - chen Interessenvertretungen sich auf irgendeine Lösung einigen, über die dann erst auf politischer

- 4 -

Ebene wahrscheinlich der Streit neu beginnen wird. Es ist nicht nur das Ansehen der wirtschaftlichen Körperschaften, sondern auch das der Bundesregierung, das bei einer Fortdauer des gegenwärtigen Zustandes leidet.

Ich muß daher namens des Österreichischen Gewerkschaftsbundes an Sie, sehr geehrter Herr Bundeskanzler, die dringende Bitte richten, mit diesen Fragen auch die Bundesregierung zu befassen.

Die Verantwortung für eine künftige unkontrollierbare Entwicklung trifft nicht nur die wirtschaftlichen Interessenvertretungen, sondern auch die Bundesregierung und die in dieser Regierung vertretenen beiden großen Parteien.

Noch etwas, was unsere Sorgen vergrößert: Es mehren sich in den letzten Tagen die gemeinsamen Beschlüsse der sozialistischen und christlichen Gewerkschafter im öffentlichen Dienst (vor allem bei Post und Telegraf), welche eine Vorverlegung der zweiten Etappe der Gehaltsregelung vom 1.Jänner 1962 auf zumindest den 1.November, wenn nicht auf den 1.Oktober 1961 verlangen. Die Begründung ist, daß die vier Prozent Bruttogehaltserhöhung infolge der Lohnsteuer kaum zur Hälfte ausbezahlt wurden, dafür aber durch eine echte Nettopreissteigerung von vier Prozent bereits vorweggenommen sind.

Ich glaube, daß wir mit den Mitgliedern der Bundesregierung übereinstimmen, daß eine neue Bewegung auf dem Sektor des öffentlichen Dienstes im Budget bedeutend mehr kosten würde, als die von uns gewünschte, bescheidene Milderung der Lohnsteuerprogression, wobei die Lohnbewegungen auf dem Sektor

- 5 -

der Privatwirtschaft natürlich ebenfalls nicht aufzuhalten wären.

Ich sehe von meiner Seite aus keine Möglichkeit zu einer neuen Initiative; alle meine Versuche, in Gesprächen einer Lösung wenigstens nahezukommen, haben keinen Erfolg gebracht.

Mit dem Ausdruck vorzüglicher
Hochachtung!

Herrn
Bundeskanzler
Dr.Alfons G o r b a c h
W i e n,I.,
Ballhausplatz

Protokoll des Bundesvorstandes des ÖGB vom 19. 1. 1962 über das Raab-Olah-Abkommen

Protokoll
über die Sitzung des Bundesvorstandes am Freitag,
19. 1. 62, 15 Uhr

Anwesend: Präsenzliste
Vorsitz: Benya
Protokoll: Nakladal

Tagesordnung:
1. Berichte
2. Allfälliges

Der Vorsitzende begrüßt die Anwesenden in Abwesenheit des Koll. Olah, der sich – wie bekannt – in den USA befindet. Die Einberufung der heutigen Sitzung erfolgte im Einvernehmen mit dem Koll. Olah, der bedauert, nicht anwesend sein zu können und der den Mitgliedern des Bundesvorstandes seine Grüße übermittelt. Der Redner ist gewiß, daß es im Sinne der Anwesenden ist, Koll. Olah für seine Grüße zu danken und ihm ebenfalls die Grüße des Bundesvorstandes zu übermitteln. – Beifall.

Der Vorsitzende stellt fest, daß gegen die vorliegende Tagesordnung kein Einwand besteht.

Er berichtet zum

1. Punkt der Tagesordnung, daß – wie bekannt – im Hinblick auf die steigenden Lebenshaltungskosten Mitte des vergangenen Jahres und in Vorahnung einer Entwicklung, die Ende des Jahres tatsächlich einen gegen 5% angestiegenen Lebenshaltungskostenindex gebracht hat, am 12. Juli v. J. vom ÖGB durch seinen Präsidenten der Paritätischen Kommission Vorschläge zur Eindämmung dieser Entwicklung vorgelegt hat. Diese Vorschläge wurden anschließend in einem 6-Punkte-Programm konkretisiert der Bundesregierung mit dem Ersuchen um eheste Behandlung vorgelegt. Der Bundeskanzler hat sich mit dem Programm beschäftigt, ebenso ein Ministerkomitee, das ein 12-Punkte-Programm daraus verfaßte.

Im Vordergrund unserer Forderung aus dem 6-Punkte-

Programm stand die nach einer Mildung der Lohnsteuer für die Arbeitnehmer, weil wir der Auffassung waren, daß es dem Finanzminister doch möglich sein müßte, die erforderlichen Mittel für die Einführung eines Gleichstellungspauschales oder Erhöhung des Werbekostenpauschales im Budget unterzubringen. Das Budget wurde wieder in letzter Minute, die damit im Zusammenhang stehenden Auseinandersetzungen und Ereignisse sind bekannt, eingebracht, ohne daß unsere Forderung Berücksichtigung gefunden hätte, um den Arbeitnehmern wenigstens auf diesem Sektor eine Erleichterung zu bringen. – In der Sitzung der Paritätischen Kommission am 9. November wurde unsererseits erklärt, daß wir uns damit nicht zufrieden geben können und wir haben die Einsetzung von Kommissionen verlangt, die sich mit den einzelnen Punkten beschäftigen und entsprechende Maßnahmen bzw. Vorschläge dafür ausarbeiten sollten. Die Lebenshaltungskosten waren inzwischen weiter angestiegen, der Index bei etwa 4,5% Erhöhung gegenüber dem Vorjahr angelangt, und es waren noch immer keine Anzeichen für eine Entspannung zu sehen. Einen breiten Rahmen in den Diskussionen um unser Programm nahm die von der Gegenseite aufgeworfene Frage nach Lösung des Fremdarbeiterproblemes ein. Hierfür, aber auch für die anderen von uns gestellten Forderungen, so auch bezüglich der Lohnsteuer, Zollsenkungen, wurden Kommissionen eingesetzt, die in intensiver Arbeit – sie tagten mindestens einmal, manchmal zweimal wöchentlich – die Grundlagen für die Durchführung unserer Programme ausarbeiteten, die soweit fortschritten, daß Ende November Besprechungen zwischen den beiden Präsidenten der Sozialpartner, Raab und Olah stattfanden. Knapp vor Weihnachten fand eine Besprechung auf präsidieller Ebene statt, um einen Termin zu vereinbaren, an dem die Ergebnisse der Arbeiten der Kommissionen den beiden Gremien, der Bundeskammer und dem ÖGB unterbreitet werden sollten. Am 27. Dezember fand zwischen den Präsidenten Raab und Olah und Vertretern beider Parteien abermals eine Besprechung statt, wo ein Entwurf für eine Vereinbarung zwischen den beiden Wirtschaftspartnern in groben Zügen skizziert

wurde, der heute im Detail ausgearbeitet hier vorliegt. Obzwar in dieser Besprechung vereinbart wurde, vorläufig kein Kommunique herauszugeben, konnte man wesentliche Teile des Übereinkommens in den nächsten Tagen in der sogenannten unabhängigen Presse lesen, deren Kommentare von »Fesseln für die freie Wirtschaft«, »Verfassung und Demokratie in Gefahr«, »Wirtschaftsdirigismus« usw. übergingen und nichts anderes als den Versuch darstellten, Zwiespalt zu säen und die bisherige Zusammenarbeit in einer bis jetzt noch nicht dagewesenen Form zu stören. Er möchte hier ausdrücklich festhalten, daß von seiten unserer Vertreter nichts an die Presse gegangen ist und ausdrücklich feststellen, daß das, was sie dieser Vereinbarung vorwirft, völlig unbegründet und keineswegs zutreffend ist. Das Präsidium des ÖGB hat sich in den letzten Tagen eingehend mit der Vereinbarung beschäftigt. Die Vereinbarung soll, sobald sie von den beiden Gremien zur Kenntnis genommen und beschlossen worden ist, der Paritätischen Kommission vorgelegt werden, in der ja auch Regierungsvertreter sitzen, sie wird von der Paritätischen der Regierung übermittelt. Er hält ausdrücklich fest, daß es sich um eine freie Vereinbarung zwischen den Wirtschaftspartnern handelt und daß keiner von diesen die Absicht hat, die Legislative abzulösen. Er bittet die Kollegen, den Entwurf aufmerksam zu lesen. In ihm wird festgestellt, daß beide Partner sich bemühen wollen, jene Maßnahmen zu treffen, bzw. sich für sie einzusetzen, die angesichts der großen Aufgaben, denen unsere Volkswirtschaft im Zusammenhang mit der europäischen Integration gegenübersteht, unerläßlich notwendig sind. Ein Einbau Österreichs in die europäische Integration wäre anzustreben, wir stellen aber ausdrücklich fest, nur bei voller Wahrung der Unabhängigkeit Österreichs und unserer Neutralität, zu der wir uns verpflichtet haben.
Wir verlangen aber auch entsprechenden Anteil der Arbeitnehmer am Sozialprodukt; Entlastung bei der Lohnsteuer; Anteil an der Steigerung der Produktivität; Sichern der Währungsstabilität und der Kaufkraft – wie Koll. Olah wiederholt betont hat.
Was die Lohnunterkommission betrifft, wollen wir loyaler-

weise feststellen, daß seinerzeit bei Gründung der Paritätischen, diese aus Vertretern der Regierung, des ÖGB und der drei Kammern, also Arbeiterkammer, Bundeshandelskammer und Präsidentenkonferenz der Landwirtschaftskammern bestanden hat. Die Absicht, daß nun in der Lohnunterkommission die Landwirtschaftskammer nicht vertreten sein solle, wird von dieser nicht akzeptiert. Gestern hat darüber noch eine Besprechung stattgefunden, wobei man übereingekommen ist, daß die Präsidentenkonferenz der Landwirtschaftskammern und der Österreichische Arbeiterkammertag, sowie in der Paritätischen Kommission selbst und in deren Preisunterkommission, auch in der Lohnunterkommission vertreten sein werden.
Bisher war es bei Lohnforderungen häufig sehr schwer, die erforderliche Einmütigkeit herbeizuführen, Anträge wurden oft lange Zeit verschleppt. Dies wird nun nicht mehr möglich sein – er verweist auf Seite 2. Die Unterkommission für Löhne wird alle 14 Tage zusammentreten; kommt bei einem Antrag Einigung zustande, erübrigt sich die Beiziehung von Vertretern der Fachgewerkschaft und der Fachverbände, kommt keine Einigung zustande, sind diese beizuziehen. Die Paritätische selbst wird nun alle 4 Wochen zusammentreten; sie hat sich dann mit jenen Lohnanträgen auch zu beschäftigen, bei denen es in der Unterkommission zu keiner Einigung gekommen, bzw. kein Bescheid ergangen und an sie abgetreten worden ist. Wenn auch die Paritätische innerhalb 5 Wochen keine Entscheidung fällt, so sind die Anträge praktisch frei.
Auf Seite 3, Punkt 3, 4. Zeile ist das Wort »Wird« durch das Wort »Kann« zu ersetzen. Das soll heißen, daß das Innenministerium bei Preisüberschreitungen etwas unternehmen *kann*. Dies deshalb, weil eine auf freier Vereinbarung basierende Institution wie die Paritätische über die Ministerverantwortlichkeit nicht bestimmen kann.
Was lt. Punkt 3, die Einfügung eines Satzes in das Preistreibereigesetz betrifft, so sind unsere Experten der Ansicht, daß hier *ein* Satz nicht genügen wird.
Wie schon eingangs erwähnt stand für die Gegenseite die Frage der Fremdarbeiterbeschäftigung im Vordergrund,

eine Forderung, die sie seit 1960 immer wieder erhoben haben, wobei wir auf dem Standpunkt standen, wenn, dann nur gemäß einem nach Schweizer Muster zu schaffenden Fremdarbeitergesetz. Ein vom Sozialminister vorgelegter diesbezüglicher Entwurf wurde seinerzeit von der Bundeskammer abgelehnt. Da aber die Gewerkschaften sich wegen dieser Sache nicht Schuld an einem etwaigen wirtschaftlichen Rückgang aus Mangel an Arbeitskräften geben lassen wollten, wurde im Vorjahr der Beschäftigung ausländischer Arbeitskräfte im gewissen Rahmen zugestimmt und für 1962 die vorliegende Vereinbarung getroffen. In unzähligen Sitzungen mit den einzelnen Gewerkschaften wurde auch, aufgeteilt auf die Gewerkschaften und Fachverbände, bzw. Berufsgruppen, die gleichfalls den Kollegen vorliegende Kontingentvereinbarung getroffen, deren Gesamtausmaß sich auf 47000 ausl. Arbeitskräfte erstreckt. Die Unternehmer werden sich bemühen, Fremdarbeiter zu bekommen, unsere Aufgabe aber wird es sein zu verhindern, daß sie zu Lohndrückern werden.
Er stellt abschließend fest, daß wenn der Bundesvorstand diesem Übereinkommen zustimmt, desgleichen auch die Bundeskammer der gewerblichen Wirtschaft und beide in der Paritätischen dafür eintreten, die notwendigen gesetzlichen Bestimmungen zu schaffen, so ist dies ein Schritt weiter, zu einer koordinierten und geplanten Wirtschaftspolitik zu kommen; damit sind wir auch dem vom Kongreß 1959 beschlossenen Aktionsprogramm nähergekommen.
Er dankt den Kollegen für die Aufmerksamkeit bei seinen Ausführungen und ersucht, dem Vereinbarungsentwurf die Zustimmung zu geben, damit wir in der Paritätischen dafür sorgen, daß auch die anderen Stellen rasche Entscheidungen treffen, das Parlament sich mit den gesetzlichen Bestimmungen beschäftigen kann, und im Zusammenwirken freiwilliger Disziplin ein weiterer wirtschaftlicher Aufstieg gesichert ist.

Beifall

Kollege Altenburger verweist darauf, daß es fast fünf Jahre her ist, daß die Paritätische Lohn-Preiskommission gegründet wurde, die – nicht zuletzt durch die Anregung des verstorbenen Präsidenten Böhm ins Leben gerufen wurde. Ihr Vorläufer war die Wirtschaftskommission, die sich mit den Lohn-Preisabkommen beschäftigte und eine Art wirtschaftliches Direktorium der Regierung war, und darin zeigt sich deutlich die Nachfolgeschaft. Während das Direktorium beschließen konnte, war die Paritätische auf Freiwilligkeit der Sozialpartner aufgebaut, die sich vorwiegend mit der Entwicklung der Löhne und Preise beschäftigten. Rückblickend auf ihre fünfjährige Tätigkeit ist unbestritten und wir sind ihr schuldig, dies festzustellen, daß sie wesentlich zu einer ruhigen wirtschaftlichen Entwicklung beigetragen hat. Es ist daher selbstverständlich, daß der ÖGB auf seinem Kongreß die Probleme erörtert und bei seiner Aufgabenstellung die Zusammenarbeit in der Paritätischen Kommission sehr deutlich unterstrichen hat. Im Aktionsprogramm d. Bundeskongresses heißt es, daß der ÖGB in dieser Kommission eine wertvolle Hilfe für Beschleunigung des wirtschaftlichen Wachstums, Vollbeschäftigung, gerechte Lohnpolitik eintritt. Dieser Beschluß des Kongresses hat seine Weiterung im, ebenfalls vom Bundesvorstand beschlossenen, 6-Punkte-Programm, weil die Entwicklung des vergangenen Jahres zeigte, daß Maßnahmen zur Erhaltung des Lebensstandards der Arbeitnehmer notwendig geworden sind. Die Durchführung des 6-Punkte-Programms heißt Durchführung des Kongreßbeschlusses; die hierfür zu schaffenden Gegebenheiten erforderten eine Absprache mit dem Sozialpartner. Das begann mit der Vorlage des Programms am 12. Juli bei der Paritätischen, in deren Sitzung beschlossen wurde, die Spitzenfunktionäre der wirtschaftlichen Interessenvertretungen zu ersuchen, Beratungen hierüber aufzunehmen. Ein klarer Beschluß, daß sich die Sozialpartner nach Möglichkeit einigen und einheitliche Vorschläge erstatten sollen, um die notwendigen Maßnahmen durchzusetzen. Nachher haben sich Arbeiterkammer und ÖGB, bzw. deren Experten bemüht, konkrete Vorschläge auszuarbeiten und vorzulegen und diese Arbeiten haben dazu geführt, daß wir am 9. Nov. im Präsidium und anschließend im Bundesvorstand elf Anträge und auch be-

schlossen haben, diese 11 Punkte der Paritätischen in Ergänzung der 6 Punkte vorzulegen und als Forderungen anzumelden. Dies ist geschehen und auf Antrag des ÖGB wurde beschlossen, daß die Sozialpartner Stellung beziehen sollen. Der Bundeskanzler hat als Vorsitzender der Kommission die Präsidenten Raab und Olah ersucht, daß sie Absprache pflegen sollen, um einen gemeinsamen Rahmen festzulegen, nach welchem nach den Vorschlägen des ÖGB vorgegangen werden könne. Das haben die beiden Präsidenten getan, eine Aufgabe, der sie sich kaum entziehen konnten, nämlich, Vorschläge zu erstatten.
Diese Absprache ist in einem allgemeinen Rahmen festgehalten, die nichts anderes beinhaltet, als Verfahrensfragen zu lösen, wie man auf der Preisseite Disziplinlosigkeiten entgegentreten könne.
Er muß ausdrücklich feststellen, daß die Mitteilungen der Presse unrichtig sind, da die Instanzen gewahrt bleiben und die Endbeschlüsse vom ÖGB-Bundesvorstand allein zu fassen sein werden. Das ist ausdrücklich festgestellt in der Vereinbarung und andere Ableitungen sind unrichtig. – Die 11 Punkte sind das Kriterium; was haben wir verlangt? Um einen Erfolg gegen Preisauftriebe und damit die Stabilisierung und ruhige Entwicklung zu gewährleisten ist notwendig: Die Paritätische Kommission solle eine Koordinierungsstelle für Wirtschaftspolitik sein. Sie muß monatlich zusammentreten. – Damit ist deutlich gesagt, was die Kommission ist und sie erweitert werden muß. Dies ist auch gelungen, denn es heißt: . . . »durch den kombinierten Einsatz der Budget-, Investitionspolitik usw. soll die Kaufkraft des Schillings gesichert und eine gleichmäßige Entwicklung der Wirtschaft gewährleistet werden. Also bereits der 1. Punkt der Forderung ist nicht nur verwirklicht, sondern wesentlich erweitert durchgesetzt worden. 2. Zur Entlastung der Paritätischen von Kleinstarbeit wird ein Unterausschuß für Lohnfragen eingesetzt.
Und so können wir die 11 Punkte durchgehen, es ist fast keiner, der nicht beachtet oder seiner Erfüllung nicht zugeführt wurde, auch in der Preisfrage; hier sogar so, wie dies die Experten konkretisiert haben.

Wir dürfen die Feststellung machen, daß in dem vorliegenden Vereinbarungsentwurf das, was im 6-Punkte-Programm und die Forderungen in 11 Punkten enthalten war, absolut vor ist – untermauert also das, was hier im Bundesvorstand festgelegt wurde. Wir können nicht sagen, daß sich hier etwa eine entsprechende, konsequente Politik des ÖGB nicht abzeichne. Dazu kommt die Vereinbarung über die Fremdarbeiter, mit der ein Zustand der Unklarheit beseitigt und alle Voraussetzungen schafft, daß hierdurch der inländische Arbeiter nicht benachteiligt werde.
Als Vertreter seiner Fraktion möchte er daher sagen, daß das, was hier nun zur Beschlußfassung vorliegt, das Ergebnis der konsequenten Verfolgung unserer gemeinsamen Beschlüsse ist und eine sachliche Gegenüberstellung zeigt, daß wir uns gesteckte Ziele nicht nur verfolgt, sondern im wesentlichen erreicht haben.
Abschließend möchte er auf die von verschiedenen Seiten geäußerten Kritiken hinweisend sagen, daß man in Österreich nicht nur kritisieren solle, sondern die Kritiker erst einmal nachweisen sollten, daß sie bessere Vorschläge besitzen. Die Verantwortung für entscheidende Maßnahmen für die Arbeitnehmer trägt der ÖGB, das muß hier gesagt werden, für Einzelpersonen, Liliputvereinigungen oder Wichtigtuer oder solche, die der Meinung sind, daß sie ihre sonstige Bedeutungslosigkeit dadurch verschleiern, daß sie stets kritisieren.
Die Verantwortung in Österreich tragen jene, die das Vertrauen der Bevölkerung besitzen und dadurch auch dazu legitimiert sind, auf Grund ihrer Stärke imstande sind, nicht nur Vorschläge zu machen, sondern auch prädestiniert sind, sie auch durchzusetzen.
Die Christlichen Gewerkschafter standen und stehen immer auf dem Boden der österreichischen Verfassung. Niemand beabsichtigt, die Verantwortlichkeit der Regierung einzuschränken oder zu beeinflussen. Was wir wollen, ist die soziale Sicherheit des Volkes, wir erstreben die Zusammenarbeit der Sozialpartner, nicht nur bei Preisen und Löhnen, sondern in allen Belangen, die zum Wohle unseres gesamten Volkes führen. Wenn wir das alle ehrlich wollen

und danach handeln, haben wir einen guten Schritt vorwärts getan und es erweckt die berechtigte Hoffnung, daß die Mehrheit des Volkes die Zusammenarbeit der Parteien anerkennt und auch bereit ist, mitzuhelfen. Wenn man dies überlegt und die Verantwortlichkeit sieht, daß der Gewerkschaftsbund diese seine Aufgabe erfüllt, so werden wir diesen Vereinbarungen nicht nur zustimmen, sondern mit aller Kraft auch ihre Durchsetzung erkämpfen, weil keine Trennung, sondern nur Gemeinsamkeit sichtbare Erfolge bringen.
Im Namen seiner Fraktion gibt er dieser Vereinbarung die Zustimmung.
Kollege Horn. Sowohl Koll. Benya als auch Koll. Altenburger haben den Werdegang geschildert, ausgehend von dem im Juli 61 beschlossenen 6-Punkte-Programm. Er stellt fest, daß nach dem 22. Oktober, wo nach ergebnislosen Verhandlungen über die Lohnsteuersenkung Koll. Olah seine politischen Mandate niedergelegt hat, der Bundesvorstand zum ersten Male zusammentritt und von einer Erweiterung des 6-Punkte-Programms mit 11 Punkten dem Bundesvorstand nichts bekannt war. Die 11 Punkte sollen keine Konkretisierung oder Erweiterung, sondern schon einige Feststellungen enthalten haben, vor allem, daß alle die Maßnahmen vom 6-Punkte-Programm von der Paritätischen durchgeführt werden sollen.
Die Situation vorher war so, daß nach der Brüskierung des ÖGB in der Person des Kollegen Olah große Teile der Arbeiterschaft den Schritt des Koll. Olah begrüßt haben, weil sie die Hoffnung hatten, daß hierdurch Stärke und Unabhängigkeit des ÖGB gewährleistet sein werden, zumal die Scharfmacher der ÖVP es ausdrücklich als einen Sieg ihrer Härte bezeichnet haben, daß die Lohnsteuerregelung nicht zustandegekommen ist. Gibt zu, daß nicht alle in der ÖVP diesen Standpunkt vertreten haben, vor allem nicht die Christlichen Gewerkschafter, aber es ist ihm nicht bekannt, welche Unterstützung in dieser Situation dem ÖGB zuteil geworden ist. Was nun als Ergebnis vorliegt, ist mehr oder weniger im Alleingang Raab-Olah zustandegekommen, es basiert aber auf dem Geist des Koalitionsausschus-

ses und ist eine weitgehende Bindung an die Paritätische Kommission. Es darf nicht übersehen werden – und die Kollegen werden ihm sicher beipflichten – daß die Paritätische, besonders im vergangenen Jahr, immer mehr in Mißkredit vor allem bei den Arbeitern gekommen ist, weil es ihr nur in sehr unzulänglicher Weise gelungen ist, gegen die Preisauftriebe ernsthaft etwas zu unternehmen. Das 6-Punkte-Programm war der Ausgangspunkt, weil das, was als Obolus für Preiserhöhungen in Form von Lohnkorrekturen erhalten haben, wieder von den Preisen wettgemacht wurde und was die Preise nicht weggenommen haben, wurde durch die Progressive der Lohnsteuer weggenommen, so daß oft kaum nur die Hälfte von dem übrigblieb, was auf dem Lohnsektor erreicht wurde. Dadurch war die Paritätische und die sogenannte Sozialpartnerschaft bei der Arbeiterschaft immer mehr in Mißkredit gekommen, andererseits aber auch, weil die Unternehmer immer mehr an Gewinnen abschöpfen konnten und die Arbeiter immer zu kurz gekommen sind und ihr Anteil am Nationaleinkommen immer geringer wird.

Es wird jeder begrüßen, wenn Maßnahmen wirklich getroffen werden können, die eine Hemmung dieser Preisauftriebstendenzen bedeuten, was auch deutlich auf den verschiedenen Betriebsrätekonferenzen zum Ausdruck gekommen ist, zum Beispiel jener der Bauarbeiter, wo das Referat des Koll. Olah in diesem Sinne einmütig aufgenommen wurde. Was ist übriggeblieben, was in den 6 Punkten und den 11 Punkten enthalten gewesen ist? Man erwartete eine Rückführung der überhöhten Preise, Maßnahmen gegen die Kartelle und eine echte Lohnsteuersenkung für Arbeiter und Angestellte.

Nach den Äußerungen des Finanzministers vor wenigen Tagen weiß er nun plötzlich, daß die Steuereinnahmen es zulassen werden, daß man nicht nur mit einer Lohn-, sondern auch mit einer Einkommensteuersenkung vorgehen kann, was ihm wichtiger ist, weil ihm ja die letztere Gruppe nähersteht als die Arbeiter und Angestellten. Die gleiche Tendenz wäre aber auch vor dem Jänner 1962 gewesen und es wäre schon damals durchaus möglich gewesen, die Steuer-

sache schon früher zu machen, ohne daß das Budget nur im geringsten in Gefahr gekommen wäre.
Aber wie Koll. Altenburger bereits unterstrichen hat, hat diese Vereinbarung auch politischen Charakter, nämlich im Hinblick auf die Eingliederung Österreichs in die EWG oder Zusammenarbeit mit ihr. Es heißt, der ÖGB verpflichtet sich, daß ein rascher Einbau anzustreben wäre. Er will nicht auf die politische Seite eingehen, sondern nur auf dieser seinerzeitigen Rede des Minister Kreisky in Zürich verweisen, wo dieser darauf hingewiesen hat, daß dies nicht nur mit der Neutralität Österreichs, sondern auch mit dem Artikel 4 des Staatsvertrages unvereinbar ist. Die Rede ist in der Schriftenreihe des ÖGB erschienen. Es haben Hallstein, Spaak und Erhart wiederholt auf den politischen Charakter der EWG hingewiesen und gesagt, daß ein Anschluß an sie für jeden bedeutet, sich mit ihrem politischen Charakter nicht nur vertraut zu machen, sondern sich ihm auch anzuschließen. Koll. Olah hatte – einem Kommunique zufolge, in Bern in dieser Frage eine Aussprache, wo zum Ausdruck gebracht wurde, daß kein Anschluß an die EWG für Österreich auch keine Katastrophe bedeuten würde. Man sieht, die Gefahr eines Anschlusses, wie die in der »Presse« zum Ausdruck kommende Idee, liegen alle auf dieser Linie.
Über die Ziele der kapitalistischen Presse sollen wir uns bezüglich des uns vorgeworfenen »Wirtschaftsdirigismus« nicht deuten; sie wollen doch eine ständige Bindung der Löhne, aber nicht wegen der Preise.
Die Koll. Benya und Altenburger haben bereits darauf hingewiesen, daß die Vereinbarung dem 6-Punkte-Programm entspricht und daß vor allem in der Preisfrage etwas unternommen wird. Die Lohnunterkommission wird eingerichtet, nicht wie ursprünglich vorgesehen, sondern ergänzt durch Arbeiterkammer und Landwirtschaftskammer, also von jener Kammer der Landwirtschaft, die Forderungen der Arbeitnehmer in der Vergangenheit oft ohne jeden Grund abgelehnt hat. Wenn keine Einigung eintritt, tritt die Freigabe in Wirksamkeit, also das Recht, verhandeln zu dürfen. In diesem Zusammenhang möchte er darauf verweisen, daß

beim letzten Bundeskongreß das nicht erledigte Problem der Betriebs-Kollektivverträge zur Frage gestanden hat.
Aber nun zu den Preisen, denn gibt es nach 11 Wochen über sie keine Einigung, so treten die geforderten erhöhten Preise in Wirksamkeit. Wenn die Paritätische dazu dienen soll, Gleichheit herzustellen, so mußte das auch für die Löhne gelten. Aber das ist nicht der Fall, die höheren Preise können kassiert werden, die Löhne bleiben unverändert. Der Innenminister kann, wie es jetzt heißt, angemessene Preise festlegen. Es heißt aber auch, das Verfahren wird eingestellt, wenn »eine marktbeherrschende Stellung nicht zum Nachteil der Konsumenten ausgenützt wurde«. Es gibt aber eine Reihe von Methoden, dies zu umgehen und damit die Vereinbarung illusorisch zu machen. Was hier festgelegt wurde, sind keine Bindungen für Unternehmer, auch nicht in der Frage der Kartelle. Und die Vereinbarung enthält nichts Wesentliches bezüglich der Lohnsteuer für die Arbeiterschaft. Das von Koll. Olah schon mehrfach erwähnte auch auf der Landeskonferenz in Klagenfurt, Mißtrauen, wird damit kaum beseitigt werden können, weil nichts darauf hindeutet, daß auf der Preisseite etwas unternommen werden kann oder wird, auf der Lohnseite Bindungen aber weiter bestehen bleiben. Preisseite also wirkungslos. Das Abkommen wird die Arbeiter nicht abhalten, ihre Forderungen zu stellen, auch nicht, sie durchzusetzen, wie das bisher geschah. Aber es ist sicherlich so, wie die »Tageszeitung« geschrieben hat, die von »Bremsbelägen«, die erneuert werden müssen, gesprochen hat. Für wen aber sind die Bremsbeläge? Nur für die Arbeiter und nicht für die Preise und die Ursachen ihres Auftriebs.
Vorläufig hat nur Kollege Altenburger für seine Fraktion dem Übereinkommen zugestimmt, er nimmt aber an, daß dies die Sozialistische Fraktion ebenso tut. Er für seine Fraktion muß diese Vereinbarung ablehnen.
Zur Fremdarbeiterregelung, die einen Bestandteil dieses Abkommens bildet, möchte er nur darauf hinweisen, daß diese Frage besonders von den Bauarbeitern behandelt wurde, die einmal den Standpunkt vertreten haben, daß – solange es nicht eine Beseitigung der Winterarbeitslosigkeit

im Baugewerbe gibt, die Gewerkschaft zur Hereinnahme von Fremdarbeitern keine Zustimmung geben wird. Hierzu wäre manches zu sagen, besonders zum Punkt 4, er möchte aber nicht ins Detail gehen.
Von seiner Fraktion wird auch die Vereinbarung für die Beschäftigung von ausländischen Arbeitskräften abgelehnt.
Koll. Hillegeist weiß, daß er Koll. Horn nicht überzeugen kann, daß das Abkommen ein Fortschritt ist, wie er auch uns mit seinen Argumenten gegen das Übereinkommen nicht überzeugen konnte. Aber das ist doch ein Unterschied, denn in der Paritätischen Kommission sehen wir doch ein wertvolles Instrument, weil es uns jahrelang die Möglichkeit gegeben hat, auf die Preise einigermaßen Einfluß zu nehmen. Denn wenn es die Kommission nicht gäbe, werden die Unternehmer die Preise nach den Marktverhältnissen erhöhen. Bei den Löhnen war es immer so, daß wir mit den Unternehmern verhandeln. Wenn die Kommission, wie Koll. Horn kritisiert hat, eine Bremswirkung auf die Preise ausübt, so haben wir Grund, uns über sie zu freuen. Wenn aber diese Wirkung ausbleibt, so werden wir als Gewerkschaft dafür sorgen müssen, daß wir sie mit Lohnforderungen nicht wirkungslos machen. Er spricht nicht davon, daß wir uns durch Rücksichten auf die Unternehmer davon abhalten lassen, sondern im Hinblick auf unsere eigenen Belange uns bemühen werden, Maß zu halten. Er vertraut vielmehr auf Selbstdisziplin als auf andere, angedrohte Maßnahmen. Und es ist ein Fortschritt, Koll. Horn, daß eine solche Möglichkeit besteht, nicht nur zu drohen, sondern unter Umständen auch zu erreichen, weil der Innenminister nun in die Lage versetzt wird, etwas zu unternehmen, was er bisher nicht konnte.
Der Redner gibt sich trotzdem keinen großen Illusionen hin, er hat vielmehr die Befürchtung, daß die Verfassungsjuristen etwas auszusetzen finden; aber das muß abgewartet werden. Wir können und werden jedenfalls nichts tun, was gegen die Verfassung, auf deren Boden wir stehen, gerichtet wäre.
Wir glauben aber, daß die Aufrechterhaltung der Paritätischen Kommission für uns ein Vorteil ist, weil man damit

zwar an Freigaben gebunden ist und dann eventuell mit den Unternehmern wird verhandeln müssen. Es gibt Betriebe, die den Mut haben, der Gewerkschaft etwas abzulehnen – aber nicht im Betrieb selbst; es bedeutet also auch Störung jener Absichten, zu zeigen, daß Löhne etwa auch ohne Gewerkschaft in den Betrieben gerichtet werden können.
Dem Koll. Altenburger möchte er nur sagen, daß er in dem Brief an die Bundesregierung keine 11 Punkte findet. Eines ist richtig, was Altenburger sagt, nämlich, daß von all diesen Forderungen, mit einer einzigen Ausnahme, fast alle gedeckt sind, aber der in die Vereinbarung aufgenommene Text – eine steuerliche Entlastung, insbesondere der kleinen und mittleren Einkommensbezieher wäre wünschenswert – ist nicht wertlos für uns.
In der Frage der Integration wird ausdrücklich gesagt, daß sie zwecks Ausnützung der wirtschaftlichen Vorteile eines Großraumes anzustreben wäre, wobei jedoch auf jeden Fall die volle Unabhängigkeit Österreichs erhalten bleiben muß. Glaubt, daß es dem Koll. Horn lieber wäre, wenn wir eine Integration nach der anderen Richtung anstreben. (Zwischenruf Koll. Horn: Nein, gar keine!) Österreich kann sich wirtschaftlich nicht isoliert verhalten, aber was wir nicht akzeptieren können, wäre eine Verletzung unserer Unabhängigkeit. Aber nach den auch von Koll. Horn schon angedeuteten Äußerungen der maßgebenden Leute in der EWG besteht durchaus die Möglichkeit, daß dies alles nicht in Frage kommen wird und die Befürchtungen des Koll. Horn sind unbegründet.
Die Paritätische Kommission hat ihre große Autorität gegenüber den Unternehmern bezüglich ihren Preiswünschen wiedergewonnen, dies wird aber auch auf der Gegenseite gewisse Selbstdisziplin wecken.
Wenn Koll. Horn meint, daß es sich die Arbeiter ohnedies richten werden, kann er nicht verstehen, warum seine Fraktion dann nicht zustimmen kann. Wir gehen einer Zeit entgegen, in der wir es als Gewerkschafter nicht leicht haben werden, hält daher das Übereinkommen, worin sogar entsprechenden Maßnahmen auf die Preise zugestimmt wird, für einen Fortschritt. Es werden außerdem von verschiede-

nen Seiten ernste Versuche gemacht, das Abkommen zu torpedieren und das spricht, von uns aus gesehen, für das Abkommen. Preise kann der Innenminister festsetzen, für Löhne ist nach 11 Wochen automatische Freigabe; das ist für die Gegenseite durchaus kein Vorteil – hier irrt Koll. Horn, wenn er meint, nur die Arbeitnehmer wären im Nachteil. Es spricht vielmehr dafür, in dieser Abmachung einen Fortschritt zu sehen.
Der Vorsitzende ist mit Koll. Altenburger sonst einer Meinung, muß aber doch etwas hinzufügen. Wenn Koll. Altenburger sagt, im Auftrag des Bundeskanzlers hat die Absprache zwischen den Präsidenten Olah und Raab stattgefunden, so trifft das nicht ganz zu; er gibt zu, daß der Bundeskanzler dazu aufgefordert hat, aber die beiden Wirtschaftsgruppen haben aus eigener Initiative gehandelt. Er spricht dem Bundeskanzler keineswegs den guten Willen ab, persönlich aber hat er das Gefühl, daß es besser war, daß sich die beiden Wirtschaftspartner gefunden haben.
Er dankt dem Koll. Altenburger für die zum Ausdruck gebrachte Zustimmung seiner Fraktion zu dem Vereinbarungsentwurf.
Er stimmt Koll. Horn zu seinen Ausführungen über die Feststellungen des Finanzministers wegen der Lohnsteuer zu und meint, so plumpe Propaganda sollte man nicht machen; das alles beweist nur, daß man von Haus aus nicht bereit war, nach wirtschaftlichen und finanzpolitischen Aspekten vorzugehen, sondern nur nach rein politischen.
Nicht folgen können wir Koll. Horn, daß seine Fraktion dem Abkommen nicht zustimmen kann, wegen der Zusammenarbeit der Wirtschaftspartner. Er möchte außerdem nochmals feststellen, die Integration ist nicht die EWG. Wir wollen mit allen Ländern wirtschaftlichen Handel betreiben und sehen ein als Gewerkschafter, daß Österreich nicht abseits stehen kann, wir haben auch immer erklärt, bei Schaffung eines solchen großen Wirtschaftsraumes mitzuarbeiten, wenn dabei Vorteile für die Arbeitnehmer entstehen, wobei auf jeden Fall aber die volle Unabhängigkeit und Neutralität Österreichs erhalten bleiben muß.
Was die volle Gleichstellung in der Paritätischen betrifft, so

haben wir diese; gäbe es diese Kommission aber nicht, müßten wir uns an unseren Partner halten, der aber brauchte sich wegen der Preise nirgends hinzuwenden. Er muß außerdem feststellen, daß in den fast 5 Jahren der Wirksamkeit der Paritätischen insgesamt 1066 Anträge zur Freigabe von Lohnverhandlungen vorgelegt wurden; 1960 wurden 192 Anträge freigegeben, 1961 waren es 322. Wenn die Zahl der Anträge derartige Formen annimmt, kann dies natürlich nicht ganz ohne Einfluß auf die Preise bleiben, wenn wir aus der Gesamtwirtschaft mehr herausnehmen, als wirklich erarbeitet wurde, muß sich das bei den Preisen auswirken. Bis jetzt war keine Handhabe, Erzeuger zu bestimmten Preisen zu verpflichten, nun kann dies durch den Innenminister geschehen und das ist für uns nicht ohne Bedeutung.

Aber es überrascht ihn nicht, daß die kommunistische Fraktion die Vereinbarung ablehnt; es liegt dies auf ihrer Linie, Ablehnungen von ihrer Seite gab es immer, schon bei den Lohn-Preisabkommen, bei der Gründung der Paritätischen, aber auch auf sozialpolitischem Gebiet. Hier waren ihr unsere Forderungen immer zu gering.

Den Ausführungen des Koll. Hillegeist hat der Redner nichts hinzuzufügen, nur sein Appell an die beiderseitige Disziplin unterstreicht, weil wir es uns, als Mitverantwortliche an der Wirtschaft unseres Landes und in Erkenntnis der Situation, in der die Welt heute ist, die keineswegs so friedfertig und wohlhabend ist, nicht leisten können, auf eine ruhige Entwicklung zu verzichten.

Der Redner dankt den Kollegen, die als Experten in den verschiedenen Komitees tätig waren, für ihre sehr mühevolle und gute Arbeit.

Er teilt noch mit, daß die Kollegen in den Gewerkschaften Rededispositionen über das Abkommen erhalten werden, um in den Betrieben und Versammlungen ausführlich referieren zu können.

Der Vorsitzende schreitet zur Abstimmung und stellt fest, daß der Vereinbarungsentwurf – gegen die Stimmen der Kommunistischen Fraktion – angenommen ist.

Rede Olahs vor katholischen Journalisten in Wien (Februar 1962)

Kathpress, 7. Februar 1962 Nr. 31/Seite 2
b/ga

Inland fernschriftlich voraus
»Verantwortung in der Politik«
Minister Klaus und Präsident Olah sprachen vor katholischen Journalisten

Gewerkschaftspräsident OLAH ging in seiner Rede von der Tatsache aus, daß jedem Menschen Verantwortung aufgetragen sei, sowohl für sich selbst als auch die Menschen, die seiner unmittelbaren Sorge überantwortet sind. Am größten sei jedoch die Verantwortung derer, die im öffentlichen Leben stehen, die Entscheidungen treffen oder mitentscheiden müssen in Fragen, welche die Allgemeinheit berühren. Eigene innere Überzeugung und Wahrhaftigkeit, sagte Olah, sind unabdingbare Voraussetzungen für echte Verantwortung. Dazu gehöre aber auch noch echter Respekt vor denen, die den Auftrag erteilen. Die Hoffnung, sich immer und irgendwie in jedem Fall herausreden zu können, kann das eigene Gewissen niemals ersetzen.

Die Demokratie, fuhr Präsident Olah fort, müsse sich von den Diktaturen unterscheiden, aber nicht im Ausweichen vor Entscheidungen, nicht durch Kompromisse, die der eigenen Überzeugung widersprechen und auch nicht durch Untätigkeit, die dann oft als Inbegriff von Kompromissen dargestellt wird, sondern im Ringen um mögliche Lösungen, die nicht in direktem Widerspruch zu den Grundsätzen der Partner stehen. Die Verantwortung in der Demokratie ist nicht einzelnen Machthabern, sondern ist allen Körperschaften und Instanzen einer Mehrheit überantwortet. Auch in der Verantwortung, die einzelne tragen, ist die Einordnung in eine Disziplin notwendig. Aber auch eine nach demokratischen Grundsätzen gebildete Mehrheit könne nicht die eigene Überzeugung und das eigene Gewissen ersetzen. Dies habe in jedem Falle Vorrang.

In der Periode des beginnenden Wohlstandes einer wirtschaftlichen Hochkonjunktur, sagte Präsident Olah, scheine manches unterzugehen, was früher Bedeutung hatte. Es scheine, als gelte für manche Kreise nur mehr die Jagd nach dem »Mehr«, Ideale und Idealismus scheinen nur mehr sehr klein geschrieben zu werden, der Egoismus dominiere. In unserer Zeit scheint man Charaktere nicht durch Gewalt, wohl aber durch gutfundierte Posten biegen zu können und die eigene Überzeugung werde durch Karrieresucht zum Schweigen gebracht. Es scheint eine Zeit zu sein, sagte Präsident Olah, wo um der lieben Eitelkeit willen eine Wendung um 180 Grad nicht nur bestaunt, sondern manchmal auch sogar bewundert wird und das Wort nur gut dafür sei, um alles zu begründen. Wenn unsere Zeit und unsere Generation vor der Geschichte bestehen wollen, sagte Präsident Olah, wenn Demokratie und persönliche Freiheit erhalten, soziale Sicherheit und soziale Gerechtigkeit erreicht werden sollen, dann ist es notwendig, daß Programme vor Wahlen nicht nur verkündet, sondern nach den Wahlen auch verwirklicht werden, daß zwischen den Reden derer, die Verantwortung tragen, und ihren Handlungen kein klaffender Widerspruch besteht, daß Ergeiz, Eitelkeit und Strebertum nicht die Haupttriebfeder des Handelns sein dürfen, daß das Wort nicht zum Verbergen der wahren Absichten, sondern zur offenen Aussprache gebraucht wird, Gegensätze korrekt ohne gegenseitige Unterstellungen und Beleidigungen ausgetragen werden und so das Vertrauen in die Demokratie, in die demokratischen Einrichtungen und deren persönliche Repräsentanten wieder gefestigt wird. Wir dürfen nicht vergessen, daß es Wohlstand und soziale Sicherheit noch nicht für alle und vor allem noch nicht in genügendem Maß gibt und daß der frei auf den Grundlagen der Demokratie erbaute Staat niemals auf seinen Erfolgen ausruhen dürfe. Die Zukunft dürfe nicht ganz dem Heute untergeordnet werden, wer Verantwortung trägt, muß wissen, daß er diese Verantwortung nicht nur für die Gegenwart, sondern auch für die Zukunft hat. Wir dürfen auch nicht vergessen, sagte Olah weiter, daß wir über den Tag hinaus den Menschen auch Ziele, der Jugend im besonderen auch ein Ideal und eine Vision geben müssen und Politiker

nicht nur Würdenträger, sondern auch Vorbild sein soll und moralische Qualität nicht nur durch die Kunst der Heuchelei ersetzt werden kann.
Die freie Welt, schloß Präsident Olah seine Rede, wird nur dann erfolgreich sein, wenn in der Politik der demokratischen Gesellschaft nicht das verwaschene Gesicht des marktschreierischen Demagogen, des karrierebedachten Managers, des seelenlosen Technokraten, sondern die wahrhafte, gradlinige, glaubwürdige und damit vertrauenserweckende Überzeugung siegt.

Protokoll des Bundesvorstandes des ÖGB vom 28. 3. 1963

Protokoll Nr. 65
über die Sitzung des BUNDESVORSTANDES des ÖGB
am Donnerstag, den 28. März 1963, 10 Uhr vorm.

Vorsitz: Olah, später Hillegeist und Benya.
Anwesend: Präsenzliste
Protokoll: Nakladal

Der Vorsitzende Olah begrüßt die Anwesenden und eröffnet die Sitzung. Er verweist auf die vorliegende Tagesordnung, die lautet: 1. Bericht des Präsidenten, 2. Bundeskongreß, 3. Allfälliges. Er ersucht einer Änderung dahingehend zuzustimmen, daß nach dem 1. Punkt als Punkt 2 ein Antrag des Präsidiums behandelt wird, 3. Punkt wäre der Bundeskongreß und 4. Allfälliges. Er stellt fest, daß gegen den Vorschlag kein Einwand besteht. Die Tagesordnung lautet:

1. Bericht des Präsidenten Olah,
2. Antrag des Präsidiums des ÖGB,
3. Bundeskongreß,
4. Allfälliges.

Der Vorsitzende stellt Genehmigung dieser Tagesordnung fest. Vor ihrer Behandlung ersucht er die Kollegen, sich von den Sitzen zu erheben.
Er bringt dem Bundesvorstand zur Kenntnis, daß der ehemalige Vorsitzende der Gewerkschaft der öffentlich Bediensteten, Kollege Franz Rubant gestorben ist. Er würdigt die Verdienste des Verstorbenen als einem der Gründer der Gewerkschaft der öffentlich Bediensteten 1945 und jahrelangem Vorsitzenden derselben, Kollege Rubant hatte in dieser Eigenschaft mehrere Jahre dem Bundesvorstand des ÖGB angehört, der ihm ein ehrendes Gedenken bewahren wird.
Der Vorsitzende dankt für diese Trauerkundgebung und ersucht um Behandlung der Tagesordnung.

1. Punkt der Tagesordnung
Der Vorsitzende Olah darf als gegeben annehmen, daß die Kollegen die Entwicklung und die Verhandlungen über die

Bildung der neuen Bundesregierung auf Grund der Zeitungsberichte verfolgt haben. Die wesentlichste Frage war hierbei das Bundesbudget, die Übereinstimmung von Einnahmen und Ausgaben war für uns von besonderem Interesse. Man kann sagen, daß es gelungen ist, wenn auch nicht ohne notwendige Maßnahmen, aber doch ohne die seinerzeit in Aussicht genommenen, die eine echte, schwere Belastung des Massenkonsums bedeutet hätten, auch in dieser schwierigen Frage zu einem Abschluß zu kommen. Dies ist auch deshalb sehr zu begrüßen, weil mit 30. April die Ermäßigung des Arbeitslosenversicherungsbeitrages abläuft und wenn bis dahin keine gesetzliche Maßnahme erfolgt, würde wieder seine Erhöhung in Kraft treten. Er erinnert, daß anläßlich der 3. Etappe der Rentenreform von uns eine Ermäßigung des Arbeitslosenversicherungsbeitrages zugunsten des Pensionsversicherungsbeitrages gefordert und auch durchgesetzt wurde. Diese Regelung bleibt auch weiterhin.
Weiters gab es den Vorschlag auf Änderung bei der Umsatzsteuer; die Erhöhung des Rechnungsstempels hätte ¼ Prozent bedeutet. Bei der Umsatzsteuer war der ursprüngliche Vorschlag des Finanzministers ihre Erhöhung von 0,45% für Unternehmungen mit einem Jahresumsatz von mehr als 10 Millionen, dafür wäre für die Kleinstbetriebe eine kleine Ermäßigung erfolgt.
Die hierüber angestellten Berechnungen hätten eine Belastung von rund 400 Millionen erreicht, die Erhöhung des Rechnungsstempels weitere 100 Millionen. Eine solche Umwälzung auf die Preise in allen Phasen hätte natürlich eine außerordentliche Belastung der Konsumenten mit sich gebracht.

2. Punkt der Tagesordnung
Der Vorsitzende Olah möchte seinem Bericht gleich anschließend berichten, daß nach einem sehr langen Vakuum auf gesetzgeberischer und Regierungstätigkeit es zu dem vorerwähnten Abschluß gekommen ist und dies hat nun auch in den Parteikörperschaften Beratungen wegen Neubesetzung der Bundesregierung – deren ein neues Mitglied

auch er ist – geführt. Er hat sich gegenüber seiner Partei bereiterklärt, eine solche Berufung anzunehmen und damit endet und muß ein Ende finden seine Funktion im ÖGB. Die Mitglieder des Präsidiums, die sich damit gestern beschäftigten, haben einen Vorschlag erstattet und ihn ermächtigt, ihn hier namens des Präsidiums zu unterbreiten und dem Bundesvorstand vorzuschlagen, seinen Rücktritt zur Kenntnis zu nehmen und bis zum Bundeskongreß möge der Bundesvorstand beschließen, den Koll. Benya mit der Führung der Geschäfte des ÖGB und der Vertretung nach außen gemäß den Statuten beauftragen.
Persönlich möchte er sich hierzu noch einige Bemerkungen gestatten und sagen, daß es auch für ihn keine Kleinigkeit ist, denn er scheidet hier aus einem Arbeitsgebiet, in dem er seit fast 18 Jahren tätig ist, davon 7 Jahre hauptamtlich im ÖGB. Es waren dies keineswegs immer sehr leichte Zeiten, von Annehmlichkeiten kann man kaum jemals reden, aber um solche zu haben, ist eine solche Funktion ja auch nicht da.
Er möchte daher heute allen Gewerkschaften, den Landesexekutiven und den Mitgliedern des Bundesvorstandes, dem Präsidium und allen Stellen hier im Hause, allen Beschäftigten des ÖGB in allen Fraktionen für ihre Mitarbeit danken. Wir haben uns manchmal auch gestritten, was aber nichts mit der Fraktionszugehörigkeit zu tun hatte, aber das macht nichts, denn jeder hat das Beste gewollt und versucht, das Beste zu machen. Er ist überzeugt, daß der ÖGB diesen gemeinsamen Weg im Interesse der Arbeiter und Angestellten und Beamten weitergehen wird und daß er fest genug ist und unabhängig von der politischen Konstellation unseres Landes als einheitlicher überparteilicher Gewerkschaftsbund zu bleiben, denn dies ist das Wichtigste vor allem anderen.
Er selbst bleibt selbstverständlich Gewerkschafter, einfaches Mitglied seiner Gewerkschaft und er muß nicht besonders betonen, daß er dies auch in seiner neuen Funktion bleiben wird.
Koll. Horn ist nicht der Meinung des Koll. Olah, daß es in der Zeit der Verhandlungen nicht zweckmäßig war, den

Bundesvorstand einzuberufen, weil nichts Konkretes vorlag, sondern man sich nur in Mutmaßungen ergehen hätte können, sondern abzuwarten, bis das endgültige Ergebnis vorliegt. Im Gegenteil, er ist der Meinung, daß gerade der ÖGB als einheitliche Organisation allein in dieser Situation berufen gewesen wäre, doch seine Meinung zu den Fragen zum Ausdruck zu bringen, die außerhalb des Parteipolitischen stehen, die sich mit den wirtschaftlichen, die Arbeiter und Angestellten betreffenden Problemen beschäftigen. So z. B. haben die verschiedenen Kräfte ja auch sehr weitgesteckte Ziele in der Frage der verstaatlichten Industrie gehabt, wo es bis zu einem hohen Maße gelungen ist, diese Ansprüche zurückzuweisen. Er möchte hier nicht weiter ins Detail gehen, sondern nur darauf hinweisen, daß wenn dies gelungen ist, so nur, weil hier ein einmütiger Wille der Belegschaften dieser Betriebe bestanden hat, weil diese Auffassung auch von der Sozialistischen Fraktion in dankenswerter Weise vertreten wurde und es gelungen ist, in einer Reihe von Stellungnahmen der Betriebe gegen diesen Plan offen aufzutreten, also die Kräfte der Arbeiterschaft dagegen in Wirksamkeit getreten sind.

Dies zum 1. Punkt der Tagesordnung und zu dem, was heute im Bundesvorstand im Mittelpunkt der Beratungen stehen sollte.

Zum 2. Punkt der Tagesordnung und Antrag des Präsidiums:

Seine Fraktion nimmt den Entschluß des Kollegen Olah, seine Funktion als Präsident des ÖGB zurückzulegen zur Kenntnis und ist mit der Betrauung der Geschäftsführung durch den Koll. Benya einverstanden.

Persönlich möchte er bedauern, daß Koll. Olah uns als Spitzenfunktionär des ÖGB jetzt verläßt – und – Koll. Olah weiß dies selbst sehr gut, daß gerade seine Fraktion – und Koll. Olah mit ihr – manche Auseinandersetzung gehabt hat, bei der es manchmal etwas härter zugegangen ist – und seine Fraktion, wie er heute gerne feststellt, immer mit ihm ein Auskommen gefunden hat, besonders dann, als er die Funktion des Präsidenten des ÖGB übernommen hat und damit stärker mit der Fraktion des Redners in Kontakt

gekommen ist. Sie haben in Koll. Olah immer einen loyalen und zu seinem Wort stehenden Kollegen gefunden und wenn er eine Zusage gemacht hat in dieser oder jener Weise – ohne für die Fraktion Sympathien empfunden zu haben – sie auch eingelöst hat.
Koll. Horn erklärt wörtlich: Wir bedauern, daß Koll. Olah uns verläßt, aber es ist sein und seiner Fraktion Wunsch. Wir wünschen ihm für seine neue Funktion viel Erfolg im Interesse aller und in dem aller demokratischen Kräfte.
Koll. Altenburger glaubt, daß wir weder heute im Bundesvorstand, noch in Zukunft als überparteilicher ÖGB parteipolitische Auseinandersetzungen pflegen können, dazu waren die Wahlen da, wo jeder unsere Stimmen verwenden können. Wir haben hier nur den Willen der Arbeitnehmer zur Kenntnis zu nehmen; unsere Aufgabe besteht als Gewerkschafter, die Rechte der Arbeitnehmer wahrzunehmen.
Aber die kommende Entwicklung kann nicht von hier allein aus bestimmt werden und daher sollten wir uns auf einige Punkte einigen und sie als Nahziel zur Erreichung feststellen – womöglich noch vor dem Bundeskongreß. Wir müssen auch dazu kommen, daß ein Forum geschaffen wird, das in der Lage ist, zu ordnen und zu planen. Es bedarf daher dringendst einer Absprache hier und einer Ausrichtung mit und in den Gewerkschaften selbst.
Zu den wichtigsten Erscheinungen, die in der Öffentlichkeit bezüglich des Brotpreises aufgetaucht sind, muß er feststellen, daß an der Aussprache nicht die offiziellen ÖGB-Vertreter beteiligt waren, sondern nur einzelne Funktionäre und es steht fest – wie Olah schon erklärt hat – daß vom ÖGB keine Beschlüsse vorliegen und niemand berufen war, im Namen des ÖGB Erklärungen abzugeben.
Er möchte nochmals dringend ersuchen, daß wir hier zu einem Konzept kommen, daß wir auch in Teilgebieten zu einem gemeinsamen Entschluß kommen und einer Entwicklung entgegentreten, die schwieriger sein wird als vordem und um so zwingender und notwendiger ist es, als einheitlicher ÖGB den vernünftigen Weg zu beschreiten.
Er erklärt im Namen seiner Fraktion, daß sie der vorliegen-

den Resolution zustimmen und sich ihr anschließen werden.
Was den Koll. Olah betrifft, so hat er seinerzeit eine sehr schwere Arbeit und Verantwortung übernommen, was man schon darin erblicken kann, daß der ÖGB stärker geworden ist und Koll. Olah ein treuer Wächter dieses Grals gewesen ist. Er hatte es sicher nicht leicht und hat viele Schwierigkeiten gehabt, mit den anderen Fraktionen und auch in den eigenen Reihen, aber das ist nun einmal so. Aber daß wir uns bemüht haben, einem gemeinsamen Ziel zuzustreben, dieser Aufgabe hat er sich unterzogen und das muß vollinhaltlich anerkannt werden. Er bedauert es, daß Koll. Olah durch eine andere Berufung neue Aufgaben übernimmt.
Wir nehmen dies zur Kenntnis und wir danken Koll. Olah für seine geleistete Arbeit und den Erfolg, den wir in gemeinsamer Arbeit erreicht haben. Er wünscht ihm für sein neues Ressort viel Erfolg und wünscht und hofft, daß er auch dort solche Erfolge nachweisen kann, wie im Rahmen des ÖGB.
Er schließt an, daß er es für selbstverständlich erachte, daß Koll. Benya ihm in diesem Rahmen und dem Geist, den Koll. Böhm gelegt hat, folgt. Für den ÖGB hofft er, daß er auch in der neuen Regierung neue Freunde findet, denn außer Koll. Olah ist ein anderer Gewerkschafter, Koll. Dr. Hetzenauer, in die Regierung berufen worden und daher hoffen wir, daß wir von beiden Gruppen erwarten können, wenn irgendwo gewerkschaftsfeindliche Stimmen neu auftreten, sie in eine gewerkschaftsfreundliche umzuwandeln.
Wir hoffen aber auch, daß wir im Rahmen des ÖGB zu einer Konzeption und Planung kommen, sonst wird es nicht möglich sein, die sich anbahnende Entwicklung aufzuhalten.
Den Kollegen, die nun in die Regierung gehen, wünscht er im Namen seiner Fraktion viel Erfolg und viel Kraft, damit unser Vaterland ein besseres und glückhaftes ist.
Koll. Horn würde sich mit Koll. Altenburger auf einer Linie befinden, wenn die Besitzenden mehr besteuert würden, wie wir dies eigentlich schon im Aktionsprogramm ausgedrückt haben.
Er stimmt weiters Koll. Altenburger bezüglich der Konzeptlosigkeit zu, aber die war auch schon in der Resolution vom

4. 12. und er ist einverstanden, daß wir ein Konzept brauchen.
Zum Vorwurf des Koll. Altenburger betreffend weist er darauf hin, daß die Arbeiterkammer, deren Funktionär beide sind, nicht das Organ ist, das den Kampf zu führen hat, sondern das ist Sache des ÖGB. Aber in der Arbeiterkammer hat Koll. Altenburger erklärt, daß seine Fraktion zur Erhöhung des Brotpreises keine Zustimmung gibt; es wurde dort auch zum Ausdruck gebracht, daß wir eine Liberalisierung des Zuckerpreises für Konsumzucker nicht bekommen und beide haben wir uns dort darüber auseinandergesetzt, daß der Milchpreis in Österreich der höchste ist gegenüber allen anderen Produktionsländern und jede Erhöhung eine neue Erhöhung der Produktion wird.
Er ist einig mit Koll. Altenburger, daß wir ein Konzept brauchen.
Koll. Vogel erklärt, daß die Arbeiter und Angestellten über die Preiserhöhungen nicht gerade begeistert sind, aber für gewisse Notwendigkeiten doch auch Verständnis aufbringen werden. Er stimmt aber mit Koll. Horn überein, daß die Abgeltungsbeträge viel zu niedrig sind, denn die Mehrbelastung wird monatlich S 80,– betragen, wenn man Milch, Zucker, Brot, Mehl und Kraftfahrzeugsteuer berücksichtigt, abgesehen von anderen Erhöhungen.
Zum Antrag des Präsidiums erklärte er, daß er die Funktionsniederlegung durch Koll. Olah bedauere, aber er respektiert seine Entscheidung. Wir alle wissen, daß der ÖGB in Form seiner Überparteilichkeit als gewichtiger Posten in Österreich steht, es ist daher die Nachfolge des Koll. Olah nicht gleichgültig, aber wir alle hoffen, daß dieser Nachfolger im Geiste des Koll. Olah die Geschicke des ÖGB führen wird im Sinne der Überparteilichkeit.
Er dankt dem Koll. Olah für die Hilfe, die er ihm und seiner Gruppe erwiesen hat, sie haben bei ihm immer Verständnis gefunden. Er darf Koll. Olah für seinen weiteren Weg alles Gute wünschen, besten Erfolg und Gesundheit und hofft, daß sie ihn als Freund behalten dürfen.
Koll. Olah erklärt, daß der Bundesvorstand des ÖGB während der Verhandlungen absichtlich nicht einberufen

wurde; unsere Grundsätze wurden zwei Wochen nach den Wahlen festgelegt und sie wurden von den von den Parteien in das Komitee entsandten Gewerkschaftern bei den Verhandlungen nicht außer acht gelassen. Jeder weiß, in welchem Feuer der ÖGB steht und wie man ihn immer wieder gerne verdächtigt – besonders von vielen kleinen Gruppen her – er nennt hier nur den Akademikerbund, dessen führender Funktionär ein Mann in sehr hoher staatlicher Position ist – politisch orientiert zu sein. Wir haben uns bemüht, diese Schwierigkeiten nicht noch zu vergrößern, sondern als Gewerkschafter versucht, die Dinge zu applanieren und einer Lösung zuzuführen und haben auch versucht, eine halbwegs gerechte Lösung zu erreichen z. B. durch Erhöhung der Vermögenssteuer, was dem Staat jährlich rund 300 Millionen einbringt. Das war nicht sehr leicht durchzusetzen, auch wenn es nicht in dem Umfang ist, wie wir es ursprünglich gefordert haben.
Die Bewertungssteuer wird geändert werden, obwohl er persönlich der Meinung ist, daß man auch hier vorsichtig vorgehen muß, und nicht gleichmäßig für alle Industrien die Bewertungsfreiheit kürzen sollte, aber das werden noch die Sachverständigen zu prüfen haben.
Bei der Erhöhung der Branntweinsteuer wurde der Alkohol für kosmetische und medizinische Zwecke nicht verteuert.
Beim Wohnungsproblem ist der Termin mit Ende 1964 festgelegt, es kann dann in freier Abstimmung eine Lösung gesucht werden. Dagegen können wir als Gewerkschafter, wie er glaubt, nichts einzuwenden haben. Der Vorwurf des Koll. Horn wegen der Zustimmung seinerzeit zum zweieinhalbfachen Zins stimmt nicht ganz.
Bei der Zuckerpreiserhöhung sagt er selbst ganz offen, daß, wenn man der Industrie weniger gegeben hätte, sie auch nicht gerade verhungert wäre und etwas weniger hätte es auch getan, aber es muß trotzdem auch gesagt werden, daß der Zuckerpreis seit 12 Jahren unverändert geblieben ist.
Was den Milchpreis betrifft, so werden die 16 Groschen aus dem Budget bezahlt, es zahlt auch die Allgemeinheit und es bleibt immer noch die Deckung des Defizits beim Milchwirtschaftsfonds offen, das rund 400 Millionen beträgt.

Er bittet sehr, bei Beurteilung der Erhöhung der Kinderbeihilfen und der Ausgleichszulagen nicht auch eine Abgeltung der Erhöhung der Kraftfahrzeugsteuer einzubeziehen, denn soweit sind wir noch nicht in Österreich, wenn auch viele Arbeiter und Angestellte Kraftfahrzeuge haben, daß dies zu den lebenswichtigen Grundnahrungsmitteln zu zählen ist. Es ging uns nur darum, den kinderreichen Familien und den alten Leuten eine Erleichterung zu verschaffen.
Wenn in unserer Resolution von Integrationsfragen gesprochen wird, so ist dies nicht gleichbedeutend mit EWG, wenn auch sie ein sehr wichtiges Problem ist.
Andere Fragen aber werden ebenso wie bisher nur schrittweise gelöst werden können.
Seine Partei hat gewünscht, daß die Personen, die an dem Verlauf der Verhandlungen teilnehmen, dann auch dafür eintreten müssen, daß dies durchgeführt wird, was sie ausgehandelt haben. Es fällt ihm nicht leicht von hier wegzugehen, obwohl siebzehneinhalb Jahre Gewerkschaftsfunktionär sein auch eine lange Zeit ist, aber selbst in dieser Zeit ist er nie sehr lange auf einer Funktion geblieben und er hält es für ganz gut, Dinge auch einmal von einem anderen Standpunkt aus zu sehen. Er hofft nur, daß er als Regierungsmitglied nicht mit den Gewerkschaften in Konflikt gerät, denn das wäre für ihn ein Gewissenskonflikt – man kann zwar in einer Sache nicht immer einer Meinung sein; aber sicher wird sich auch dann ein Weg finden. Jedenfalls wird er sich auch dort bemühen – so wie auch in den vergangenen Verhandlungen – dazu beizutragen, daß das politische Klima wieder etwas besser wird, denn es kommt doch immer darauf an, daß man, wenn man auch nicht gleicher Meinung ist, doch miteinander reden kann und auch daran hat es in der letzten Zeit sicher gefehlt. In seiner neuen Funktion hat er keine besonderen Umänderungen auf dem Programm, sondern will nur sehen, was im Dienste der Allgemeinheit gemacht werden kann, wenn auch seine Vorgänger dort sicher alles Nötige getan haben, so hat doch jeder seinen eigenen Stil.
Er bittet, jenem Kollegen, der nun die Führung der Geschäfte des ÖGB übernimmt – bis zum Kongreß –, das

Vertrauen zu geben, er wird es sicher brauchen, denn er selbst erinnert sich, wie man früher gesagt hat, was denn geschehen wird, wenn Koll. Böhm einmal in Pension geht. Er hat sich dabei immer gedacht, wenn er dies hörte, daß man dies dann schon sehen werde. Eine Institution ist ja nicht Sache einer Person und kann es gar nicht sein und er konnte ja auch nur mit allen Kräften seinen Beitrag leisten, wobei alle anderen mitgeholfen haben.
Er dankt nochmals für das Vertrauen, das ihm entgegengebracht wurde, er hat stets versucht, es recht und richtig zu machen.
Abgesehen von der Notwendigkeit, die Vorarbeiten für die Kodifikation des Arbeitsrechtes fortzusetzen, ist die Erledigung einiger seit langem anhängiger arbeitsrechtlicher Fragen schon jetzt dringend erforderlich.
Der Bundesvorstand des Österreichischen Gewerkschaftsbundes weist darauf hin, daß durch die Verweigerung der Ratifizierung von internationalen Urkunden und Übereinkommen das Ansehen Österreichs bereits schweren Schaden erlitten hat. Der Österreichische Gewerkschaftsbund erwartet daher von der neuen Bundesregierung und Gesetzgebung, daß das Sozialprestige Österreichs wieder hergestellt wird.«
Er stellt fest, daß die vorliegende *Resolution mit allen Stimmen, gegen die der Kommunistischen Fraktion angenommen ist.*
Der Vorsitzende Olah ersucht auch um Abstimmung über den *Antrag des Präsidiums des ÖGB*, der lautet:
»Der Bundesvorstand beauftragt infolge der Zurücklegung der Funktion des Präsidenten des ÖGB durch NR Franz Olah den Vizepräsidenten NR Anton Benya bis zum nächsten Bundeskongreß des ÖGB mit der Führung der Geschäfte und der Vertretung des ÖGB nach außen.«
Er stellt fest, daß *der Antrag des Präsidiums einstimmig angenommen wird.*
Er gratuliert Koll. Benya und wünscht ihm für seine kommende Arbeit alles Gute. Es ist selbstverständlich, daß, wenn man ihn braucht, er jederzeit zur Verfügung stehen wird.
Der Vorsitzende ersucht weiters, über den von der Kommu-

nistischen Fraktion vorgelegten Antrag abzustimmen, er hält die Resolution für eigenartig, zumindest im Hinblick auf die Bemerkung, »der Bundesvorstand beauftragt« und verweist darauf, daß die Lohn- und Gehaltspolitik eine Sache der Gewerkschaften ist, wozu sie der Bundesvorstand nicht beauftragen kann.
Er ersucht, wer für diesen Antrag stimmt, um ein Handzeichen.
Der Vorsitzende stellt fest, daß *der Antrag gegen die Stimmen der Kommunistischen Fraktion abgelehnt ist.*
Koll. Olah übergibt (11.10 Uhr) an *Koll. Hillegeist* den Vorsitz.
Koll. Benya erklärt, daß ihn die Betrauung mit der Führung der Geschäfte des ÖGB ehrt und er bereit ist, sie bis zum Kongreß zu übernehmen. Er möchte nur kurz feststellen, daß – als 1959 das bisherige Präsidium des ÖGB gewählt wurde, eine Zeitspanne war, wo es infolge des wirtschaftlichen Aufschwunges ein wenig leichter war, die Forderungen der Arbeitnehmer durchzubringen. Nun aber wird es aller Anstrengungen bedürfen, die jetzige Situation zu meistern. Wie schon Koll. Olah sagte, kommt es hierbei nicht auf Einzelpersonen an, welche Politik der ÖGB macht, sondern es erfordert die Erkenntnis aller, daß wir alle zusammenarbeiten müssen, um die Aufgaben, die dieser großen Organisation gestellt sind, erfüllen zu können. Auch persönlich für ihn ist es nicht leicht, weil er am letzten Gewerkschaftstag der Metallarbeiter zum Vorsitzenden dieser großen Organisation gewählt wurde, aber er wird sich bemühen und er hofft, daß es ihm gelingen wird, die ihm gestellten Aufgaben zu erfüllen.
Zu den Zeitungsmeldungen, wonach sich hier im ÖGB das politische Klima ändern wird, möchte er sagen, daß sich hier im ÖGB nicht mehr und nicht weniger politische Tätigkeit entfalten wird als seinerzeit es unter Koll. Böhm gewesen ist, das ist das Recht eines jeden Funktionärs, sich außerhalb des ÖGB politisch zu betätigen und das war auch unter Koll. Böhm und unter seinem Nachfolger, Koll. Olah. – Bei allen politischen Aufgaben, die uns gestellt sind, möchte er für sich sagen, daß es in erster Linie die arbeitenden Menschen

sind – gleich welcher Fraktion sie angehören – und ihr Wohl das es hochzuhalten gilt. – Nur in diesem Sinne sind die Zeitungsmeldungen aufzufassen.
Er wird sich bemühen, das ihm hier ausgesprochene Vertrauen durch die Betrauung mit der Geschäftsführung zu rechtfertigen und er hofft, daß es in gemeinsamer Arbeit gelingen wird, die kommende schwierige Situation – es gab schon schönere – zu meistern.
Der Vorsitzende Hillegeist stellt fest, daß Koll. Olah bei seiner letzten Amtshandlung im ÖGB seine Persönlichkeit nicht verleugnet hat, er hat alles selbst abgewickelt und ihm nicht Gelegenheit gelassen, ihm namens der Sozialistischen Fraktion das auszusprechen, was die kleineren Fraktionen bereits getan haben, und wenn er sich nun nicht selbst gemeldet hätte, hätte man meinen können, daß seine Fraktionskollegen zu dem Entschluß Olahs nichts zu sagen haben. Dem ist aber nicht so, denn – und das möchte er nun zum Ausdruck bringen – für uns war es am schwersten, den Entschluß des Koll. Olah zur Kenntnis zu nehmen, denn für uns bedeutet es nicht nur den Verlust des Präsidenten des ÖGB, sondern auch den eines Kollegen unserer Fraktion von besonderen Qualitäten und Durchschlagskraft – manchem war sie oft zu groß –, aber es ist gescheiter, mehr davon zu haben, als zu wenig. Und Koll. Olah hat dies auch während der Verhandlungen bewiesen und seine Mitwirkung hat sich auch für den Gewerkschaftsbund ausgewirkt. Er glaubt daher, auch wenn Koll. Olah nun in ein völlig anderes Arbeitsgebiet kommt, das ihn vielleicht im Gegensatz zu einer anderen Gruppe bringen könnte, so wird es sicher gut sein, daß er vieles schon vorher kennengelernt hat, wie es ist. Wir sind überzeugt davon, daß Koll. Olah nie vergessen wird, daß er Präsident des ÖGB war und daß er dies bei Entscheidungen auch immer wieder berücksichtigen wird.
Zum Schluß möchte er noch sagen, wir verlieren Koll. Olah nicht gerne, er reißt nicht nur eine zahlenmäßige Lücke, sondern auch durch seine Persönlichkeit und wir werden uns sehr freuen, wenn er uns in einer anderen Funktion manchen Weg wird ebnen können.

Wir danken ihm für alles und wünschen ihm von ganzen Herzen, daß er dort jene Befriedigung findet, die entscheidend ist, daß ein Mensch am Ende seines Lebens das auch sagen kann und wir wünschen ihm Gesundheit, daß er in dieser Funktion noch lange und zum Wohle der Allgemeinheit wirken kann.
Lebhafter Beifall.
Koll. Benya übernimmt den Vorsitz.
Koll. Olah entschuldigt sich und verläßt die Sitzung.

3. Punkt der Tagesordnung.
Koll. Ströer ersucht den Bundesvorstand, einen Antrag des Präsidiums zu beschließen, wonach der 5. Bundeskongreß des ÖGB in der Zeit vom 23. bis 28. September 1963 nach Wien einzuberufen ist. Als Tagungsort ist das Konzerthaus vorgesehen.
Weiters wird um Beschluß ersucht, daß die Anträge an den Bundeskongreß bis spätestens 13. Juli 1963 eingereicht sein müssen. Er bittet um Verständnis für diesen frühen Termin, doch im Hinblick auf die Urlaubszeit ist die zeitgerechte Einbringung notwendig.
Bezüglich der vorbereiteten Arbeiten werden die Gewerkschaften mittels Rundschreiben in Kürze verständigt.

Aus dem Besuchsprogramm von Franz Olah in den Vereinigten Staaten vom 10.–30. Jänner 1962

United States Department of Labor
Bureau of International Labor Affairs
Washington, D. C.

Mr. Franz Olah
OCE Leader from Austria
Period of Visit January 10-January 30, 1962

Program and Itinerary

Wednesday,	Jan. 10,	7:00 p.m.	Arrive New York via steamer Met by Mr. A. Steinbach, Dept. of Labor
Thursday,	Jan. 11,	7:45 p.m.	Arrive Washington, D.C., met by Dr. Franz Pein, 2th Secr., Austrian Embassy Res.: Dupont Plaza
		11:15 p.m.	Dr. Wilfried Platzer, Ambassador of Austria Proceed to the U.S. Capitol
		12:30 p.m.	Guest of Representative Edna Kelly, N.Y. Attendance Joint Session, 87th U.S. Congress to hear »State of the Union« message, delivered by President Kennedy
		3:00 p.m.	Luncheon Dupont Plaza Hotel Mr./Mrs. Olah, Dr. F. Pein, Mr. M. O. Ptak, Program Officer Dept. of

			State (Office of Cultural Exchange), Mr. A. Steinbach, Dept. of Labor, Mr. F. Groemping, Escort Officer, Mr. E. S. Lynch, Program Officer
		4:00 p.m.	U.S. Department of State, New State Bldg., r. 1207 Mr. Gordon Chapman, Special Ass. to the Secr. of State, Mr. D. Goot, Deputy Special Ass. to the Secr. of State, Mr. E. Tobin, Deput. Dir. Eastern European Affairs, Mr. I. Lippe, Labor Advisor, Mr. O. Peterson, Labor Advisor, Mr. W. Knight, Off. in Charge of Italian-Austrian Affairs, Mr. E. Frank, Econ. Advis.
		5:00 p.m.	Mr. William R. Tyler, Ass. Secretary of State for European Affairs, U.S. Dep. of State, r. 6228, Mr. A. Steinbach, Dr. Platzer
		8:00 p.m.	Embassy of Austria, 234 Massachusetts Ave. Guest of honor at reception t.b.t. Ambassador
Friday,	Jan. 12,	10:30 a.m.	Agency f. Internat. Development Mr. J. Dillon, Acting Director, Office of Labor Affairs, Econ. Advisor Ital.-Austrian Affairs, U.S.

State Dept. Office of Development and Planning (AID), AFE/European Affairs, Mr. D. Lazornick, Dep. Chief Division of International Trade Union Organization, U.S. Dept. of Labor

(. . .)

Wednesday, January 17th (Cont.)

9:45 a.m.	United Press International, Dupont Plaza Hotel R. Mr. De Pury
11:45 a.m.	American Federation of Labor and Congress of International Organizations
12:30 p.m.	Luncheon Carlton Hotel Mr. L. Rogin, Dir. of Education, Mr. A. Biemiller, Dir. of Legislation, Mr. Saul Miller, Dir. of Publications, Mr. A. Zack, Dir. of Public Relations, Mr. St. Ruttenberg, Dir. of Research, Mr. N. Cruikshank, Dir. of Social Security, Mr. S. Romauldi, Inter-American Repr., Dr. H. Goldberg, Dep. of Internat. Affairs, Mr. H. Pollack, Dep. of Internat. Affairs, Mr. J. Loveston, Ass. Dir. Department of International Affairs, Mr. Rudy Faupl, Internat. Labor Org. Representative, Mr. Franz

	Olah, Mr. Franz Groemping
4:00 p.m.	Meeting with President Kennedy accompanied by Secretary Goldberg
4:30 p.m.	Meeting with Mr. Chester Rowles, Special Repr. of the President and Advisor on Asia, Africa and Latin America

Zur Bespitzelungsaffäre

<u>Niederschriftliche Einvernahme von Polizeiober-kommissär Dr. Anton S c h u l z, Abteilung 2 B.</u>

Dr. S c h u l z gibt über Befragen folgendes an:

Am 24. 9. 1963 war ich zusammen mit Min.Rat RUPERTSBERGER, Min.Rat Dr. ROßMANITH und den Min.Sekretären Dr. PACHERNEGG, Dr. JÄGER und Dr. HLUBUCEK Teilnehmer an einer Party, die ein gewisser Mr. Thomas POLGAR in seiner Wohnung Wien 19., Amalgergasse 9, anlässlich der Verabschiedung des Mr. Douglas BONNER gab. BONNER kehrte nach längerer Tätigkeit an der amerikanischen Botschaft in Wien in die USA zurück. Auch Mr. POLGAR ist Angestellter an der amerikanischen Botschaft in Wien, doch ist mir nicht bekannt, welche Funktion er dort bekleidet. Die Einladung zu der Party erfolgte mit einer normalen Einladungskarte. Ich hatte keine Bedenken die Einladung anzunehmen, da auch der Gruppenleiter selbst eingeladen war und der Einladung Folge leistete. Zu der Party waren ausser uns noch folgende Personen eingeladen:

Mr. KATEK
M[redacted]
Mr. STALDER, alle drei Amerikaner sowie
Mr. BRATT und Mr. JOHNSEN, beide Engländer.

Bei der Party wurden im allgemeinen keine erwähnenswerten Gespräche geführt, erst gegen Schluss derselben, schon in vorgerückter Stunde, kam es zu einem Gespräch zwischen Dr. HLUBUCEK und Dr. JÄGER sowie Mr. STALDER, das auch ich hören konnte.
Da, soweit ich mich erinnere, auch einige der Anderen in der Nähe waren, kann es sein, dass auch diese davon etwas gehört haben. Dr. HLUBUCEK und Dr. JÄGER kritisierten die in der letzten Zeit im Innenministerium vorgenommenen Personalveränderungen, insbesondere die bei der Gruppe Staatspolizei in äusserst abfällige Art. Sie waren auch bestrebt, die bei der Staatspolizei neu eingeteilten Kriminalbeamten insoferne in Misskredit zu bringen, als sie offenbar das Vertrauen der Amerikaner und Engländer in sie zu erschüttern versuchten. Insbesondere wandten sie sich gegen Dr. GREBENICEK. Ob auch noch andere Bedienstete namentlich erwähnt wurden, kann ich mich heute nicht mehr erinnern.
Dr. HLUBUCEK und Dr. JÄGER behaupteten, dass die Zuteilung dieser

Beamten verfügt worden wäre, ohne dass diese einer genauen Überprüfung unterzogen worden wären. Es bestünden daher Zweifel an ihrer Verlässlichkeit.

Von Dr. GREBENICEK wurde von den Beiden behauptet, dass er in den ersten Jahren nach Kriegsende Kommunist gewesen sei. Dr. HLUBUCEK und Dr. JÄGER wären eben dabei, entsprechende Informationen zu überprüfen. Die Beiden forderten überdies die Amerikaner auf, sie möchten das angeschnittene Problem intern beraten und wenn möglich, ihrerseits Beweise für die Behauptungen von Dr. JÄGER und Dr. HLUBUCEK zur Verfügung stellen. Mr. STALDER erklärte hiezu, er würde in den Karteien der Amerikaner nachsehen, ob über die Betreffenden etwas vorhanden wäre. Es würde unter Umständen notwendig sein, aus der Zuteilung unverlässlicher Beamten zur Gruppe Staatspolizei die Konsequenzen zu ziehen. (Damit war gemeint, dass in Hinkunft beim Nachrichtenaustausch ~~von~~ zwischen der österreichischen Staatspolizei und den Amerikane und den Engländern eine gewisse Vorsicht an den Tag gelegt werden müsste).

Ergänzend möchte ich dazu sagen, dass ich aus einem frühere Gespräch zwischen Dr. HLUBUCEK und Dr. JÄGER wusste, dass ihnen Krim.Rev.Insp. KAISER die erforderlichen Unterlagen über Dr. GREBENICEK liefern sollte.

Dr. JÄGER und Dr. HLUBUCEK haben mir auch einmal davon Mitteilung gemacht, dass sie in einigen Gesprächen, die sie mit den oben angeführten Amerikanern und Engländern hier im Amte führten, eine offizielle diplomatische ~~Information~~ Intervention wegen der Personalveränderungen in der Staatspolizei angeregt hätten.

Es ist mir bekannt, dass die genannten amerikanischen und englischen Verbindungsleute des öfteren zu Dr. JÄGER und Dr. HLUBUCEK, mitunter auch zu Min.Rat RUPERTSBERGER kommen. Dr. HLUBUCEK erzählte auch gelegentlich, dass Mr. JOHNSON jede Intervention bezüglich der Personalveränderungen abgelehnt hätte, da dies nach Ansicht der Engländer eine rein innerösterreichische Angelegenheit sei.

Ich habe diese Angaben von Dr. JÄGER und Dr. HLUBUCEK bei der angeführten Abschiedsparty erst deshalb jetzt mitgeteilt, weil die beiden auch weiterhin versuchen, durch entsprechende Äusserungen bei den Bediensteten der Gruppe Staatspolizei Unruhe hervorzurufen.

- 3 -

Ausser bei der oben erwähnten Party war ich noch einmal mit Dr. PACHERNEGG, Dr. JÄGER und Dr. HLUBUCEK in der Wohnung des Mr. BRATT eingeladen (8.10.1963). Von dieser Einladung war der Gruppenleiter informiert. Bei dieser Party wurden keine derartigen Äusserungen gemacht, wohl deswegen, weil auch Damen dabei waren.

Ob Dr. JÄGER und Dr. HLUBUCEK hoch bei anderen Veranstaltungen eingeladen waren, weiss ich nicht. Es ist mir allerdings bekannt, dass Dr. JÄGER und Dr. HLUBUCEK jede Woche einmal in der Wohnung von Mr. JOHNSON zu einer Bridgetpartie eingeladen sind.

Abschliessend möchte ich noch angeben, dass Dr. JÄGER und Dr. HLUBUCEK in der letzten Zeit mit Äusserungen in meiner Gegenwart sehr vorsichtig sind.

Wien, am 19. Dezember 1963

v.g.u.

Bericht von Olahs Pressereferenten über eine Unterredung mit der »Wochenpresse«

Dr. Erich Miller   den 25.8.64

Herrn

Bundesminister Franz O l a h

im Hause   Persönlich !

Sehr geehrter Herr Minister,

Nachfolgend berichte ich über die

Unterredung mit Wochenpresse-Redakteur Hans Z e r b s am Mittwoch, 5. August 1964. Ort : Wien I. , Meierei im Volksgarten; Dauer : zweieinhalb Stunden.

Es war eine der schwierigsten Unterredungen, die ich bisher in meinem ereignisreichen Leben gehabt habe. Zerbs erwies sich als viel schwieriger wie N e u m a n n vom " Echo "Es ist die Frage, ob ich mich mit Chefredakteur F l a j n i k der " Wochenpresse " nicht besser gesprochen hätte, der sich aber bis Mitte Sept. in Urlaub befindet. Herr Oberleitner von der W Presse" hält Flajnik für den Haupttreiber, gibt aber aus der gemeinsamen Tätigkeit von der " Presse " her zu, dass sich Zerbs ständig mit einem geheimnisvillen Fluidum umgebe, was eine offene, ehrliche Zusammenarbeit mit ihm schwer mache.Ich verhielt mich bei dem Gespräch in erster Linie als Zuhörer, erstens um vonZerbs etwas zu erfahren, und zweitens um nicht Gefahr zu laufen , dass mir meine Worte später im Mund umgedreht werden, was bei Leuten vom Schlage des Zerbs leicht möglich ist.

Mein Gesamteindruck war, dass Zerbs in ein grosses politisches Spiel eingeschaltet ist, an dem einerseits die Industrie, anderseits gewisse Kreise der SPÖ beteiligt zu sein scheinen. Dabei steht Zerbs Minister Olah noch loyaler gegenüber als Staatssekretär Dr. S t e p h a n i , den er mit offenem Hass

Blatt 2)

verfolgt. Es wurde mir nicht klar, warum Zerbs Dr. Stephani gegenüber derartige Empfindungen hegt? Vielleicht spielt der nackte Neid eine Rolle. Zerbs erwähnte wiederholt, er sei (bei der " Presse ") 14 Jahre lang Polizeireporter mit grossen Erfahrungen gewesen; auf der anderen Seite verwies er mehrfach auf die " grosse Karriere " Dr. Stephanis, der vor 14 Jahren nur kleiner Beamter gewesen sei. Minister Olah sei menschlich eine interessante Persönlichkeit, nur zu ungeduldig. Er (Zerbs) schliesse aber nicht aus, dass Minister Olah noch eines Tages Bundeskanzler werde.

Eine der Hauptfragen des Zerbs an mich richtete sich auf die Stimmung der Beamtenschaft im Ministerium. Ich antwortete ausweichend bzw. nichtssagend. Darauf fragte mich Z., ob Stephani Chancen hätte, Generaldirektor für die öffentliche Sicherheit zu werden ? Dann wollte er wissen, wer von den hohen Beamten in nächster Zukunft pensioniert würde? Wer Nachfolger von F r e i s t e t t e r und von H a n t s c h k würde? Er zeigte auch Interesse für L i e b r. Eine konkrete Frage ging auf die Nachfolge nach General F ü r b ö c k . Dieser sei ein harmloser ÖVPer und " man " habe die Dinge im Hause so gesteuert, dass nach Fürböck kein " Schwarzer " mehr da sei. Wie verhalte sich die Beamtenschaft zum " Büro des Bundesministers " ? Dieses werde entweder selbst Ministerium werden oder aber an der Überfülle der Aufgaben scheitern. Der Betrieb dort sei hektisch.

Z. wollte auch wissen, ob ich Aschenbrenner oder dem BM unterstünde. Ich verwies auf Aschenbrenner, den Z, als Nicht-Jornalisten, als einen ehemaligen Konzeptsbeamten bezeichnete.

Längere Zeit sprach Z. über die Reorganisation der Exekutive. Sie sei nötig, aber er bezweifle, ob sie gelinge; wenn nicht, dann sei die Chance auf Jahre dahin. Man forciere

Blatt 3)

z. B. jerzt deutlich die Gendarmerie vor der Bundespolizei. Das werde man in einigen Wochen bei der Autozuteilung sehen. Auch habe man es unterlassen, die seiner - des Zerbs - Meinung nach wichtige Bildung von Landeskriminalämtern in Angriff zu nehmen. Die ganze Reorganisation stehe überhaupt unter dem "persönlichen Komplex Holaubek- Afritsch ". In diesem Zusammenhang fragte mich Zerbs, ob in den letzten Wochen etwa geheime Zusammenkünfte zwischen Olah und Holaubek bzw. Stephani und Holaubek stattgefunden hätten? Ich erklärte mich als überfragt. Wegen der Spannungen mit S c h o b e l habe man zuerst die Erhebungsabteilung in Niederösterreich forciert. Daneben hätten sich rasch Spannungen mit den Polizeidirektoren von Graz und Innsbruck ergeben. Es fiel mir auf, dass mein Gesprächspartner den Polizeipräsidenten H o l a u b e k über alle Maßen lobte. Dieser habe sich zu einem sehr guten Beamten entwickelt, der sich gegenüber der KPÖ grosse Verdienste in Wien und Niederösterrreich erworben hätte. Holaubek habe Dinge machen müssen, welche Minister Helmer den Russen gegenüber persönlich nicht vertreten konnte. Er - Zerbs - glaube aber kaum, dass Holaubek Innenminister werden könne, da dessen Gegner innerhalb der SPÖ zu stark seien. Er -Z- halte ferner L i p o v i t z nicht für ehrgeizig (was ich lebhaft in Zweifel zog) im Sinne einer Anwartschaft auf den Posten eines Wiener Polizeipräsidenten. Überraschend schnell ließ sich Z. dagegen durch mich beeinflussen im Urteil über Exminister A f r i t s c h . Eine Debatte setzte es ab, als ich sagte, die Angriffe der "Wochenpresse " hätten innerhalb der SPÖ das genaue Gegenteil der beabsichtigten Wirkung erzielt. Sie hätten Minister Olah vielmehr bei den kleinen Funktionären populär gemacht. Jede Medaille habe ihre Kehrseite. Dies verneinte Z. äusserst lebhaft, weil er sich persönlich angegriffen fühlte, und erklärte wörtlich : " Da habe

Blatt 4c)

ich andere Informationen aus den Sitzungen der Parteivertretung der SPÖ."Ich beliess ihn in diesem Glauben.

Im weiteren Verlauf des Gespräches meinte Zerbs, dass sich NR. H a r t l im Parlament nicht geschickt benommen habe; er habe sich billig abspeisen lassen. Er - Z- hätte gerissenere Fragen gestellt. gleich darauf wolte Zerbs von mir wissen, ob nicht doch in der Rennwegkaserne eine Alarmabteilung der Gendarmerie aufgestellt würde ?

Zur Passage über Holaubek wäre nachzutragen, dass Z. meinte, Holaubek habe keinen Streikerlass herausgegeben, aber dasselbe stillschweigend in der Praxis erreicht, was der Minister jetzt offiziell angeordnet habe.

Während ich P a m m e r kritisierte, lobte Z. die frühere Staatspolizei über den grünen Klee, die " die beste in Europa " gewesen sei, während man jetzt dort " keinen Stein auf dem anderen " gelassen habe. Dieses gute Urteil fand ich geradezu grotesk, weil ich aus eigener Erfahrung zu einem anderen Werturteil gelangt bin.

Zusammenfassung : Zerbs sagte abschliessend, es liege wegen 1 Beschlagnahme und 2 Prozessen ein " Kriegszustand " zwischen dem Minister und der " Wochenpresse " vor, den man nicht sofort und über Nacht beenden könne. Flajnik sei aber an meiner weiteren Mitarbeit in Vorarlberg-Sachen interessiert und wünsche einen sofortigen Artikel zu den Landtagswahlen. Umgekehrt wolle auch er - Zerbs - von Fall zu Fall etwas Positives über das BMfI bringen. Er zeigte sich hier an einem Schritt gegen den von Dr. Robert J u n g k lancierten "Friedenskongress " interessiert. (Es wurde aber diesbezüglich zwischen Zerbs und mir keine Vorabsprache getroffen, ich hatte aber das Gefühl, dass wir hier einhacken könnten). Anderseits lehnte er es ab, die PKW-Übergabe an die Exekutive positiv zu begutachten.

Bericht aus dem Ministerium, November 1963

Wien, den 18.11.1963.

Betreff: Rapport bei Min.Rat RUPERTSBERGER.

Beim heutigen Rapport bei Min.Rat RUPERTSBERGER wurde hauptsächlich über die kommende Sicherheitsdirektorenbesprechung gesprochen. Ein Sicherheitsdirektor, glaublich OÖ, hat seinerzeit angeregt, die Dienstpost in Hinkunft über die Direktoren gehen zu lassen. Dies würde ihre Stellung heben und würden sie gleich beim Einlauf der Post sehen, was sich alles tut. Dr. HLUBUCEK meinte vielsagend, daß man noch gar nichts weiß, wenn man auch den Einlauf sieht. RUPERTBERGER hielt dem entgegen, daß man sich auf Grund des Einlaufes schon ein Bild machen kann. Auch kann man einer Sache nachgehen, wenn sie einem interessant vorkommt, was man nicht kann, wenn man davon überhaupt nichts weiß.
Als die Sprache darauf kam, daß das Fotografieren der Akte wieder weitergeht, wurde er (Rupertsberger) wild und meinte wörtlich, daß er den " Dr. Grebenicek zusammenstauchen " werde, weil er davon nichts wisse. Früher war dies anders, klagte er. Früher hat der Gruppenleiter angeordnet und es ist geschehen. Heute sagt der DOHNAL etwas dem JUST, der erzählt es einem Subreferenten , dieser seinem Referenten und wenn dieser zufällig bei ihm, Rupertsberger, ein Wort darüber verliert, dann weiß er es auch. Dr. Jäger und Dr. Hlubucek führten Klage, daß in Sachen Überwachungsgruppen nichts weiter geht. Er, Dr. JÄGER, würde keine personellen Vorschläge mehr machen, da sie erstens sowieso nicht respektiert werden und zweitens bestimmt, so wie bei der Abt 2B, Dr. Grebenicek und Dohnal eingebaut werden, die dann alles was vorgeht, weiterberichten.
(Nach Dr. JÄGER ist es demnach verwerflich, wenn der Herr Bundesminister erfährt, was in seinem Ministerium vorgeht.)

Mit Ausnahme von Dr. SCHULZ, kritisierten alle (einschließlich Dr. PACHERNEGG) dann die Verfügung des Herrn Ministers, die dieser im Grenzverkehr mit der CSSR gertoffen hat. Am meisten äußerten sie sich abfällig über die Randbemerkung des Herrn Ministers über die " Kwaplicka - Methoden ". Dr. SCHULZ meinte, er stelle sich in diesem Falle auf den Standpunkt des Min.Rat Dr. Peterlunger, der in solchen Fällen die Meinung vertritt, daß der Erfolg nie den Aufwand rechtfertigt. Wenn unter 10.000 Sonntagsausflüglern ein Spion sein sollte, würde der Erfolg, den Aufwand, der durch die Registrierung der Reisenden entstehen würde, nicht rechtfertigen. Auch sei es tatsächlich eine Diskriminierung der CSSR Reisenden, wenn ihre Reise in die CSSR mit einem grünen Stempel, wie es sich die Herren der Abt. 4 vorgestellt haben, im Paß vermerkt werden würde. Sie würden dann auch von den Amerikanern nie mehr eine Einreise bekommen.

Herrn Bundesminister

Herrn Staatssekretär
Dr. Stephani

Erklärung Olahs zur »Prinzenaffäre«

Franz Olah antwortet auf die von Pol. Präsident Holaubek am Dienstag den 2.März 1966 einberufene Pressekonferenz im Polizeipräsidium Wien.

Die Polizeidirektion Wien erklärte, daß im Falle des saudi-arabischen Prinzen Abdullah Ben Jalawi von Herrn Prof. Hoff ein Formalfehler begangen und auch zugegeben wurde und das Sozialministerium davon Kenntnis genommen hat.

Warum wurde dieser Formalfehler nicht näher erklärt ?

Bestehen zwischen diesem Formalfehler und der einem anderen bekannten Wiener Arzt für die Einlieferung in eine Irrenanstalt angebotene eine Million Schilling Zusammenhänge ?

Die Pol.Dion behauptete der damalige Innenminister Franz Olah hätte an der Amtshandlung der Pol. Dion Wien nichts auszusetzen gehabt.

Einer der bekanntesten Ärzte Wiens hatte den damaligen Herrn Bundespräsidenten Dr. Adolf Schärf mitgeteilt, daß ihm von einem Sekretär des Königs Ibn Saud für die Einlieferung des Prinzen Abdullah Ben Jalawi in eine Irrenanstalt eine Million Schilling angeboten worden sei. Er selbst und andere Ärzte hätten den Prinzen untersucht und für gesund befunden. Zwei Tage später sei der Prinz unter dem Vorwand einer Ohrenbehandlung in der Klinik Hoff in Dauerschlaf versetzt worden. Darüberhinaus sollte er mit Elektroschock behandelt werden. Bundespräsident Dr. Schärf intervenierte persönlich bei dem damaligen Innenminister Franz Olah und ersuchte ihn sich der Sache sofort persönlich anzunehmen und ~~rücksichtslos~~ ohne Rücksicht auf bestimmte Personen einzugreifen. Franz Olah beauftragte daraufhin den Polizeipräsidenten mit einer Untersuchung dieser Angelegenheit. Das Ergebnis war ein halbseitiger Aktenvermerk eines Sekretärs des Pol. Präsidenten, er habe mit Prof. Hoff gesprochen, es sei ohnehin alles in Ordnung. Es erfolgte nicht einmal eine Tatbestandsaufnahme.

Der Innenminister ~~XXXXX nahm~~ beauftragte daraufhin ~~die Sache selbst in die Hand und beauftragte~~ eine von ihm eingesetzte Kommission mit der Untersuchung des Falles.

Das Ergebnis der Untersuchung machte eine Anzeige an die Staatsanwaltschaft gegen Prof. Hoff notwendig.

Schriftsatz von Olahs Anwalt anläßlich dessen gewaltsamer Entfernung aus dem Wiener Gemeinderat

COPIE

RECHTSANWALT
DR. KARL LEUTGEB
WIEN, I., SINGERSTRASSE 4
TELEFON 52 23 61

Wien, am 23.6.1969
POSTSPARKASSEN-KONTO

2/S

An die
Staatsanwaltschaft W i e n

Landesgerichtsstrasse 11
1080 W i e n

Privatbeteiligter: Franz O l a h
Minister a. D.
Landtagsabgeordneter und Gemeinderat

vertreten durch:
Vollmacht beigelegt

Verdächtigte:

1.) Franz M a r e k
Bürgermeister der Stadt Wien
per Adresse Wiener Rathaus

2.) Kommandant der Stadtwache und
vier weitere Mitglieder der
Stadtwache

S T R A F A N Z E I G E

1-fach
2 Beilagen

Der Privatbeteiligte sieht sich veranlasst der Staatsanwaltschaft Wien nachfolgenden Sachverhalt zur Kenntnis zu bringen:

Der Privatbeteiligte ist gewählter Mandatar, nämlich Landtagsabgeordneter und Gemeinderat in Wien.

Er besitzt daher die im Gesetz vorgesehene Immunität.

Bei der am 13.6.1969 durchgeführten Sitzung des Wiener Gemeinderates teilte der Bürgermeister Marek, der die Sitzung eröffnete, vor Eingehen in die Tagesordnung mit, dass der Gemeinderat Olah im Hinblick auf die Aufhebung seiner Immunität in der vorangegangenen Landtagssitzung gemäss § 14 der WStV. beurlaubt sei. Ich fordere den Privatbeteiligten auf, den Saal zu verlassen.

Der Privatbeteiligte erklärte, dass diese Gesetzesstelle verfassungswidrig sei, er werde daher die Sitzung nicht verlassen.

Auf eine abermalige Aufforderung erklärte er nochmals, er sei ein vom Volk gewählter Mandatar, könne daher nur vom Volk oder vom Gericht abberufen werden, er denke nicht daran den Sitzungssaal zu verlassen.

Der Bürgermeister Marek unterbrach die Sitzung und entsandte einen Ordner mit der abermaligen Aufforderung den Saal zu verlassen.

Der Privatbeteiligte erklärte, er begehre die Aufforderung schriftlich bzw. die Beurlaubung.

Hierauf kam Amtsrat Solt und wiederholte die Aufforderung zum Verlassen des Saales. Neuerlich wurde eine schriftliche Erklärung begehrt und wurde dies dem Bürgermeister rufend zur Kenntnis gebracht.

Der Herr Bürgermeister rief zurück, eine schriftliche Beurlaubung sei im Gesetz nicht vorgesehen.

Schliesslich kamen fünf Mitglieder der Stadtwache in den Saal. Einer von ihnen forderte den Privatbeteiligten auf, ihm zu folgen.

Der Privatbeteiligte erklärte, er denke nicht daran.

Daraufhin wurde der Privatbeteiligte von zwei Leuten der Stadtwache an den Armen ergriffen, während er ausrief: "Rühren Sie mich nicht an!"

Nunmehr wurde der Privatbeteiligte mit Gewaltanwendung aus seinem Sitz gezerrt, während ein Mitglied der Stadtwache verhinderte, dass der Abgeordnete Dr. Tuma sich auch nur vom Sitz erheben konnte.

Der Abgeordnete Müller wurde beim Verlassen der Bankreihe von zwei SPÖ-Mandataren an den Armen ergriffen und zurückgehalten.

Inzwischen wurde der Privatbeteiligte unter Gewaltanwendung aus dem Saal geschleppt, wobei er Schmerzen erlitt, da ihm der Arm ausgedreht wurde.

Diese Handlungen erfolgten über Weisung des Herrn Bürgermeister Marek trotz Protestes.

Der Privatbeteiligte wurde verletzt und wird diesbezüglich in Fotokopie die Diagnose der I. Chirurgischen Universitätsklinik vorgelegt.

Der Privatbeteiligte ist der Überzeugung, dass in mehrfacher Hinsicht rechtswidrig auch im Sinne der Strafgesetze vorgegangen wurde und dass der Erstverdächtigte Franz Marek, aber auch die einschreitenden Mitglieder der Stadtwache vorsätzlich und im Sinne der Strafgesetze rechtswidrig gehandelt haben.

Der Tatbestand gemäss § 93 StG. ist objektiv und subjektiv erfüllt, ebenso der Tatbestand der Körperverletzung, wobei Art und Umfang noch entsprechend klarzustellen sein wird.

Allen Beteiligten war klar, dass die Immunität als Landtagsabgeordneter im vollen Umfang nach wie vor aufrecht war und ist. Die Besonderheit der Situation erfordert zweifellos eine rasche Klarstellung in rechtlicher Hinsicht.

Es wird die Einleitung von Vorhebungen bzw. Voruntersuchungen gegen die Verdächtigten b e a n t r a g t.

Der Privatbeteiligte schliesst sich unter Vorbehalt der Geltend-Machung konkreter Beträge dem Strafverfahren an.

Franz Olah

Worte der Anerkennung aus dem anderen politischen Lager

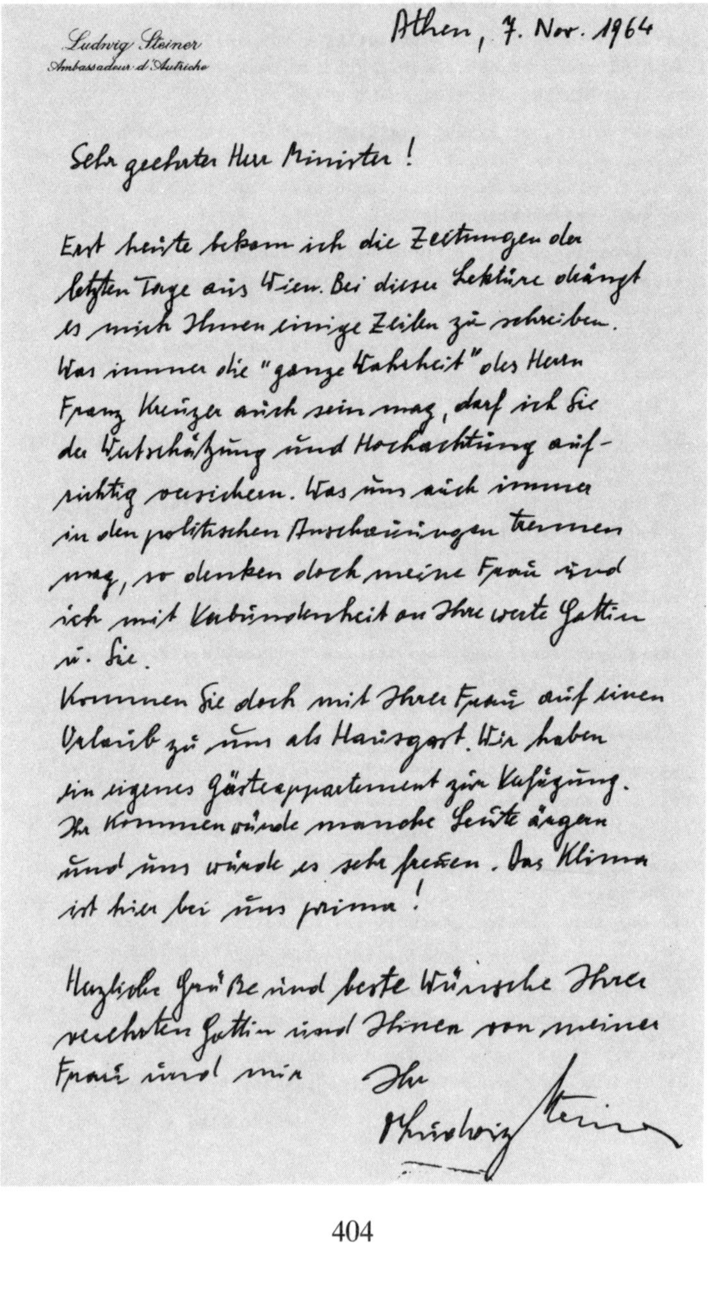

Ludwig Steiner
Ambassadeur d'Autriche

Athen, 7. Nov. 1964

Sehr geehrter Herr Minister!

Erst heute bekam ich die Zeitungen der letzten Tage aus Wien. Bei dieser Lektüre drängt es mich Ihnen einige Zeilen zu schreiben. Was immer die "ganze Wahrheit" des Herrn Franz Kreuzer auch sein mag, darf ich Sie der Wertschätzung und Hochachtung aufrichtig versichern. Was uns auch immer in den politischen Anschauungen trennen mag, so denken doch meine Frau und ich mit Verbundenheit an Ihre werte Gattin u. Sie.
Kommen Sie doch mit Ihrer Frau auf einen Urlaub zu uns als Hausgast. Wir haben ein eigenes Gästeappartement zur Verfügung. Ihr Kommen würde manche Leute ärgern und uns würde es sehr freuen. Das Klima ist hier bei uns prima!

Herzliche Grüße und beste Wünsche Ihrer verehrten Gattin und Ihnen von meiner Frau und mir

Ihr
Ludwig Steiner

PRESSE AGENTUR
KATHOLISCHE

KATHPRESS

Herrn
Min.a.D. Franz Olah

Welzergasse 33
2500 Baden

7/IV
1010 Wien I, Wollzeile [redacted]. Stock · Telephon 52 52 83 · Telex-Anschluß 01 1007

Bankhaus Schelhammer & Schattera, Konto Nr. 10.234

Wien, 11. März 1975

Lieber, verehrter Herr Minister!

Aus dem Gastkommentar im Kurier zu Ihrem 65. Geburtstag wird nichts, schade! Ich hätte ihn gerne geschrieben, aber ich sehe ein, daß Feichtlbauer ihn selber schreiben will. Er wird es anders und sicherlich besser machen. Bei mir wäre vielleicht doch zu sehr Persönliches mitgeschwungen. Ich danke Ihnen für das ausführliche Gespräch, das ich vor wenigen Tagen mit Ihnen hatte. Und weil wir schon beim Danken sind, dann möchte ich Ihnen auch danken für das in vielen Jahren und unter den verschiedensten Umständen stets bewiesene freundschaftliche Interesse an mir, meiner Arbeit und an dem, dem stets unsere gemeinsame Sorge galt, dem Land und der Kirche. Was die Kirche in Österreich Ihnen zu verdanken hat, werden Sie sicherlich aus berufenerem Munde erfahren. Nicht nur die Geschichte Österreichs seit 1945 ist ohne Ihr Wirken undenkbar. Auch die Geschichte der Kirche in diesem Lande kann nicht geschrieben werden, so meine ich, ohne jenes Mannes zu gedenken, der sich in allen Wechselfällen stets zu dieser Kirche bekannt hat. Sie sind nicht leicht aufzulösen, Sie sind kein ausgeklügelt' Buch, sondern, stärker als andere, ein Mensch mit seinem Widerspruch. Sie haben es sich nicht leicht gemacht und auch nicht Ihren Freunden, manchmal denke ich mir, Sie hätten es sogar Ihren Feinden leichter gemacht als Ihren Freunden.

Aber nicht dem Politiker, dem Gewerkschafter, dem Minister gilt dieser Brief in erster Linie, sondern dem Menschen Olah, der mich wie viele Tausende in diesem Lande fasziniert hat und in dem ich, wie viele andere, eine Hoffnung für dieses Land gesehen habe. Es ist vieles anders gekommen. Aber mit dem Mann Olah befreundet gewesen zu sein, den die Wechselfälle nicht zerbrechen, aber auch nicht ins Zwielicht stellen konnten, hat mich immer mit Freude, mit Genugtuung und Stolz erfüllt. Diesem Manne Olah gelten auch meine Glückwünsche heute zum 65. Geburtstag. Ich habe aus unserem letzten Gespräch mit wirklicher Freude entnommen, daß Sie nicht verbittert sind und daß Sie nicht resignieren, was immer auch geschah. Ich glaube nicht, daß der Mann Olah ein Pensionist auf Lebenszeit sein wird. Ich wünsche Ihnen Gelassenheit, Gesundheit und Tatkraft und uns, daß wir einmal noch auf einen solchen Mann zurückgreifen können.

Empfehlen Sie mich, bitte, Ihrer Frau Gemahlin und seien Sie herzlich gegrüßt von

Ihrem Richard Barta

FRANZ WESENAUER
STADTPFARRER
5020 SALZBURG ELISABETHSTRASSE 39

26.10.1976

Sehr geehrter Herr Minister,lieber Freund Olah !

Der Feiertag unseres Vaterlandew gibt mir endlich die Möglichkeit in Ruhe eine alte Schuld gutzumachen und Dir für freundliche Grüße zu danken,besonders für die Karte aus China.

Da ich gerne das sage,was andere auch denken,es sich aber nicht zu sagen getrauen,habe ich heute in der Predigt gesagt,was Du im Jahre 1950 für Österreich getan hast.Wahrscheinlich gäbe es heute keinen Nationalfeiertag ohne Dich.Im Namen aller guten Österreicher darf ich Dir den Dank sagen.Ich danke aber auch dem Herrgott,daß er uns in gefährlichen Stunden sol/che Männer schenkt.Wir brauchen Dich und Dein Beispiel wie Deinen Mut auch weiterhin.

Gerade arbeite ich an der Nächsten Nummer von "Glaube und Kirche" Ich bin ein so magerer Journalist,daß ich zu einem Heft beinahe ein Monat brauche.Freilich kann die Arbeit nur in Zwischenpausen vorsichgehen.Ein kleines Wort der Anerkennung steht auch über Dich drinnen.

Bei unseren vier Kursen für zukünftige Priester hatten wir insgesamt 36 neue Teilnehmer ,dazu einige vom Vorjahr.Als "Beute"sind fünf davon in meinem Pfarrhof.Das ist eine neue Mühe ,aber auch eine neue Freude.

Wie geht es Dir und Deiner lieben Frau?Solltet Ihr nach Salzburg kommen,bitte ich sehr um Euren Besuch.

Bis dahin einen freudigen und herzlichen Gruß

E u e r

Wesenauer

DR. FRANZ CURT FETZER

WIEN 1980 03 13

XIX. ZUCKERKANDLGASSE 2

Sehr geehrter Herr Minister !

Vielen Menschen muss heute schon von Schulmeister und anderen Freunden ins Gedächtnis zurückgerufen werden, wer denn eigentlich Franz Olah war, nein, ist und was er getan hat und schliesslich inwieweit seine Tätigkeit auch heute noch Auswirkungen hat.

Wenige gibt es auch, die diesen Weg direkt verfolgen konnten, wie es mir z. B. vergönnt war. Sozusagen als Zeuge und unvergesslich bleibt mir das Erlebnis, als der verehrte Präsident Mayer-Gunthof und ich dem Herrn Innenminister Olah einen Besuch in seinem Ministerium machten und er uns mit der grössten Freimütigkeit und Offenheit dartat, wie er im Begriff sei gewisse Geheimakte, die in vergangenen Jahren seiner Meinung nach widerrechtlich angelegt worden waren, ein fü allemal aus dem Weg zu schaffen und wie er voller Zorn - an Temperament hat es ihm ja noch nie gefehlt - auf eine Reihe vor ihm liegender solcher Musterbeispiele von Akten mit der Faust schlug.

Sie kennen meinen Werdegang und dass ich bei aller Freundschaft und Zusammenarbeit mit Reichskanzler Dr. Brüning oder gerade deswegen bereits in den Dreissigerjahren im Deutschen Reichstag Herren wie Severing, Hilferding, Braun und später insbesondere Wilhelm Leuschner sehr nahestand. Es ist schmerzlich, im Alter zu sehen, dass diese Art von Zusammenarbeit, wie sie in der Zwischenkriegszeit und erst recht beim Wiederaufbau in Österreich so erfolgreich war, heute nicht mehr möglich zu sein scheint. Ein Trost daher, zu jenen zu gehören, die zu Minister Olah stehen. Dass meine Frau und ich auch zu jenen gehören, die Ihre tapfere Gattin besonders verehren, ist fast nicht notwendig hervorgehoben zu werden.

Da habe ich vor kurzem - nicht rosten wollend - in dem Buch "Der Kasuar" von Matthias Mander eine Stelle gelesen, die ohne das auch Ihnen unsympathische Pathos tapfer sagt, was unsereinem zu tun übrig bleibt:

> " Irgendwie die lebenserhaltende Produktion sichern. Innerhalb der gegenwärtig wirksamen Ordnung leben und handlungsfähig bleiben, so zugleich genug Kraft erübrigen, an einer Neuentwicklung zu arbeiten. Immer zum Schluss kommen, dass er durchaus nichts machen könne, als seine Alltagsarbeit.
> Bleiben was man ist. - Keine Pose, keine Manier, keine Fabel - umsichtiges Dienen ......
> Immer wieder die Kraft zur Ruhe, das Überwinden eigener Positionierung.
> Antipanik. "

- 2 -

Mögen Sie, sehr geehrter Herr Minister, noch lange gesund bleiben, denn es gilt für Sie der nette Satz des Amerikaners W. Holmes: "Für manche ist es erfreulicher 70 Jahre jung, als 40 Jahre alt zu sein."

In diesem Sinne wünschen Ihnen meine Frau und ich mit besten Empfehlungen an Ihre verehrte Gattin alles Gute

Ihr

F. C. Fetzer

Herrn

Bundesminister a. D.
Franz Olah

Welzergasse 33
2500 Baden

DR. FRED SINOWATZ

Herrn
Bundesminister a.D.
Franz OHLA

Christalniggasse 6
2500 Baden/Wien

Wien, am 13. März 1990

Lieber Genosse Ohla!

Zu Deinem Geburtstag wünsche ich Dir alles erdenklich Gute. Nicht nur als Historiker, sondern auch als Zeitzeuge bewegt mich Dein politisches Wirken und persönliches Schicksal. Wir, die nach 1945 gekommen sind, glauben oft, daß wir es schwer gehabt haben. Bei einer ernsthaften Betrachtung der Zeitgeschichte stellt sich aber heraus, daß die wirklich großen Opfer von Euch gebracht wurden. Ihr habt Widerstand geleistet, Ihr seid verfolgt worden und Ihr habt Euer Leben aufs Spiel gesetzt.

Als Du in der Zweiten Republik in führender Position tätig warst, bin ich Parteifunktionär in Burgenland gewesen. Dabei ist mir in Erinnerung, wie Du Dich 1964 im Landtagswahlkampf für uns eingesetzt hast. Als damaliger Landesparteisekretär war ich für die Organisation Deiner Wahlreise zuständig und bei jeder Veranstaltung dabei. Wir haben damals im Burgenland erstmals die relative Mehrheit erreicht und sie bis heute - also mehr als ein Vierteljahrhundert - halten können.

Es war für die Bewegung sicher ein Unglück, daß Du ausgeschieden bist. Wir erkennen das heute viel deutlicher. Mich freut es aber umso mehr, daß sich sehr bald Stimmen erhoben, die Dein politisches Wirken erkannt haben. Deine Aussagen in den letzten Jahren und Deine zeitgeschichtlichen Betrachtungen habe ich stets mit größtem Interesse verfolgt. Sie zeigen sehr deutlich, wie ein Politiker mit aller Klarheit und Offenheit argumentieren kann.

Als einer, der nunmehr auch auf eine arbeitsreiche Periode des politischen Lebens zurückblickt, grüße ich Dich in Anerkennung und Verbundenheit

Dein Fred Sinowatz

Erklärung Bundespräsident Schärfs im Wahlkampf 1963 gegen die Ausgrenzung anderer Parteien, die Olah entworfen hatte

Bundespräsident Dr. Adolf S c h ä r f sprach Mittwoch in Hietzing im Saal "Weißer Engel"; er kam dabei auf verschiedene im Wahlkampf aufgestellte Behauptungen zu sprechen und stellte fest:

" Ich habe bereits am 25. Februar 1963 gegenüber dem Herrn Bundeskanzler erklärt, daß ich niemanden wegen seiner Überzeugung bevorzuge oder benachteilige und daß die politischen Gesinnungsgemeinschaften, ob groß oder klein, in ihrer Eigenschaft als Träger der politischen Willensbildung und als Repräsentanten der österreichischen Wähler meinen Respekt genießen."

Daraus ergebe sich, daß die demokratischen Parteien, die sich zu unserem Staat und der demokratischen Verfassung Österreichs bekennen, in gleicher Weise zur Mitwirkung am politischen Geschehen unseres Vaterlandes berufen sind. Es könne sich somit niemand darauf beziehen, daß der Bundespräsident die eine oder andere der politischen Parteien von der Mitbestimmung oder Mitverantwortung ausschließen will. Eine solche einseitige Auffassung würde seiner demokratischen Überzeugung und seinen verfassungsmäßigen Pflichten widersprechen.

Die Schweizer regen Verhandlungen über eine Zollunion an

PROFESSOR
FRITZ KLENNER
WIEN I, SEITZERGASSE 2-4

Wien, den 28.Juni 1963
Telefon 63 17 51

PERSÖNLICH

Herrn
Minister Franz O L A H
Bundesministerium für Inneres

Herrengasse Nr.7
W i e n I.,

Betrifft: N.R.Dr.Oprecht

Sehr geehrter Herr Minister!
Lieber Freund!

Auf der Fahrt zur Gildenkonferenz in Deutschland trafen wir vereinbarungsgemäss mit N.R.Dr.Oprecht zusammen. Ausser Verlagsangelegenheiten besprachen wir die wirtschaftliche Situation.

Er ersuchte, Dir folgende Mitteilung zu machen: er führte mit massgeblichen Persönlichkeiten Besprechungen wegen einer Zollunion Schweiz - Österreich. Der Gedanke findet Anklang und es wäre sehr zweckmässig, wenn Du der Schweiz einen Besuch abstatten könntest. Er würde die entsprechenden Vorbereitungen treffen, um Aussprachen mit massgeblichen Persönlichkeiten herbeizuführen.

Er nimmt an, dass nach Beendigung der Koalitionkrise Zeit für einen kurzen Aufenthalt in der Schweiz ist und würde Dich um Bekanntgabe eines Termines bitten.

Bezüglich der Koalitionkrise meinte er, dass eine Verbindung SPÖ - FPÖ in der Schweiz schlecht aufgenommen werden würde. Die FPÖ hat in der Schweiz keinen guten Ruf. Trotz der auch ihnen bekannten Schwierigkeiten halten sie schon aus wirtschaftlichen Gründen die Aufrechterhaltung der Koalition für zweckmässig.

Dies zur gefälligen Information.

Mit besten Grüssen,

Dein. Fritz Klenner

Schreiben des Kärntner Sicherheitsdirektors Ende 1964

Bundespolizeidirektion
Klagenfurt

Klagenfurt, am 20.12.1963

POLIZEIDIREKTOR

Sehr geehrter Herr Bundesminister !

Lieber Genosse !

Obwohl wir uns bereits in Wien ein frohes Weihnachtsfest gewünscht haben, möchte ich Dir noch einige Zeilen schreiben.

Du hast schwere und arbeitsreiche Monate hinter Dir und man hat die Bewegung, die Du ins Innenministerium gebracht hast, bis in die " entlegensten " Dienststellen gespürt. Manchesmal zum Mißvergnügen der Betroffenen, manchesmal zur Freude. Auf alle Fälle ist in unserem schon etwas verrosteten Apparat Bewegung gekommen und Du hast gezeigt, dass man sogar eine starre Bürokratie in Schwung bringen kann. Sicher ist das Tempo für Deinen Geschmack noch zu langsam und es besteht immer die Gefahr des Zurückschwingens auf den Punkt der Ruhe. Ich glaube aber mit gutem Gewissen sagen zu können, dass es den meisten Beamten die ihre Arbeit gewissenhaft verrichten lieber ist, wenn Anforderungen an ihren Geist und an ihre Tatkraft gestellt werden, als einfach das beamtenmäßige Dahinvegetieren. Du wirst Dich im nächsten Jahr um Arbeit nicht sorgen müssen, denn die Probleme die Du zu lösen begonnen hast hängen mit so vielen anderen Fragen zusammen, dass Du Dir manchesmal vorkommen mußt wie ein Wanderer im Dschungel. Sie müssen aber gelöst werden, wenn die Exekutive in einem modernen Staat nicht Hindernis sein soll, sondern ihre Aufgaben zum Wohle des einzelnen Staatsbürgers erfüllen will. Du warst imstande Dir das ich fühle mich dabei auch am wohlsten, wenn ich wirklich das sagen kann, was mir am Herzen liegt, möge es auch im Augenblick taktisch unklug sein.

Ich brauche nicht zu sagen wiesehr ich es bedaure, dass Du die Reorganisierung und den Neuaufbau des Sicherheitswesens in Österreich nicht zu Ende führen kannst. Was jetzt kommt wird sicher nicht dasselbe sein, was Du geplant hast, auch wenn dieselben Leute die Materie weiter behandeln sollen. Es fehlt eben dann das große politische Konzept, das Du auf Grund Deines politischen Werdeganges und Deiner persönlichen Erlebnisse gehabt hast. Ich hoffe aber sehr, dass wir den Kontakt nicht verlieren werden und es würde mich freuen, wenn Du wieder einmal mit Deiner Gattin nach Klagenfurt kämst. Diesmal ganz unoffiziell, nur zum Zwecke um ein paar Tage richtig auszuspannen.

Ich möchte mich bei Dir noch vielmals bedanken dafür, was Du für mich persönlich getan hast und Dir auch den Dank dafür aussprechen, dass Du mit soviel Verständnis und Energie die Interessen der Polizei gefördert hast. Was die Polizisten dazu zu sagen haben wird in offizieller Form geschehen. Du hast Dich für das Schicksal vieler Einzelner interessiert und dort geholfen, wo Hilfe notwendig war.

Ich bitte Dich noch die Grüße meiner Gattin und auch meine Grüße Deiner lieben Frau zu bestellen und verbleibe

mit den besten Grüßen und Freundschaft

Dein Toni Stocky

In diesem Brief Außenminister Bruno Kreiskys geht es um staatspolitische Verbindungen in den Westen

DER BUNDESMINISTER
FÜR
AUSWÄRTIGE ANGELEGENHEITEN

Wien,am 2.April 1964

Lieber Freund !

Wie ich einer Mitteilung von Botschafter Goertz aus Brüssel entnehme, erhielt die dortige Botschaft wieder eine Sendung Deines Ministeriums zur Weiterleitung an die "Sureté de l'état, Service Liaisons, tel.11-73-53". Diese letzte Sendung konnte jedoch nicht weitergeleitet werden, da sich unter der angegebenen Telefonnummer trotz oftmaliger Versuche niemand gemeldet hat und die neue Nummer nicht eruierbar war.

Solltest Du Wert darauf legen, dass derartige Sendungen Deines Ministeriums weiter der belgischen Staatspolizei übermittelt werden, bitte ich Dich, mich wissen zu lassen, ob Deinem Amt die Anschrift oder die neue Telefonnummer der für die Entgegennahme solcher Sendungen zuständigen belgischen Stelle bekannt ist. Ausserdem müsste in Hinkunft das Überkuvert an Botschafter Goertz und nicht an Botschafter Lemberger,der seit mehreren Monaten nicht mehr für Belgien, sondern nur noch für die EWG zuständig ist, adressiert werden. Solltest Du jedoch der Weiterleitung dieser Sendung keine Bedeutung beimessen,würde ich veranlassen, dass sie per Kurierpost wieder nach Wien zurückgeschickt wird.

Mit herzlichen Grüssen

Dein
Kreisky

Herrn
Bundesminister für Inneres
Franz O l a h
W i e n

Einleitung der Untersuchungen gegen Broda 1964 (Brief des oberösterreichischen Sicherheitsdirektors)

Sicherheitsdirektion
für das Bundesland Oberösterreich

LINZ, 21. August 1964

Der Sicherheitsdirektor

Sehr geehrter Herr Bundesminister !

Ich habe seinerzeit über den Fall des Pol.Ray.Insp. Hans M i t t e n d o r f e r der städtischen Sicherheitswache in Ried i.I. berichtet. In einer beginnenden Artikelserie des "ECHO" war Mittendorfer als Leiter der in Ried 1945 bestandenen "Dienststelle Mittendorfer" zunächst vage, in der Folge aber immer deutlicher mit Morden, die sich in dieser Zeit ereignet hatten, in Verbindung gebracht worden.

Ich habe Sie, sehr geehrter Herr Bundesminister, um Ihre Zustimmung zur Einleitung zunächst inoffizieller Ermittlungen gebeten, weil über die Beschuldigungen im "ECHO" hinaus die Person Mittendorfers und in der Folge auch andere Personen in Verbindung mit Bundesminister Dr. B r o d a gebracht wurden, der zu dieser Zeit eine führende Rolle in Ried i.I. gespielt haben soll.

Der Erhebungsbeamte ist in dieser Angelegenheit nur schrittweise vorwärtsgekommen, aber es gelang immerhin, gewisse Umstände um die Ermordung des damaligen Bezirksarztes Dr. M ö s e n b a c h e r und des Gestapo-Angestellten B l a s c h o f s k y einigermaßen zu klären und einige für die Tat mittelbar oder unmittelbar in Betracht kommende Personen zu identifizieren. Auf Mittendorfer ist - trotz der sich steigernden Verdächtigungen seitens des "ECHO" - kein konkreter Tatverdacht gefallen. Nun ist aber im Zusammenhang mit der Aktion des "ECHO" bekannt geworden, daß der in der Strafanstalt Stein einsitzende Johann L a n g b a u e r genauere Kenntnisse

./.

Loyalitätsbeweise diverser Ressortchefs aus verschiedenen politischen Lagern

DER SICHERHEITSDIREKTOR
FÜR TIROL

Innsbruck, 22. September 1964

Hochgeschätzter Herr Minister !

Zu unserem großen Leidwesen ist Ihre Demission nun doch bestätigt worden , trotz aller Sympathiekundgebungen , die Ihnen aus allen Teilen der Bevölkerung zuteil wurden.

Wir bedauern Ihren Rücktritt zutiefst , da wir mit Ihnen , sehr geehrter Herr Minister , nicht nur einen mutigen und aufrechten Vertreter der Belange und Interessen der Exekutive , sondern einen ebenso hochherzigen Freund und Gönner verloren haben . Ihr Abschied verpflichtet mich , Ihnen,verehrter Herr Minister , für das Wohlwollen und Vertrauen , mit dem Sie mich ausgezeichnet haben , herzlich zu danken und Sie zu bitten , mir dieses auch weiterhin zu erhalten .

Für die Zukunft wünsche ich Ihnen viele und große Erfolge und ich bin überzeugt , daß diese Ihnen zuteil werden sowie beste Gesundheit und die Erhaltung Ihrer vitalen Schaffensfreude .

Indem ich Ihrer verehrten Frau Gemahlin meine besten Wünsche für die Zukunft entbiete , verbleibe ich mit vielen Grüßen

Ihr dankschuldig ergebener

DER
LANDESGENDARMERIEKOMMANDANT
FÜR VORARLBERG

Bregenz,am 22.September 1964

Euer Hochwohlgeboren!
Hochverehrter Herr Bundesminister!

Das Ausscheiden Euer Hochwohlgeboren aus der Regierung und damit als Bundesminister für Inneres drängt mich,Ihnen, Herr Bundesminister für alles,was Sie in der Zeit Ihrer Ministertätigkeit für die Gendarmerie des Bundeslandes Vorarlberg vollbracht haben,nicht zuletzt aber insbesondere für das mir persönlich erwiesene Wohlwollen aufrichtigst und allerherzlichst zu danken.

Indem ich Ihren Rücktritt außerordentlich bedauere,verbleibe ich mit dem Ausdrucke meiner vorzüglichen Hochachtung und den besten Wünschen für Gesundheit und Wohlergehen Herrn Minister

dankbar ergebener

Haul Obst.

Friedr. Haul Gend. Obst.

DR. FRIEDRICH J. GREIDERER
Polizeirat
Ibk., Kaiserjägerstr.8/II

Innsbruck, den 29.September 1964

Werter Genosse!

Mit Erschütterung habe ich den Beschluß der Parteivertretung vernommen, Sie aus der Regierung zurückzuziehen. Was der ÖVP durch Verfassungsgerichtshofbeschwerden und sonstige Ränke nicht gelungen ist, haben die eigenen Genossen zustande gebracht.

Trotz Ihrer kurzen Amtszeit war es Ihnen möglich, das Vertrauen der Exekutivbeamten zu gewinnen und die ersten Schritte zur Modernisierung der Exekutive zu unternehmen. Ob Ihr so vielversprechend begonnenes Werk vollendet wird, bleibt dahingestellt.

Da Ihre Abberufung mit meiner Ansicht über Fairneß und Parteiinteresse nicht in Einklang zu bringen ist, habe ich am 24.9.1964 in einer Versammlung des Klubs der Exekutive meine Funktion als Landesobmann des Klubs der Exekutive in Tirol aus Protest zurückgelegt. Die Kollegen haben meinen Rücktritt nicht zur Kenntnis genommen, sondern mich ersucht, meine Funktion im Interesse unserer gemeinsamen Sache weiterhin auszuüben. Wenn ich auch diesem Auftrag nachgekommen bin, so erkläre ich mich trotzdem mit Ihnen solidarisch.

Es ist zu hoffen, daß dem österreichischen Volk und der sozialistischen Partei nochmals ein Innenminister von Ihrem Format zur Verfügung steht.

Freundschaft!

WIRKL. HOFRAT DR. KARL SPRINGER
POLIZEIDIREKTOR

GRAZ, AM 5. Oktober 1964.

An

Herrn Minister a.D. Franz O l a h
Abgeordneter zum Nationalrat

in W i e n I.,
Parlament.

Sehr geehrter Herr Minister!

Ihr unerwartetes Ausscheiden aus dem Ministeramt hat mich um die Gelegenheit gebracht, mich von Ihnen in gebührender Weise zu verabschieden, was ich hiemit bitte, brieflich nachholen zu dürfen.

Zunächst danke ich für das Vertrauen, das Sie mir entgegengebracht haben und das mich befähigte, mein Amt stets in Ihrem Sinne auszuüben. Im Namen aller fortschrittlich denkenden Exekutivbeamten gebührt Ihnen unser aller Dank für Ihre Initiative zur Reorganisation des gesamten Sicherheitswesens, ein Unternehmen, das für immer mit Ihrem Namen verbunden bleiben wird.

Genehmigen Sie den Ausdruck vorzüglicher Hochachtung von Ihrem

stets ergebenen

Brief des Oberlandesgerichtspräsidenten Lachmayer 1969 mit der Feststellung, daß das Urteil gegen Olah juristisch nicht haltbar sei

Prof. DR. OTTO LACHMAYER
Oberlandesgerichts-Präsident i. R.

A-1030 Wien,
Marxergasse 3/12 – Tel. 0222/72 38 652

Sehr geehrter Herr minister!

Ohne Ihre genaue Adesse zu kennen, schreibe ich einfach auf gut Glück. Ich kann mir nicht vorstellen, daß die österr. Post Sie nicht in Baden auffinden sollte. Die herzlichsten Glückwünsche zu Ihrem werten Gebutstage. Schon lange besteht der Plan, Ihnen den Sie betreffenden Auszug aus meinen im Steiermärkischen Landes-Archiv und im Kriegsarchiv hinterlegten Memoiren zu überreichen. Sie können daraus entnehmen, daß ich das gegen Sie erlassene Urteil für juristisch unrichtig gehalten habe und es mir unerklärlich erscheint, daß es nicht aufgehoben wurde.

Die von der ersten Begegnung mit Ihnen entstandene Sympathie hat nie nachgelassen und ich bedauere nur, daß ich niemals mehr Gelegenheit hatte, Ihnen zu begegnen.

Ich bin unter Wiederholung meiner herzlichen Geburtstagswünsche Ihr Sie aufrichtig wertschätzender und verehrender

Otto Lachmayer.

Auch der gegnerische Anwalt bestätigt Olahs Version in der Causa »Druckerei Libal«

RECHTSANWALT
DR. JOSEF KORN
Wien, I., Stubenring 20
Telefon: 52 81 52, 52 81 53

14.1.1965

Herrn
Karl P a n e k ,
Bezirksvorsteher,
Elterleinplatz 14
W i e n XVII.

Dr.K/Gz.

Sehr geehrter Herr Bezirksvorsteher!
Liebwerter Genosse!

Ich bitte zunächst die etwas verspätete Beantwortung Ihrer geschätzten Anfrage vom 8.1.1965 damit zu entschuldigen, dass ich mir nach den für Rechtsanwälte geltenden Standesvorschriften vorerst die Erlaubnis zur Beantwortung Ihrer Fragen von meinen Klienten einholen musste.

Nunmehr, da dies positiv erledigt ist, erlaube ich mir Ihnen mitzuteilen, dass Nationalrat Olah, wie Sie aus der in der linken oberen Ecke befindlichen Absenderangabe und- Anschrift entnehmen können, mir den Brief vom 21.1.1954, der Ihnen inFotokopie vorgelegt wurde, in seiner Eigenschaft als damaliger Obmann der Gewerkschaft der Bau- und Holzarbeiter unter deren Anschrift Wien VII., Schottenfeldgasse 24 - nicht etwa unter seiner Wohnadresse - geschrieben hat. Da die Gewerkschaft der Bau- und Holzarbeiter selbst keine Rechtspersönlichkeit besitzt, sondern nur der Österreichische Gewerkschaftsbund als Verein, konnte die Gewerkschaft der Bau- und Holzarbeiter auch nicht als Vertragspartner auftreten, konnte daher vertraglich weder Rechte erwerben noch Pflichten übernehmen, so dass ich annahm und auch heute noch annehme, dass dieser Brief von NR.Olah in seiner damaligenFunktion als Gewerkschaftsobmann in deren Interesse geschrieben wurde.

Herr NR. Olah war persönlich in dieser Sache nach meiner Erinnerung niemals in meiner Kanzlei, sondern liess sich stets durch Funktionäre oder Angestellte der Gewerkschaft in dieser Sache in meiner Kanzlei vertreten, meistens durch die Herren Las und Werdek, mindestens einmal auch durch Herrn Hans Böck, und zwar gleich bei der ersten Besprechung am 29.

10.1953, bei der mir von den damals erschienenen Herren Las und Böck Information und Auftrag erteilt wurde, einen Gesellschaftsvertrag betreffend die zu gründende Franz Libal KG. nach den mir gleichzeitig gegebenen Richtlinien zu verfassen. Herr Böck wusste daher vom ersten Tag an von der ganzen Angelegenheit und die ganze Zeit hindurch, wie mir mitgeteilt wurde, insbesonders auch von den später erteilten Druckaufträgen und sonstigen Weisungen an die Firma Franz Libal KG., die er im Einvernehmen mit Herrn Las jeweils erteilt hat, so dass er jetzt schwer sich als Nichtwissender und Überraschter gerieren und von einer "verbrecherischen Absicht" des Herrn NR. Olah sprechen kann, sonst wäre er an solchen angeblichen verbrecherischen Absichten und Unternehmen ebenso wie Herr Las ja selbst beteiligt.

Über die Geschäftsführung der Firma Franz Libal KG. während der vergangenen 10 Jahre bin ich als Anwalt natürlich nicht informiert. Mir wurde nur anlässlich der Auftragserteilung zur Errichtung der Verträge mitgeteilt, dass die Gewerkschaft ein Interesse daran habe, an der schon bestehenden Druckerei des HerrnFranz Libal sich schon jetzt massgeblich zu beteiligen, da der kinderlose und nicht mehr junge Herr Libal die Druckerei nach seinem Tode der Gewerkschaft der Bau- und Holzarbeiter zur Gänze überlassen wolle, die für seine Altersversorgung und nach seinem Tode für die seiner Witwe dafür aufzukommen habe. Da aber die Gewerkschaft der Bau- und Holzarbeiter mangels Rechtspersönlichkeit sich nicht als Gesellschafterin beteiligen konnte, tat sie dies durch ihren damaligen Obmann, der wiederum als Nationalrat nicht mit seinem Namen in die Firma als Gesellschafter eintreten wollte und deswegen einen Treuhänder in der Person des damaligen Gewerkschaftsangestellten Werdek suchte und fand, zumal sich die mit der Sache seitens der Gewerkschaft befassten Personen Las und Böck wie auch Herr Franz Libal nachdrücklich für die Bestellung des Herrn Werdek aussprachen. Herr Werdek übernahm die Treuhandfunktion, die über mich zu Herrn NR.Olah als Gewerkschaftsobmann zurückführte. Herr Werdek war sohin nur formell Gesellschafter; materiell standen alle Gesellschaftsrechte dem Obmann der Bau-und Holzarbeitergewerkschaft Herrn NR.Olah zu.

Die »Wochenpresse« bietet einen hohen Geldbetrag für belastende Aussagen

Franz WERDEK
W i e n XV.,
Graumanngasse 33/3/13

Wien, am 1.März 1965

Herrn

Min.a.D. Franz O l a h
Abgeordneter z.Nat.Rat

Neuwaldeggerstraße 27/3/4
W i e n XVII.,

Sehr geehrter Herr Abgeordneter!

Über Ihren Wunsch teile ich Ihnen den Inhalt eines Gespräches mit einem Herrn von der WOCHENPRESSE mit; dieses Gespräch fand eine Woche nach Erscheinen jener Nummer der WOCHENPRESSE statt, in der meine Verbindungen zu Ihnen das erstemal erwähnt wurden.

Dieser Herr von der WOCHENPRESSE kam zu mir in meinen Betrieb in Wien 16., Speckbachergasse 22 und ersuchte um Beantwortung von Fragen, die er mir stellen wolle. Dabei schickte er voraus, daß die Beantwortung der Fragen mir persönlich helfen könne, aus der 'Affaire so gut wie möglich' auszusteigen. Als ich dies strikte ablehnte, ließ er im weiteren Verlauf des Gespräches durchblicken, daß die Beantwortung von 12 breits feststehenden Fragen für mich auch einen finanziellen Vorteil bringen würden. Auf meine Frage, wie ich das verstehen solle, meinte er, man würde sich diese Sache S 60.000,- kosten lassen. Auf meine weitere Frage, ob S 5.000,- pro Frage der Standard bei der WOCHENPRESSE wäre, meinte dieser Herr, mit dieser Summe wäre mir sicherlich geholfen, da ich in meiner jetzigen Lage das Geld bestimmt brauchen könnte.

Als ich ablehnte, und vorher die Fragen wissen wollte, lehnte dieser Herr ab und ging weg. Aus der Personsbeschreibung, die ich Freunden gegenüber gab, meinten diese, den Herrn Zerbs von der WOCHENPRESSE zu erkennen. Nach Fotographien wäre ich auch selbst in der Lage, jenen Herrn zu identifizieren.

Von diesem Gespräch habe ich Ihrem Herrn Sekretär Daurer an einem der folgenden Tage Mitteilung gemacht.

Mit vorzüglicher Hochachtung

Brief des SPÖ-Zentralsekretärs Gratz betreffend Staatspolizei-Eskapaden

75 Jahre Österreichische Sozialdemokratie

Wien, 3. Feber 1964
G/L

Herrn
Bundesminister Franz OLAH
Herrengasse 7
W i e n 1

PERSÖNLICH

Lieber Freund!

Weil Du gerade mit der Staatspolizei zu tun hast, will ich Dir folgendes mitteilen:

Durch Herumgerede erfahre ich, dass die Staatspolizei über Josef J o n á s den Sekretär der tschechischen Sozialisten Österreichs, Redakteur der "Videnske Svobodne Listy", Erhebungen pflegt, weil er sich mit Informationsdiensten abgibt. Zur Erheiterung: die Informationsdienste, mit denen er sich abgibt, sind

a) der militärische Nachrichtendienst des BMfLV,
b) die Staatspolizei.

Beide kamen zu ihm um Informationen, da er als Mitarbeiter der United Press für diese Agentur das tschechische Radio hört, Zeitungen liest und eine selbst angelegte Personenkartei über Daten und Lebenslauf von Persönlichkeiten der CSSR besitzt. Das hat er nun davon, dass er den österreichischen Behörden helfen wollte.

Da er seit vielen Jahren österreichischer Staatsbürger ist, habe ich ihm aufgetragen, alle Personen von den beiden obgenannten Einrichtungen in Zukunft hinauszuschmeissen und - wenn sie wollen - zu mir zu schicken.

Mit besten Grüssen

Dein Gratz

SOZIALISTISCHE PARTEI ÖSTERREICHS • ZENTRALSEKRETARIAT
WIEN I • LÖWELSTRASSE 18 • TELEPHON 63 27 31 SERIE • FERNSCHREIBER 01-1783

Auszug aus einem Artikel Kurt Skalniks in der »Furche« anläßlich Olahs Sturz, November 1964

KURT SKALNIK

Der letzte der Tribunen

„Olah besaß keinen Rennstall, er umgab sich auch nicht mit schönen Frauen — sein Luxus war die Macht."

Georg Nowotny („Die Presse", 24./25. Oktober 1964)

*

Nun ist alles vorüber. Das Scherbengericht des SPÖ-Vorstandes über den unbequem gewordenen ehemaligen Innenminister und früheren Präsidenten des Gewerkschaftsbundes — lange geplant und mehrmals aufgeschoben — hat stattgefunden. Der Spruch war ein Bannfluch. Wenn es bis vor kurzem noch einen Zweifel gab, ob die zahlreichen Gegner Franz Olahs in den Führungsgremien der SPÖ zum Äußersten entschlossen seien oder eine „österreichische Lösung" anstrebten: Seit voriger Woche gab es keinen Zweifel. Spätestens seit diesem Zeitpunkt war den Gegnern des heißumkämpften Mannes die alte Jagdregel in Erinnerung gerufen: Ein angeschossener Eber ist viel gefährlicher als ein unverwundeter. Deshalb zielten sie auf das sozialistische Herz. Parteiausschluß.

An Begründungen für diesen außergewöhnlichen Schritt hat es keinen Mangel. Man hört und liest von finanziellen Transaktionen, von SW-Krediten, von einem schwarzen Fonds für Zuwendungen an Zeitungen, schließlich von einer Million für die Kassen der FPÖ.
Jedoch Hand aufs Herz: Nur jener Politiker, der noch nie in seinem Leben Geld für seine Partei zum Rollen brachte, ist berechtigt, den ersten Stein zu heben. Alles andere ist Pharisäertum. Franz Olahs todeswürdige — für den Parteitod würdige — Verbrechen lagen auf einem anderen Gebiet. Er suchte über den Parteiapparat hinweg direkt bei den „Massen" anzukommen. Das *Volkstribunat,* das Franz Olah anstrebte, war es, was seine Parteifreunde nicht verziehen, nicht verzeihen konnten. Sein sprunghaftes, ja mitunter zur Unberechenbarkeit neigendes Temperament verstärkte diesen Unsicherheitsfaktor. Er erleichterte aber auch nicht zuletzt die Exekution.

So ist Franz Olah gefallen. Die immer breiter werdende Kluft, die zwischen dem „Volksmann" und den Parteiintellektuellen, für die der Name von Justizminister Broda nur eine Chiffre ist, sich in den letzten Jahren immer sichtbarer auftat, ist mit dem Gegensatz zwischen Renner und Bauer in der Ersten Republik verglichen worden. Auch von dem „Pragmatiker", ja dem „christlichen Sozialisten" Olah, der wider die „Austromarxisten" stand, war die Rede. Das alles sind klingende Worte, aber Halbwahrheiten. Wenn unsere Zeitgenossen einen besseren Umgang mit Frau Historia hätten, wenn sozialistische und „bürgerliche" Journalisten besser bewandert in der Geschichte der Parteien wären, so hätten sie zwangsläufig auf einen anderen Namen stoßen müssen. Es gab schon einmal einen „Franzl" in der sozialistischen Bewegung, der ein echter Tribun war, der die Phantasie der Massen erregte.

Er stand auch nicht auf dem besten Fuß mit den Parteiintellektuellen, und auch in seiner „Pressepolitik" ging er eigene Wege, die man ihm auf der Rechten Wienzeile krumm nahm. Wir sprechen von Schuhmeier. Der Pistolenschuß eines politischen Attentäters ließ die damals mit der Person Schuhmeiers verbundene Problematik der Sozialistischen Partei nicht zur vollen Schärfe ausreifen. Man soll in der Geschichte über Jahrzehnte nicht krampfhaft nach Parallelen suchen. Jede Zeit formt ihre Menschen. Aber der Franz Schuhmeier aus Ottakring und der Franz Olah aus Hernals haben doch viel mehr gemeinsam als nur die Nähe ihrer politischen Heimatbezirke.

Einem Lebenden schreibt man keinen „Nachruf". Über das nächste Kapitel seines Lebens entscheidet Franz Olah allein.

Abkürzungen

AK	Arbeiterkammer
AFL	American Federation of Labor
AZ	Arbeiter-Zeitung
BAWAG	Bank für Arbeit und Wirtschaft AG
BHG	Gewerkschaft der Bau- und Holzarbeiter
BMW	Bayerische Motorenwerke
CIO	Congress of Industrial Organizations
ČSR	Tschechoslowakische Republik
CV	Cartell-Verband
DFP	Demokratische Fortschrittliche Partei
EFP	Europäische Föderalistische Partei
EFTA	European Free Trade Agreement
ERP	European Recovery Plan
FPÖ	Freiheitliche Partei Österreichs
GATT	General Agreement on Tariffs and Trade
HJ	Hitlerjugend
KPČ	Kommunistische Partei der Tschechoslowakei
KPÖ	Kommunistische Partei Österreichs
KZ	Konzentrationslager
NR	Nationalrat
NSDAP	Nationalsozialistische Deutsche Arbeiter-Partei
ÖGB	Österreichischer Gewerkschaftsbund
ÖVP	Österreichische Volkspartei
RAVAG	Radio Austria Verkehrs AG (Vorläufer des ORF)
RS	Revolutionäre Sozialisten
SAG	Soziale Arbeitsgemeinschaft
SAJ	Sozialistische Arbeiter-Jugend
SPD	Sozialdemokratische Partei Deutschlands

Namenregister

»Es gab weitsichtige Menschen, die Wege wiesen. Unter ihnen war einer der bedeutendsten der slowakische Politiker Milan Hodža.«

Dr. Otto v. Habsburg in seinem Geleitwort

MILAN HODŽA
SCHICKSAL DONAURAUM
ERINNERUNGEN

Mit einem Geleitwort von Dr. Otto von Habsburg
Amalthea

Das Buch schildert die Bemühungen des ehemaligen tschechischen Ministerpräsidenten, seine politischen Zielsetzungen in die Tat umzusetzen. Er selbst stellt sich allerdings die Frage, ob die demokratische Staatsform für Mitteleuropa wirklich angemessen ist. Einen Schwerpunkt in Hodžas Betrachtungen bilden die Minderheitenprobleme, die auf dem Balkan gerade heute von im wahrsten Sinne des Wortes brennender Aktualität sind.

Amalthea